以我们的自觉、理解、视点、方法和专业智慧，以圆融仰望天空与捡田螺一体化的方法，审视和探讨艺术文化，力图呈现我们在当代做出的艺术文化认识论、本体论、方法论、实践论、未来论之结果。

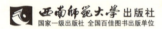西南师范大学出版社
国家一级出版社 全国百佳图书出版单位

艺术文化地图丛书

总主编 梁玖

香港初中视觉艺术课堂教学艺术

区昌全 著

深入思考建构中国风格艺术学学科体系及其秩序

艺术文化地图丛书

序

创 造 一 种 色 彩

梁玖

　　当代的中国人，应该有一幅用自己的艺术智慧创制的艺术学术地图。这是创意、设计、出版"艺术文化地图"丛书的核心思想。何况，创建和完善中国风格的艺术学及其学派，是时代赋予当下艺术学人的专业学术使命。

人类总是在不停地希望着、追求着、创造着新鲜的事物。APEC Blue，就是那些渴望随时能够望见和分享纯净蓝天的人，在北京举行"2014亚太经合组织第22次领导人非正式会议"期间，及时创造出的新词语。当这个新词语所揭示的"北京蓝天"出现后，带给生活在北京地区的人们的心情，的确是无比欣喜和舒爽的。

艺术的生成、存在、变迁和教育、传播，是与社会环境密切相关的。在中国的学科制度中，艺术学在2011年2月已经成为独立门类了，如果艺术学人现在不重视这个有利于艺术学生长的现实好条件，如果当下对艺术文化，没有全面、应答、变迁、深入、原创和建构性地认知与研究，如果艺术学人不能主动将自己置于历史和现实秩序中，深入思考建构中国风格艺术学学科体系及其秩序，那么，后果就是，中国艺术学学科存在的地位与价值将会出现不堪设想的不良局面。我们组织研究和出版"艺术文化地图丛书"的出发点与任务目标，是尝试以我们的自觉、理解、视点、方法和专业智慧，以圆融仰望天空与捡田螺一体化的方法，审视和探讨艺术文化，力图呈现我们在当代做出的艺术文化认识论、本体论、方法论、实践论、未来论之结果。

能够带给读者新观念、新知识、新精神、新价值、新空间，是撰写者和出版者共同的期望。

之所以称为"艺术文化地图丛书"，是力图通过这套书系，让人们能够总揽性清晰描述和知道——中国当代的艺术学人，在艺术学科领域做出的学术成就与学术价值目录，及其各款目层级关系的简明概念与范式。理想的中国风格"艺术文化地图丛书"，是一个能够让人便捷搜索和认识既有、前沿与未来中国的艺术学显性与隐性成就的概念图、知识库、成果系统。我们期望的目标是：包括他者的任何人，在任何时候拿着这"幅"名为中国的"艺术文化地图"，就能顺利找到和认识中国风格的艺术文化新成果，包括中国风格的"艺理学""艺术的命题性知识""艺术的事实性知识""艺术的程序性知识""中国艺术精神""中国艺术思想""中国艺术哲学""当代中国艺术气象""中国艺术教育学说""中国人幸福表情的标识符号""当代中国艺术的国家形象""艺术学术高地""当代贵气精致的族群艺术""当代中国人优雅人生的体现""世界级艺术智慧与文明的表征""艺术文明""给予人们选择美好生活方式的动机与可能"等专深内容。如此，当代中国的艺术学将会是一道靓丽的族群自信艺术景观。总之，中国人应该以自己的民族自信心与自尊心，创制一幅充分体现当代中华艺术智慧及其知识体系的艺术学术地图。

该套丛书基于探究与超越的观念与思维，本着学术性、作品性、荣誉性原则，诉求全面关照和反映中国已有、前沿和未来的艺术文化研究状态与学术成果。所有著作的作者，不仅在地域上、在艺术部门学科上分布广泛，而且一律都是艺术学科的研究生导师或具有艺术学学科的博士、硕士学位者，都力求在各自的专著中有新的学术发现与贡献。无论是殊途同归，还是同途殊归，目标都是求艺之真理。在艺术宇宙中，不断认知和探究艺术心性、艺术世界的奥秘与价值，希冀获得更进一步分享艺术、创造艺术、教授艺术与传播艺术的道理与方法。同时，也关照性选择传播他国艺术学科研究中的新学术成果。因此，该书系以分批次出版呈现的面貌是多样而丰富的。

确立当代中国风格的"艺术文化地图"思想，是具有促进中国艺术学术有规划、有探索、有反思、有超越性前行的引导作用与价值，这也是设计和出版本套丛书的理想与意义。不过，"艺术文化地图丛书"，也仅仅是表现当今艺术学学科学术的一种色彩。因为，本套书系所反映的，也仅仅是艺术学人整体探究艺术的学术成果之一部分，而不是全部。况且，任何学术研究都做不到底，艺术学术的终端性学术高峰，是有赖于一代一代的艺术学人不断地探寻和建构，才有可能逐渐接近的。

当然，如果没有西南师范大学出版社的事业理想和工作热情，如果不是各位撰著者辛勤探究艺术学术高地而贡献出了自己的智慧，那么，也不会有"艺术文化地图丛书"这套书系的面世，这样，在人间也就少了一种表达艺术文化的色彩。

书，至少可以分为两种，一为专业，一为业余的书。这是从读者的立场而论的。有的书，在一些人那里是被视为业余类品读的书，却在另一些人那里被肯定为专业书。不过，我们期望出版的这套书，无论是被读者划归为业余的书，还是分属专业的书，都力求把每一本书做成能够让每一位读者都开卷有益。但愿出版者所依循的真诚、发现、支持、宽容、吐故纳新、证明建构、有容乃大、贡献的行为态度与行为结果，也能让持有各种阅读喜好或期待的读者所理解与支持。所以，我们是期望这套丛书，能够拓展持续地出版，推出更丰富的、更有价值的艺术学术成果。我想，在本套丛书的众多读者中，在未来的岁月里，一定会有读者以自己的艺术学术成果，加盟到该出版书系的作者队伍中，我们期待着。

艺术是人类不可缺失的营养文化。艺术文化是消解和终结"非生活"症状的关键途径和方法。所谓非生活，是指基于生存之后超越个人或群体日常各项活动宽松所需的生活状态。非生活的基本表征，是没有惬意感地超越正常生活之为。具体表现为：一是，自己的日常生活没有由自己内在纯净心灵所支配；二是，追逐着非正常生活所需要的太多东西；三是，自己的生活缺乏细节性深入厚度；四是，自己的生活欠缺能真正进入心灵的温情；五是，自己的生活没有超越个体需要的人生意义。从人类与艺术文化的关系可以知道，艺术一旦进入个人或群体的生活中，会生出关怀心灵的许多实实在在的生活情趣与意义来。所以，研究艺术、获得艺术新知，都是为了我们和你们都能够获得惬意的优质生活。

一句话，您正在阅读或即将阅读到的本丛书的那些文字，是为您写的。

序一 / 梁玖

北京师范大学艺术与传媒学院

且看柿子红

又是北国的秋天，又是满院柿子飘香的时节，又是面对自己的学棣，自有诸多的思绪在游走。

在不久前，远在香港的区昌全博士，邀我给他即将出版的著作写个序言，我没有推辞。这是因为，他是我培养毕业的第一位博士研究生。作为导师，我理应一如既往地支持他的学术作为。当年他北上到来时，我撰写了共约110个字的一篇题为《面对》的小文，作为他入门的第一篇阅读文本。

在特别的季节里：我欢迎你来到我的庭院，不是来看风景，因为你是我庭院的风景！

来与去、有与无、铭与失，在己一念间！

有风，只是自己的感觉，睡觉的人并不知道！

人生没有划得来，人生没有大便宜，人生没有大障碍！

秋风又起，且看柿子红。

虽然，岁月不经折，而让人欣慰的是，他一直是我主张的教育的"庭院的风景"。无论是勤奋学业与职业，还是问鼎专业学术，他都做到了那时我对他的期望——"秋风又起，且看柿子红"。

此刻你所持的这本书，是值得阅读的。在这里，读者不仅可以获得一扇了解香港初中视觉艺术教育教学的视窗，还可以深入理解作者基于对职业体验性研究而提炼出的"生命影响生命教育思想"的道与理，也能清晰地认知作者在"视觉艺术课堂教学艺术"专题上思考的价值与成果。在中国当下，人们已经深刻认识到了艺术文化在国民教育体系中具有重要的地位和价值。但是，"艺术教育"的专业概念、"艺术课堂教学艺术"的意识，在许多一线视觉艺术教师那里还有待加强和提升。因此，读一读专门讨论和意义化诠释建构香港初中视觉艺术课堂教

学艺术的学术文本，是有启示和行为借鉴意义与价值的。

在艺术学科的教育情境中，如何明确和深刻认识与理解"艺术教育教学"是一个"专业"、如何让仅仅以习惯性关注"艺术教学方法"的人提升性建构自己的课堂教学艺术风格，如何让每个艺术教师主动实施艺术学术教育，都是目前学校艺术教育中普遍存在和需要解决的现实问题。以开放性和比较研究的视点，着力探求艺术教育学科的元认知和命题性、事实性、程序性知识，叩问艺术教育思想、研究艺术文化课堂教学艺术，是深入理解和改进完善性实践艺术教育的有效途径和方法。

总之，我是期望昌全君的这本著作之出版，能够为那些信仰艺术教育作为的人，为那些寻求艺术教育有所依伴的人，为那些探索建构自己的艺术教育思想和艺术文化课堂教学艺术的人，带去实实在在的智慧启迪和行为帮助。

北国的秋风又起，且看柿子红吧。

2016年10月于北京

序二 / 马显慈

香港公开大学教育及语文学院

11

传统教育强调"德、智、体、群、美"五育之培养，香港教育界推行之美术科正属"美"育范畴，地位重要，由此可知。记忆所及，香港20世纪六七十年代，中小学美术课程，已包括实物素描、水彩画、平面设计诸项，中学会考课程另有中、英文书法、世界美术史等选修，内容且渐丰富，专业范畴略备。其时，幼儿园课程已具美劳手工课业，香港两所大学（香港大学、香港中文大学新亚书院）亦早设艺术学系，可算上下相承，香港美术教育颇受重视。昔日，香港文凭教师由三间政府师范学院专责培训，三院（即罗富国师范学院、葛量洪师范学院、 立基师范学院，简称"三师"）均重视"术科"教师之培养，所谓"术科"乃指专门技能科目，包括音乐、体育、家政、美术、金工等。三师均开设美术专科，为有志者提供专业培训。学员须通过严格成绩评估方可毕业，同时获取政府专业教师资格，可受聘为中小学美术专科教师。香港政府所资助之中小学校聘请美术科教师，亦郑重要求受聘者具认可之本科专业资格。时至今日，香港美术教育已改称为视觉艺术教育，任职视觉艺术教师多是专科专教，甚少兼任其他科目，亦甚少容许其他学科教师兼任视觉艺术教育，足见社会对本科要求之重视。

区昌全博士乃卓越不凡之视觉艺术专业教师，不但学养丰腴，造诣深邃，而且教法新颖，中西并融，充满创意。曾获香港专业团体颁发的最佳教师奖状，又应中国大陆重要艺术机构邀请，展览其美术创作，成就甚高，誉满艺林，享负盛名。昌全为人诚实正直、天资聪敏、敦品励志，早年负笈英国深造专科学位，后于香港公开大学修毕教育硕士学位。又于百劳之中，迎难再上，以无比毅力挑战高峰，超前完成北京师范大学之美术专业博士学位课程，其毕业论文深受赞许，成绩斐然。

《香港初中视觉艺术课堂教学艺术》全书主要分五章论述香港初中视觉艺术教育，其研究范畴既全面又深邃，辨析问题别具体系，分析有法，创见颇多，充分反映其个人精深之学术修养与高瞻远瞩之视野，为目前有关研究中不可忽视之

学术巨著。本书有两点尤其值得香港教育界注意和反思：其一，严正揭示香港初中视觉艺术教育实况与不足，评述本港有关教育之核心问题，包括现有课程之优劣与前途，以及分析所须调整与发展之理据；其二，展望香港初中视觉艺术教育之具体改进方向，并按教育及艺术互为融合之理论，建构崭新之视觉艺术教育蓝图，为香港中学今后之视觉艺术及其相关课程之进程，提出最前瞻而又可行之指引。

区博士既热衷于个人艺术创作与研究，又致力于推广视觉艺术教育。他几经艰苦，努力不懈，在香港寸金尺土之地开设画室，收取极其微薄之学费，为莘莘学子提供薪火相传之生命艺术教育。此外，他曾为香港公开大学教育及语文学院编撰视觉艺术教育文凭进修课程，并兼任本科专业导师，教学成绩出众，深受学生爱戴。最近又担任香港教育局美术专业部门要职，致力推广有关活动，为香港美术课程发展做出一番贡献。本人与区博士相知多年，有幸与之切磋学问，增广鄙人见识，特此致以万分谢忱。现在趁其巨著刊行在即，谨以至诚祝贺，愿其前程锦绣、光芒四溢、福惠社会。

2017年2月于香港

前言 / 区昌全

香港皇仁书院
13

　　我自小对美术产生浓厚的兴趣，长大后，决意做一些跟美术有关的工作。所以，我担任中学美术教师，转眼间入行已22年了。在这段漫长的教学生涯中，经历了数次中小学美术课程改革，又接触普罗大众对美术教育的认同与否，深深体会香港美术教育(下文将以"视觉艺术教育"称之)的真正问题。事实上，香港美术教育经历很多兴衰嬗变，不同时代有不同面貌的美术教育，为的是迎合社会需要和发展；只是，美术教育所衍生问题犹在，实需正视及解决。

　　香港视觉艺术教育自20世纪30年代从英国侵占香港开始，至今已有70多年时间，它奠定了香港视觉艺术教育的地位。具体地看，香港视觉艺术教育是从20世纪30年代以兴趣形式开始于小学，当时没有基本核心内容，只是让学生在沉闷的学科学习中寻找其他学习趣味。直至20世纪50年代，视觉艺术教育开始备受关注，被认为是帮助发展人类智慧的学科，且配合社会发展的需要，最终成为公开考试的其中一科，是中小学的学习科目之一，再不是一般的兴趣科。随着视觉艺术教育发展日趋成熟，同时制订了颇具规模的课程纲要，成为常规科目。虽然课程纲要的出现促使了视觉艺术教育的发展，可惜社会依然是不太重视。其实，社会对视觉艺术教育了解不透彻，没有大力推动和发展，压根儿窒碍了视觉艺术教育的发展。事实上，往昔课程纲要既没有明确的发展路向，也没有明确培育学生的视觉艺术能力的方向，这样的课程纲要并没有帮助香港视觉艺术教育的真正发展。所以，20世纪七八十年代的香港视觉艺术教育是发展的真空时期。尽管香港视觉艺术教育在50年代有萌芽的一刻，但没有把握机遇而加以发展，视觉艺术教育怎会有进步？故此，香港对于小学至初中视觉艺术教学是较为保守的，过于偏重艺术创作，重视培养学生技术技能，忽略他们的思维训练。这样的课程向导不合时宜，未能切合社会及个人需要。至20世纪90年代，香港视觉艺术教育有了很大的革新，有关方面明白视觉艺术教育的目的最终是培养"全人"发展，并非往昔的着重技能训练。所以，1995年和1997年分别为小学及中学重新修订视觉艺术教育课程纲要，引入美国流行于20世纪80年代的视觉艺术教学理论——"以学科为基础"的艺术教育理论 (Discipline-Based Art Education)，确立视觉艺术的地位，以美学、美术史、美术创作、美术批评四部分为学习美术的核心内容。这样的转变，在香港视觉艺术教育史上是一个重要里程碑。其次，对于初中视觉艺术教师来说，这样的转变是一个挑战。因为初中视觉艺术教师要面对的并不只是对学生技能上的训练，更是对他们灌输视觉艺术知识，培养思维能力。这个转变让初中视觉艺术教师重新反思自己在教学上尤其是课堂教学的问题。

　　21世纪的香港教育延续了20世纪90年代的教育改革，特别重视课程设计、教学方法，以评估学生的表现。这是当今香港教育的特色，视觉艺术教育也一样，特别重视课堂教学策略，例如：怎样培养学生不同的认知能力，如思维能力、批判力和共通能力①等？怎样发展学生的自学能力？怎样帮助学生培养学习兴趣？凡此种种，目的都是教师运用他们的课堂教学技巧来培育学生多方面的能力。面对新课程、新挑战，香港初中视觉艺术教师如何改变他们的教学？他们的教学如何适切学生的需要？怎样才算是成功的视觉艺术教学？教师课堂教学技巧的好坏与学生的表现关系密切吗？教师课堂教学技巧是不是一种教学艺术？这种教学艺术与教师有什么关系？它直接影响教学素质吗？本书透过分析地区性的香港视觉艺术教育，深入地探究香港初中视觉艺术教育实况及课堂教学艺术。

　　本书的结构框架主要有七部分内容，分别是第一部分的绪论，是对本书一个概括性的表述，包括背景、探讨问题、目的、资料搜集和分析等等。第二部分是第一章，主要是简述香港视觉艺术教育整体的发展，在勾勒香港初中视觉艺术教育的发展历史的基础上，分析揭示了香港初中视觉艺术教育存

---

① 共通能力是香港教育局自2000年教育改革所提出的一个目标概念，就是通过教育训练学生不同的能力，如协作能力、沟通能力、创造力、批判性思考能力、运用信息科技能力、运算能力、解决问题能力、自我管理能力、研习能力。

在的问题与优欠所在。第三部分是第二章，探究初中视觉艺术课堂教学艺术的本质，提出和界定了"生命影响"教学论的内涵。分析了初中视觉艺术课堂教学艺术的构成元素、形成、特色、实施原则，以及构建初中视觉艺术课堂教学艺术的价值。第四部分是第三章，讨论香港初中视觉艺术课堂教学艺术与教学实现的相关性，重点讨论了香港初中视觉艺术教师的素养与课堂教学艺术、教学内容、教学设计、学生艺术学习成效的关系。第五部分是第四章，探究完善香港初中视觉艺术课堂教学艺术的方法，提出了构建"自我反思"的香港初中视觉艺术课堂教学艺术观，并借此探讨完善香港初中视觉艺术课堂教学艺术的具体方法。第六部分是第五章，创造多样的香港初中视觉艺术课堂教学艺术风格，提出了香港初中视觉艺术课堂教学艺术形态应是多样的命题，并展望如何创造的方法。第七部分是结语，乃将本书所发现的问题做一个结论，回应绪论部分所提出的研究问题，以达到本书的目的。以上是本书的核心内容和基本框架。

我希望这本书在揭示香港视觉艺术教育的种种情况之余，能帮助有心的美术教师，当他们在遇上相类似的问题时，可以给他们一点亮光和启示，发挥自己所长，共同努力构建理想的美术教育。

2016 年 10 月于香港

目 录

绪　论

一、本书的背景

笔者对香港初中视觉艺术课堂教学艺术甚感兴趣，希望通过本书，将自己和别人所积淀的工作经验做一个总结、反思和学理提升，得出能够更进一步推进香港初中视觉艺术教学优化发展的成果。

笔者在香港土生土长，在香港接受英式教育，专科毕业后到中学任教视觉艺术，至今已有22年的时间。期间，笔者曾到英国读书两年多，之后再到中学任教视觉艺术。笔者从事中学视觉艺术教学工作差不多有1/4世纪，经历数次课程的修订，一次大的教育改革，深深感受到教学工作的重中之重，没有宏观教学理想是没法令教育进步的；没有持抱教学工作为己任的思想，教育永远达不到成效。所以，教学工作必须与时并进，不能与社会脱节，才可以真正培育人才，切合社会需要。以香港视觉艺术教育为例，不同年代的视觉艺术教学，所培育出来的专才也不一样，如20世纪七八十年代所培育的视觉艺术专才比较重视技能表达，这是因为当时的视觉艺术教师偏重技能训练，重视美术创作。从现今21世纪教育角度看，如果香港单是偏重美术创作的视觉艺术教育满足不了现今社会的需求，而且有点格格不入，与其他地区相比较为保守。这是因为偏重美术创作的专才在技术上的训练和应用不足以面对现今创意工业的迅速发展——创意思维。换言之，现今视觉艺术教学取向不再重视单方面技能训练，不是从创作着手，而是培育学生具备多向性、多样性和综合性的技能。所以，现今的视觉艺术教师需要集各种技能于一身，对学生做全面的培训。笔者就在这样的背景下，开展构想本课题，希望借此去理解现今香港初中视觉艺术教师如何通过他们的课堂教学去发展学生的视觉艺术能力，如何通过他们的课堂教学艺术去提升教学效能与学习成效。

（一）缘起

视觉艺术教学必须与时代同行，要不断改变，以配合、适应社会发展的需要。这是笔者从事多年视觉艺术教学所察觉到的。正因为香港小学至初中视觉艺术教师在教学素质上良莠不齐，加上部分担任视觉艺术的教师，不是视觉艺术学科毕业的，他们对视觉艺术教学过于被动，没有主动地去接触和关注周边地区的视觉艺术教育发展情势和关注全球视觉艺术教育发展的趋向，也没有去发掘自己的优点和长处并加以发挥，提升视觉艺术教育素质，更没有勇气去接纳包容新事物，去清除自己教学上的诟病，去正视积累已久的视觉艺术教育的问题。所以，香港小学至初中视觉艺术教育素质整体上未有明显的提升，反而有点停滞不前的态势。唯一可以改进香港视觉艺术教育的方法就是要让视觉艺术教师积极进取，让他们对周围事物触觉敏锐，不可再原地踏步。事实上，很多中小学校视觉艺术教师对教学毫不在乎，懒惰散漫，安于逸乐，只管延续旧有的教学模式，不思进取，这只会糟蹋香港教育改革的意义和基本原则。归根到底，香港视觉艺术教育对视觉艺术教学的研究和反思不多，并未有鼓励教师在这方面钻研。纵然新课程纲要有建议教学方法，教师却没有实践的经验，对他们来说，是无所适从。在两难情况下，他们根本不会尝试去用；也因着课程紧逼，不敢尝试，唯有弃而不用。从实际角度看，大多数小学至初中视觉艺术教师为达到教学效能的目标，都会较为保守，喜欢沿用过往自己熟悉的教学法——以"教师为中心"的模式，就是一切教学活动由教师做主导，自编自导自演，学生毫无参与的机会，岂会激发他们学习的投入感？于是，香港视觉艺术教育所面对积累的问题应该怎样解决？视觉艺术教师如何进行教学，以达到教学效能的水平，并保持教与学的素质？怎样才是一个优良的视觉艺术课堂？一个视觉艺术课堂的教学应该包括什么？怎样教才使学生容易学习，容易明白？一个怎样的视觉艺术课堂才能启发学生的创意思维？这些都是现今香港大多数视觉艺术教师所面对的问题。笔者希望通过本书阐述初中视觉艺术教师课堂教学与其教学效能和素质的关系。基于这些值得令人反思的问题，欲对香港视觉艺术教育做出一点贡献。特别是对一直默默耕耘的中学视觉艺术前线教师之职业追求提供点学术帮助，因为他们对香港视觉艺术教育贡献良多。总之，选择本课题是基于我自身的学习关注、兴趣关注和学术关注之理由。

在学习关注方面，我是从理解和试图解决香港初中视觉艺术教育的核心问题开始的。在攻读博士研究生时，笔者就不断在思考此问题。笔者从事中学视觉艺术教学22年的时间，眼见积累已久的视觉艺术教育中的一些核心问题犹在。香港视觉艺术教育的问题自20世纪70年代末80年代初积存，至今已有颇长一段日子，现今虽已实行全面教育改革，有了具体发展的方向，但仍有待将问题逐步解决。事实上，中学视觉艺术教育至今仍存在很多问题，诸如缺乏资源，师资良莠不齐，设备欠丰，课程松散和学习内容欠一致性等，加上一般人对视觉艺术的误解，社会又不重视，此学科进修门路又狭窄，职业取向不明朗……这些都是香港视觉艺术教育整体悬而未决的问题。随着社会的不断发展，学术研究的开发和引证，都认同了视觉艺术教育的重要性，改变了社会人士一般的谬误——认为视觉艺术教育是没有作为的，对社会效益不大。刚踏入2000年，香港政府就发布了21世纪香港教育蓝图①，视觉艺术教育开始备受关注，特别是资源缺乏、

---

①这是香港政府对香港教育进行全面改革所发表的文件，继而在2000年9月教育统筹委员会发表的《终身学习，全人发展——香港教育制度改革建议》中所提出的愿景及整体香港教育目标。

师资不足、课程松散和学习内容欠一致性等问题，会做优先处理，如提供足够的师资培训或在职培训，扩大资源调配，设立课程发展处来专职设计课程等。另外，又全面发展新课程，于2009年设立新高中课程，其课程学科性衔接2003年颁发的小一至初三的视觉艺术课程纲要，使得视觉艺术教育整体具有了专业性和学术性；加上学生进修途径增多，政府及工商界一致鼓励创意工业的发展，增加了就业机会，改变现代人认为学习视觉艺术没有出路的传统谬误，大大提升了视觉艺术教育的地位，这更认定了香港视觉艺术教育改革方向的正确性。

其次，香港视觉艺术教育素质参差不齐的核心原因是视觉艺术教育与教师教学素质存在问题。改革香港视觉艺术教育是必要的，这是要迎合全球视觉艺术教育发展的趋势。要做好视觉艺术教育的发展，必须重点加强教学素质，尤其是要提升教师课堂教学的质量，就必须要各方面的配合，才能同步于国际教育趋势，拓展国际视野，得到认可。事实上，现今香港视觉艺术教育面对的不单是课程发展和统整的问题，更重要的是教学素质问题，尤其是课程设计和教学素质水平不一，这是因为现今小学至中学的初中级别仍有非专科视觉艺术教师任教视觉艺术。第一，虽有香港课程发展处推行完整而统一的课程架构，但学校欠缺一致性课程的发展，不同学校教师就其专长自订课程，忽略课程设计和学生的需要，特别是未能照顾学生的学习差异、兴趣和潜能发展。第二，虽有受训的专科视觉艺术教师，却与非专科视觉艺术教师一样缺乏明确的观念和方向，对本学科知识水平培养高低不一。第三，视觉艺术虽已列为初中的必读科目，却沦为一门边缘学科，不受学校、学生、家长的重视，似乎与"德、智、体、群、美"五育均衡发展的教育理念有所违背。以上皆是现今香港视觉艺术教育悬而未决的问题，这些都直接影响了视觉艺术教育质量。笔者认为最能直接影响视觉艺术教育质量的是教师的教学，他们的课堂教学决定了教育质量的大部分。如果教师注重自己的课堂教学，发展成为一种有效的"教学艺术"，让学生享受课堂教学过程，喜欢这一学科，教学效能和学习成效自然就会有所提升。基于上述原因，笔者决定选择"香港初中视觉艺术教师课堂教学艺术"为本书题目，借此了解初中视觉艺术教育素质优劣与课堂教学艺术的相关性，从而发展教师"自我反思"的教学理念与教学模式，改善教师教学素质。

从兴趣关注方面看，笔者22年的中学视觉艺术教学生活让自己对他人的视觉艺术课堂教学产生兴趣，时常都想从别人的教学中获得启发。为此特选择研究课堂教学艺术的课题。要使自己的课堂教学有改善，除了自己必须要不断地反思外，还需要多向同行学习，观摩同行讲课，相互交流和分享教学心得，吸取别人课堂教学中的长处，去掉自己课堂教学的毛病，这样，才可以有所进步。为此，我希望在综观自己和他人的教学个性与风格基础上研究提炼出一些关于香港初中视觉艺术教学艺术的学理与进一步完善教学的方法。如此可以深入帮助香港初中视觉艺术教师提升自身的教学水平。

笔者非常有兴趣去探究香港视觉艺术教育水平的情况，让自己对香港视觉艺术教育发展有进一步地了解。不过，笔者心里常有一些疑团，就是为什么中小学可以接受非专科视觉艺术教师任教视觉艺术？为什么视觉艺术科可以容许非专科视觉艺术教师任教？就不怕视觉艺术教学水平下降，从而影响了整个香港视觉艺术教育的发展吗？事实上，笔者数年前在香港公开大学小学教育学位课程班当兼任导师时，就发现30多位小学视觉艺术教师中，只有几位是专科视觉艺术教师，其他全是非专科视觉艺术教师。他们到大学进修小学视觉艺术课程，乃由于他们在课堂教学中面对很多教学上的问题，如本科知识、教学计划、课程设计等等，完全没有基本的概念，更遑论他们持抱什么伟大的视觉艺术教育理想。由此推论，香港的小学视觉艺术教师实在良莠不齐。这更增强了笔者对本书课题的肯定，欲了解更多香港初中视觉艺术教师的课堂教学情况。因笔者在中学教学22年，也通过不同的大型工作坊、讨论会等场合，了解到香港初中视觉艺术教育的情况，也通过不同中学教师的分享了解到中学视觉艺术教育水平参差不齐的现状。究其原因，就是他们对课堂教学的掌握和了解不甚清楚，以至对香港整体视觉艺术课程一知半解。事实上，现有中学的初中级别仍有很多非专科视觉艺术教师，虽然他们都已完成在职受训，但他们的教学素质怎样？姑且勿论，他们有的认真勤奋，有的我行我素，有的不负责任，有的积极进取，更有的仅当教学是一份例行差事，林林总总，他们对于优化教学、提升教学素质的关注，都较为被动。无他，是因为他们缺乏自觉性，没有对自己的教学进行反思，因而造成香港视觉艺术教育发展欠佳和素质参差不齐。基于此，笔者欲通过本书更系统地讲述香港初中视觉艺术教师的情况，进而提出一些带认识论、方法论和实试论的理性结论，帮助教师确立"自我反思"的教学观念，提升他们的教学效能和素质，改善他们的教学成效。

在学术关注的层面，我是基于视觉艺术教学论的学术研究视点而选择本题目。在香港视觉艺术教育发展的整体关照中关注香港政府的决策如何与教师配合，从而一致地发展有素质的教育，这绝对是牵涉教师课堂教学质量的问题，关系到教师怎样设计课程，怎样计划课堂，怎样教，怎样发展整个课堂教学，怎样利用教学资源，等等，我对上述问题的思考也因此造就了本书的出现。"以学科为基础"的艺术教育理论（Discipline-Based Art Education）的出现是香港视觉艺术教育一次空前的改革。前面交代过香港视觉艺术教育发展了有70多年光景，历经艰难兴衰，也曾受到社会公众人士的冷落和忽略，没有发展的空间，被放弃了好一段时间。香港社会在20世纪70年代开始迅速发展，经济腾飞，社会大量需求不同专业人才，那时正是时候需要检讨教育，于是各科课程都重新修订，并建立适合社会需要的课程，视觉艺术教育也是其中一项。至20世纪80年代初，视觉艺术教育进入稳定阶段，香港视觉艺术教育沉寂了一段时间，并没有太大的变化。到20世纪90年代中期，朝着20世纪60年代美国的艺术教育家艾斯纳"本质论"的教育理论方向，发展了倾向以学科为主的课程。现行香港视觉艺术教育发展的基础便是从"以学科为基础"的艺术教育理论而来，认为视觉艺术乃一门专业的学科，学生必须学习评赏与创作，兼容美术知识在其中，让学生在学习视觉艺术的同时培养不同的视觉艺术能力，巩固本科知识，而这些学习内容亦已成为现今香港视觉艺术教育的核心课程，延续至21世纪的香港视觉艺术教育发展方向，真正体现了一次规模性的大改革。

此外，视觉艺术教育的改革配合了香港社会发展。香港教育于21世纪初进行全面检讨和改革，乃是配合社会需要和全球教育的趋势。香港视觉艺术教育朝着培养学生学会学习——一种自我学习的模式，让学生能独立思考，发展学生个人潜能的方向不断变革。为此，自2002年起，"美术教育"易名为"视觉艺术教育"，标志着香港视觉艺术教育新的里程碑。"美术"正式易名为"视觉艺术"①，代替小学的"美术与劳作"和中学的"美术与设计"。这是为了统一中小学的视觉艺术教育，不致名目混淆不清。为着提升视觉艺术教育的地位，肯定它的学术成就，让社会各界人士都关注视觉艺术教育的重要性，易名是势在必行的。其实易名最重要的原因是"视觉艺术教育已经成为全球迅速发展的新型艺术教育，它标志着时代的步伐、资讯科技的发展、产业的转变等"②，这是融合与扩张的象征。这告诉了我们香港视觉艺术教育有亟待改革的必要，以配合全球教育的转型。现今香港视觉艺术教育发展是配合社会的需要和适切性，就在这种环境气候下，笔者检视香港视觉艺术教育的发展，开展了本书探索的路向，为香港视觉艺术教育科研提供丰富的资源。

（二）综述

对于理解香港视觉艺术教育发展，其实并没有整全的文献可追溯及探索，只是通过多年来各种零碎的文件整理他人和笔者个人教学经验，以及一些退休的视觉艺术教师及教育局有关人士所提供的资料，作为探究其发展路向的基础。现存黄素兰的《香港美术教育口述历史——从图画堂开始》、吴香生的《香港美术教育发展六十年》和林贵刚的《香港美术教育》三本书所载有关内容，可以说是较为完整的有关香港视觉艺术教育发展的资料。因此，这三本书是现存记录香港视觉艺术教育发展的珍贵史料，极具参考价值。本书会参考上述三本书的有关资料，作为本研究的起讫点，

---

① 为了配合美术教育和艺术的发展，课程发展议会艺术教育委员会于2001年通过将美劳科（小学）和美术与设计科（中学）统称为视觉艺术科。科目名称的更改旨在强调本科学习涵盖的范围广泛及多元化，包括评赏和创作以传统、现代及创新的物料、工具和科技创制成传统和非传统的视觉艺术作品；及过去、现代、多元文化和地域的艺术创作（香港课程发展议会：《艺术教育学习领域：视觉艺术科课程指引（小一至中三）》，政府物流服务署印制，2003，第2页。）。
② 万青力：《从美术教育到视觉艺术教育》，载《中央美术学院论文集：美术学院的历史与问题》，广西师范大学出版社，2008，第1页。

配合笔者22年的相关工作经验，重点讨论本研究的主题，从而建构整个研究的框架。本书于地域上来说，是较为焦点性讨论以香港为主的视觉艺术教育发展。故此，本书在选题方面对香港视觉艺术教育有一定的贡献。

国内对于"课堂教学艺术"的课题，是有相关的论文和书籍等发表和刊印，但是跟本文题目相似的，并未找到同类的文章或论文。至于相关性的书籍如吴松年的《有效教学艺术》、王升的《如何形成教学艺术》和杜德栎与范远波的《现代教学艺术论纲》，都分别提出"教学艺术"的心得和经验，给前线教师提供了重要的启示。

相关的研究和书籍对本书有一些重要的启示。吴松年的《有效教学艺术》一书清楚交代了"教学艺术"是什么，它有什么内涵，什么特色，以至有什么效能。从读者角度看，它对教师来说是一本很有意义的书，有很多提醒在当中。对于初出茅庐或经验丰富的教师来说，甚至是准备投身这行业工作的人，都一样相当有用。事实上，作者深入浅出地分析"教学艺术"是怎么一回事，继而逐一讨论不同种类的"教学艺术"，例如准备课堂的资料都是教学艺术的部分，于课堂内给学生提问互动也是教学艺术的部分，乃至教师对教学内容的讲解，都是构成教学艺术的内涵。凡此种种，作者都有详细的讲解和分析，最后还指出教学艺术与教学素质有直接的关系。总的来说，这是一本有相当价值的书，给教师在教学上点亮了一盏明灯，对本书也一样。

另外，王升的《如何形成教学艺术》一书侧重讨论"教学艺术"的形成过程，换句话说，着重阐释"教学艺术"在什么情况下衍生。书中还有讨论"教学艺术"对教学有什么影响，"教学艺术"是由谁人主导而发展出来，这些都是教学实际中教师经常遇到的问题。这本书让教师更加清楚地明白教学是一种艺术，一种具有影响力的知识传递，让教师更了解自己的教学，有必要发展自我检讨教学，这正切合本文的方向。

还有，杜德栎和范远波的《现代教学艺术论纲》一书介绍了教学艺术的基本原理、不同类别，以至如何建立个人教学艺术风格，都有颇清楚的交代，而且还引用中外学者对教学艺术的理解和分析作为书中的论据。作者更结合了不同的教学案例解说在教学过程中所体现出的不同教学艺术，对于笔者的研究帮助甚大，也促使笔者对自身教学中所用的教学方法进行重新思考。

其实，中国早在两千多年前就已有关于教学研究的书籍，可见当时对教学已十分重视。《学记》是我国最早出现的关于教学研究的书籍，它记载着我国教育发展的长远历史，而非只是现在才发展教育。《学记》中清楚记载有关教学的讨论，如"教学相长"的讨论中引述《兑命》的"学学半"的观念，即"教学与求学，相互间都有一半的促进作用"，此乃道出教学与学习相互促进的关系，也就是说教学不仅是教师与学生之间的"上行下效"，更是教会学生自己动手学习，学会学习。对此，《学记》是关于"教学艺术"研究最早的书籍，它对现今教学发展仍有深远影响，对本书的路向发展也有一定的帮助。

近年亦有国内学者相继发表研究关于"新课堂教学艺术"的论文，如刘阳的《新课堂教学艺术：体验真切的"生命历程"》和林彦君的《浅谈课堂教学艺术》等，刘阳的建议给课堂教学提供了新启示，尤其是强调师生的紧密关系所构成一段真正的生命交流，是与生活教育相关的，也是促使课堂教学顺利进行的一个要素。相反，林彦君发表的研究学术性更强，从理性的角度探究课堂教学艺术的要素。二者的研究，确认了课堂教学艺术的价值和重要性，而这也是本书所关注的问题。

还有，对于有关"美术①课堂教学艺术"的研究，近年都有不少国内学者和教师在这方面有相应的研究，包括：应天蓝（2002年）、王保军（2007年）、益秀琴（2008年）、康玉华（2007年）、刘玉蓉（2008年）、石喜红（2010年）等人，他们不约而同讨论小学、初高中的"美术课堂教学艺术"如何提升学生于美术方面的学习效能。于此，对本书提供了宝贵的经验分享与有效的资料。虽然他们提出的观点各有不同，却唤起了我们对"美术课堂教学艺术"的重视，毕竟"课堂教学艺术"足以影响整个学习的过程，以及学生知识层面的成长。所以，这些研究论述对本书起了积极的推动作用。

---

① 本处的"美术"是本文所指的"视觉艺术"。

专责研究艺术学和艺术教育的学者梁玖教授于2008年在"美术课程的教学设计理念与环节"和2009年在"创意与实践：全国艺术与设计类专业实践教学研讨会"上交流其研究论文《艺术实践教学及其评价》，论文内容都略有涉及关于"美术课堂教学艺术"与师生在课堂教学中的关系，这种微妙的关系是促成艺术教学实践的目的。虽不是旗帜鲜明地讨论"美术课堂教学艺术"，却从宏观角度逐步阐释了艺术教学的原理、艺术教学的设计，对我们作为视觉艺术教师来说是一个很大的提醒。研究论文与探讨"美术课堂教学艺术"相关性大，为本书提供了相当价值的资料。

至于香港方面，在视觉艺术教育研发方面仍处于发展期，发表的论文不多，而且研究的题目和内容都有限制，未能够多元性和全面性，较少涉猎关于"课堂教学艺术"的观念。归根究底，这是香港的大学科研发展不均所致，尤其是视觉艺术教育专科，对这方面的支持根本起不到激励作用。因此香港本土视觉艺术教育的研究仍有待推动。虽然在有限研究的范围下，仍看到一些关于视觉艺术教学的论文，如 Lam Bick Har（译名林碧霞）和 David Kember 于 2004 年一同合作研究的论文 *Conceptions of Teaching Art Held by Secondary School Art Teachers*[1]。论文主要从艺术本质观念和艺术内容观念检讨视觉艺术教师的教学观念和方法，重新建构视觉艺术教学。虽然论文并非有针对性地讨论视觉艺术教学，但仍涉猎相关概念，如艺术技巧与创意、过程与创作品等，都是视觉艺术教师教学时所必须要教授学生的概念。是故，此研究能让视觉艺术教师重新思考课程设计、教学方法等，对本书也有一定的帮助。

国外研究气氛浓厚，尤其欧美等地，学术研究兴盛，不断创新，不断研发，致力于发展不同门类学术研究，涉猎面甚广，只是在教育层面上，对于"教学艺术"的研究并不多，尤其是针对视觉艺术教育这门专业，要找到跟"教学艺术"相关的研究实在不多，都是以着重学科为主导的研究较多，如语文教育、数学教育、科学教育等，跟笔者本文题目相关的甚少。唯一通过香港公开大学电子图书馆找到一篇相关的研究论文，是由 Laber-

---

[1] Lam B H and Kember D. *Conceptions of Teaching Art Held by Secondary School Art Teachers*, In: *International Journal of Art and Design Education*, 2004, pp. 290-301.

cane G.D., Last S., Nichols S.和 Johnson W.等人于1998年发表的 *Critical Moments and the Art of Teaching* [①]。这篇研究论文非针对性讨论视觉艺术教学艺术，乃探讨三位加拿大中学教师的教学经验，分享自己从教学中所得的知识，从而建立教学艺术的概念。当中有讨论到教师作为一个反思的实践者 (reflective practitioner)，对自己的教学必须进行自我反思 (self-reflection)，在反思的过程中，产生一个共有的活动 (communal activity)，即教师与学生的互动交流。通过这些过程，才能建立有效的教学。这种视点，正好跟笔者的研究方向有共通的地方。所以，这份研究论文对本书甚具启发性。

综合以上，本书在题目议定上是正确的，且甚具意义和价值。毕竟笔者在中学的教学经验，曾经历不同的课程改革，能将一点一滴漫长的教学经验转化成教学理论，作为研究，与人分享，对香港视觉艺术教育来说是一个贡献。此外，从以上国内外的研究报告中，都不难看到他们与本文的课题有关和相近的地方，为数虽然不甚多，但笔者期望在前人的经验中发扬光大，互相补足，另辟新的研究路向，为香港视觉艺术学术界研究尽一份力，做出贡献。

本书在讨论研究对象的时候，必须要厘清对"研究对象"的了解，让进行研究的过程中能有一个清晰的目标，不致产生混淆。每一个研究都有其特定研究范围，在特定研究范围中锁定研究对象，为的是避免在资料搜集过程中迷失方向，于是，研究者在特定范围内获取特定的资料，以使研究结果更为可信和准确。事实上，锁定好研究范围，是为了提高研究效率，在特定时间，针对特定材料、特定工具以及特定的研究对象，获取丰富而可靠的资料，尽量使研究结果客观和可靠。研究范围内必须要有核心的研究对象，以便获得重要或必需的资料内容。如果没有这些研究对象，研究没法进行，也收不到预期效果，达不到研究目标；就算强行进行研究，所得的资料也是流于表面化，未够客观和可信。所以，一个周详完善的研究必须有清晰的研究范围，而研究范围内也必须明确研究对象，以使

---

① Labercane G D, Last S and Nichols Sand Johnson W. *Critical Moments and the Art of Teaching*. In: *Teacher Development*, 1998, pp. 191–205.

在执行研究时直击要害。

　　本书的主要研究对象是"初中视觉艺术教师课堂教学艺术"。这研究对象是既有个性之探究，又有共性之讨论，即有个别教师，也有一定数量的教师群体。同时，本书也并非集中探讨视觉艺术教师本身，而是重点探讨视觉艺术课堂教学艺术，这自然离不开视觉艺术教师。为什么？如前提及，课堂教学艺术的形成，乃沿于教师本身教学经验的积累，继而发展成为一种独有的教学艺术。这种教学艺术，每个教师都不一样；于是，课堂教学好坏，是教师的教学艺术所致，因而也定性了学生的学习表现。事实上，本书在探讨香港初中"视觉艺术教师课堂教学艺术"的时候，是想集中从香港初中视觉艺术教师的课堂教学中搜集资料和发展理据，在研究的过程中不会有太多的偏离。如果将研究对象锁定在初中视觉艺术教师身上，自然会较为倾向探讨有关教师的其他东西，如他们的教学理念、学术背景等，而与课堂教学背道而驰，未能集中于本书所定的方向。因此，本书的资料搜集会依赖于香港初中视觉艺术教师的"课堂教学"表现，特别集中在教师因应课堂的教学所表现独有的教学风格，而进行多角度的资料搜集。于是，香港初中视觉艺术教师所提供的资料既是主要部分，亦可作为辅助部分，弥补资料不足的地方，从而突显出本书题目。

　　本书以任教初中（初中一至三年级）学生的香港视觉艺术科教师为范围，以他们的课堂教学为分析对象。不过，与视觉艺术课堂教学艺术直接有关的是教师的素质，例如香港初中视觉艺术教师教学年资，他们资历丰富吗？是初生之犊吗？以至他们的教学素养和教学理念等，都会直接或间接构建视觉艺术课堂教学艺术的形成和特色。于是，学生素质的参差，不同的教学环境，教学资源分配不均等因素，都间接影响教师的课堂教学表现，因而学生的学习成效也必然受到影响。随着年月的改变，教师都建立了自己的一套课堂教学理念，便逐渐塑造了自己课堂教学艺术的内涵。他们的课堂教学艺术孰优孰劣，实在是见仁见智，但学生的学习表现却足以引证教师课堂教学的成功与否，从中可窥见教师课堂教学艺术的内涵要素。综合以上，"视觉艺术课堂教学艺术"的出现和发展乃总结视觉艺术教师的教学经历、教学风格，是他们教学艺术独有的特色和方法。

　　本书探讨"香港初中视觉艺术课堂教学艺术"的"视觉艺术"和"课堂教学艺术",所以在释词方面会针对"美术"和"视觉艺术"两概念进行解释,并只对"课堂教学艺术"一词做概括性的阐述。

　　"美术"一词的意义。香港自20世纪30年代起开展视觉艺术教育,以"美术教育"为名,只以"图画""画画"等词语简单化代替美术之谓。至20世纪六七十年代,小学用"美术与劳作"(Art and Craft)之名开展视觉艺术教育,而中学则以"美术与设计"(Art and Design)为名发展另一个方向的视觉艺术教育,虽然两者分别在于"劳作"与"设计"两词上,但两者的本质是相同的,他们的目标都是发展学生的创作能力。实质上,从传统角度看,两者都是"美术"范畴的内容,与美术息息相关。为什么小学和中学有这样分别的名称?为何不统称叫"美术"?究其原因,这是因为小学视觉艺术教育较少涉及"设计"相关的内容,故以"美劳"为名;而中学的"美术"又已包含劳作之意,加上中学的视觉艺术教育较多是与"设计"有关的创作活动,范围较宽,故以"美术与设计"为名,可见当时香港对视觉艺术教育发展的重视,以及对名字界定的严谨性,目的乃分类清楚,不会引起混淆。此与今日内地的中学美术教育相似。实际上,"美术"一词意义很广泛,根据艾中信的解释,它"源于古罗马的拉丁文'art',原义是自然造化的人工技艺,泛指各种手工制作的艺术品以及文学、戏剧、音乐等"[①],是内地较为传统的美术概念,即与蔡元培时期的概念相同[②]。但一般来说,香港的"美术"一词泛指绘画、设计、雕塑、手工艺等有关艺术创作,又为免混淆起见,并没有以"艺术"一词演绎"美术",因"艺术"一词在意义上比"美术"更广泛及宽阔。俄国学者托尔斯泰(Tolstoy)认为:"艺术是人类将自己的情感、经验,借着动作、线条、色彩、声音或文字表现形式,来传递给具有共同经验者,以引发共鸣。"[③]这种说法较接近"美术"的说法,能够提出与"美术"相关的属性。另一方面,学者梁玖认为:"艺术是一种文化形态,是人类梦想实现的

---

① 王宏建,袁宝林:《美术概论》,高等教育出版社,2009,第1页。
② 蔡元培于20世纪初任北京大学校长时提出"所用的'美术'概念,实为今天'艺术'"。
③ 陈琼花:《艺术概论》,三民书局有限公司,1997,第3页。

重要途径和手段，是人类认知和把握世界的方式……"①"是人类在漫长的生存和生活奋斗中创造的一种文化，也是个人进行有效社会化必须学习的一种文化"，②"是人们为滋养满足自己多种需求而原创的悲欣情趣形式文化"，③"美术是指人类价值之艺术性视觉实现的艺术形式"，④这种种说法都包含了艺术与社会、艺术与人的密切关系，也笼统地包括了不同的艺术门类，而"视觉艺术"是其中一种。"艺术"和"美术"都是寻求优质生活的理想，亦即意义化的生存。毕竟，"艺术"在漫长历史中不断地与不同社会时代发生种种的关系，是社会的附属品，是人类文化的意识形态，是不同学科范畴对艺术的制约，最终都发展成自己本身独特的属性。最后，埃里克·弗尔尼（Eric Fernie）认为："艺术可以说是视觉艺术，而它包含了可观赏的视觉内容，通过它的存在而产生美感经验。"⑤这点可解说"艺术"与"视觉艺术"的密切关系。总而言之，笔者认为：艺术或美术或视觉艺术是一种具有目标、意识的理性行为活动且能表现创作者某种特殊的思想情感所追求美善的原创品。事实上，"艺术"的含义广泛，它包括了"美术"，而"美术"也包含了"视觉艺术"。因此，为避免混淆，香港没有以"艺术"为名统称与视觉艺术教育有关的活动和教学，这不是没有原因的，而以"美术与劳作"和"美术与设计"名称清楚界定中小学的视觉艺术教育，在概念上是清晰化的，也契合内地为今日艺术学科的分类⑥。

从现实角度看，全球的美术教育皆以"Art Education"英语版为本，翻译过来便是"艺术教育"或"美术教育"，两者意义其实是相近的。不过，"艺术教育"意涵比"美术教育"广阔，如前所及，"美术"一词意指绘画、设计、雕塑、手工艺等有关创作活动。为免在阅读本文时产生混淆，本书会以"视觉艺术教育"对有关"艺术教育"作一个总称，方便理

① 梁玖：《欣赏艺术》，西南师范大学出版社，2005，第11页。

② 梁玖：《艺术文化》，载梁玖主编《大学艺术》，湖南美术出版社，2009，第6页。

③ 梁玖：《接触好的美术教育》，《电脑简报》，北京教育学院—国培计划，2011年10月13日下午2时。

④ 梁玖：《美术文化》，载《大学艺术》，湖南美术出版社，2009，第56页。

⑤ Eric Fernie, *Art History and its Methods: A Critical Anthology*, Phaidon Press, 1995, p. 326.

⑥ 2011年2月，中华人民共和国国务院学位委员会通过了将"艺术学"作为独立学科门类，为此"美术与设计"成为二个独立艺术学之一级学科。

解。其次，本书中的"美术"亦指"视觉艺术"，两者在本书中是同一意思。

"视觉艺术"的概念。随着社会的发展，时代的进步，国与国贸易、交流等活动频密了，文化交流多了，不同的文化视像充斥在社会的不同角落，经广泛接触后，人们自然对不同视像产生不同的理解。于是，对美术的学习开始复杂化，并非过往的单纯以创作为主要学习内容，难免引起很多概念上的混淆，加上21世纪美术的意涵更加宽泛，不能再用以往单纯的理解定义，于是便在20世纪90年代发展了"视觉艺术"的概念。事实上，"视觉艺术"一词的范畴拓展了，虽比不上"美术"和"艺术"的壮阔，但不再单是指传统的绘画、雕塑、建筑等等，而是以不同的"视觉元素"和"形式"展现，例如素描、设计、版画、工艺、雕塑、摄影、书法、编织……有时亦可以用多种媒介混合表现等，诸如"装置艺术"和"数码艺术"便是。"视觉艺术"的概念更专业和清晰，比起"美术"的概念更专门化。于是，"视觉艺术"比"美术"的范围纵深了，是从一个旧有的躯壳蜕变，成为革新的象征，乃随着社会发展而发展，将"艺术"的视野拓宽了。一句话，视觉艺术是通过不同的视觉意识形态所表现出来的具有个人和社会文化意义的观看形式表达。简单来说，一块饼干都可以是"视觉艺术"的一种，因为它表现了一种代表社会文化意义的形态。

"课堂教学艺术"的概念。若要将"视觉艺术"的讯息传递，不得不通过"教育"途径而达到；而教育就是要通过有计划的"教学"手段达至目标；所以，有效的教学能辅助教育达到成功的效果。另一方面，"课堂教学"是"教学"里面重要的一环，要达至有效的教学，"课堂教学"是必备元素。"课堂教学"是学校教学工作的中心环节，"它具备以下的本质：一是具有审美性的特色；二是一种表演艺术；三是一种创造性的劳动；四是特有的技能技巧"①。换言之，它不是"教育"中一般普通的东西，而是具有特色和专业性的一门科学、一门艺术，体现和反映其所处的时代和历史发展阶段的教育理念。还有，"就课堂教学而言，它包括备课教学艺术、驾

---

① 许高厚，施铮等：《课堂教学技艺》，北京师范大学出版社，2004，第4-5页。

驭教材教学艺术、导入教学艺术、讲解教学艺术、设问教学艺术和辅导教学艺术"[1]等方面，可见"课堂教学"非我们一般所见那么简单，内里乃包含多种教学规律和理论。

事实上，按着教学规律实践教学，便能实现教学价值。教学成效的高低好坏，是在于能不能满足学生全面发展的需求，能否有效促进学生的成长与发展。所以，教学效能与以下各方面均有密切关系：一是教学情境，如环境、设备等；二是教学构想，如课程设计、课堂教学过程、教具教材、教学策略、教学方法、教学活动、评估方法等；三是教师个人的素质，如所用的教学语言、智能、热情等等，这些皆与课堂教学有紧密的关系。所以，一个完善和颇具成效的课堂教学，是经过精心设计而成，并非想象中的容易，还要切合学生的学习能力和需要。简而言之，"课堂教学"是一种独有的专业个人的教学表演"艺术"，它体现个人的情感观、生活面貌、风格特征、创造力、优质化、完美性等，引起学生的共鸣，并且表现了个人成功的教学经验、教学反思、教学自省，而形成了一种"教学理念"[2]，从不断的"课堂教学"中积累经验，最后演变成为个人独一无二的"课堂教学艺术"。"课堂教学艺术"是个人独有的技艺，是慢慢形成的，是单一的、独有的；另一方面，它是教师的基本功，不仅展现了教师的教学水平，而且直接影响、感召学生，提高着教学质量[3]。这是每一个教师必须拥有的基本能力，也是课堂教学的基本内涵。笔者综合所得，认为"课堂教学艺术"乃教师于课堂内展现自己个人特有教学风格所彰显出的一种创造性教学魅力。课堂教学艺术有助于在师生间建立一种愉悦的关系，达到提升教学的高效能。

二、本书目的与意义

本书在思考研究目的和意义的时候，都是针对题目"香港初中视觉艺术课堂教学艺术"中的"香港初中视觉艺术教师"和"课堂教学艺术"两组关键词而厘定。以下分别详述撰写本书的目的和课题的研究意义。

---

① 吴松年：《有效教学艺术》，教育科学出版社，2008，第2页。
② 同上。
③ 程明太：《美术教育学》，黑龙江美术出版社，2000，第177页。

（一）目的

要建立一个整全研究的概念，必须要厘清研究的方向，订立研究的目的。研究目的就是说明研究者从事什么研究，他研究的动机、原因和期望都包含在内，它带领着研究者从事研究的方向，不致偏离。本书也不例外，也制订了目的而引导整文进展，于是，本书有下列三大目的：一是确立"视觉艺术课堂教学艺术"的定义；二是整理和归纳香港初中视觉艺术课堂教学的特征；三是提出改善香港初中视觉艺术课堂教学的效能与素质的解决方法。以上三大目的都是按照本书题目而发展出来，如第一个目的是对"视觉艺术课堂教学艺术"提出定义，这是本书所必须要做的。因为本书在探讨及理解"视觉艺术课堂教学艺术"是什么，又因"视觉艺术课堂教学艺术"所包含的元素广泛，涉猎面很阔，如能对"初中视觉艺术课堂教学艺术"建立定位意义，对本研究的进展会大有帮助，也是本书的大前提。其次，第二个目的是整理和归纳香港初中视觉艺术课堂教学的特征。事实上，香港中学视觉艺术教师各施各法，用不同的方法进行教学，以求达到教学目的。究竟他们在教学上有什么共通点？又有什么特点？有什么个人的教学风格和教学艺术？又如何突显他们的教学而提高教学效能？这是第二个目的所关注的。至于第三个目的是如何改善香港初中视觉艺术课堂教学的效能与素质。这是香港中学视觉艺术教师所面对的实际问题。教师在课堂教学中达到了多少成效，需要多试多用。因为视觉艺术一科性质较独特，难以量化，也难于单从表面上看到成效，必须通过时间上的反复观察和描述，才可以将质性资料量度，预见成效与素质的表现。本书按照这三个目的发展，必能收到预期效果。

（二）意义

本书在学术上的价值乃笔者积累22年视觉艺术教学的经验，将他们一点一滴转化成一套教学理念和主张，用于科研，贡献社会。虽不至于是伟大的杰作，但却能为香港视觉艺术教育增添姿彩。香港社会普遍以发展经济为大前提，往往忽略了个人成长发展的重要性和必要性，自然对视觉艺术教育这方面的研究会较少，甚或有不足的地方。不过，本书在香港视觉艺术教育界的出现，却仿似一道曙光，一支强心针，能够加强视觉艺术教育的发展，敲醒沉睡中的巨人，让有志从事视觉艺术教育研究的志同道合者，一起为香港视觉艺术教育努力，让这方面的研究得以继续。因此，笔者将自己的研究总结为两方面的意义：一是学术意义。即具有学理上的研究与贡献。如：提出"生命影响教育观""自我反思教学观"和确立"视觉艺术课堂教学艺术"的概念等。笔者于撰写本书期间，已不断对自己和本书的相关对象，如教师、学生等，建立了"视觉艺术课堂教学艺术"的观念和方向。这个观念和方向指的是什么？在观念方面是指：初中视觉艺术课堂教学不仅仅只是一种技能、一个过程，而是教师生命教化、学生生命成长质量的一个重要阶段和环节。事实上，"视觉艺术课堂教学艺术"是应教师本身的素质而发展出来的一套个人教学理论，它是属于个人独有的一种教学表现，一种教学观念，一种"教学艺术"。在方向层面是指：初中视觉艺术教师对课堂教学有了观念后，随之而来的便是思考如何发展日后初中视觉艺术课堂教学应走的路向，使课堂教学成为一种艺术，一套独有的、个性化的教学理论，使师生获得一种愉悦的学习体验。二是现实运用意义。即研究及其结论对促进香港初中视觉艺术教育具有实践指导价值。

笔者于本书写作期间，已不断向自己或有关初中视觉艺术教师推广"课堂教学艺术"的概念。本书印制成书后，会正式确立"视觉艺术课堂教学艺术"的概念推广于不同学校，与教师分享和交流，并肯定它的存在价值和重要性，于视觉艺术课堂教学中是必需的重要元素。很多人会认为"课堂教学艺术"只是一种教学技能，只用于教学层面上，毋须太多理论框架，更不足以成为一套独立基础理论。事实上，没有理论支持的教学，何以成功地完成教学任务，让学生学得愉快，达到教学效果。这不是任何人都可胜任，而是有理论基础和专业技能的人，才可以完善这项工作。所以，"课堂教学艺术"是一套独有的理论，皆可套用到任何学科上。

本书乃属视觉艺术教学论之研究，从现实角度看，尤对课堂教学有特别深入的探讨，所以，研究结果于教师和学生来说是一个成果，为什么？因为本书所发展出来的理论有其实际的价值和意义，不是空谈，也不是纸上谈兵，而是可用于实地场景里，且可以测试其有效性，让教师能结集他们自己多年的教学经验，舍短取长，将最好的状态发挥出来；让学生能学得开心，学习得到成果，达到教学相长的目的。本书在教学上的实际价值是有实质用途，对教师来说，非只是适用于今天，而是终身受用。本书之结果会发展成为一套理论、一种观念、一个新方向，对视觉艺术教师是一个很大的获益。事实上，教师的教学需要不断创新，不断配合社会的改变和需求，不断适应学生的成长发展和能力，不断挑战自己和改变创造……力求去芜存菁，将最好的贡献给学生，培育他们成才。因此，本书在教学上的实际价值总结有两方面：一是建立视觉艺术课堂教学艺术的观念和方向；二是构建初中视觉艺术教师系统的"自我反思"（self-reflection）的教学。

事实上，初中视觉艺术课堂教学艺术可塑性很高，配合不同教师、不同场景、不同学生，就有着不同的效果。传统的初中视觉艺术课堂教学模式由教师主导，教师并不全然了解学生学习情况，单凭学生的作品评估他们学习表现未必客观，是因为教师欠缺"自我反思"的观念和元素于课堂教学内；与现今课堂教学相比，已由教师主导转移到以学生为中心，一切课堂教学活动皆以学生为主，可以说学生充当了教师角色，让他们发展一套自学模式。于是，教师便可在过程中不断检视自己的教学是否适切学生的需要，是否可以帮助他们自我学习，从而建立一套系统的"自我反思"的教学模式。笔者是希望通过本书帮助初中视觉艺术教师，于课堂教学里构建一套系统的"自我反思"的教学模式，成为课堂教学艺术的内涵。

三、 本书思路与主要内容

本文在发展思路与主要内容上，都是围绕着 "香港初中视觉艺术"和 "课堂教学艺术"两组相关概念发展出来，而在构建本书的设想方面，即是研究的相关问题，都是从研究的目的衍生而来，因此，两者关系密切，现分述如下。

（一）本书的设想

从事或开展研究工作，必须要有周详的计划，也必须要对整个研究有清楚的架构，每部分都要顾及。但必须要留意几方面，例如：研究目的、研究方法、研究对象等都是必然要考虑的要素。可是，决定了研究的方向，订立了目的，清楚知道怎样实践，或向什么人、事进行资料搜集后，最重要的还是确立研究问题。早在20世纪60年代开始，西方掀起研究热潮，不同学术范畴都要进行研究，对于研究的设计有一定的要求和格式，诸如研究的背景、研究的方向、研究的目标、研究的目的等等，皆需要清楚说明，更重要的是：必须订立研究假设。所谓"研究假设"便是一些假设与研究有关的规准，在研究过程中作为方向，搜集资料对假设加以引证。西方学者 Louis Cohen 和 Lawrence Manion 认为"研究假设给予研究者方向和焦点性搜集资料和分析"[1]，对整个研究具有举足轻重的作用。直至20世纪90年代末，"研究假设"被"研究问题"取而代之，研究者以解答问题为研究过程的取向，成为必须处理的首要部分。所以，进行研究必须清楚订立研究问题。研究问题的订立让研究者在研究过程中不会迷失方向，不会偏离研究题目，而能够聚焦研究内容；另外，研究问题的出现让整个研究都迈向科学化、客观性，不会流于主观和没有理据。

从另一角度看，研究问题的订立可以对整个研究提出有深度、广度和有意义的研究向度，使研究结果丰富起来，研究者想要研究更深广，皆可在研究问题设计上定位，收到预期效果，这是研究者对研究必须构思的地方。本书也不例外，如进行一般研究一样综合所得，拟解决的关键问题包括以下三方面：一是视觉艺术课堂教学艺术应该是怎样？二是香港初中视觉艺术课堂教学是怎样，有什么特点？三是如何改善香港初中视觉艺术课堂教学艺术？

三个研究问题皆是与本文题目的关键词——"视觉艺术课堂教学艺术"有相关的联系和构建，如问题一乃探讨视觉艺术课堂教学艺术的要素，这是分析一个视觉艺术课堂是应该包括什么的内容要素；问题二乃探讨香港初中视觉艺术课堂教学的特点，这是概述及归纳香港初中视觉艺术课堂教学的情况，从中窥探课堂教学的特点，理解视觉艺术课堂教学艺术是什么；问题三乃讨论怎样改善香港初中视觉艺术课堂教学情况，从而明白课堂教学艺术对教学效能和素质的重要性。这三个研究问题都是从研究

---

[1] L Cohen and L Manion. *Research Methods in Education*, Londen:Croom Helm Ltd, 1985，p. 38.

题目和研究目的引申出来的，皆达到了研究目的所提出的方向，给予客观性的佐证。总而言之，研究问题是整个研究计划里面必须考虑的东西，而且是一个合理性的假设，因此，订立研究问题将有助于完成研究计划的目标。

（二）本书研究方法

本书是一个质性研究，一个以香港地区中学为主的研究，属地区性个案探讨。所谓"质性研究"是"焦点式揭示和诠释事物本意，提供重要的政策方向，对某些重要政策含意细节的理解"[①]。于是本书是以"香港初中视觉艺术课堂教学艺术"为解释"香港初中视觉艺术课堂教学"的现象为导向，对"香港初中视觉艺术课堂教学"进行探讨，发展精细的、深度的、全面的和综合性的分析，以期达到理解"香港初中视觉艺术课堂教学"的实际情况、来龙去脉。事实上，从事质性研究讲求研究员本身的创造力和洞察力，因为在研究过程中会因应不同环境而收集到不同的资料，有时并非研究所需，有时是意料之外的资料，因此，研究员随机应变的能力要很强，对环境和场景敏锐，目的是要搜集最真实和准确的资料。所以，质性研究员必须拥有创造力、应变力、洞察力和适应力，所搜集得来的资料才可丰富研究的内容。

其次，质性研究比量性研究更具灵活性和连续性，为什么？因为质性研究对研究的问题有聚焦性和针对性的解释，既深入且宽阔，而所记录的资料乃来自不同人群的观点，而不是研究员自己的个人观点，加上所得的资料是互相引证，一层一层的，有次序条理的，既有连续性又有延伸性的。所以，质性研究的资料是可信赖的、客观的、有信度和效度的。还有，质性研究适合于较复杂的情形，本书欲探讨"香港初中视觉艺术课堂教学艺术"，虽知"课堂教学艺术"乃一门复杂性的学术议题，当中所包涵的研究元素亦十分多，若单以量化的方法探讨这个议题，难以全部涵盖，也未能全然解释研究的问题。相反，质性研究的资料却能对这个议题有不同程度的解释，满足研究问题的要求，也可补足量化方法的不足之处。事

---

① 普拉尼·利亚姆帕特唐，道格拉斯·艾子：《质性研究方法》，郑显兰译，重庆大学出版社，2009，前言。

实上，单以量性数据解释研究结果是不足够的，而量性数据的符号在意义上也很难被解释，必须要用质性资料去辅助解读，这会来得更全面、更充实。所以，质性研究能够帮助解释量性统计数据的意思。

另一方面，本书乃属地区性个案探讨。所谓"个案研究"，是指"采用各种方法，广泛系统地搜集单一研究对象（一个人、一个团体、一个机构、一个学校或一个社区）的有关资料，并以特殊情况为研究对象，从而对其展开深入、细致而又具体的研究"①。本书以香港中学为主要研究焦点，并锁定初中一、二及三年级视觉艺术教师为范围，随意抽样不同类别学校进行问卷调查、观课、访谈等研究工作，借此了解"香港初中视觉艺术课堂教学"的情况，从而了解香港初中视觉艺术课堂教学艺术，窥见香港初中视觉艺术教育整体的发展。

总而言之，从研究性质来看，质性研究会利用不同的方法探讨研究现象，而本书则侧重于多种理论观点，如心理学、教育学、教学理论、艺术理论等；和实用技术应用的可能性，如课堂观察、访谈、问卷调查、日志记录（daily journal entries）等，作为本书搜集资料的工具。而本书会运用某些研究方法，如调查法（questionnaire）、观察法（structured observation）、访谈法（structured, semi-structured and unstructured interview）、实验法（experiment）、比较法（comparison）等，即通过以上各种方法，将所得的资料互相引证，从而对"香港初中视觉艺术课堂教学艺术"有一个系统和清晰的概念。

（三）本书的内容和框架

本书在核心内容上都是围绕着"香港初中视觉艺术教师"和"课堂教学艺术"两组相关概念发展出来的，因此，笔者会集中探讨"香港初中视觉艺术教师"的"课堂教学"表现，包括：课堂教学方面有教学设计、教学目的、教学内容；教师方面有教学理念、教学方法、教学活动、教材教具的运用、教学评价、语言运用、师生关系、课堂秩序管理、课堂学习气氛；学生方面有课堂表现、学习态度、师生关系、生生关系等等，这些要

---

① 段鹏，华年：《美术教育研究方法与论文写作》，湖南美术出版社，2010，第135页。

素都是"课堂观察量表""问卷调查""访谈""日志记录表"等工具中的主要内容，都是反映出本书题目所探究的主体 ——"香港初中视觉艺术教师"的"课堂教学艺术"。还有，本书的三条关键性研究问题是显示本书的内容所在，由探讨"视觉艺术课堂教学艺术"的定义开始，到检视"视觉艺术课堂教学艺术"的要素，再整理和归纳"香港初中视觉艺术课堂教学"的内涵和特征，至建议"如何改善香港初中视觉艺术课堂教学艺术"止，都是因应本书题目而发展出来的内容，完全配合本研究的构想。

第一章

香港初中视觉艺术教育现状

美术教育自古已有，"是人类社会一种重要的文化教育活动，也是人类文化教育最早的门类之一"①，所以，有美术便有美术教育，有美术教育就能延展和发展人类文化，将人类的美术思想、美术知识、美术历史和美术技能等通过一件件艺术品展示出来，他们的文化永远存留于历史洪流当中。

美术教育的名字由来已久，最早可追溯到古希腊与中国的原始社会，随时代和社会的发展而改变着，因此，不同历史社会时代的美术教育必然有不同的含义，如我国的美术皆以水墨画、书法见称，可见我国的美术教育含义极富传统色彩。21世纪初的香港，美术教育含义的本质跟以往已有分别，所涵盖的层面也扩大了，且不断地扩张，于是美术教育的内涵扩大，非单是传统艺术的培训，凡是跟美术有关的学习，皆可称为美术教育；于是美术教育便正名为"视觉艺术教育"，标志着美术教育的革新和变化，迈向新纪元。美术教育，即指视觉艺术教育，两者于本书所指的是相通的，即同一内涵概念。

① 翁震宇：《美术教育概论》，中国美术学院出版社，2009，第2页。

第一节　香港初中视觉艺术教育的发展

香港视觉艺术教育发展自20世纪30年代开始以兴趣班作为起点，至今已有70多年的时间。配合着时代的步伐，社会的发展，因而产生不同级别层次的视觉艺术教育，这是因着社会的不断进步所致，于是有小学、初中及高中等三个阶段的视觉艺术课程发展出来，这里不会讨论香港的高等视觉艺术教育。现从宏观角度来看香港视觉艺术教育，且会慢慢聚焦讨论初中视觉艺术教育，以配合本书探讨的路向。

一、20世纪50年代前的兴趣形式性香港视觉艺术教育

清代鸦片战争的爆发促成了英国对香港管治。英国人早已对华有侵略的野心，拥有香港的管治权是实现其野心的第一步，其将鸦片贸易作为对华入侵的手段。1840年以前，英国与中国的鸦片贸易发展迅速，成为"特色"的工业，毒害着中国人的身心健康。中英之间鸦片贸易越发昌盛，却引致很多中国人沉醉吸食鸦片，致使其无心工作，不事生产，给社会民生造成很多问题，社会秩序大乱，大大冲击了中国经济的发展。清政府对鸦片贸易的迅速发展也抱审慎态度，眼见国民因吸食鸦片而日益颓废；事实上，这样对当时清政府管治威信也有很大的冲击，遂引起清政府官员对吸食鸦片的禁止，中英关系转趋恶化，最终导致先后两次的鸦片战争。

中英双方经过一段长时间的争拗，中方两次鸦片战争都彻底失败，全面暴露清政府的积弱和缺点，无可奈何下，中英于1842年第一次鸦片战争后签订了《南京条约》，这是中国第一个不平等的条约。《南京条约》清楚订明中国永远割让香港予英国。其实，英国对香港有觊觎之心已久，早在

1841年的《穿鼻草约》，已取得香港半岛及其港口的管治权。自此，香港在英国管治下迅速发展，成为西方在远东的重要贸易基地。不过，英国人贪得无厌，复求修订之前条约内容不果，与法国联军又再次大举侵略，于1856年发生了第二次鸦片战争，最后广州、北京沦陷，清政府签订了《天津条约》。

鸦片战争后英国统治香港，酝酿了香港教育模式。英国正式入主香港，实行"殖民式统治"，对各方面施行英式管理模式，教育是其中重要一项，遂酝酿了香港的教育。直至1997年6月30日止，1997年7月1日香港正式回归中国，成为中国东南临海的一个现代化城市。1997年前香港的一切制度、政策、法律、社会民生等等，都以英国模式为主，实行英式香港化的管治。

英国执管香港的日子，大致上各项制度和政策，皆以当时的英国制度为依归，但都尊重中国传统固有的文化，香港人得以传承中国习俗生活，这也方便对香港建立全面的管治权威。对于一切社会制度和民生政策来说，大抵上皆以英国模式为主，就连教育制度也如是，由布政司署属下不同的决策科负责，如教育司。香港自开埠至二次大战的教育都以政府、私塾形式或义务团体所办为首，课程亦以传统的古文学习为主，并没有其他学习范畴。不过，直至二次大战结束后20世纪40年代，全球政治复归统一，英国正式在香港发展管治势力，渗入各种英式政策，以求将香港塑造为另一个富有英国色彩的城市，于是将香港英化，为此先从教育开始。所以，香港英式教育便发展起来。

当时香港英式教育特色以"自由发展"和"积极不干预"为原则，让学生有创新和尝试的机会，发展自己的潜能，且学习范畴亦尽量多元化，切合学生的需要。本着这个原则，开始关注其他学习范畴对一个人成长的帮助。不过，香港尽管是受英国管治，但仍以中国传统文化为学习内容，如古文便是，并没有加强发展其他边缘学科，如视觉艺术。事实上，英国对香港实行"殖民式统治"，发展视觉艺术教育实在有限。当时学校视觉艺术教育没有课程的核心和框架，只以"画画堂作为课程的点缀，但这类课程较英、美等国迟了一个世纪才开始发展起来"①。虽然如此，视觉艺术教育发展的思潮亦已开始萌芽了。不过，视觉艺术教育的发展取向，"除了依循政府的教育政策外，亦受到政治、文化、经济及社会方面的影响"②。

一战后至二战前为香港视觉艺术教育萌芽阶段。英国管治香港采取开放政策，尤以第一次大战后，国内有识之士涌到香港生活，当中包括文艺界人士，发展了学习艺术的氛围，促进了视觉艺术教育的萌芽。一战结束后，国内政局非常动荡，文艺界人士可以自由出入香港，没有限制，于是他们便来到香港结社或设立私人美术专科学校，开班授徒，慢慢地开始发展雏形的视觉艺术教育，如一战后于"1926年成立的'国画研究会香港分会'和1927年成立的'香港书画文学社'等"③，都是当时发展视觉艺术教育的团体，还经常举办画展，试图将艺术的种子传播在当时的香港。由此，成立不同的美术学会，培育创作专才，一时蔚然成风。直至20世纪30年代的所有视觉艺术教育，都不是政府所提供的义务教育，都要收取学费。所以要学视觉艺术，必须要交学费，当时很多人也负担不起。另外，20世纪30年代的中学教育，若女生考中学毕业试时，除了应考一些学科如数、理、化、历史等，亦可考"国画"科，可见当时的视觉艺术教育只限女生，并不普遍，也可说是有钱人才可以接受这类教育。1935年，英国教育专家宾尼（Burney）来港进行教育调查，却发现了当时的教育过于重视精英的英文教育，没有重视贫苦大众对教育的需要，更遑论对体育、美术与劳作（即美术与手工）和音乐等课程诉求的满足，于是开始关注当时香港整体教育的问题。1937年，苏里（Sollis）来港于教育司任职，大力提倡教育改革措施，于小学开办图画、手工、音乐等课程，与此互相配合的便是培养这方面的教师人才，于是罗富国育学院④在1939年成立，以满足这方面的需求。从这点可见视觉艺术教育在当时已开始普遍化，成为学校课程之一，也是学校视觉艺术教育正式萌芽时期。

当时公开考试的结果证明视觉艺术教育的存在意义。香港中学生毕业

① 黄素兰：《香港美术教育口述历史——从图画堂开始》，香港美术教育协会，2001，第34页。
② 同上。
③ 吴香生：《香港美术教育发展六十年》，香港教育学院，2000，第64页。
④ 这是香港第一间训练和培育教师的政府教育机构。

后必须参加统一的公开考试，成绩优秀者可到大学进修。20世纪30年代已有视觉艺术教育的雏形，但非普遍性学习，英文中学学生可以报考"国画"（即中国传统水墨画）一科代替其他学科。二战后的几年，即20世纪40年代开始有英文中学学生报考"国画"一卷和"美术科"（西画）三卷[①]，但报考"国画"的人数比"美术科"人数少，足见"美术科"（西画）三卷较受欢迎，也证明英式教育已开始渗透和改变富有中国传统文化色彩教育背景的香港。不过，当时学生公开考试的成绩都是一般，并不十分理想，皆因视觉艺术教育的发展处于起步阶段，但可证明当时视觉艺术教育的认可接受性及存在意义，是切合当时工商业社会的发展与需求的。

二、 萌芽期——帮助发展性视觉艺术教育

20世纪50至60年代，香港的视觉艺术教育具有策略性。20世纪60年代中小学视觉艺术课程纲要的出现奠定了香港视觉艺术教育发展的方向，政府有关部门，如课程发展处，是发展香港视觉艺术教育的重要机构。二战后的香港视觉艺术教育都只局限在英文中学，直至20世纪50年代，中文中学也开设了美术科毕业会考课程，给学生提供了多元化的学习机会。而且，那个年代的视觉艺术课程跟现今比较更具前瞻性和方向性，"强调提升美术方面的水平，也认同审美是人的本能，并同意美术教育有教化及调剂身心的功能"[②]，对比起二战后英文中学的视觉艺术教育确实进步了很多，课程规划也很全面化，分立初中和高中两部分。初中部以训练中国画笔墨的技巧、观察力为主，亦有灌输国画理法，以配合高中部的国画理论、发展和鉴赏，完全体现了"学科本位"的学习理念。可见20世纪50年代香港的视觉艺术教育颇具策略性和引领性，开启了香港视觉艺术教育的发展。

事实上，20世纪50年代香港的教育已跟之前有所不同，并非单是认识文字，就连非专门科目，如体艺科，都必须让学生学习，以达有益身心、陶冶性情的目的。所以，小学美术课程设计委员会终于在1952年成

---

① 包括：模特儿素描、设计、几何描绘（黄素兰：《香港美术教育口述历史——从图画堂开始》，香港美术教育协会，2001）。

② 黄素兰：《香港美术教育口述历史——从图画堂开始》，香港美术教育协会，2001，第34页。

立，主要针对设计视觉艺术课程，全力推行儿童视觉艺术教育，鼓励教师在施教时，切忌让儿童抄袭图画，通过观察和鉴赏艺术品，激发和增强学生的观察力、想象力和表现力，将有关的视觉艺术知识用于创作上。单从这点足以体现出"学科本位"的视觉艺术课程取向。随着20世纪50年代的《香港学校美术教学刍议》、60年代的《小学美术教学举隅》《中学美术科课程》和《小学美术及劳作科课程》等相继出现，更清楚地确立了香港视觉艺术教育发展的地位和路向——强调自由创作，不应单纯使儿童只懂运用工具和材料，应在教师的鼓励下发展他们的创造力和审美力，尤其是1967年出版的《小学美术及劳作科课程》，更向着这方面目标迈进。其实，1967年的课程纲要乃"标示着香港小学美术教育开始步向香港政府课程发展的模式"[1]，反对过去香港视觉艺术教育所强调的临摹、抄袭、填色的美术教学活动，这是一个大的革新。当时，视觉艺术教学内容主要分为四类，包括绘画、美术设计、雕塑及模型制作、欣赏及参观等，尽量配合儿童的自我发展，使他们从自发创作和创作活动获得愉快的满足感。换言之，以"儿童为中心"的视觉艺术教学理念渐渐发展起来，成为20世纪60年代主导的视觉艺术教学观念，这配合了美国20世纪40年代视觉艺术教育家罗菲尔德（Viktor Lowenfeld，1903—1960）所倡议的"工具论"[2]的观念。

三、发展期——无数真空性视觉艺术教育

20世纪70年代的义务教育促使香港视觉艺术教育的发展。香港从1977年开始实施九年义务教育，即是从小学一年级至初中三年级由政府提供免费教育，开始发展均衡的五育，确认了视觉艺术教育的地位。自1967

---

① 黄素兰：《香港美术教育口述历史——从图画堂开始》，香港美术教育协会，2001，第34页。
② 工具论基本理念：以"儿童中心"为基本理念，又称"自然方法论"；尊重儿童成长的自然性；艺术的目的是启发个人潜能；艺术是情感直接表达的工具；儿童在艺术创作表现上，都是他们成长全面地反映，教育内容：创作是主要的学习范畴；创作题材上可跟儿童生活有关的，让他们将最熟悉的事物表现出来；培养儿童自发性的创作；没有系统课程；反对用成人作品为教材，教育方法：成人或老师是启发和鼓励儿童进行艺术创作的重要人；成人或老师，帮助重建他们进行艺术创作的信心；用问答法或身体动作以激发儿童内在的创造力；培养儿童创意思维，不宜对儿童作太多的干预。

年中小学课程纲要面世后，香港视觉艺术教育慢慢地走向一个正式萌芽且颇具规模的阶段，香港教育开始认识到视觉艺术教育的重要性，并且确认了视觉艺术教育对一个人成长的影响。于是，20世纪70年代开始实施九年免费义务教育，让适龄儿童可以接受"德、智、体、群、美"五育，有一个均衡及全面的学习。教育署于1971年正式出版《美术教育》刊物，记录了往昔及当时视觉艺术教育的情况，此举奠定了香港视觉艺术教育发展的基石，亦确立了"设计"于视觉艺术范畴中的地位，开启了"设计"教学的年代。翌年，视觉艺术成为当时教育署核心课程之一，确立了其在小学和中学的地位，小学名为《美术与劳作科》，中学名为《美术与设计科》。此外，1975年和1978年分别出版了初中（中一至中三）及高中（中四至中五）的视觉艺术课程纲要，这更大大提升了视觉艺术教育于中学的地位。与其他学科一样，视觉艺术教育发展成为一门独立的科目。从1975年和1978年中学的视觉艺术课程纲要内容看，两者均离不开开展各类视觉艺术制作活动的建议；虽然如此，但却加入了基本设计、立体设计、印刷品设计、平面设计及图案设计等，可见配合"社会需要"仍属这时期的课程设计路向①，加上一直以来，"香港中学美术与设计课程是沿于'自然主义'的视觉艺术教育观"，②正好衔接小学的美术与劳作课程的"工具论"，二者有共通的地方。

　　20世纪80年代的香港视觉艺术教育稳步发展是个隐忧吗？自20世纪70年代确立了中学视觉艺术课程后，一直沿用至20世纪90年代才重新修订，19年时间没有任何的发展，对香港视觉艺术教育来说是否健康呢？香港小学美术教育已有明确的发展路向，且在1978年正式成为中学学位分配办法③里呈报分数的科目，足见美劳科已备受各方面的重视，更确认了小学视觉艺术教育的重要性。随着社会发展的步伐，配合全球视觉艺术教育发展的大气候和趋势，20世纪80年代香港视觉艺术教育步入一个稳定阶段。

---

① 黄素兰：《香港美术教育口述历史——从图画堂开始》，香港美术教育协会，2001，第34页。
② 吴香生：《香港美术教育发展六十年》，香港教育学院，2000，第64页。
③ 这是香港20世纪70年代小学升中学的一种评分方法，就是计算学生在小学六年级全年各学科成绩的平均表现，上报教育司署作为分派中学学位的指标参考（吴香生：《香港美术教育发展六十年》，香港教育学院，2000）。

小学视觉艺术教育课程纲要自1967年面世后，一直都未有机会检视和修订，这是否配合社会和学生发展的需要，这是什么原因呢？直至14年后，1981年才正式颁布修订了的小学美劳课程纲要，这是否是迟来的春天？20世纪六七十年代香港中小学视觉艺术教育蓬勃的发展与20世纪80年代中期的平稳过渡，是否意味着香港政府对视觉艺术教育的漠视与忽略？为什么十多年时间没有对小学和中学作任何课程的修订？1967年的小学美劳课程纲要和1975年与1978年的中学视觉艺术课程纲要适合20世纪80年代的社会吗？这种种问题值得我们探讨。笔者从20世纪80年代中到香港罗富国教育学院接受师资培训，专业为"美术与设计"科，三年的课程甚少讨论关于中小学视觉艺术课程的问题，更少涉猎关于国外视觉艺术教育情势。由此可见师资培训机构都不太清楚当时视觉艺术教育的发展概况，更何况要提升整体视觉艺术教育的素质，是一个很大的疑问。直至投身中学教师行业，笔者只感到当时任教中学的视觉艺术科是一潭死水，既没有清晰的课程概念，也没有具体的课程规划，从中可见当时中学美术教育是何等的被忽略，仿似一科兴趣科目，根本切合不到当时社会的发展，犹如一般小学的画画、手工堂。这可解释一点：十多年没有新课程改革是因为香港政府不重视视觉艺术教育，欠缺前瞻性的识见。这是香港视觉艺术教育发展史上的一个很难修补的缺口。不过，1981年的小学美劳课程纲要受到20世纪60年代美国艺术教育家艾斯纳（Elliot Eisner），"本质论"[1]的视觉艺术教育理论影响，认为视觉艺术能力乃后天学习的结果，是非自然的成长。这是为日后发展1995年的小学美劳课程纲要奠定了基础。一句话：视觉艺术教育之建立和发展必须要有教育理念的引导或支撑。

四、成熟期——认识革新性视觉艺术教育

20世纪60年代末期和70年代中后期是香港视觉艺术教育发展史上最炽热辉煌的时期，有关部门分别编写了小学、初中及高中的视觉艺术课程

---

① 本质论的重要观念是：艺术能力非自然成长，乃学习的结果；艺术教育乃是个人经验独特的贡献；艺术为普通教育中一个基本学科；要儿童从艺术教育中有学习成果，必须要有系统的及良好的课程设计，有明确和清晰的目标、内容、学习活动和材料之制订。该理论强调全方位学习艺术，包括：创作、批评、历史、美学等领域，务使儿童对艺术的学习有较全面的增益。

纲要，奠定了香港视觉艺术教育发展稳定的局面。20世纪80年代初修订及完善了旧有的小学美劳课程纲要，对于中学的视觉艺术课程纲要也没有任何的改动，这两阶段的学习如何衔接，仍是一个疑问。

20世纪90年代的香港视觉艺术教育发展是一个重要的里程碑，它记载了香港视觉艺术教育一次大的课程改革动向，开通了香港人的思想，让教育的重要性得以凸显，改革是必然和刻不容缓的事。于是，1995年及1997年分别重新编写了小学美劳课程纲要和中学的美术与设计课程纲要，两者均朝着英国20世纪90年代兴起的英国国家课程纲要（National Curriculum）及美国20世纪80年代的"以学科为基础"（学科回归基础论）的艺术教育（Discipline-Based Art Education, DBAE）[1]理念而发展，当中清晰界定了四大学习范畴，分别为美学、美术史、美术创作及美术批评。两套课程纲要跟过往"自然主义"的视觉艺术教育观大不相同，皆倡导以"学科为本"方向学习视觉艺术，认同视觉艺术为学科。这是20世纪90年代的香港视觉艺术教育发展的一桩大事。

香港自1997年回归祖国后，香港政府检讨本土地区教育，发现仍有很多缺漏的地方，且未能全面环视世界，于是便在2000年规划了21世纪教育蓝图，实行全面改革教育，以期每一个学习范畴都能朝着共同目标和方向发展，锐意培育各行各业的专才，意在将香港打造成为一个国际大都会。教育改革中的学习范畴共分为八大方面[2]，而艺术教育[3]是其中一项关注的范畴，配合社会发展创意工业，一系列的设施，如兴建设计学院，扩大高等教育设计及艺术的课程种类，增加修读这些课程学生名额，赶紧步伐，加快速度兴建西九文化区[4]，等等，种种措施政策都是配合香港整体的艺术教育发展。如此看来，香港视觉艺术教育有了很大的发展，展现空前

---

① 这是香港译名，与国内的不同。这个理论是由艾斯纳（Elliot Eisner, 1984）、葛利尔（W. Greer, 1984）、查布曼（L. Chapman, 1985）、黛依（M. Day, 1985）等教育家提出。
② 分别是中国语文教育、英国语文教育、数学教育、科学教育、科技教育、个人、社会和人民教育、艺术教育、体育教育等。
③ 包括：视觉艺术、音乐、表演、戏剧……
④ 这是香港政府在2001年期间将九龙西一幅填学地发展为一个集文艺娱乐一体的艺术文化区，计划中有大型的展览馆、音乐厅、剧院、艺术馆等设施，亦有一系列的住宅用地。

成就。总的来说，2003年视觉艺术课程指引的出现，正是1997年中学美术与设计课程纲要的补充和修订，配合着21世纪教育蓝图的大方向。凡此种种都是香港视觉艺术教育发展史上一项伟大的工程，也是发展史上的里程碑。

第二节　香港初中视觉艺术教育的问题

从前一节讲述关于香港视觉艺术教育发展历史中，我们似乎不难看到香港视觉艺术教育的困难和所面对的问题，就是政府的漠不关心，以及香港大众对视觉艺术教育认识不深，所以，窒碍了香港视觉艺术教育的发展。本节将主要剖析香港视觉艺术教育在发展过程中所遇到的及积累的不同问题。

一、核心问题，悬而未决

香港人文化根源贫乏是香港初中视觉艺术教育核心的问题之一。香港人接受英式教育几十载，没有学习"文化"的观念，对自己的身份认定模糊不清，是中国人？是英籍中国人？抑或是英国人？在多年的基础视觉艺术教育层面里，较少涉及"文化"观念的培育，乃至学习自己或他人的文化，根基薄弱。所以，要全面揭示和分析香港初中视觉艺术教育核心的问题，必须从香港人最基本的"根"开始探讨。根据《辞海》中所载，"根"是"植物体向土中生长之部分，所以吸收养分"，亦指"事物之本原也"[1]，于此笔者所指的"根"是"根源"或"本性"的意思。而这个"根源"或"本性"可在精神和文化两方面讨论。事实上，到目前为止，香港有关当局都没有正面讨论关于香港初中视觉艺术教育核心的问题，甚至说是关于整体香港视觉艺术教育的问题。不过，凭借笔者的多年中学教学经验和观察，加之接触不同校长、教师、学生、家长等等，笔者了解到一

---

[1] 舒新城等：《辞海》，中华书局，2003，第691页。

点：香港人对认识文化的兴趣不大，可以说对视觉艺术的认识和了解不多。例如：笔者于2000年因修读英国一个硕士研究课程，要到香港艺术馆进行一项资料搜集，在某星期六于馆内守候一整天，统计入馆参观人次，总计只有数十人。而当中外地游客占去九成，本土的香港人只占一成，从中可窥见香港人对认识视觉艺术兴趣不大。这正反映了普遍香港人的艺术文化基础比较薄弱。因此，厘清香港初中视觉艺术教育的问题和核心内容，实在有助于推广和拓展香港初中视觉艺术教育之完善性。

究竟香港人的"根"是什么？笔者作为香港人的一分子，在香港生活几十年，从事教学工作22年，所接触的人和社会的事也不少，应该对"根"这个问题很容易回应；然而"根"这个问题却很复杂，很难去解释得清楚。不过，可试从精神和文化两方面说明。首先，从精神方面看。香港人的身份很特别，有些人不知道自己是什么国籍，也不知道自己是不是一个真正的中国人。自英国统治100多年时间里，无论政府架构、法律条文、官方语言，都是以英语为本，中文为次，自然没有对中文存在着厚爱，缺乏中国文化的精神是无法避免的事。恰如香港人自嘲中国人黄皮肤说"鬼话"①，说的不是自己民族的语言，有种很不自然的感觉。其次，从文化方面看。香港人对自己身份持有怀疑态度，不中不西，受西方开放思想和文化冲击，究竟学习外国的文化，还是坚持自己中国的文化，实在模棱两可。毕竟，香港人受英国文化统治百多年，追捧西方思想，于是香港人最基本的"根"的问题 ——就是对自己来源文化认识不深，更偏离中国文化，完全成为无中国文化的"根"的香港人。例如：笔者在视觉艺术课堂教学中曾教授初三学生中国水墨画、中国剪纸、中国书法，他们都对中国的艺术文化十分有兴趣，只是他们从幼儿园至初二都未曾正式接触过中国艺术，事实上，他们的视觉艺术课堂也很少学习中国艺术，所以，他们对中国的艺术文化很陌生。从中可见一个现象：香港人的中国文化根源很薄弱。又例如：一个对中国文化没有兴趣的人去欣赏中国艺术，结果会怎样？这个人一定转头便走；带一个对视觉艺术很陌生的人去看展览，就算

---

① 这里是指英语。

从旁加以解说，这个人很快便觉得闷，喊着要离开。这些例子皆说明一个道理：因为他们对中国艺术或视觉艺术都提不起兴趣，强要他们去欣赏这些东西，对他们来说，实在是一件苦差事，这是可以理解的。事实上，学习视觉艺术需要文化根源，没有文化根源基础是很难发展和推广视觉艺术教育的。于是，要理解香港初中视觉艺术教育核心的问题便容易得多了，即香港初中视觉艺术教育受香港人文化根源观念的影响，这便是直接导致香港初中视觉艺术教育素质参差不齐的原因。

香港人文化根源的观念很薄弱，不论对自己国家，还是其他地方都是一样，这对发展视觉艺术教育有很大阻碍。要发展成熟的视觉艺术教育，争取丰硕的成果，并不是一件容易的事，需要人力、物力的配合，加上时间及政策上的支持，才可能有好的发展，欧美等地以及我国在文化方面的传承是非常重视的，多处可见到人类遗留下来的文化产业。所以，文化根源的观念十分重要，而香港人在这方面较为贫乏，从而影响了视觉艺术教育发展的政策导向，这直接影响了整个香港视觉艺术教育的发展。因此，香港视觉艺术教育要想有好的发展，就必须要厘清这种无"根"的文化观念。

香港人对视觉艺术观念理解不深是香港初中视觉艺术教育核心的问题之二。香港人文化根源薄弱，于是对很多有关文化的东西会理解不深，视觉艺术是其中一环。香港视觉艺术教育推广不够普及，无法加强香港一般市民对视觉艺术的观念，致视觉艺术教育发展受到阻碍。事实上，香港初中视觉艺术教育另一个核心的问题便是香港人对视觉艺术"观念"的问题。这是说香港人对视觉艺术教育的偏见——"中小学及社会层面，向来较为忽略视觉艺术教育"①，这是由来已久的问题。从20世纪50年代开始至70年代中期，视觉艺术都是边缘学科，乃是"没有足够的行政规范支持下，不能发挥应有的教育效果"②。换言之，没有清晰的政策条文及指引使其成为具有一定规模的科目，加之资源的分配的缺乏和不足，才会成为边

① 林贵刚：《香港美术教育》，湖南美术出版社，1996，第26页。
② 同上，第24页。

缘学科。举一个简单例子,20世纪六七十年代的视觉艺术课全是"自由堂",即教师板书题目于黑板上,然后学生自己自由创作,教师则做自己的工作。正因为这个缘故,视觉艺术被喻为没有学术地位,只作为消闲学习,沦为边缘学科。这样的情况在当时中小学十分普遍。而不幸地,这种观念已广泛地植根在香港人脑海中。曾经有个朋友问笔者:"现今的视觉艺术课堂是学什么?"笔者回应:"有评赏和创作,还有要做艺术欣赏的论文报告,更有理论笔试。"朋友听后,便瞪起眼睛说:"视觉艺术不是画画和做手工吗?"这段对话已清晰表露出香港人对视觉艺术的观念是何等的片面,认识实在不深。这是香港在基础教育方面的失效,持续抱着这种观念,只会妨碍视觉艺术教育的发展。于是香港人渐渐地对视觉艺术教育观念模糊起来,自然就不会重视,形成香港视觉艺术教育核心的问题。

二、相关问题,相因而失

在探讨香港初中视觉艺术教育核心问题的同时,其他相关问题也相继涌现。这是很自然的事,因为核心问题未得到解决的时候,其他问题也会陆续出现,而且是一揽子问题,必须要逐步处理。其实,核心的问题衍生其他问题,其他问题也构建了核心问题,两者是相辅相成的。前面讨论过香港初中视觉艺术教育的核心问题,但最重要的还是行政和师资的问题。

首先,行政的取向是香港初中视觉艺术教育的隐性问题。香港教育局给予中学很多行政的自由权利,让校长可以灵活处理校政。于是,校长便在学校行政领导中拥有最高决策权。一般校长都忽略视觉艺术教育,这是影响视觉艺术教育发展的最大阻力。20世纪50至80年代初的视觉艺术教育不被重视,学校决定教学取向 ——学科[1]为主,其他科为次,对于视觉艺术教育的位置安排,放在最后,可有可无。尤以小学情况最为严重,在视觉艺术堂做主科补课之用,足见视觉艺术的地位价值是何等的被忽视。另外,小学校长会安排非主修视觉艺术教师教授视觉艺术,有时更会由非专科视觉艺术教师担任科主任,管理和发展该科。试问由一个不懂视觉艺术的人统筹和发展该科,会有什么后果?这些情况在当时小学十分普遍,

---

[1] 这里指中文、英文、数学、科学、人文学科等科目。

香港教育局却没有干预或阻止这些行政安排的失当，可见小学校长跟普遍香港人对视觉艺术教育的观念不相伯仲，压根儿并不看重德、智、体、群、美五育均衡的发展，到头来扼杀了有艺术潜能的学生。试问这些行政取向是想帮助发展理想的视觉艺术教育？抑或破坏视觉艺术教育的发展？这些都是由核心问题所衍生出来的隐性问题。至于20世纪50至80年代初的中学视觉艺术教育，初中跟小学情况差不多，仍有很多非专科教师任教视觉艺术，为的是减轻主科教师的课堂任务，以做休息之用；而高中视觉艺术教育则较小学和初中更为重视，都是由专科教师任教，教授相关的视觉艺术知识。总而言之，学校行政失当，错配教师课堂，除了忽略视觉艺术科的重要性外，更重要的是行政者和非专科教师对视觉艺术教学观念的误解，这是教育的致命伤。要面对和解决这方面的问题，必须纠正观念上的谬误。

其次，师资培训是香港初中视觉艺术教育的边缘问题。视觉艺术教师培训不足是20世纪七八十年代较为普遍的现象，而入行想当视觉艺术教师的却不多。于是，在人手不足的情况下，非专科视觉艺术教师便产生了。事实上，隐性问题较边缘问题更为严重，且非一时可以解决。如前提及小学校长如何看待视觉艺术课堂，这是一个思想观念问题，需要长时间才能改变，而且这些根深蒂固的观念也并非容易拔除，可能会永远存留在思想当中，不会消失。边缘问题则较容易处理，可通过一些策略来帮助解决问题。毕竟，边缘问题的出现乃由其他主要问题所诱发出来。正如前面提及小学校长主导决定视觉艺术教育的发展，当中所涉及的除了是行政安排外，便是缺乏专科视觉艺术教师的情况。于是，相应衍生的便是师资缺乏的边缘问题。20世纪50至80年代中的专科视觉艺术教师很少，根本不足以应付教学上的需求，在迫不得已的情况下，只有安排非专科教师任教视觉艺术，因为没有监管，这情况维持了颇长一段日子。这确实窒碍了视觉艺术教育的发展，根本上对小学视觉艺术教育帮不上什么忙。事实上，中小学视觉艺术教育是互相关联的，中学教育承接小学教育，两者相辅相成，偶一缺失，都会影响另一方面。小学视觉艺术教育的发展既然受到阻碍，衍生问题，于是，中学的视觉艺术教育也会延续小学的问题，或比小学更严重，故不会有什么样突破性的发展 ——师资不足是香港初中视觉艺术教育边缘问题的延伸。

当细心分析香港中学层面的视觉艺术教育时，尤其是初中的层面，在教学过程中，教师是控制和监察产品质量的主导者，如师资出现问题时，会直接影响学生的学习效果。所以，要处理这个边缘问题，必须配合现况，对症下药，制订政策，培训视觉艺术教师，以应付问题症结之所在。如前所提及，高中的视觉艺术教师多为专科教师，只是初中级别仍由一些非专科视觉艺术教师任教，就是针对这班教师的需要，提供在职培训，帮助他们重新构建视觉艺术教学的基本概念，如课程设计、课程内容、课程评估等，务使他们对视觉艺术教学有清晰的了解，达到课程的目标。总之，师资不足是该年代初中视觉艺术教育所面对的边缘问题，也非在短短十多年间所能解决的。直至21世纪初的现今初中视觉艺术教育，也积存了这样的问题，但仍有些视觉艺术教师非专科毕业，他们必须接受在职进修，以符合资历任教视觉艺术。不过，对于他们怎样发展初中视觉艺术课程，怎样设计一个初中视觉艺术课堂，怎样在课堂内施教，怎样建立完整的课堂教学等，都未有清晰的观念构建。要积极解决这方面的问题，需要教师自身秉持自我检视和自我追求完善的反思能力，才可帮助香港初中视觉艺术教育的发展。

第三节   香港初中视觉艺术课堂教学艺术的优欠

每当很多视觉艺术教师执起教鞭，到教室进行课堂教学时，便会想到教授学生创作技巧，让学生可以自由进行艺术创作，以达视觉艺术教育的最终目标。事实上，这种观念是对视觉艺术教学的一种误解与混淆。为什么？很多视觉艺术教师对香港初中视觉艺术课堂教学不太重视，因为其既不是高中课程，又没有公开考试压力，于是便不会有什么周详的教学策略的考虑，也没有对自己教学进行反思，认真面对处理和解决教学问题，并且往往"将视觉艺术活动、视觉艺术创作和视觉艺术教学三者的概念混淆"①，这是香港初中视觉艺术课堂教学艺术的明显缺欠——不重视教学策略、教学方法。据笔者22年教学经验观察所得，又有与不同教师接触和合作的经历，最终认为：香港初中视觉艺术教师在课堂教学中不重视教学策略的安排与教学方法的运用，究其原因是他们习惯了一套课堂教学的运作，不愿做新的尝试。这是初中视觉艺术课堂教学的问题。

　　然而香港初中视觉艺术教师的教学问题，必然追溯到他们课堂教学上的策略。教师课堂教学的概念是什么，必然会涉猎到他们在课堂上的组织和管理，当中也会联系到教师本身在课堂内所运用的教学策略。这些都会在他们的课堂教学艺术中展现出来。因此，课堂教学艺术与教师的教学关系十分密切，这并不是单纯讨论教师的教学方法，乃包括教师在课堂中所运用的一切资源，教师如何有效地将课堂教学各种属性互相配合，展现出个人的教学风格，发挥个人课堂教学艺术的魅力，从而提升教学效能和素质，这完全有赖教师如何有效地组织和管理课堂。于是，"有效的课堂管理包括四大要素——实际环境管理、课程管理、课堂程序和规则管理，以及纪律管理"②，这是从实际经验得出来的一个定律。笔者认为：视觉艺术课堂教学更重视课堂管理，如果课堂管理不善，有什么问题，整个课堂教学的结构便会瓦解。笔者数年前在一所男生学校上视觉艺术课堂时，学生入教室后分组而坐，其中一排的两位学生因争椅子而发生口角，其中一个说："这张椅子是我惯常坐的，你不可拿走。"另外一个随即回应："椅子上面没有刻上你的名字，为何我拿不得？"最初只是争拗，继而动手打架。笔者用了近半堂课的时间处理他们的问题，这给笔者留下深刻印象。所以说：有学生在视觉艺术课堂上有破坏性行为，整个课堂便会失效，达不到教学效能，更谈不上有什么课堂教学艺术可言，这关乎教师教学管理的思维。究竟香港初中视觉艺术教师的课堂教学艺术有什么优点和欠缺的地

---

① 林贵刚：《香港美术教育》，湖南美术出版社，1996，第41页。
② 许明得、李伟成：《有效课堂管理》，香港大学出版社，2008，第41页。

方？所以，必须先要审视香港初中视觉艺术课堂教学的特点，借此揭示出视觉艺术教师的教学特征，本节会有详细的讨论。

一、全面审视课堂教学

"全面审视"香港初中视觉艺术课堂教学，是深入讨论香港初中视觉艺术课堂教学的逻辑起点和观念。课堂教学突显了教师的教学风格和教学艺术。那么，香港初中视觉艺术课堂教学是怎样？有什么特点？课堂教学艺术，就是指教师在课堂内展现自己个人特有教学风格所彰显出的创造性教学魅力。即课堂教学艺术就是教师综合自己熟悉的教学策略与技巧，所显示出一种独特的教学风格，从而发展出个人教学的魅力，引导学生进行独特性的课堂教学活动，而达至一种愉悦的效果。任何教师处理课堂教学都必须有教学策略与技巧。有了教学策略，教学自然会顺畅，且产生效果，对教师和学生来说，双方都有益处。根据美术教育学者尹少淳的说法，"教学策略是在特定的教学任务中，为了提高教学的实效性，对教学任务的诸要素进行的系统谋划，以及根据谋划在执行过程中所采用的具体措施"[1]。所以，事前的谋划和执行过程中的具体工作都是教学策略所包含的概念。一个完整的视觉艺术课堂教学，就必须具有某些特点，使人留下深刻印象。

（一）香港初中视觉艺术课堂教学艺术的特点

一般来说，"课堂教学艺术"的概念，就是教师利用富有创造性的各种教学手段进行教学，以提高教学效能。其实，教师就好像一个艺术家，通过课堂教学进行不同创作，利用自己"独特的个性来发挥和施展自己的才能，配合学生的需要"[2]，使学生学得愉快、主动地获取知识，而且"还常常会引起学生的美感，使他们得到一种美的享受"[3]。这是一个成功和高水平的课堂教学。不过，要突显课堂教学艺术的特点，不是靠一次、两次的课堂教学便可以总结归纳起来，而是要在长期课堂教学中实践并积存教学经验，慢慢地衍生出来。因此，需首先理解教师课堂教学的共性特征，才能通过观课归纳厘清香港初中视觉艺术课堂教学艺术特点。

---

① 尹少淳：《从正确理解教学策略到美术教学策略的制定》，《教育研究》，2009年第4期，第1页。
② 孙菊如等：《课堂教学艺术》，北京大学出版社，2006，第1页。
③ 张宝臣等：《课堂教学艺术》，哈尔滨工业大学出版社，1995，第1页。

1. 香港初中视觉艺术教师课堂教学艺术的共性特征

每个教师都应该是教学艺术家。姑且勿论是什么学科，都有可能创造出不同课堂教学的面貌，发展不同的课堂教学艺术，视觉艺术教师更应该具有个人独特性的课堂教学艺术。不过，教师要提高课堂教学的素质，"就必须追求和发扬有效教学行为，防止和克服无效教学行为，要先确立课堂教学的意识"①。要做到有效和负责任的教学行为，就是对自己所要预备的每一个课堂教学做好准备，并非随心所欲地即兴教学，想到什么就教什么，这些都是没有意识的准备，没有周详的考虑，没有计划的策略，在教学过程中必定会碰钉，无法提升教学效能，也不能提高学生学习兴趣。所以，作为一个负责任和有良知的教育工作者，必须要全力以赴，做好课堂教学工作。另一方面，"教学艺术作为人类复杂的精神文化和心态文化的艺术创造活动，让师生紧密合作，充分利用教学情境中的一切条件，遵循教学规律和美的规律，创造性地应用各种教学方法和美的形象，最佳地完成教学任务的活动特征"②，换句话说，笔者觉得教学艺术是师生相互合作创造出来的一种和谐愉悦的效果，教师的教学方法在学生中产生化学作用，而这些化学作用促使学生发展智力、润泽心灵、提升道德观念，全然地突出教师个人独有的教学感染力，达到一个教与学饱和的境况，发挥教育的伟大力量，这就是教师独有的课堂教学艺术。一句话，教师个人独有的教学方法塑造了自己的教学风格，产生教学魅力，成为个人独特教学艺术，并升华为自己的教学理论。事实上，课堂教学的工作乃由个别教师负责，较少牵涉其他教师。纵然是教师集体备课，或协作教学（co-teaching），回到课堂中也是自己一个人负担整个或部分课堂教学的工作；自然地，每个教师都可能发展出一套自己独有的课堂教学艺术。课堂教学艺术如同其他"艺术"一样，有高雅、庸俗之别，有好有坏，乃是个人独特教学智慧的表述和贡献——一种独有的教学风格、教学理论。学生学什么，学生怎样学，学生学成怎样等等，都是与个人课堂教学艺术的独特性关系非常密切。事实上，前面讨论过教师的课堂教学艺术直接影响学生学习表现，所

---

① 杨惠元：《课堂教学理论与实践》，北京语言大学出版社，2007，第30页。
② 汪刘生，白莉：《教学艺术论》，江西教育出版社，1996，第92页。

以，拥有"自己个性的教学风格，乃标志着教师课堂教学艺术的成熟性"①。换言之，越是教学经验丰富的教师，越能形成自己的课堂教学艺术，越有自己独特的教学风格。课堂教学艺术是每一个教师所必然具备的技能，只是他们的教学风格是属于个性或独特性而已。

课堂教学艺术是否等同教学风格？笔者认为可以用教学风格去理解课堂教学艺术的内涵。纵然有学者认为教学风格就是课堂教学艺术，于课堂教学中尽显教师个人独有的创造性教学，而衍生成为教学风格。笔者同意课堂教学艺术主要是教师个人独有的教学风格，但二者并不等同。实际上，课堂教学艺术涵盖面较教学风格更广，教学风格较侧重教师本身的教学个性和特色，注重实践性；相反，课堂教学艺术涉猎面较宽，牵涉教师及其有关教学的属性，尤其是教学理念、教育观点、教学创造、教学表演、教学境界、教学格局等等，是一个较高层次的理想。因此，课堂教学艺术又被界定为"创造性教学魅力"。即"教学艺术是一种高度综合的艺术，综合运用各种教学方法、手段，还体现教师个性而独具特色的教学风格"②。所以，要构建教师的课堂教学艺术是要经过长时间实践和经验累积而来，是要在课堂教学实践与创造中显现出来的。简而言之，课堂教学艺术乃由教学风格慢慢地一点一滴积存而来，成为一种独特的教学面貌，两者关系密切。笔者认识一位同行，他教视觉艺术科已有一段时间，听学生说他在课堂教学时滔滔不绝，说个不停，且是说他个人的东西，没有直接教授主题相关的内容，又没有在教学过程中做示范，跟着便叫学生进行创作。从一个理想视觉艺术教学角度看，这位教师具备个人教学风格，就是说话滔滔不绝，但明显没有发展自己独特性的课堂教学艺术——没有教学方法，没有将具体教学任务内容落地的个性手段，师生间教学过程中没有产生化学作用，教与学达不到和谐平衡，没有教学的吸引力，只是一个工序式教书匠，没有创造性的教学可言。因此，具有特色的课堂教学艺术是经年累月的积存，且要自己不断地反思检讨。若要观察个别教师课堂教学艺术的独特性，不得不透过他们的教学思路、教学理念、教育观念、课堂

---

① 张宝臣等：《课堂教学艺术》，哈尔滨工业大学出版社，1995，第9页。
② 许高厚，施铮等：《课堂教学技艺》，北京师范大学出版社，2004，第6页。

秩序管理、教学方法和表达方式、教学境界、教学外化等作理解。

如果将视觉艺术课堂教学比喻为一个艺术创作过程，那么，创作者会是视觉艺术教师，艺术品便是学生的表现，三者关系非常密切，缺一不可。将这个观念放到教育层面里，教师便是一个伟大的教育工程师，制造出不同的教育成果。由此得出一个结论：不同学科的教师会创造出不同的课堂教学艺术。再举一个例子，每个视觉艺术教师皆具备相近的艺术能力，但每个人都有自己的独特性，对视觉艺术有不同的体验和经历，在同一主题下实施教学，所用的手段都会不同，便会衍生出不同课堂教学艺术的面貌。所以，课堂教学艺术是教师独有的智慧结晶。笔者当视觉艺术教师22年，建立了自己个人特色的课堂教学艺术，核心内涵就是生命性、亲和性、创造性、幽默性、启发性、宽容性、可赏性、愉悦性。笔者总结自己教学艺术的形成，是通过不断经历和琢磨而发展的，是随着教学经验和年月而逐渐构成的。于是，笔者认为：视觉艺术课堂教学艺术就是视觉艺术教师通过自己的独特的经验转化成一种教学理念，通过自己熟练或特殊的教学风格和魅力，去感染并提升学生学习兴趣，让师生在交流过程中享受整个教学，双方达到一个愉悦的理想境界。简言之，视觉艺术课堂教学艺术，就是指视觉艺术教师在课堂内展现自己个人独特教学理念和样式而感染学生有效学习的创造性教学魅力。不同或相同学科的教师都具备不同的课堂教学艺术特色，没有完全一样的课堂教学艺术。根据张宝臣等的观点，课堂教学艺术都有以下几方面的特征："（1）形象性；（2）美感性；（3）创造性；（4）和谐性"[1]。笔者同意张宝臣所提出的一般课堂教学艺术的普遍特色，但总结笔者多年观察和自己经验所得，另有体会。一般来说，从视觉艺术教师所展现出来的视觉艺术课堂教学艺术有以下几方面的共性特征：第一，教师的亲和性。一般来说，视觉艺术教师与学生建立多重的关系，就如父母与子女、好朋友、好同学等等，目的是通过不同的关系鼓励学生学习，提高教学和学习成效。事实上，建立良好的学习伙伴关系，教师便能顺畅地通过不同的教学方法系统地教授预计的教学内容，达

---

[1] 张宝臣等：《课堂教学艺术》，哈尔滨工业大学出版社，1995，第2-3页。

到一种教师教学的和谐性。如果学生能有效地参与教学活动，达成教学目标，这是学生学习的和谐性。能够达至这两方面的效果，视觉艺术教师于课堂教学中所发挥的亲和性课堂教学艺术便发生了作用。第二，教师的创造性。视觉艺术教师在课堂教学过程中每一个步骤都是创造，由无至有，由简入繁，由浅到深，由抽象至具体，都是对学生进行建构和创造知识，丰富他们学习的生命力。视觉艺术教师在这方面更是得天独厚，不但思想具有创造性，而且所用的教学方法和策略更具独创性，目的是引导和启发学生展示创造力，发挥他们的潜能，这实在非其他科目教师可比拟。于是，视觉艺术教师的具体形象便表现为，"给学生以感性的认识，使他们产生丰富的联想，从而掌握难以理解的抽象原理、概念、公式和定理"①，增强自己的教学效能。不过，视觉艺术教师必须要对教学环境敏锐，如何处理突发事情，处变不惊，临场发挥和采取恰当的教学措施，这种情况下就是教师发挥创造性课堂教学艺术的最好时机。第三，教师的宽容性。视觉艺术教师在课堂教学中都会接纳不同学生的学习态度、不同的创作表现都要有很大的宽容性。视觉艺术这门学科难定标准，难分优劣，尤其是学生的创作表现，都处在学习和发展的阶段，不可用成人的准则判断。教师要不断鼓励学生，培养他们的兴趣，建立他们的自信心。所以，视觉艺术教师的耐性和宽容性要大，要接纳学生的学习表现，自然而然地发挥出宽容性课堂教学艺术。第四，教师的美感性。视觉艺术教师通过优美的语言、友善的态度、可欣赏性的表演、清晰的组织，将内容传授给学生。他们更可通过具体且优美的图像进行教学和解说，给学生在学习过程中以美的享受，达到一种愉悦的理想境界，从而增强学生学习的兴趣。这是视觉艺术教师发挥课堂教学艺术美感性的作用。所以说视觉艺术课堂从不会感到沉闷，因为在视觉上有美的感染力，"教学艺术必须遵循美的尺度，没有教学的美，则不会有教学艺术"②，更何况是视觉艺术课堂，应进一步讲求课堂教学美感的升华。

　　以上是笔者在多年的教学经验中对视觉艺术课堂教学艺术所总结的一

① 张宝臣等：《课堂教学艺术》，哈尔滨工业大学出版社，1995，第2页。
② 孙菊如等：《课堂教学艺术》，北京大学出版社，2006，第6页。

些具体课堂教学艺术的特色。此外，笔者在2010年12月至2011年3月期间到香港6所不同中学进行视觉艺术课堂观课的时候，发现教师一些课堂教学艺术的共性特征。六位都是任教初中视觉艺术科的教师，他们都在课堂教学中运用自己专长的教学艺术，构建他们自己独具特色的课堂教学，目的是使学生们更易掌握课题内容。现通过下列资料表将每位教师所拟定的课题做一概览，配合课堂观课所得的资料从中认知和理解他们课堂教学艺术的共同特性。

资料表（一）　六位初中视觉艺术科教师课堂教学的基本资料

教师	任教年级	课题	教学年资	任教学校	专业资格
甲（女）	初中二	平面创作：英文书法运用与设计（第一教节，共四教节完）	26年	艺术与科技教育中心：诸圣中学	学士：艺术教育
乙（女）	初中一	平面创作：素描比赛（第一教节，共一教节完）	28年	艺术与科技教育中心：慕光英文书院	学士：艺术教育
丙（男）	初中二	立体创作：纸黏土制作一钱箱（第二教节，共四教节完）	16年	艺术与科技教育中心：马利诺神父学校	硕士：艺术文化
丁（男）	初中三	平面创作：版画制作一动物（第二教节，共五教节完）	18年	官立嘉道理爵士中学（西九龙）	学士：艺术教育
戊（男）	初中一	平面创作：速写/素描（第一教节，共四教节完）	20年	圣言中学	学士：视觉传播（视觉艺术）
己（男）	初中一	平面创作：英文字体设计与排列（第一教节，共四教节完）	11年	汇基书院（东九龙）	学士：电脑艺术与设计

从上面资料表（一）中的基本资料看，六位全部都是有丰富教学经验的中学视觉艺术科的教师，最长的有28年教学年资，最短的也有11年。所以，他们对于拟定课题、教学内容、教学技巧，以至课堂管理等等，都是驾轻就熟。笔者从他们的课堂教学归纳出香港初中视觉艺术课堂教学艺术

的种种特点。首先，6位教师运用其专业和准确的语言引导学生理解课堂教学内容。换句话说，他们视觉艺术课堂教学艺术的第一特点是语言性。尤以教师丁给笔者留下深刻印象，因为当中的学生多为香港出生的南亚裔[①]，并非以广东话或普通话为常用语言，教师必须以英语来进行教学。这些南亚裔学生较为活泼，较难管理，加上进行版画雕刻工作有一定的危险性，故在教学期间以简报录像式的方法，图文并茂，辅以清晰和准确的英语解说，于是学生就能清楚课堂学习内容和创作步骤的要求，教师也可维持课堂秩序，减少突发问题的出现，这是教师课堂教学设计中的"综合管理计划所包括的预防性和应对性的管理策略"[②]。教师丁在这方面有一个较清晰和系统的准备工作。笔者在观察过程中发现，30多位学生都留心聆听教师丁的讲课，讲课中除了有清晰和准确的英语解说外，教师还表现了自己语言的魅力，吸引学生专心听课，所以，学生在进行个别创作的时候，也能按程序进行，从中可理解到语言的重要性，这是视觉艺术课堂教学艺术的特点。而其他五位教师的课堂教学也都有这方面的特点。

其次，六位教师都能运用其专业性的技能进行创作示范，即技能性。技能性是视觉艺术课堂教学艺术的另一个特点。学生可通过课堂上教师的示范，更清楚地了解创作的过程。笔者在各次听课中，留意到部分教师会通过实物投影机将创作过程做简单示范；有些教师则以小组形式逐一进行创作示范，确保学生都明白如何开展创作。其中教师戊则运用了自己独有的创作示范方法，以"讨论—创作—示范—讨论—欣赏"的模式，先与学生一起讨论和分享，之后让学生自己进行创作，继而向他们进行示范并讨论和欣赏同学的作品，促使师生和学生间的沟通和交流。这种做法对于观察能力较弱的学生来说，帮助很大，最少他们可从别人作品中明白怎样进行创作，直接帮助他们解决创作上的疑惑。笔者在旁观察到学生都被教师的示范所吸引，每次都报以"哗然"的声音，可见教师戊技能性的课堂教学艺术成为他课堂教学的特点。另外，教师丙在学生自己进行创作的时候，对个别学生进行指导，并亲做简单的示范，展现了他课堂教学艺术的

---

① 南亚裔包括：印度、巴基斯坦、孟加拉、菲律宾、越南、印度尼西亚等。

② 李耀新：《课堂教学的组织与管理》，暨南大学出版社，2008，第134页。

技能性特点。

再次，六位教师的视觉艺术课堂教学艺术都表现了创造性特点。视觉艺术本身具有创造性特质，所以，创造性是视觉艺术教师课堂教学艺术的特点。"创造性"包括两个层次：一是教师的教学；二是学生的表现，两者息息相关。教师的创造性教学和学生的创造性表现，是互为牵引、互相影响的。笔者所观察到的六位教师都具创造性的教学表现，无论在选题方面，还是在教学方法的运用方面，都有策略性的全局观，也就是"对教学对象、教学内容、教学环境、教学资源，甚至教师自己的能力特点，都有充分和全面的考虑"[1]。尤其是教师乙对教学环境和教学资源的掌握和运用尤佳，教师将一班差不多40人的初一学生分成若干组别，通过实物投影机统一教授基本素描的概念和技巧，在有限的时间、环境和资源下，进行分组比赛。这样做一方面可达到教学上应有的效果，学生可以学习素描，有互相比拼而不致过于沉闷；另一方面，也可通过比赛全面评估学生该堂课的学习表现，极具策略性、前瞻性、组合性和灵活性。笔者在观课期间，观察到教室周围环境狭窄，空间局促，且物资供应也有不足的情况，所以教师必须在设计课堂教学时灵活和弹性安排，才能创造出特别的教学效果。另外，在教师戊的课堂教学中还观察到学生的创造性表现。当教师讲课完后，学生开展教学活动时，笔者从旁观察发现学生在讨论、商议时都表现出创造性思维，整个学习环境都充满创造性的氛围。所以，教师如果过于墨守成规，又欠缺创造性教学手段，课堂教学只会流于表面，学生也提不起学习兴趣，没有生命力，仿佛一潭死水。

最后，六位教师的视觉艺术课堂教学艺术都表现了亲和性特点。如笔者在前面曾总结香港初中视觉艺术课堂教学艺术的其中一个特点是亲和性，这点也是笔者从观课中所观察到的。教师甲所教的班别是初二，一班男女学生，他们大多来自问题家庭，属欠缺学习动机的学生，学业成绩不太理想。可是，笔者从观察得知教师甲与学生关系非常友好，她以接纳包容、和蔼可亲、平易近人、关怀爱护的态度与学生相处，学生不单对教师

---

[1] 尹少淳：《从正确理解教学策略到美术教学策略的制定》，《教育研究》，2009年第4期，第2页。

甲非常尊重，还在课堂中用心学习，做好每个学习活动，而且每位学生的学习表现都很好，从中可了解到教师亲和性的表现，确实可以帮助提升学生学习效能，充分发挥了视觉艺术教师课堂教学艺术亲和性的特征。

综观以上，我们都不难看到六位教师在课堂教学中的主导地位及其角色的扮演，其影响至深至远。教师的一举一动，都会直接影响学生的学习成果。笔者20世纪90年代初留英期间的论文指导老师——罗拔·班士（Dr Rob Barnes）于1999年在其著作中指出："一个积极正面的教师，其积极思想会于课堂教学中营造一种成功的信念和气氛，鼓励学生们积极向上。"①这是真实的事情，因为教师在课堂教学中展现其独有的教学艺术，是塑造学生思想的重要元素。于是，笔者就各方面分析所得，归纳了香港初中视觉艺术课堂教学艺术的特点是亲和性、创造性、美感性、宽容性、语言性、技能性和差异性。不过，视觉艺术课堂教学艺术的特点是由教师的个别性格和教学风格所发展出来的，没有一个定论。以上从分析所得的都是本文的结果。总之，教师是教育工程的命脉，他们主宰了教育事业的成败，塑造了不同模样的学生。

2. 香港初中个别视觉艺术教师课堂教学艺术的独特性

一般香港初中视觉艺术教师在课堂教学中突显了以上所述的教学艺术特点，但事实上，亦有一些视觉艺术教师在教学中有自己独特的课堂教学艺术，而这些独特的课堂教学艺术确实令学生佩服和欣赏，对他们产生一种魅力、一种吸引力。笔者认同教师具有这种教学魅力，能吸引学生喜欢上视觉艺术课堂。在检视自己的时候，认为自己个人独特的课堂教学艺术有幽默性、观赏性和愉悦性。教师个人性格是发展课堂教学艺术的重要元素，而教师的教学风格也是从个人性格发展出来的，所以，教师的课堂教学艺术跟个人性格和教学风格有直接关系，互为影响。笔者的性格取向较为正面和积极，喜欢与学生交流，自然在课堂教学不免流露出幽默性的性格特色。所以，笔者的视觉艺术课堂教学很多时候都充满喜乐的氛围，师生关系融洽，所以，在整个教学过程中，师生都达到一个愉悦的境界，教

---

① Barnes R. *Positive Teaching, Positive Learning*. London; New York: Routledge, 2013，p.18.

与学俱达到成效。另外，笔者觉得自己的教学十分认真，22年来都是，不同级别的学生都给予笔者很正面的评价，很喜欢笔者的课堂，也从笔者的课堂教学中学到很多视觉艺术知识，观赏性甚高。这些都是笔者从自己多年教学经验中所检视出来的个人独特的课堂教学艺术。在六所不同中学进行视觉艺术课堂观课的时候，我观察到各教师课堂教学艺术的独特性，可有以下几方面。第一，课堂教学艺术的条理性。笔者从教师戊的课堂教学中见到教师具有清晰的视觉艺术教学理念和教学思路。教师对教学过程中每一细节都有周详的考虑和安排，尤其是通过"讨论—创作—示范—讨论—欣赏"的模式，运用不同的教学方法，渗入自己个人条理井然的教学风格，发挥条理性的个人独特的课堂教学艺术。例如：教师戊欲要让学生明白静物与几何形体的关系，便撷取日常生活例子，跟学生一起讨论。这样的安排让学生可以充分参与其中，学得投入，趣味盎然，学习气氛热烈，秩序良好，反应甚佳，不至闷在自己座位上静听教师的教学。如图1-1至图1-4所示是学生投入学习的情况。

图1-1 教师戊的学生于课堂上的学习情况，圣言中学，2010

图1-2 教师戊的学生于课堂上进行创作时的情况，圣言中学，2010

图1-3 教师戊的学生于课堂上进行创作时情况，圣言中学，2010

图1-4 教师戊的学生于课堂上聚精会神地进行创作，圣言中学，2010

最后教师引用 20 世纪 "后印象派" 画家塞尚的 "还原理论"①
(Modulation) 做总结，并介绍画家的作品，进行艺术史和艺术批评的学习。从这里可见教师对教学有充足的准备，能引用艾斯纳的 "以学科为基础" 的艺术教育理论，可见教学思路和理念非常明确。第二，课堂教学艺术的可赏性。视觉艺术教师要挚爱自己的教学工作，喜爱自己的学科，自然会做好每个课堂教学的准备，对自己的教学要求会高些。教师在自觉性的推动下会不断地改善自己的教学，于是每个课堂教学都会有可赏性的地方，正反映了教师所发挥出来的个人独特性课堂教学艺术的功效。教师甲在其课堂教学中可赏性甚高，叫笔者留下深刻印象。教师甲于其初中二班进行英文书法运用与设计的教学。整个课堂环境充满和谐融洽的气氛，教师先通过日常生活所见的不同英文书法进行分类解说，限学生分享其所见所闻，继而进行示范教学——怎样写英文书法。当中学生被教师的丰富专业知识和技能所吸引，定睛看着教师示范创作之余，无不表示欣赏赞叹，之后学生自行试写英文书法。笔者观察到学生学习十分投入，尤其是写英文书法期间，教室内鸦雀无声，个个都能全程投入，教师对学习上有困难的学生则进行个别指导。笔者从中观察到教师丰富专业知识的确令学生佩服，既可让学生喜欢学习，又享受学习过程。事实上，一个视觉艺术教师的专业知识并非只是局限于某一范畴，而是要多元化，且涉猎面要广泛，也要讲究技能性的表现，常紧贴生活脉搏，发挥自己专业的教学素养。所以，如果教师甲没有慑人的课堂教学艺术，根本无法使学生投入学习，无法达到教学效能。第三，课堂教学艺术的个体性。一个教师能具备个人独特的教学方法，对于整个教学过程帮助很大，也能提升学生学习的成效，体现个人独有的课堂教学艺术。什么是独特性的教学方法？它具有什么特色？从一个简单的概念理解，"讲授法、演示法、讨论法、实践法是一个个具体的教学方法"②，这些都是在课堂教学中常用的教学方法，究竟有没有

---

① "还原理论" 是 20 世纪后印象派画家（Post-Impressionist）塞尚（Paul Cezanne）的绘画理论，他认为大自然界中的物象全是由立体几何形所筑建，所以在绘画他们的时候，要将他们还原为几何图形。

② 尹少淳：《从正确理解教学策略到美术教学策略的制定》，《教育探究》，2009 年第 4 期，第 2 页。

独特性，则是见仁见智，但肯定的是：他们都能帮助学生学习，发挥出他们的功用。笔者在自己的视觉艺术课堂教学都会常用"提问"的方法进行教学。"提问" 是最直接简单的教学法，可以清楚了解学生学到了什么。在形式上也可以改动而变成具有独特性的教学方法。例如：可转换成由学生互相提问，又或者用比赛进行，再可以用辩论形式进行。在课堂教学中常用这些"直接教学法"，乃是"除了讲述内容外，还要输入足够的资料及情境，在提问环节上有层次地建构知识，可提升学生学习兴趣，澄清概念"[1]，这种教学法适用于各个学科，但它确实是最有效的，也最易让人观察得到，有其存在的价值和意义，而且体现了教师运用这种方法的独特性。不过，有研究认为这些"直接教学法""明确教导学生对他们行为的期待是很重要的"[2]，因为这样可以让学生知道自己该做什么，也可提醒教师教学时不会迷失方向。亦即是说，教学方法可帮助这些行为的出现，以求达到教学的目的。所以，教学方法的选择和运用为成功的教学提供了支持，奠定了课堂教学艺术的内涵。更重要的一点是：教师教学方法与课堂教学艺术有密切的关系，完全显露教师的教学思路、教学观念。就如教师自己，他所展现的课堂教学艺术是个体性化的。笔者在观察教师课堂的时候，并没有发现什么特别的教学方法。在整个教学过程中，教师给予学生很多思考的空间和机会，如讲授简报时候，每一小节都会给学生提问、回应和讨论的空间，由浅入深，由简至繁，正如前文提及的"直接教学法"，就是让学生在学习上对"内容组织要建立先后有序、层递分明的概念，令他们常动脑筋，明白所学的知识"[3]。这证明惯用的教学方法都有其独特性，通过配合教师的课堂教学艺术而发挥其作用，绝不可抹杀这些传统教学方法在教学过程中所发挥的功能。笔者从学生的课堂创作表现中可体会教师自己课堂教学艺术个体性的特点，学生同样发挥出了其无比的创意，达到了教学目的。

---

[1] 赵志成：《有效教学策略的应用》，香港中文大学香港教育研究所，2007，第12页。
[2] 卡罗尔·西蒙·温斯坦：《中学课堂管理》，田庆轩译，华东师范大学出版社，2003，第42页。
[3] 赵志成：《有效教学策略的应用》，香港中文大学香港教育研究所，2007，第13页。

二、 课堂教学艺术的缺欠

近年每到学期初，视觉艺术教师常有很多的顾虑和担心，不知如何面对新学年的教学工作，尤其是初中视觉艺术教师。为什么？究竟是香港初中视觉艺术课程很难驾驭？课堂教学有什么缺欠的地方？初中视觉艺术教师担心自己处理不好课堂教学？抑或他们自己的课堂教学有什么问题？笔者认为：最主要的问题在于新课程①的出现令教师不知从何入手去开展课程设计和课堂教学规划。笔者于香港中学任教视觉艺术科22年，面对新课程的要求，不免也有这样的压力，没有方向感。近年来常听同行教师提出这样的疑虑：学期初的时候很难制订出教学主题，不知教什么？也不知怎样教？视觉艺术课程应该怎样厘定和设计？怎样切合新课程的要求？适切学生学习能力和社会的需要？笔者认为视觉艺术教师有这样的担心是无可厚非的。视觉艺术科与其他学科不同，没有教科书，也没有正式的教材切合特定的教学主题，全部都是参考资料。纵然现行有几套教科书，但教师都不会买，因为内容松散，且未必适合学生，他们也不想被教科书内容捆绑。所以，几乎全部教师都是自己设计和制作教材，切合自己厘定的教学内容。事实上，香港初中教视觉艺术的教师在新课程制度下缺乏资源支持，加上工作量多，压力又大，课堂教学不易处理，这些是现今初中视觉艺术教师所面对的问题。试问在这样的环境下怎样改善课堂教学？怎样做好课堂准备而实施一堂精彩的教学？教师可以发挥应有的课堂教学艺术吗？一句话，教材贫乏是导致香港初中视觉艺术课堂教学艺术产生和发展的主要原因。

香港初中视觉艺术课堂教学艺术的另一缺欠就是教师教学素质的专业性不够。在香港视觉艺术教育发展历史中，于20世纪80年代的中学有很多非专科视觉艺术教师，他们仍然在现行初中任教视觉艺术。他们虽已接受在职专科教学培训，但在职培训仍有很多不足的地方，要他们面对新课程，实在不容易。专科教师都感到束手无策，更何况非专科教师？对他们

---

① 该新课程乃2000年香港教育蓝图所锐意改革的新课程。2002年定稿后，2003年小一至初中三的视觉艺术课程正式实行，至今已有七八年的时间。此新课程乃配合和衔接2009年新高中视觉艺术课程。

来说，掌握此科的教学内容和教学方法确实很难。笔者有一位同行的情况更糟，同行的同科教师是非专科出身，校长允许这位教师任教初中级别的视觉艺术，结果教学非但不专业，全无教学艺术可言之余，不知自己教什么，学生也不知学到什么，需要该同行经常协助该位教师。香港初中视觉艺术教育可悲吗？一句话，香港初中视觉艺术教师教学素质的专业性不足是促成课堂教学艺术缺欠的主因。香港初中视觉艺术课堂教学艺术的缺欠是因为政府不太重视视觉艺术教育，在新课程制订下既没有提供足够的额外资源，又没有支持教师适应新课程，更没有对教师进行培训，结果只会影响香港整体视觉艺术教育素质。本节会检视香港初中视觉艺术课堂教学的要素，从而进一步理解香港初中视觉艺术课堂教学艺术的缺欠与课堂教学要素的关系。

（一）香港初中视觉艺术课堂教学必然要素的检视

在讨论香港初中视觉艺术课堂教学的要素时，可先理解前文所提出的初中视觉艺术课堂教学艺术的缺欠与课堂教学要素的关系。究竟两者有什么关系？教学教材和教师教学素质都是香港初中视觉艺术课堂教学的必然要素，即教学教材如何展示教学内容和教师如何运用教学方法，他们直接影响教师课堂教学艺术的发挥，影响教学效能之余，也造成了视觉艺术课堂教学艺术的缺欠。所以，在检视香港初中视觉艺术课堂教学应该包含什么要素的时候，必须考虑用什么指标衡量这些要素。研究认为：可以将教学效能和学习成效两方面作为指标。这是因为每个课堂教学的目的就是要达到教师教学效能和学生学习成效。于是，从这两个指标去考虑、去检视香港初中视觉艺术课堂教学应该包含什么要素，就会较为容易了。事实上，视觉艺术课堂教学的要素有很多，但笔者认为最直接影响教师教学成效和学生学习成效的方面，可从内外两个层面考虑。内层面可从课堂教学以内方向去思考，而外层面可从课堂教学以外方向去思索。因此，笔者凭着22年的教学经验，觉得香港初中视觉艺术课堂教学的要素包括内层面的"教学内容"和"教学方法"以及外层面的"教室环境"和"课堂学习气氛"，他们最能影响教师课堂教学艺术表现和发挥，也是造成香港视觉艺术课堂教学艺术缺欠的元素。

　　首先从外层面的"教室环境"和"课堂学习气氛"与视觉艺术课堂教学的关系，以及他们如何影响教师课堂教学艺术的表现来说。之前引述李伟成所提出课堂管理的重要四大要素，特别是实际环境；无巧不成书，美术教育学者尹少淳也同样指出"教学环境是任何教学在一定环境中进行的"[1]，对于教学环境的安排及气氛的营造，任何课堂教学都很重要，而视觉艺术课堂教学更加重视教学环境。事实上，没有良好的教学环境，学生岂能投入其中学习，岂能享受到愉快的学习生活？这是任何课堂教学所必须关注的。所以，"教室环境"是香港初中视觉艺术课堂教学必然要素之一。根据尹少淳对教学环境的定义，可以理解为："包括教学设备、工具、材料和空间的具体教学环境，也涉及领导支持，具有良好的美术教育社会氛围、各种资源较为丰沛的大教学环境"[2]；同时，李伟成认为实际环境是指"课堂的室内设计，当中包括地面空间、墙壁空间、工作样面空间、气氛等"[3]，尹氏与李氏的定义都有共通的地方，笔者认同两位学者对教学环境的理解。笔者从他们对教学环境的理解而想到"教室环境"，这个词汇会更贴近笔者教学的实际情况。视觉艺术课堂教学特别重视教室的空间问题——没有足够的空间，怎能让学生进行艺术创作？怎能让他们有效发挥？这是教师在开始视觉艺术课堂教学前要考虑的地方。所以，综合两位学者的意见，笔者认为"教室环境"的空间运用和安排，是香港初中视觉艺术课堂教学的必然要素。笔者曾于2006年为学校设计了一个教学，乃配合发展"美化校园计划"。教学理念是以集体形式共同创作一幅182.88cm×243.84cm（6尺×8尺。尺，指英尺，1英尺＝30.48cm）的巨型壁画，全级"初一"学生进行，每班一幅，共四幅。要是在一般视觉艺术教室进行这项教学活动，是绝对困难的事。笔者经过详细考虑，决定在操场进行，不单学生能在足够的空间环境中进行创作，而且教师也能发挥个人教学艺术，学生在愉快的环境下学习，效果非常理想，也能达到预期目标。如图1-5至图1-8所示。

---

① 尹少淳：《从正确理解教学策略到美术教学策略的制定》，《教育探究》，2009年第4期，第4页。
② 同上。
③ 许明得，李伟成：《有效课堂管理》，香港大学出版社，2008，第44-45页。

图1-5 厂商会中学 中一甲班叶子瑞作品《校园生活点滴》（集体创作）243.84cm × 182.88cm 漆油木板 2006 指导教师：区昌全

图1-6 厂商会中学 中一乙班赖健泓作品《我们的梦想》（集体创作）243.84cm × 182.88cm 漆油木板 2006 指导教师：区昌全

图1-7 厂商会中学 中一丙班杨家信作品《科幻宇宙》（集体创作）243.84cm × 182.88cm 漆油木板 2006 指导教师：区昌全

图1-8 厂商会中学 中一丁班卢君辉作品《蜕变的香港》（集体创作）243.84cm × 182.88cm 漆油木板 2006 指导教师：区昌全

　　再举一个简单的例子，进行绘画创作时需要有特定的工作台空间，让学生手部的活动能力提高，发展他们的手部肌肉，以至脑、眼、手的配合，尽量发挥生理机能，提升创作的效率。如果"一个完整的人生理各种机能没有适当发展，会出现'用进废退'[①]的现象"[②]，影响生理机能活动情况。又或者将学生的作品张贴在空白的墙壁上，让他们在视觉上有空间的享受，不致局促在狭窄的空间中欣赏作品。笔者在六所中学进行的观课以及自己的课堂实践中，都发现全部中学学生的工作台空间不足，一张大台要坐六至七位学生，只可摆放一张画纸及一盒颜料，未有其他余下空

[①] 这是一种生理机能现象，就是身体上某部分位置肌肉不常运作，便会出现僵化、缓慢等现象，甚至有可能会慢慢失去功能。

[②] 陈朝平、黄壬来：《国小美劳科教材教法》，五南图书出版社，1996，第49页。

间，这实在有碍于他们活动时的创作空间，难怪学生都未能在指定时间内完成创作，工作进度缓慢。这反映出"教室环境"的狭窄，学生在逼仄的空间学习，未能专心创作，教师也发挥不了应有的教学魅力来吸引学生，影响教学成果，于是未能建立有效的课堂教学艺术。

图1-9　笔者初二级学生于课堂上进行创作时的逼仄情况，汇基书院（东九龙）

　　所以，课堂教学艺术是高度综合的艺术，要兼顾的层面和范畴很广泛。无怪乎许高厚认为："教学艺术是指课堂教学中所运用的艺术。"[1]事实上，视觉艺术课堂需要实际创作空间，这与"教室环境"有密切关系。如图1-9所示为学生于课堂上进行创作时的局促情况。

　　另一方面，"课堂学习气氛"是香港初中视觉艺术课堂教学另一必然要素。笔者完成六所中学观课后，对课堂教学艺术有了新的理解，欲通过自己的视觉艺术课堂尝试实践一连串的教学策略，力图检视和提升自己个人独有的课堂教学艺术。笔者于2011年3月起一连六教节（附件六），实践自己设计的视觉艺术课堂。完成了两教节后，笔者邀请三位学生进行了访谈，主要收集他们对笔者的教学表现与他们于视觉艺术课堂中学习之关系的意见。笔者向学生提问："你们喜欢这科吗？你们喜欢这科与否跟课堂教师的教学有关吗？哪方面？"[2]学生的回应让笔者有了更多的反思，如："我们都很喜欢视觉艺术课堂。因为在课堂上有自由的创作空间，可以做自己喜欢的创作，老师给我们很多自由创作的机会。另外，老师的教学很有吸引力，可以提起我们的学习兴趣。我们认为老师在课堂中所用的教学法很重要，又要懂教这科，两者要互相配合。"[3]从学生的回应可知，视觉艺术课堂应让学生有自由创作的空间，而这个空间是一种学习气氛，推动他们

---

① 许高厚，施铮等：《课堂教学技艺》，北京师范大学出版社，2004，第6页。
② 受访日期：2011年4月14日下午1时正汇基书院（东九龙）视艺室两位初二男学生接受访问，分别是谢怀恩和苏子献。
③ 同①。

积极创作。由此可证明：教师课堂教学艺术可以营造出一股有感染力的"课堂学习气氛"，让学生在最愉快的氛围下进行学习和创作，提升他们学习效能。事实上，学生喜欢这课堂是因为有创作发挥的机会，加上教师给予的自由创作空间，让学生们在无压力下尽量表现真我，感受到一种自由学习的空气。笔者觉得学习视觉艺术最重要的是活动或展示"空间"，这"空间"在意义和层次上也并非单是从实际的环境看，而要从思想和心灵的维度上去理解。

在一个了无新意、死寂沉闷的学习气氛下进行视觉艺术课堂学习，试想想学生学习成果会是怎样？其实，课堂学习气氛的营造是师生双方共同努力的结果，而且"教师应该一面教一面学"[1]，观察学生的反应，不断去调校自己的教学以互相配合，于是，学生有好的回应，教师会加倍使劲去教，营造了一种"教学相长"的学习气氛，正是师生双方在课堂中的互动共同创造出一种愉悦的境界。教师所表现的教学风格直接影响到学生学习。事实上，教师在组织课堂教学的时候，都要预计"学生注意什么，感受什么，联想什么，以及表达什么，关键在于教师怎样利用教学语言进行引导。"[2]因此，教师在课堂教学中所用语言的强弱可以起到引起学生学习共鸣，制造良好学习气氛，提升学生学习效能的作用。笔者观课的六所中学里，只有教师戊的教学最能引起学生学习共鸣，既能建立一种和谐愉快的气氛，师生关系融洽，学生学习过程中又没有压力，能完全投入学习活动。当学生闲适地进行创作时，笔者随机对三位学生提问："你们觉得刚才的视觉艺术课堂怎样？"三位学生都齐声表示："朱老师说话很有趣和生动，我们全班同学都喜欢他的课堂。"[3]从这里已可得知学生喜欢上视觉艺术课堂是因为教师的教学语言能吸引他们，营造了极富感染力的课堂学习气氛，足以证明"课堂学习气氛"是课堂教学的必备要素。同样在该课堂上，教师先在黑板上简单速写一个扁而阔的圆柱体，并运用其恰当的教学

① 陶行知：《陶行知名篇精选》（2001年版第1页），转引自《时报·教育周刊·世界教育新思潮》第1号。
② 孙菊如等：《课堂教学艺术》，北京大学出版社，2006，第35页。
③ 受访日期：2011年3月16日上午11时圣言中学视艺室有三位初一男学生接受访问。

语言向学生提问："各位同学，试联想一下这个扁而阔的圆柱体跟日常生活中的什么物象形体有关系？"①不到一分钟，差不多全班学生都举手回答，有的说是一卷胶纸，有的说是一个盒子，更有的说是一个厨房的抽油烟的风扇，他们联想力丰富，营造出积极的学习气氛。由此可见教师利用了"教学合一"的策略制造课堂学习气氛，促使学生积极学习。

其次，从内层面的"教学内容"和"教学方法"与教师课堂学习艺术的关系来说，可以理解到他们两者在香港初中视觉艺术课堂教学要素中所占的位置。笔者从自己教学经验出发认为"教学内容"和"教学方法"是决定视觉艺术课堂教学成功与否的重要因素。没有他们两者的存在，教师就发挥不了个人教学风格，无法体现个人独有的课堂教学艺术，达不到教学成效，也无法帮助学生学习。所以，两者是视觉艺术课堂教学的必然要素。笔者于六所学校观课后有这样的结论：教师的课堂教学艺术是促成学生"愉快学习"的因素。六位教师都有具体的"教学内容"和运用某些"教学方法"，配合自己个人教学风格，发挥教学吸引力，体现了个人独有的课堂教学艺术，营造出良好的学习气氛，从而提升自己教学效能和素养。简单来说，就是让学生在愉快的课堂学习气氛下学到课堂教学内容，教师通过教学方法而达到教学目标。所以，学生能够学到知识，一定是在良好的学习气氛下获取，而不是在死寂沉闷的环境下获得知识，就算在这样的环境下能够汲取到知识，这些知识也不会长久，很快会忘记。没有愉快的学习经历，何以积累知识？这点是我们作为前线工作者常常有所忽略的。

通过观课综合各教师的课堂教学艺术后，笔者自己开始检视和重新设计课堂，希望利用他人的丰硕经验，体现自己独有的教学艺术所发挥的成效，让学生从中获益。为此，笔者特别设计了一系列的课堂，特别检视了"教学内容"和"教学方法"两方面在课堂教学中扮演的角色。于是，我以"中国汉字字体设计"为主题，借助日常生活中的体验，让学生通过课堂学习如何将中国汉字字体"学习和应用"出来，重新演绎和展示现代化的中国汉字字体。（详细内容摘录在附件六中，这里只摘录其中重要部分。）课

① 观课日期：2011年3月16日上午11时圣言中学视艺室。

堂设计以"学生为中心",让学生尽量分享其所见所闻,也通过提问及讨论等教学方法,使学生对中国汉字字体及其结构有深刻的认识。当中最重要的是如何利用不同的教学方法来培养学生对中国汉字体的兴趣。在"课堂学习气氛"的营造上,笔者最初以简单的提问:"这个字的形状似什么?""这个字的笔画结构在视觉上产生什么感觉?""这个字的意义是什么?"①等等,启发学生开始对中国汉字字体进行深层的思考。接着,笔者利用简报对中国汉字字体的演变和类别做简单讲解,并邀请数位学生到黑板上板书某个中国汉字字体,并由其他学生评论字体的美观性。随后派发讨论纸,让学生进行分组讨论。在整个过程中,笔者都利用简单的提问作引导,令学生知道自己在做什么。接着,再次通过简报向学生介绍中国汉字的基本笔画和结构,并通过实物投影机示范以"永"字介绍中国汉字的点、横、竖、撇、捺、挑、折、勾等基本笔画。之后,让学生开始练习一系列的中国汉字,增强他们对汉字的认识。笔者两星期后找学生进行访谈,当问及:"你们在上一堂课从老师中学到什么?你们喜欢课堂吗?为什么?"三位学生都认为:"学到中国汉字的结构、意义和笔画,对中国汉字加深了认识。我们都很喜欢这个课堂,很有趣味性,因为文字平时只作为书写,未想到现在可以配合图像表达意义,用于设计上。"②学生的回应中反映出他们对课题和教学内容都较感兴趣,未想到中国汉字可以有这样的趣味性。此外,我还问道:"你们认为老师教学怎样?有什么特点?"学生的回应是积极和鼓舞性的,如:"老师教得很好,很有系统地铺排,讲解很清楚和很易明白,利用典型例子,如'永'字八法为学习中国汉字笔画的基础,由浅入深,令我们对中国汉字加深认识。"③学生的回应中也反映出教师在课堂中所用的教学方法能切合他们学习能力和有助于提升他们的学习兴趣,加上师生共同营造良好的课堂学习气氛,让学生学得愉快,实在是发挥了

---

① 课堂实践日期:2011年3月24日上午11时30分汇基书院(东九龙)视艺室。

② 受访日期:2011年4月14日下午1时正汇基书院(东九龙)视艺室两位初二男学生接受访问,分别是谢怀恩和陈智信。

③ 受访日期:2011年4月7日下午1时正汇基书院(东九龙)视艺室两位初二女学生和一位男学生接受访问,分别是陈慧玲、甄咏琳和苏子献。

教师课堂教学艺术的功效，达到了较好的教学效能和学习成效。如图1-10所示是笔者实践课堂的学生创作品。

图1-10　笔者实践课堂的学生创作品，林中爱，初二级，汇基书院（东九龙），指导教师：区昌全

以上讨论的都是香港初中视觉艺术课堂教学应该包括的要素。一句话，"教室环境""课堂学习气氛""教学内容"和"教学方法"四者的关系是环环相扣而直接影响教学效能和学生学习的。补充一点，一个视觉艺术课堂教学最重要的还是课堂管理。

即使是资深的视觉艺术教师，都会多次遇上因课堂管理不当而无法完成课堂教学，达不到教学目标的情况。更不要提视觉艺术教师有多深的学养，预备了什么样的内容、教材，如果没有掌握课堂管理的技巧，无法管理学生，控制不了课堂秩序，整个课堂教学都会失效，导致混乱的状态。尤其是对于视觉艺术课堂来说，课堂管理十分重要。事实上，"课堂管理的目的是为了支持教学"[①]，尤其针对一些顽皮的学生，他们常会对课堂教学造成很大的破坏力，必须"先管后教"；对于视觉艺术课堂来说，这种观念尤为重要。所以，管理好课堂秩序，教师才可展开教学，才能教好书。教师发挥课堂教学艺术，学生才可有效地接收到东西。因此，视觉艺术教师必须有一套自己管理课堂的原则和模式，才可以有效地完成教学。

但作为教师，不论任何学科，都必须爱护自己的学生，尊重他们，对他们尽量忍耐、包容，使他们明白自己在老师的眼中是何等宝贵。对于视觉艺术课堂来说，不是每一个学生都对艺术有兴趣，不是每一个学生的表现都能达到教师的要求，在这种情况下，有的学生自然欠缺一份耐性，便会在课堂上聊天、不专心，甚至与同学玩耍，破坏课堂学习气氛，致课堂

① [美]Good T. L：课堂研究（Looking In Classrooms）吴文忠译.五南图书出版公司，1997，153页.

秩序混乱起来。作为视觉艺术教师，必须对这些做好心理准备，尝试与学生建立良好的合作关系，让学生明白自己在课堂上应尽的责任与义务。教师可以与学生约法三章，若犯了错事，要怎样承担责任，赏罚分明，促使学生遵守课堂规则。总之，视觉艺术课堂教学要素的确立可随不同教师的课堂教学风格和教学艺术而有所不同。一句话，检视香港初中视觉艺术课堂教学要素必须切合教师的教学特色。

（二）香港初中视觉艺术课堂教学不足之处

自 20 世纪 80 年代开始，香港中学视觉艺术课堂教学由专科教师负责，尤其是高年级，旨在确保教学的素质。换言之，香港中学对于视觉艺术专科教学至今已有一定的经验，已发展了专科专教的概念。对视觉艺术教师来说，执行一个课堂教学不是问题。只是，前面提及现时仍有初中的视觉艺术课堂由一些非专科视觉艺术教师任教，他们并非本科毕业，只是接受过在职专科教学训练，严格来说，并非专科教师。为什么中学由初中开始仍未全面实行专科专教？究其原因，乃是学校对初中的视觉艺术教学并不重视。若教师教节上过多，需要分担其他科目教节，或教师教节上有冲突的时候，若有兴趣任教初中视觉艺术的教师，毋须专科教学知识，便可以教授视觉艺术课堂。这种非理性和非专业的思维，全然是行政上的决策，没有考虑到学生专科知识培养的实际。初中的学生由非专科视觉艺术教师任教，试问他们怎会对视觉艺术的学习产生兴趣？这是香港初中视觉艺术教育的问题，前面已略有讨论。不过，香港初中视觉艺术课堂教学由专科或非专科教师任教，确实存留一些教学上不足的地方，例如：两者教学理念如何达成共识？两者专科教学知识如何达到一致性？他们在规划课程或设计课堂如何建立共同的方向？这都是值得关注的问题。

究竟香港初中视觉艺术课堂教学有什么不足的地方？笔者在视觉艺术科有 22 年的教学经验，关于这方面的问题的思考归结为以下几点：一是教师个人教学素养的不足，包括本科知识和教学知识；二是教师欠缺清晰的教学理念；三是学校对本科的资源分配实在有限；四是学校对本科的忽略和政策上的偏见。这四方面都造成了香港初中视觉艺术课堂教学的不足，影响教学质量。事实上，这些问题存在已久，只是香港政府和学校本身没有正视，也没有处理，遗留至今。要解决以上的问题，必须改变和重建香港人对视觉艺术教育的观念，这点在前面已有讨论过。只有这样，香港初中视觉艺术课堂教学不足的地方才可慢慢改善过来。笔者在香港中学长期调研，从观课中观察到：六位初中视觉艺术教师都是专科教师，且有丰富的教学经验，年资由十数年至二十多年不等。他们在课堂教学中都会有不足的地方，更何况非专科教师，可想非专科教师会有更多课堂教学上的问题。以上的观点与调研所得，都有不谋而合之处，这确实反映出香港初中视觉艺术课堂教学的不足，本书就以下三方面略做讨论。

第一，观念淡薄。如教学设计欠缺清晰的教学目的。长久以来，视觉艺术教师在课堂教学上只管去教，忽略了厘定清晰的教学目的，这是教师欠缺清晰教学理念的问题，在上面已提出相关的观点。笔者从观课中所观察到每一个视觉艺术教师都有精心计划部署他们的教学，都有良好的课堂准备，也有充裕的教具和设备，对于教学时所用的策略，也能恰当地掌握。只是每位教师都没有一个清晰和明确的教育理念支持自己，诸如建立学生某方面的概念、训练学生某方面的思维等，这是观察者较难清楚见到的。只有教师戊和笔者在课堂设计上，是有目的地希望通过某些学习活动和教学方法，去达到某教学理论的目的。这是对教学的一种新尝试，也是不断更新自己教学的重要途径。为什么？教师教学日子越长，越怕尝试新的东西，但他们丰富的教学经验却可帮助学生建构扎实的知识，只是教学方法较为传统而已。总之，在观课过程中，观察者有感大部分教师都欠缺清晰明确的目的，较倾向于建立以培养学生技能为主的原则，重拾往昔旧课程纲要，实在配合不到现有的课程方向，忽略训练学生的思维。正如笔者的课堂教学，是希望建立学生中国汉字字体的概念和训练他们的思维。笔者自己的课堂设计（附件六）是期望建立学生欣赏中国汉字字体的美感，通过分组讨论形式，让学生发展主导学习，互相分享感受，自行发掘中国汉字字体优美的地方，从而对中国汉字字体培养出美感。这是教师在课堂设计的背后包含的理念与教学目的。

第二，主动运用性差。教学方法未能激发学生自主学习。笔者在观课中发现一点：差不多每一个教师大部分时间都由自己控制整个教学，上至提问，下至简报，全由教师负责，学生参与性较少，只是在创作时间中由学生自己负责。笔者认为：这是教师个人教学经验不足，对教学知识了解不够所致。事实上，这种"以教师为中心"的教学法是较为传统单向的教学法，亦可叫"直接教学法"（Direct Instruction），全是由教师负责和控制整个传授知识的过程，着重"传授历史事实（Facts）、规则（Rules）、行为序列（Action Sequences）"[1]等知识，"忽略了调动学生学习的主动性、积极性、创造性，要让学生成为知识的发现者，而不是知识的消极接受者"[2]。所以，这种方法对帮助学生的学习成效不大，尤其对于好动活泼的学生来说，坏处多于好处。实际上，学生较少参与学习活动，训练不到学生的思维，学生学习变得依赖和被动，何来创造性？教师的责任乃"不在教，而在教学，而在教学生学"[3]，只有启发学生思维，让他们学会自己学习，学生才能真正建立知识。这是中国伟大教育家陶行知的"教学合一"的观点。唯有教师戊的课堂教学，较以"学生中心"为主，他整个课堂设计由学生做主导，着重训练"学生求问和解难能力，亦肩负起培养他们思维概念（Concept）、思维图式（Mind-map/Pattern）、抽象概念（Abstraction）"[4]等，是一种"间接教学法"（Indirect Instruction），跟传统直接传达知识的教学法有所不同。教师戊的课堂教学共分两大部分。第一部分是学生活动时间，由学生掌管自己的学习进度，教师从旁指引和协助。学生通过活动，建立概念。教师先在黑板上绘画几何形体，让学生联想几何形体跟日常物件的相关性，之后学生自行在画簿上绘画，同组同学之间互相讨论及分享自己的见解。如此一口气连续做了三次这样的活动，接着是总结和欣赏部分，亦是该课堂教学的第二部分。教师将学生活

---

[1] Borich G D, *Effective Teaching Methods*. U.S.:Pearson, 2011. p. 223.
[2] 汪刘生：《教学论》，中国科学技术大学出版社，1996，第144页。
[3] 陶行知：《陶行知名篇精选》（2001年版第1页），转引自《时报·教育周刊·世界教育新思潮》第1号。
[4] Borich G D. *Effective Teaching Methods*. U.S.:Pearson, 2011. p. 223.

动所学的做简单总结，并引述相关艺术家的理念及作品进行欣赏。从教师戊课堂教学设计中，可看到教师在精心部署课堂中每一个教学细节，目的是培养学生自主学习的态度，以至发展"学生中心"的教学法。这些方面，教师都做得非常好，在切合学生的学习需要之余，也能配合课程纲要所要求的——融合视觉艺术和识、视觉艺术创作、视觉艺术评赏三大学习范畴，更能发挥个人独有课堂教学艺术的魅力，吸引学生学习，让学生享受课堂。

第三，风格不明显。如教学风格及教学艺术运用未能配合学生学习规律及引起学生学习兴趣。教学风格及教学艺术运用是视觉艺术课堂教学里面重要的元素，直接影响学生的学习成效。视觉艺术这门学科的特质是没有固定教学内容、教学风格及教学艺术运用，学科教学具有多元化和多样性，什么都可以教，具创造性，没有固定的方法可循。可是，作为视觉艺术教师，必须先要了解学生的学习兴趣，了解他们的需要和能力，并且要照顾全班有学习差异的学生，要通过自己在本学科的专业知识，剪裁适合他们的教学内容，尽量帮助他们在这科学习上有成长、有发挥。此外，视觉艺术教师更需要"理解所选择教学内容在教学过程中能否达到预期的教学成果，以及是否切合学生的学习能力"[1]，教师才可以在课堂教学上发挥自己的教学风格及教学艺术魅力，提升教学成效。在没有教学内容规范下的视觉艺术科，一方面很有弹性，让教师可以自由发挥，表现自己的专业性；也可以让学生学习多元化的知识，学生的创作百花齐放；另一方面却也危机重重，因为很容易导致课程内容松散，欠缺方向性，学生知识未够专门化。笔者在观课过程中，发现六位视觉艺术教师进行不同课题的教学，如英文书法运用与设计、素描比赛、纸黏土制作、版画制作、速写/素描、英文字体设计与排列等，原则上是切合新课程纲要。笔者跟科任教师课后闲聊的时候，发现六个课题是配合学生的兴趣而设计，忽略由浅入深，由简至繁等学习成长的规律。在种类上可说是多元化，却是松散不一，欠缺连贯性。于是，如何将课程内容变得系统化，这是另一个值得讨

---

① Borich G D, *Effective Teaching Methods*. U.S.:Pearson, 2011, p. 117.

论的议题。这样的视觉艺术教学内容较难去评估学生的学习表现，因为这样松散的课程没有配合学生的学习规律，帮助不到他们知识的成长。所以，视觉艺术课堂教什么都可以，但在考虑教学内容和教学风格及教学艺术发挥的时候，必须要配合学生的学习规律。

例如：教师乙于其初一级的课堂内进行素描比赛，一方面进行教学；另一方面进行比赛，两者可以并行，没有抵触。学生于两个连续教节中，约1小时20分钟内完成作品，如此仓促，试想效果是否理想？作品水平会如何？值得思考的是：教师所选择的绘描实物虽较为简单，但笔者观察到大部分学生都不知怎样绘画。这是牵涉教师教学内容的选择与教学风格及教学艺术的发挥未有配合学生学习规律，吸引不了学生学习，以至发挥不了教学艺术应有的魅力。笔者认为教学内容与教学风格及教学艺术的发挥必须适应学生的能力，配合他们学习的规律，如先教一些基本概念，如明暗、调子、深浅等，接着建构学生对几何形与几何体的关系和概念，逐步构建学生素描的基础与能力，让学生对素描有信心和成功感，整个课堂会较为顺畅。所以，笔者在该课堂所观察到的是：（1）学生多言嘈杂，课堂内秩序有点混乱；（2）学生学习态度被动，没有投入学习活动；（3）学生对学习内容认识未够深入，不太明白素描概念，比较难于表达在其创作中；（4）大部分时间由教师主导课堂，学生没有机会表达自己所学；（5）学生未能广泛被照顾及指导①。试想想，这样的视觉艺术课堂有多大成效？根本原因就在于教师所设计的教学内容没有了解学生的学习规律，教学风格及教学艺术的运用没有发挥出应有的魅力。总之，一个完善和理想的视觉艺术课堂应该是教师能够控制课堂秩序，掌握教学内容，运用恰当的教学方法，配合教材的安排，发挥自己的专业知识，照顾学生的学习需要，体现教师教学艺术的魅力，让学生乐在其中。

以上三方面都是笔者通过观课观察到的教师在初中视觉艺术课堂教学中不足的地方，这正与笔者长期在中学调研的结果相吻合。由此可推论：

---

① 观课及记录日期：2010年12月1日上午10时40分至12时10分科技艺术与教育中心视艺室（慕光英文书院初中一，全班共40人，学生年龄为12～13岁）。

以上三方面是现行香港初中视觉艺术课堂教学不足的主因。事实上，这些都是香港初中视觉艺术教育存在的普遍性的问题，经常在课堂教学中出现。因此，专科和非专科视觉艺术教师同样面对这些问题，非一时一刻所能即时解决，乃需要教师进行自我检讨，从而提升自己教学效能。所以，教师对自己的教学建立自觉性非常重要，是改善自身教学素养的重要推动力。

三、课堂教学艺术的危机

本书在开篇的时候引用不同学者对"课堂教学艺术"构建基本的定义，虽然各人在字词表达上有不同的地方，但他们对"课堂教学艺术"的本质观念及其功能认识却是一致的。笔者认为"视觉艺术课堂教学艺术"就是视觉艺术教师于课堂内展现自己个人独特教学理念和方式而感染学生有效学习的创造性教学魅力。即"视觉艺术教师通过自己的独特的经验转化成一种教学理念，通过自己熟练或特殊的教学魅力，去感染并提升学生学习兴趣，让师生在交流过程中享受整个教学，双方达到一个愉悦的理想境界"。有了这个定义后，会更加容易理解种种相关问题。"视觉艺术课堂教学艺术"跟一般的"课堂教学艺术"意义相俦，包含两组关键词，就是"视觉艺术"和"课堂教学艺术"。在本质观念及功能上都是帮助学生学习，提升教学成效，达到教学目标。一般的"课堂教学艺术"里包涵多种教学规律，跟"教与学"有着不可分离的关系，"视觉艺术课堂教学艺术"也一样。"教"是指视觉艺术教师的教学素质或教学效能，"学"是指学生在视觉艺术课堂学习成效，两者跟"视觉艺术课堂教学艺术"密不可分。

通过上文，检视了香港初中视觉艺术课堂教学艺术欠缺的地方，也理解到香港初中视觉艺术课堂教学应有的要素，更了解到香港初中视觉艺术课堂教学有什么不足之处，以上三大议题都与"视觉艺术课堂教学艺术"密切相关。而"视觉艺术课堂教学艺术"对教师教学效能和学生学习成效都有直接影响。所以，它们之间的关系环环相扣。"视觉艺术课堂教学艺术"对教师教学效能和学生学习成效所造成的影响都可引致视觉艺术教育素质水平，于是，究竟香港初中视觉艺术课堂教学艺术的发挥对学生和教师分别会造成什么影响？下文有较详细的讨论和分析。

（一）香港初中视觉艺术课堂教学艺术对教学成效的影响

教师于课堂内所实践的教学艺术，其好坏优劣足以影响整个学习过程，乃至影响教师教学效能和学生学习成效。本部分将针对议题——香港初中视觉艺术课堂教学艺术对教学成效的影响，集中讨论"课堂教学艺术"对"教学成效"的影响。而"教学成效"可以从"教师教学效能"和"学生学习成效"两方面衡量，本部分一并从这两方面进行讨论。上文有检视过视觉艺术应有的课堂教学要素，分别是"教室环境""课堂学习气氛""教学内容"和"教学方法"四大方面，这些要素都直接影响教师教学风格的展现和教师教学魅力的发挥，以至教师最终课堂教学艺术的构建和发展。事实上，这四个要素一方面是帮助教师课堂教学艺术的建立，另一方面却也有机会破坏整个课堂教学过程。为什么？有研究认为：当教师在课堂教学中的一些环节做得不好，都会损害"教师教学效能"和"学生学习成效"。笔者曾有经历，在开始课堂教学时，未能清楚说明教学活动的方向和要求，结果把整个活动弄得一团糟，随后的教学环节便十分松散，未能紧扣主题，结果学生不知自己学什么，教师自己也不知自己教了什么。又例如：当视觉艺术教师踏进教室，面向学生说话，这已经引起学生的注意，学习便开始了。随后教师在课堂上进行每一个环节，都足以影响学生的学习；教师所用的每个教学方法"明显地对每个学生在认知上是一个挑战，这些挑战让他们有深入和完美的学习"[1]；教师引导学生进行的每个教学活动，就是帮助学生建构知识；教师跟学生说话，就是师生关系的建立，所以，课堂教学中每个环节，都体现出"教师教学效能"和"学生学习成效"的情况。

事实上，学生学习成效在于帮助他们确立主体性的方向，明白自己在各方面的发展，如"学习的选择性、学习的独立性、学习的自觉性和学习的创造性"[2]等，这四方面都可检视"教师教学效能"和"学生学习成效"情况。不过，这四方面仍有不足的地方，就是忽略了从学生各方面学习来

---

① Haigh A. *The Art of Teaching*. U.K., Pearson Education Limited, 2007, p. 89.
② 田慧生，李如密：《教学论》，河北教育出版社，1996，第111页。

反映出教师教学表现。一句话，学生的整个学习表现全面反映了教师的教学效能。所以，要知道"教师教学效能"和"学生学习成效"达到什么水平，可通过不同的工具来获得结果，例如与学生进行访谈，在访谈过程中通过学生的回应得知他们的学习情况，反映出教师的教学表现。本书都有运用相关的工具获取可靠性的结果，笔者于观课期间和自己教学实践后有分别向学生进行小组访谈，通过访谈问题记录学生的感受，而这些感受正是他们课堂学习和教师教学表现的反映。现将所得资料对学生学习成效的不同方面进行分析，反映教师教学效能，内容归纳如下：

资料表（二） 小组访谈的资料比较

相关范畴	问题	观课后（六位教师）	教学实践后（笔者）
学生在学习方面的判断性	你从老师那里学到了什么？你喜欢这课堂吗？为什么？	·学到怎样进行创作，怎样改善 ·学到关于艺术家、艺术史和欣赏艺术等艺术知识	·学到该课堂的知识 ·认识不同的作品
	你认为老师的教学有什么地方需要改善？	·时间控制欠妥善安排	·分组工作较难进行，可减少1至2人一组进行讨论
学生在学习方面的个别性	整体上，你喜欢老师的教学吗？哪方面？	·教学方法有系统，能照顾学生学习上的需要 ·给予学生建设性意见，耐心帮助学生 ·讲解内容一目了然，教学过程清晰 ·创作示范清楚	·够活动性和启发性 ·表达力强，明白学习方向 ·课堂学习气氛很好
	你喜欢这科吗？为什么？	·这科很有趣，可以学到很多知识 ·教师教学很好，能照顾到学生学习需要	·教师教学很好，喜欢这科跟教师教学有关 ·可以提高一个人的文化水平 ·可以自由发挥，在无压力下进行创作

续表

相关范畴	问题	观课后（六位教师）	教学实践后（笔者）
学生在学习方面的主动性	你认为老师的教学怎样？有什么特点？	·讲解内容详细清晰 ·教师对学生很鼓励，会欣赏学生作品，课堂学习没有压力 ·教学干净利落、认真、系统，配合学生学习能力 ·教师性格有礼，对人尊重 ·学习活动互动性强 ·课堂管理和时间控制很好	·理论和实践兼备 ·个别指导很好，能照顾学生学习需要 ·教学内容和程序很有系统，由浅入深，循序渐进，并引用恰当例子加以说明
	老师的教学有什么吸引你的地方？	·关心学生 ·本学科知识丰富 ·教具有趣味，容易明白 ·教学风趣，课堂学习气氛愉快	·用不同的作品讲解和引导学生明白内容 ·学习活动多元化，让学生在活动中学习
学生在学习方面的主动性	你喜欢这科与否跟老师的教学有关吗？哪方面？	·教师教学好，学生自然喜欢这科 ·对这科由没有兴趣而变得有趣，是因为很喜欢这堂的学习气氛 ·教师教学表现直接影响学生喜欢这科与否	·教师教学有吸引力，学生从中培养兴趣 ·喜欢课堂学习气氛的自由性 ·教师用不同教学方法，可以照顾不同学生学习需要
学生在学习方面的表达性	你觉得刚才的视觉艺术课堂怎样？	·很开心，很有趣，很有条理	·很好，学到很多东西，有很多机会和发挥空间 ·课题很特别，从未接触过，很有趣味性

从资料表（二）所得的资料看，通过"小组访谈"比较六所中学学生和笔者的学生在教学实践时的表现，都不难观察到他们在学习上有显著成效的表现，从中反映出教师教学效能，两者是相辅相成的。所以，无论在学习方面的判断性、个别性、主动性、表达性等都有突出的表现。虽然笔者没有以前课堂的资料做参考比较，但凭着笔者22年的教学经验，已窥见学生在视觉艺术课堂的表现非一般所见，乃在教师严谨教导下及个人丰富经验的引导下所表现出来的，这是教师发挥了独有的课堂教学艺术所展现

出来的教师教学效能和学生学习成效。

在学习判断性的范畴中，教师如何选择适合学生学习需要的内容，学生又如何通过自己的思考去筛选和判断他们从教师那里所学的知识，这对学生来说是一个挑战，也是一个学习的训练。所以，笔者在对学生进行访问时，都能感觉到他们真正的学习感受，观察到他们的诚恳，观察到他们对学习的积极态度。这足以证明教师教学的效能，否则学生不会有这样的表现。因此，从访谈所得的资料都会是最真实和最可靠的。学生都一致认为自己在课堂中学到很多视觉艺术的知识，包括艺术史、艺术家、艺术品，以及跟艺术品有关的知识，更学到如何构思和创作一件艺术品，由思绪一片空白至产生概念，由筛选和判断物料至运用于创作中，由构思草图至完成创作品，种种都表现出学生在学习上有恰当的判断力，足见学生在这方面都有系统的训练，达到了视觉艺术课堂学习的目的。

在学习个别性的范畴中，教师如何训练学生个别学习的独立性是很重要的，学生怎样思考自己的学习，怎样决定自己的学习方向，怎样表达自身所学，这是他们个人能力的表现，都可通过访谈学生的回应反映出来，如："教学方法有系统，能照顾学生学习上需要""给予学生建设性意见，耐心帮助学生""讲解内容一目了然和教学过程清晰""够活动性和启发性""可以自由发挥，在无压力下进行创作""可以学到很多知识"……从他们的种种回应中，得知他们是很享受课堂学习，可以投入学习过程的每一部分，加上他们的自主性和独立性，每个学习活动都积极参与，所以，他们有这样的表现正是反映出教师教学的高效能。正如学生所言："可以自由发挥，在无压力下进行创作。"[1]无怪乎学生喜欢这个课堂。不过，作为前线教育工作者，要留意的是我们愿意放手让学生自己去做吗？因为"教学行为是动态的、感性的。因此，教师要放下架子，冷静地思考"[2]，有时反而要向学生学习。不过，这是教师的通病，怕学生这样不行，那样不行，自然地想掌握教学主导权，学生又再次被动起来，走回往昔的教学模样。事实上，训练学生个别性的学习和他们的自主性是现今香港教育的取

① 受访日期：2011年4月14日下午1时正汇基书院（东九龙）视艺室两位初二男学生接受访问，分别是谢怀恩和陈智信。
② 尹少淳：《初中美术教学策略》，北京师范大学出版社，2010，第27页。

向，乃至是全球教育的大趋势。如果学生学习态度过于依赖，一旦教师不在他们身边，他们的学习便会全面崩溃。所以，学生在访谈中有这样的回应，确实令笔者感到高兴，这可揭示出教师教学的效能，培养他们的学习个别性，也是因为教师课堂教学所致，完全反映出教师的课堂教学艺术有一定的影响力。

在学习主动性的范畴中，学生的主动性也影响他们学习的成效达到的程度。理由很简单，教与学是相辅相成的、互动的。有教师的教学刺激，学生便会产生学习回馈，两者关系非常密切。学生为什么会主动学习？无他，因为被教师的教学艺术吸引所致；所以，学生在访谈中的回应都是积极的，如"教师对学生很鼓励，会欣赏学生作品，课堂学习没有压力""教师用不同教学方法，可以照顾不同学生学习需要""学习活动多元化，让学生在活动中学习""教学内容和程序很有系统，由浅入深，循序渐进，并引用恰当例子加以说明""教师教学有吸引力，学生从中培养兴趣"……从学生的种种回应中，所有受访学生对视觉艺术课堂感觉都是积极和正面的，绝对没有半点的批评，可见对教师的尊重，也是对自己学习的负责。由此可推论：一是教师的课堂教学中展示了个人独有的教学风格，它促成了学生的学习成效，反映教师的教学效能；二是教师的课堂教学艺术塑造了不同类别的学生；三是教师的课堂教学艺术切合学生学习需要，不断地改变、创新。这是笔者通过访谈学生所得的资料而综合分析出来的结果。一句话，教师的课堂教学艺术在课堂中担任重要的角色而影响教学效能。如果教学出现了问题，便会对教学造成危机。另外，视觉艺术课堂教学很重视课堂的管理，尤其是学生的秩序，如果学生在学习过程中只管捣乱破坏，教师无法进行教学，整个课堂便会失效、崩溃，达不到教学目标。

在学习表达性的范畴里，视觉艺术课堂能帮助学生在这方面的发挥和达到相关的成效。明显地，现今香港视觉艺术教育的取向离不开创作与评赏两方面，对创作一件艺术品仍是十分重视。故此，在课堂教学中教师是鼓励和引导学生发挥个人创造力的人，担任举足轻重的角色。事实上，艺术创作于课堂教学中就是"发现问题，解决问题的过程，是巩固旧知识，学习新知识"①，是让学生在创作过程中学会如何表达自己的思维，这是现今香港视觉艺术教育的发展方向。所以，受访学生都表示很享受视觉艺术课堂，他们都对课堂有正向价值的表示，如："很好，很多东西学到，有很多机会和空间发挥""课题很特别，从未接触过，很有趣味性""很开心，很有趣，很有条理"。这些都足以显示学生对学习视觉艺术有浓厚兴趣，达到了教学成效的目的。总之，笔者从受访的学生中感受到他们在学习上的喜悦，是达到了教学效能的理想效果。

（二）香港初中视觉艺术课堂教学艺术对教师教学素质的影响

在讨论香港初中视觉艺术课堂教学艺术对教师教学素质影响的时候，必须先理解教师教学素质是什么。初中视觉艺术教师教学素质是指教师的教学表现是否达到发挥教学效能的水平，让学生的学习达到成果。换言之，初中视觉艺术教师教学素质应该包括：教学表达能力、教学组织能力、教学管理能力、视觉教具教材运用能力、营造学习气氛能力、教学方法运用能力及其他能力等等。所以，一个称职的初中视觉艺术教师绝不容易充任。要是初中视觉艺术教师对自己的课堂教学处理不当，未能掌握如何运用自己精炼的课堂教学艺术，吸引不到学生学习，师生的教与学产生不了化学作用，会直接影响教学素质。视觉艺术教师课堂教学过程中未能提升自己的教学效能，一方面使自己的教学迷失方向，引致教学失效；另一方面，学生学不到知识，达不到该课堂的教学目的，更谈不上自己发挥什么水平的教学艺术。于是，一个良好的视觉艺术课堂教学，绝大部分是由教师付出的成果所致，这不是说学生没有贡献，但主导角色仍被教师掌握。从古至今，教与学两者中，先有教师的教导，后有学生的学习，两者次序不可倒转。但要发展到理想成熟的教育，教师与学生的角色可以换转，由学生做主导，教师从旁辅助指导也未尝不可，但非要有一班优质学生不可，方能发展至这个地步。虽然如此，教师的角色绝不能由学生代替。毕竟，教师是直接影响课堂教学的关键因素。笔者将观课所得的资料内容，综合并制成资料表（三），分析视觉艺术课堂教学艺术对教师教学素质有什么程度的影响。

---

① 王福阳：《综合艺术课程与教学论》，高等教育出版社，2008，第177页。

资料表（三） 六位初中视觉艺术科教师课堂教学观课综合资料

教师	任教年级	课题	观课量表中参考评估项目	观课记录概述
甲（女）	初中二	英文书法运用与设计	1. 教师备课充足，清楚及明白教学目标、内容 2. 教师的本学科知识丰富 3. 教师有技巧地管理课堂秩序 4. 师生有互动沟通的时候，双方关系良好，建立互信 5. 教师乐于帮助学生，进行个别指导时能回应学生的意见及问题，尤其是在学生进行"创作"过程中 6. 教师在教授课题时，能给予学生机会自己去"经验、反思、类推和运用"，感受不同阶段的学习 7. 教师鼓励学生自己主动学习 8. 教师所设计的教学活动颇有创意，能引发学生自己学习	·课堂秩序管理很好，有条理的安排 ·对该课题十分熟悉，本学科知识丰富 ·教学过程由教师主导，控制大部分课堂时间，学生参与较少 ·教师有创作示范的时间 ·学生参与学习活动并不多，限制了学生体验的机会，学生用大部分时间在自己创作 ·学生在和谐气氛下学习，十分积极和投入 ·师生关系融洽
乙（女）	初中一	素描比赛		·教师有对学生进行个别指导，但未够全面 ·整个课堂由教师主导和控制，学生没机会参与学习活动 ·教师有创作示范的时间，但太仓促和短促，学生难以跟从 ·教师教学较为自我中心，较少机会给学生表达 ·课堂秩序有点混乱 ·教师有引用学生作品进行欣赏和总结

续表

教师	任教年级	课题	观课量表中参考评估项目	观课记录概述
丙（男）	初中二	纸黏土制作一钱箱	9. 教师给予学生清晰指引，以进行各项教学活动 10. 教师能透过"分享活动"提升学生的表达能力 11. 教师能透过"讨论活动"提升学生学习兴趣，和对课题的了解 12. 整个教学以"学生中心"为主 13. 各项教学活动适合学生能力水平	·学生表现守规和安静，细心聆听教师教导 ·学生不时向教师提问，教师给予专业意见，学生也不时回应教师的提问，颇主动和积极，学生跟学生有讨论 ·课堂秩序管理很好，师生关系融洽 ·整个课堂学习活动很少，学生没机会参与 ·教师让学生多有些体验，所以，学生能自发地进行创作，毋须太依赖教师
丁（男）	初中三	版画制作一动物		·教师以英语作为教学语言，学生是印巴籍和南亚裔 ·利用自制教学短片和实物投影机进行创作示范 ·学生人数颇多，喜欢说话，但课堂秩序良好，教师能在恰当时段进行教学 ·师生关系良好 ·教师的教学很有条理，讲解清晰 ·整个课堂没有明显学习活动，学生没机会参与，只在创作部分学生才正式参与 ·教师有对学生进行提问及讨论，但不多 ·由于学生人数多，故未能照顾学生的需要

续表

教师	任教年级	课题	观课量表中参考评估项目	观课记录概述
戊（男）	初中一	速写/素描		·教师对自己整个教学都有清晰的概念、明确的教学目标 ·教师给学生简单的指引，引起学生的学习动机 ·课堂秩序管理很好，师生关系融洽 ·教师在每个学习活动都做亲身示范，然后让学生参与 ·教师都有对学生进行个别指导，但未能全部兼顾 ·教师掌握提问的技巧，与学生有讨论，也让学生有思考的时间 ·学生非常踊跃参与各项学习活动，而且非常投入 ·学生在无压力状况下学习，享受学习过程——愉快的学习经历 ·教师利用生活题材让学生明白学习内容，提升学习兴趣 ·整个教学以学生为中心，包括起、承、转、合四部分 ·教学结合艺术史、艺术欣赏、艺术创作、艺术知识等元素
己（男）	初中一	英文字体设计与排列		·课堂秩序管理很好，师生欠缺沟通，关系一般 ·整个教学都较为沉闷，教师主导教学，用大部分时间进行简报讲解，却忽略学生的需要，未有给予他们机会进行提问，思考空间较少 ·虽然有学习活动的时间，但不多，也不充实，学生参与并不投入

续表

教师	任教年级	课题	观课量表中参考评估项目	观课记录概述
己（男）	初中一	英文字体设计与排列		·教学内容颇复杂，不够简单，学生未能清楚了解 ·教师未有创作示范的时间，故部分学生有点不明白 ·学生有分组讨论的时间，但不多 ·教学尝试结合艺术史、艺术欣赏、艺术创作、艺术知识等元素，但欠缺灵活运用

资料表（三）是对六所学校初中视觉艺术教师课堂教学观课中所综合记录的资料，其中笔者引用自己设计的"观课量表"内教师教学表现的项目做参考，并依据此项目引导做笔录。这些笔录的资料非常重要，是通过笔者的细心观察而记录下来，乃标记着教师的课堂教学情况与学生学习表现的关系。事实上，学生的学习表现也显示出教师的教学效能。而六位教师都有自己的一套视觉艺术教学模式，有自己的课堂教学艺术。所以，六个课堂的学生都有不同的表现，不同的学习成效。如果单从笔者通过观课中观察到教师的课堂教学做一个比较，可从客观层面和个人层面两方面理解。客观层面是指"实际教学环境"；而个人层面可包括：课堂管理、学习气氛的营造、教学理念和思路发展、本学科专业知识、创造性和独特性的教学方法等方面。通过客观和个人层面进行全面分析，这会更容易理解教师课堂教学素质的情况。基于资料表（三）所观察得来的资料，综合整理而制成下面资料表（四），以更易理解教师课堂教学的表现。

以"√"记录课堂内所观察到的情况：

"1"代表极不适当；"2"代表不适当；"3"代表适当；"4"代表极适当。

资料表（四）　六位初中视觉艺术科教师课堂教学表现的比较

教师	课堂教学要素									
	客观层面	表现指标				个人层面	表现指标			
		1	2	3	4		1	2	3	4
甲（女）	实际教学环境				√	课堂管理			√	
						学习气氛的营造			√	
						教学理念和思路发展			√	
						本学科专业知识				√
						创造性和独特性的教学方法		√		
乙（女）	实际教学环境			√		课堂管理			√	
						学习气氛的营造		√		
						教学理念和思路发展		√		
						本学科专业知识			√	
						创造性和独特性的教学方法		√		
丙（男）	实际教学环境			√		课堂管理			√	
						学习气氛的营造			√	
						教学理念和思路发展		√		
						本学科专业知识			√	
						创造性和独特性的教学方法		√		
丁（男）	实际教学环境			√		课堂管理			√	
						学习气氛的营造		√		
						教学理念和思路发展		√		
						本学科专业知识			√	
						创造性和独特性的教学方法		√		
戊（男）	实际教学环境			√		课堂管理				√
						学习气氛的营造				√
						教学理念和思路发展				√
						本学科专业知识				√
						创造性和独特性的教学方法				√
己	实际教学环境			√		课堂管理			√	

续表

教师	课堂教学要素									
	客观层面	表现指标				个人层面	表现指标			
		1	2	3	4		1	2	3	4
						学习气氛的营造		√		
						教学理念和思路发展			√	
						本学科专业知识		√		
						创造性和独特性的教学方法		√		

　　综观资料表（四），清楚表明了六位教师于初中视觉艺术课堂教学表现的情况。笔者用"√"表示教师于课堂教学中的相关表现，以1—4个等级数分辨教师在课堂教学中表现是否适当："1"代表极不适当，"2"代表不适当，"3"代表适当，"4"代表极适当，如此类推，这些等级并不是试图辨别教师教学表现的优秀与差劣，反而是对课堂教学的反思。教师课堂教学的素质直接影响学生学习成效，两者关系密切。所以，有优秀的课堂教学素质，才可提升学生学习成效。通过以上客观层面和个人层面来，理解初中视觉艺术教师课堂教学素质的情况，乃方便将冗赘的资料简化和系统化，使人容易理解。从客观层面上，"实际教学环境"于视觉艺术课堂教学很重要，教师怎样利用实际环境进行教学，怎样利用实际环境里的设备，如何配合自己预备好的教材而发挥教学，教师怎样安排处理学生的学习空间等等，都是教师于课堂教学之前或期间必须考虑的。大致上，六位初中视觉艺术教师的实际教学环境都很适当，在专室进行教学，切合学科教学和学生的学习需要。笔者也观察到学生的学习表现都很积极和主动，也没有因为环境的局促和狭窄而影响了学习情绪。至于在个人层面上，包括"课堂管理""学习气氛的营造""教学理念和思路发展""本学科专业知识""创造性和独特性的教学方法"等五方面，都是配合教师个人的教学风格、教学观念、教学方法、学科知识等全面理解他们课堂教学的表现。六位初中视觉艺术教师都有个人独有的教学模式、教学流程，以至自己的教学风格，从而发挥出了自己的教学艺术，于教学过程中尽显自己教学的独

特性。

从资料表（四）中，可见六位教师中以教师戊表现较为理想。无论在"课堂管理""学习气氛的营造""教学理念和思路发展""本学科专业知识""创造性和独特性的教学方法"等全都是4级，可见这位教师在教学上下了不少功夫，唯一的缺憾是他无法改变"实际教学环境"，因为他任教的学校空间较小，不堪应用，加上一班学生多达40人，实在不容易处理。他在整个课堂教学里面每个环节都表现了优异的教学素质，给笔者留下了深刻印象。这位教师善于利用不同的教学方法，如提问、讨论、比较、游戏、评赏等，让每一个学生都参与其中，享受愉快的学习，感受视觉艺术课堂的乐趣，这是师生双方携手合作发展出来的一种愉悦的理想境界；另一方面，这位教师的教学理念和思路都十分清晰，对自己的教学有一套独特的见解——让每个学生都认识和学习视觉艺术，配合现行香港课程纲要的要求。单是这两方面已可以达到高水平的教学素质。实际上，当一个视觉艺术教师爱上自己教学工作时，自然会发展一套清晰的思路和教学理念，自己会努力增进本学科的学养，顺理成章找到合适学生学习的内容和方法。当学生享受学习过程时，学习气氛自然就会和谐起来，岂会产生课堂管理上的问题？教学就是环环相扣，互相牵引，这就足以帮助教师构成和发挥个人独有的教学艺术。

第二章

初中视觉艺术
课堂教学艺术的本质

    前面一章已揭示了香港初中视觉艺术教育的发展及其核心问题，也提出了全面审视香港初中视觉艺术课堂教学优欠的观点，并探讨了香港初中视觉艺术课堂教学艺术的缺欠与危机之所在。那么，初中视觉艺术课堂教学艺术是什么？它跟一般的课堂教学艺术有什么不同的地方？笔者在前面已对"视觉艺术课堂教学艺术"进行了简单的定义，乃是从"课堂教学艺术"的定义而衍生出来。"初中视觉艺术课堂教学艺术"是指教师用在初中视觉艺术课堂里的教学艺术，专门针对初中级学生的学习需要而彰显出来的教学魅力，目的在于制造课堂学习气氛，师生双方产生一种愉悦的教与学的理想境界。事实上，视觉艺术教师是需要在初中课堂教学中发挥自己独有的教学艺术，让学生学得愉快，发挥高效的教学效能和学习成效，从而培养学生对视觉艺术学习的兴趣。为了学科化、专业性解决香港初中视觉艺术课堂教学艺术的问题，以及创建和促生香港初中视觉艺术课堂教学艺术，本章将从视觉艺术课堂教学艺术的理论角度深入探讨视觉艺术课堂教学艺术应有的本质，包括由笔者多年积淀的经验发展出来的教育观，视觉艺术课堂教学艺术的基本要素、形成、特色和价值，力图理解视觉艺术课堂教学艺术在实际教学中所发挥的最大作用。

第一节 "生命影响生命"的初中视觉艺术课堂教育艺术观

　　笔者在香港从事中学视觉艺术教学22年，走访不同学校，积淀了不少宝贵的教学经验，而这些教学经验逐渐转化为自己独有的教学理念，升华为一种教育思想。自古以来，教师都是学生的模仿对象，对学生有深远的影响，其生命经历可以激励学生成长。笔者曾经影响一个学习成绩不好但绘画十分优秀的学生，随着对学生不断的鼓励，学生就凭着一份坚持，最终梦想成真，成为一个画家，而且多次成功举办画展。所以，每个学生都可以去教，他们各有自己独特的艺术潜能，无人可以代替，只是等待机会被发掘出来，教师是他们发展这方面潜能的引导者。笔者有这样独特的教育教学理念乃发展自一所学行都较为逊色的男校，于学校充当初高中视觉艺术教师和辅导教师，经常有机会接触不同类型的学生，了解他们不同的需要。事实上，学生的能力未被认同，且屡受挫折而缺乏信心，终至学习表现欠佳。究其原因，除了在学与教两方面未有配合之外，就是欠缺鼓励和关心。其实，教师可以多行一步，除不断改善自己的教学，切合学生需要外，还可与学生分享自己的生命经历，让学生可以学习，生命因而得到激励。因着这些理念，慢慢地发展自己的一套课堂教学艺术的核心标准，就是"生命影响生命"初中视觉艺术教育理论（"Life to Life" Art Education，以下简称为"生命影响生命"教育观或"生命影响"教育观）。所以，拥有一套"教育思想"和"教学理念"是初中视觉艺术课堂教学艺术最首要和最基本的规格要求。

一、"生命影响"教育观的内涵

一套新的理论必有其他理论依据支持。一套视觉艺术"教育思想"和"教学理念"背后必然有教育两学理论的影响和依据，"生命影响生命"教学论也不例外。笔者受西方视觉艺术教育理论影响最深远的是罗菲尔德的"工具论"和艾斯纳的"以学科为基础"的艺术教育理论。笔者既认同罗菲尔德的顺应儿童成长而发展艺术能力教师不加干预的理念，又赞同艾斯纳认为艺术能力非自然的成长，是后天学习结果的理论。罗菲尔德的教学理论是顺应一个人的成长而发展不同的能力，这点是成立的。因为强行教授学生能力不逮的知识，到头来不但学不到，反而留下不好的滋味。与此同时，笔者认为艾斯纳的教学理论也有道理，因为如果没有系统的课程，任由学生自行学习，试问怎会有米开朗基罗（Michelangelo）和塞尚（Cezanne）的出现？他们都是经过系统的课程训练出来的伟大艺术家。当然，他们都是对艺术十分狂热的人，得到后天培养才可以成为独当一面的艺术家代表。事实上，两套教学理论都有其重要的理据，只是两者却忽略一点：学生素质的问题。

"生命影响"教育观的核心观念。笔者在中学视觉艺术课堂教学内，都有用到上述这两套不同的教学理论，而且效果也相当理想，只是不同类别的学生，就要用合适他们的教学理论。总结一点：用什么教学理论都可行，只是教师要思考如何才能通过演示教学内容而达到教学目的。不过，学行较为逊色的学生必然是夹杂多种教学理论才可以进行教学。总之，不同理论都有其优缺点。"生命影响生命"教育观是一套怎样的教育教学理论？上文提及，笔者这套初中视觉艺术教育教学理论是从一所学行较为逊色的男校发展出来，笔者在那里有10年的教学年资，在10年教学期间有一番体会：面对一班无心学习、操行稍逊、视教师为无物的学生，用什么教学理论成效也不大，何不自行设计一套适合学生学习的教学模式？笔者明白："只有当学生接受和认可了教师，学生才会接受教师的教学；在复杂的教学情境中，师与生的交流与沟通，最终是否产生教学效益"[1]，因人而

---

[1] 尹少淳：《初中美术教学策略》，北京师范大学出版社，2010，第27页。

异，这是一个教学规律。所以，笔者认同师生沟通非常重要，乃通过自己的生命影响他们的生命，用自己和他人的经历感染他们，陪伴他们一起走过漫长而艰苦的学习路途，让他们通过学习视觉艺术认识和了解自己，继而了解别人。概言之，所谓"生命影响生命"教育观，也可称为"生命影响"教育观，是指在尊重学生艺术表现的基础上以教师的生命经历激励个体学生成长的艺术教育主张。笔者就是抱着这种信念，一种自己的教育思想，认为视觉艺术教育就是关爱生命的教育，借此影响他们生命的改变与成长。这是"生命影响"教育观的基础内涵。

视觉艺术教育再不是单纯的学习艺术，培养对艺术的兴趣，而是一种关爱的生命教育，用生命影响生命的社会化艺术育人活动。"生命影响"教育观的基本理论生成乃结合罗氏和艾氏两套教学理论，尤其是教学过程中的前部分是艾氏的教学理论，后部分的个别指导实践是罗氏的教学理论，并加入一些"艺术治疗"的理论，从中对学生进行辅导，让学生在视觉艺术创作过程中可以享受创作乐趣，又可以舒缓情绪，更可达到学习目标，收学习成果之效。事实上，罗氏的教学理论已是"艺术治疗"理论的其中一种，至今仍是视觉艺术教育所普遍采用的一种教学模式。因为罗氏认为"美术教育的重要性在于它有利于个人的成长和发展，教育的过程使学生有一个健康、民主、个性的发展空间。也可以这么说，美术教育的创造性活动提供了一个释放压力的情感出口，因此艺术活动的医疗特性对于快乐的、有良好调节能力的儿童的健康发展是非常有意义的"[1]，他的理论孕育了"艺术治疗"的发展。与此同时，另一个美国艺术教育家布里添（Brittain）也提出相关观点，认为"绘画能作为儿童抒发和释放压力与适当能量的渠道"[2]，这也证明艺术活动有治疗压力的功效。美国艺术治疗协会（American Art Therapy Association）给"艺术治疗"所下的定义是"艺术治疗提供了非语言的表达和沟通机会"[3]。其次，在艺术治疗领域中有两个主要的取向："（一）艺术创作即是治疗，而创作的过程可以缓和情

---

[1] 马菁汝：《罗恩菲德与艾斯纳的告诫》，湖南美术出版社，2010，第41页。
[2] W L Brittain. Creativity, *Art, and the Young Child.* Macmillan Publishing Company, 1979, p. 132.
[3] 陆雅青：《艺术治疗》，重庆大学出版社，2009，第4页。

绪上的冲突并有助于自我认识和自我成长；（二）若把艺术应用于心理治疗中，则其中所产生的作品和作品的一些联想，对于个人维持内在世界与外在世界平衡一致的关系有极大的帮助。"①笔者认同"艺术治疗"的理念跟视觉艺术创作的关系，尤其是艺术治疗取向的第一点，与笔者的理念颇相近，这点也跟视觉艺术创作的关系更为密切，两者间有互通的地方，可以实践在初中视觉艺术课堂教学中，改善学生学习视觉艺术的效果。而笔者所沿用的视觉艺术教学理念正是与艺术治疗取向的第一点十分接近，加上部分艾氏和罗氏的教学理论运用其中，效果十分理想。事实上，在个别指导实践中，教师除了建立"艺术治疗"的概念外，也帮助学生建立自信心、重拾学习兴趣，逐渐地帮助他们构建学习艺术的观点——艺术史、艺术欣赏、艺术创作和艺术知识。

二、"生命影响"教育观的教学艺术内涵

既然发展形成了一套初中视觉艺术教育思想，自然在这套教育思想指导下应构建学论中有一套自己独有的教学艺术。究竟这套"生命影响生命"的教学艺术是什么？笔者在课堂教学中会用多些时间对每个学生进行个别指导，除了是了解他们学习需要外，还是对他们在学习上的一种扶持与鼓励，陪伴他们走过这条艰辛的学习之路，让他们感到一种同在的感觉。在对学生进行个别指导时，通过与他们倾谈和讨论，对他们的学习进行辅导，以视觉艺术作为沟通、治疗的工具，如引用一些名家作品，通过作品内容让学生有反思机会，从而鼓励他们尝试表达自己生命的经验。作为教师要持开放态度，接纳和包容他们在视觉艺术上的学习表现，不论表现能否达到教学目标，仍是接受他们，鼓励他们向着目标迈进。一句话，这套教育观指引的教学艺术就是师生要建立紧密的沟通去感染学生学习。所以，紧密的沟通是发展"生命影响生命"教学艺术的必然要素。

那么，何谓"生命影响生命"教学艺术？笔者在前文已对"课堂教学艺术"和"视觉艺术课堂教学艺术"加以界定。"课堂教学艺术"就是教师于课堂内展现个人特有教学风格所彰显出的创造性教学魅力。视觉艺术课

---

① 陆雅青：《艺术治疗》，重庆大学出版社，2009，第4-5页。

堂教学艺术，则是指视觉艺术教师于课堂内展现个人独特教学理念和样式而感染学生有效学习的创造性教学魅力。由此推论，"生命影响生命"的课堂教学艺术就是单指视觉艺术教师用于课堂教学里面的教师之生命影响学生之生命健康成长的教学艺术。其核心是初中视觉艺术课堂教师用自己的生命情怀让学生受教师的生命激励而自觉促进自己生命的成长。学生生命的成长并不是指他们生命有什么巨大改变，只是教师通过自己独有的课堂教学艺术感染学生，从而改变他们的学习态度，尤其针对如何提升他们对视觉艺术的兴趣，以至他们主动学习，于创作中真情剖白表达自己。同时，建立稳定的视觉艺术学习价值观。所以，大量利用不同视觉材料，如名家作品，通过评赏从中探讨作品意义，借此让学生对某议题有所反思，以分享、个别指导的形式和方法，让师生和学生间生命有互相交流和激励的时候，通过创作活动从中表达和舒缓情绪。综合而言，"生命影响生命"课堂教学艺术有三方面的基本作用：一是课堂教学中师生有紧密的沟通；二是课堂教学中学生生命有成长；三是课堂教学中师生在互相配合下教与学均达到高效能水平。一句话，"生命影响生命"课堂教学艺术是初中视觉艺术教学过程中必须要有的内涵。

　　"生命影响生命"的教学艺术是一个较为宏观的概念，泛指教师用在初中任何学科的一种教学艺术。当然，这里主要是指香港初中视觉艺术教师在初中视觉艺术课堂教学里所发挥的教学艺术。视觉艺术课堂教学是师生间关系建立的交叉点，通过对学生进行个别指导，与他们倾谈和讨论，了解他们的学习需要，借此建立关系，继而进行生命教育，分享自己的人生阅历，用自己的生命影响学生的生命，因为"教学过程本身就是师生人生中一段重要的生命经历"[1]，从中灌输正确的学习态度、道德观、价值观等，修正他们偏差了的思想和品德，激励他们积极学习，勇于尝试，发展自己潜能，改变和缔造新的生命。况且"一切教学行为都应该是教师积极支持学生健康成长和进步的活动"[2]，这才是教师发挥教学艺术所起的积极

---

① 刘阳：《新课堂教学艺术：体验真切的"生命历程"》，《晋中学院学报》，2010年第2期，第96页。
② 梁玖：《美术课程的教学设计理念与环节》，《美苑》，2008年第6期，第58页。

作用，是教育的真正意义，使学生得到真正的学习成果。能够在初中视觉艺术教学中真正帮助学生在知识和技能上成长，全面发展，才是发挥了教学艺术应有的作用，从这个观点看，可以说是"生命影响生命"教学艺术的精髓所在。试想，现实中香港初中视觉艺术教师在面对大量学行稍逊的学生时，以现行视觉艺术课程指引的要求，根本上达不到标准，加上小学的视觉艺术教育跟中学的不一样，有很多初中的学生连视觉艺术基础知识也没有，叫初中教师衔接课程，是一个现实问题。所以，与其扼杀学生的兴趣，不如放下课程指引的要求，先重拾学生学习的兴趣和信心，逐步建立学生对本科知识的培养。这是一个两全其美的方法。因此，一方面以视觉艺术作为沟通、治疗心灵的工具，鼓励他们多表达自己，培养他们的兴趣；另一方面，透彻了解学生的能力和需要，以及他们学习的规律，遂达至视觉艺术课程指引的要求，这是香港初中视觉艺术教师必须要在教学前做好的功夫，于进行课堂教学时才能得心应手。

笔者过往十多年在学行稍逊的男生学校任教视觉艺术，有一半学生来自有问题的家庭，不是单亲家庭，便是家庭经济有问题，或是一些新移民，更有些学生父母有吸毒、酗酒的问题，试想他们怎能健康地成长？怎可以有正常的学习生活？他们学习有问题，成绩欠佳，当是家庭所影响，加上同辈行为互为反射，自然无心向学。笔者有感他们学习上主要的问题是欠缺动力、欠缺信心，于是，通过视觉艺术课堂教学发展生命影响之教育，通过个别指导时间关心他们的需要，让他们能通过视觉艺术表达自己，舒缓心中的情绪，重建他们学习的信心，认同他们的学习表现。所以，视觉艺术教室是他们最想去的地方，视觉艺术课堂是他们最渴望上的课。视觉艺术教室是学生经常"聚脚"的地方，是与视觉艺术教师聊天倾谈的好去处，这是他们成长的地方。学生每逢小息、午饭或放学，总是喜欢到视觉艺术教室找视觉艺术教师聊天，把心中的情绪与视觉艺术教师倾诉，可见师生关系的建立是完善教师课堂教学艺术的一个重要元素，这是见证生命教育的好例子。

师生体验生命就是课堂教学的时候。以下是笔者2006年在初一视觉艺术课堂教学上所用到"评赏导向创作"教学策略的一个例子。笔者利用大量视觉教材，点出主题，将学生分组，以小组形式共同创作壁画的初稿（壁画完成作品参见图1-5至图1-8，第56页）。笔者将自己的经验与学生分享，继而与各小组进行讨论，让学生间有生活体验交流，提升他们兴趣之余，乃建立他们对壁画主题的理解，帮助他们发展壁画初稿。这种学习模式是：分享、讨论、提问、反思。学生初时对壁画主题不感兴趣，情绪有点低落，经教师不断提问，学生建立了反思的空间，渐渐对反思的议题产生兴趣，最终订立了作品主题，愉快地完成壁画的初稿。于此摘取学生壁画的初稿，如图2-1至图2-3皆是。

另外，笔者于2011年通过"评赏"策略，以不同的创作建立学生对生命的反思，让他们在学习过程中有成长。这是通过作品中所表达的生命观，直接影响学生，这是"生命影响"教育观的课堂教学艺术。该视觉艺术课堂教学的主题是"生命中的爱"，教师希望通过欣赏作品建立学生对生命的反思。这种学习模式是：欣赏、提问、反思。现摘录其中在该视觉艺术课堂教学中的重要片段内容，当中包括教师讲解、提问与学生回应的内容。教师首先向学生讲解："视觉艺术'视觉语言'和'组织原理'作为一种表达工具，所表达的全是创作者所思、所想和所感。所以，视觉艺术教育的其中一项任务是通过视觉艺术表达自己，具有工具价值的意义。所谓'工具'，实指通过某样东西做一种自然流露的表达。如果说将视觉艺术作为个人思想情感的表达工具，于是它便顺理成章作为人类文化的标记和象征，一种真我性情的表达。所以，视觉艺术是人类文化的遗产，历史的证明，真实性情的流露。图2-4是一位高一年级学生的作品。"笔者提问："你们知道这是什么吗？"学生回应："用胶水樽做成的拖鞋。"笔者继续讲解："作品表面上看是由简单的弃用胶水樽所造，容易制作，毋须任何技巧，可以说是粗制滥造，在视艺上毫无美感，没有取悦别人在视艺上的吸引力，却是情感满溢的作品。因为艺术乃要表达真我性情，作者因到过柬埔寨游历，见到当地贫民所穿的鞋子，心受感动，便带着这份心情，表达对当地贫民的关爱。这是艺术创作的一种真我性情的流露，无遮无掩地表现率直的感情，这是视觉艺术教育的工具价值。"①

图2-1 笔者初一学生壁画的初稿，第一组学生：何子麒、关子明、李志明，主题《科幻宇宙》，2006，厂商会中学，指导教师：区昌全

图2-2 笔者初一学生壁画的初稿，第二组学生：王子辉、谢炽明、罗伟立，主题《蜕变的香港》，2006，厂商会中学，指导教师：区昌全

图2-3 笔者初一学生壁画的初稿，第三组学生：冼家辉、陈志德、周才勇，主题《科幻宇宙》，2006，厂商会中学，指导教师：区昌全

图2-4 周晓文，柬埔寨人的鞋，16cm×8cm×5cm，2009，指导教师：区昌全

　　跟着，笔者用第二件作品（图2-5）进行评赏活动，教师提问："你们知道这是什么类别的艺术作品吗？"学生回应："这是一件雕塑。"教师提问："你们可以简单描述一下这件雕塑吗？"学生回应："这是一件人物造型雕塑。有一男和一女，女的抱着男的，男的似睡觉或死亡，但容貌很安详；女的坐着，低着头容貌却一脸茫然，感到有点失落悲伤。"教师提问："为什么？"学生回应："可能男人是女人的儿子，儿子死了，作为母亲的自然会很难过。"教师提问："试想想这件雕塑要传达什么讯息？"学生回应："母爱或亲情的伟大。"教师提问："你们感受到母亲爱你们吗？"学生自由作答。教师提问："你们知道这件雕塑是用什么做的吗？"学生回应："是用

① 区昌全：《单元一：视觉艺术的基本概念》《单元二：视觉艺术教育理念》《单元五：幼儿视觉艺术课程规划》，E276C 幼儿教育：视觉艺术，香港公开大学，2010。

石头雕琢而成，可能是大理石。"教师提问："试想想作者怎样将这件雕塑完成？"学生回应："应该是用工具帮助完成这件雕塑，或者有人帮忙。"接着，教师讲解："该图是米开朗基罗的《圣殇》雕塑，是描述玛利亚（母亲）怀抱耶稣（儿子）尸体的造型，他们两者简单的造型，筑成一个三角形的结构，视觉上有一种均衡平稳的感觉。当中对两位人物细致的描绘，如衣服皱纹、皮肤、肌肉等等的质感，给人留下深刻印象。虽然作品并没有明显表现他们母子的关系，但却给人一种亲切的感觉，只有无比伟大的母爱才会深深感动我们。"

图2-5 米开朗基罗，圣殇（Pieta），大理石雕塑，1555　　图2-6 区昌全，怀念父亲，塑料彩布本，180cm×120cm，2011

最后，笔者用第三件作品（图2-6）进行评赏活动，教师提问："尝试针对这件作品描述一下你们所见到的东西。"学生回应："见到两个人，一个是小孩子，另一个是老伯伯。老伯伯手抱小孩子，脸部流露出喜悦的笑容，小孩子则表现平和。"教师提问："你们猜估一下他们有什么关系？"学生回应："他们应该是爷孙关系，因为爷爷都是这样抱我的，而且感觉到爷爷非常疼爱孙儿，表现出爷孙间的爱。"教师提问："这幅作品在用色方面怎样？"学生回应："用色方面以红色为主，有不同层次的红色，如深红、枣红、紫色、橙色、黄色等等，应该是一个喜庆的场合，加上背景有一个大'囍'字，因此，整张作品以红色为主调，配合喜庆的气氛。"教师提问："你们喜欢这件作品吗？为什么？"学生自由作答。跟着，教师讲解："这是一幅塑料彩布本绘画作品，是笔者怀念离逝的父亲而画的。作品平铺直叙，流露出怀念亡父的真挚感情。笔者抓着某年某月某天晚上父亲抱着兄长年幼儿子的一幕情景，细致描绘父亲喜悦的面容，与平和面容的侄儿，造成强烈的对比，点出父亲是一个乐天知命、喜欢热闹的人。画中以明亮的红色系列清晰地描绘人物与朦胧的背景表现出一道距离的空间，是作者对亡父逝世多年依稀记忆的一个呼应，带出对亡父的怀念之情。"

　　教师利用学生的作品、艺术家的作品和自己的作品进行评赏学习，目的乃通过不同人的生命经历，教授学生如何通过视觉艺术创作表达情感，抒发情绪，真切体验他们的生命，以他们的生命激活学生的生命，而造就新生命。这是教师"充分利用创生资源，营造对学生有意义的真实情境"①，于评赏过程中激发学生思考，以真实生命感动学生。教师只是利用简单的提问技巧，逐步建立学生对艺术品的认识和了解，从而缔建学生"人文关怀"的观念，这是指"学生内在情感的表达和净化"②，跟着带出作者欲表达的讯息。正如这个例子中三件作品都是围绕着"生命中的爱"，它们有着相类似的主题，如第一件作品表现出对他人的关爱，第二件作品表现出伟大的母爱，第三件作品表现出爷孙之爱以外的父爱。三件作品分别表现出对不同人生命的尊重和歌颂，教师通过学生的经历、古人的经历和自己的经历，让课堂教学"成为学生现实生活组成部分，成为学生体验和实践生活，品味人生的重要场所"③，展示一段段活生生的生命历程，塑造学生高尚的情操，建立正确的道德价值观，缔造出新生命，这就是"生命影响生命"的课堂教学艺术。以上是笔者通过自己多年的教学心得，将之转化成为一种教育理念，而用于实际课堂教学，活化一般沉闷的课堂气氛，让学生学得投入及有成功感，这是"生命影响生命"教育观的内涵。事实上，学生在这次的课堂表现是积极参与，而且很主动对问题做出回应。

---

① 刘阳：《新课堂教学艺术：体验真切的"生命历程"》，《晋中学院学报》，2010年第2期，第97—98页。
② 王大根：《学校美术教学方法的发展趋势》，《迎接视觉文化挑战的美术教育》，华东师范大学出版社，2006，第248页。
③ 同①，第97页。

初中视觉艺术教育的核心思想是生命影响生命成长。有了一套完整的教育思想后，需要去思考如何构建自己的教学论观点或主张。作为生命影响生命教学艺术之特征就是：切合不同学生的学习需求和学生能力。也就是说，初中视觉艺术教师应是顺应和了解学生的能力和兴趣而发展他们的视觉艺术能力，让他们在学习过程中建立自信心，学习因而得到认同。即，初中视觉艺术教育必须要顺应学生的能力和兴趣而建立他们学习的自信心，从而进行生命教育。

第二节 初中视觉艺术课堂教学艺术的要素

视觉艺术课堂教学艺术是任何初中视觉艺术课堂教学过程必须有的内涵，不可缺少。一个富有经验的视觉艺术教师，他们去处理一个课堂，总会凭着他们累积下来的教学经验将它优化、完善，这是教师运用他们独有教学艺术的成果。他们经年累月的积存，抓住自己课堂教学艺术的窍门，不断地改善和完善，舍短取长，慢慢琢磨成为他们独有的课堂教学艺术，让自己的教学达到效能，学生学习有成效。基本上，每个初中视觉艺术教师的课堂教学艺术在形式和表达上不会完全一样，具有自己独特的教学风格，但他们的本质都是一样的，也是包含着共同的基本要素。究竟初中视觉艺术课堂教学艺术包含什么要素？简单来说，它包含了一些原则观念和组织元素而构成初中视觉艺术课堂教学艺术。

一、实施的原则

一般来说，"课堂教学是教学的基本组织形式，是完成教学任务的中心环节，中学课堂教学艺术，显然归属为教学艺术"[1]，而且这种思想也比较贴近现今的教育思潮，切合现代教育的需要。任何课堂教学都是体现教学

---

[1] 李如密：《中学课堂教学艺术》，高等教育出版社，2009，第4页。

效能的理想途径，是体现教师教学艺术的最佳方法，是达成教学目标的实际展示。事实上，在教学过程中发生的一切事情都足以影响整个教学效能，就算是小组学习或教学，以至于一对一的教学，都有其独有的组织形式，具有其影响力，归根究底，目的只有一个：使学习者获得最佳学习成果。所以，只要合符课堂教学艺术的基本组织形式、要素，便可以说是具备课堂教学艺术了。因此，从宏观角度看，任何教学都包含了教学艺术，只是它们是否真的具有特有功能而能提升教学效能和学习成效，还有待进一步研究。这点与笔者之前在解释词汇部分的内容上有一脉相传的地方。事实上，"教学艺术是一种动态艺术，它自始至终存在于教学过程中，不是游离于教学之外供教师欣赏的一首歌曲或一部电影"①，这种观点，对于作为前线工作者而言必须谨记，对于初中视觉艺术教师来说更加重要，因为初中是学生学习历程中最重要的阶段，如果初中视觉艺术教师在课堂教学中未能触动学生构建他们对视觉艺术的兴趣，他们视觉艺术能力的发展会因此而受到阻碍，甚至最终放弃，只是对这点很多教师都不以为意，轻视了自己教学艺术在课堂教学中的影响力。况且教师追求教学艺术是为了取得最佳教学效果，这是每位教师所想的，也是负责认真的教师所要求的。基于此，视觉艺术课堂教学艺术有其一套原则，只要合符这些原则或条件，就可以说这就是视觉艺术课堂教学艺术了。究竟视觉艺术课堂教学艺术有什么原则性的东西？应该从哪方面去思考这个问题？于此，笔者尝试从视觉艺术课堂教学艺术的本质开始理解，希冀提出及建立一些关于视觉艺术课堂教学艺术原则的观念。

　　很多研究指出一般课堂教学艺术的本质是创造说、表演说、审美说、规律说、技巧方法说、整体说、创造活动说等，这些观点都是成立的、可靠的，也得到学术界普遍的认同。事实上，初中视觉艺术教师的教学艺术就是去创造一些非一般成果的东西，如学生在视觉艺术能力上的表现。不过，不同视觉艺术教师运用他们自己独有的课堂教学艺术，所以，学生的学习表现都会不同，正如视觉艺术教师引导学生去创造自己的作品，学生

---

① 王升：《如何形成教学艺术》，教育科学出版社，2008，第187页。

都会把不同的生活体验、感受、感悟等通过不同的技能、物料、方法而绽放出来。因此，视觉艺术教师必然有其独有的课堂教学艺术，才可以让学生有这样的表现。在综合研究初中视觉艺术课堂教学经验和元素之后，笔者认为初中视觉艺术课堂教学艺术的原则有"开放创造原则""汰旧纳新原则""需适满足原则""理解发挥原则"和"创造自己原则"。

"开放创造原则"。简单地说，初中视觉艺术教师持开放态度，接纳和包容学生的任何学习表现，这会激发学生产生绚丽灿烂的学习成果。视觉艺术教师更需要秉持这样的态度，鼓励和激发学生创造不同类别的作品，百花齐放，活化艺术文化。基于此，我国的水墨艺术由传统至现代才有不同类型的表达和演绎，这都是因为对水墨艺术持一种开放的态度。

"汰旧纳新原则"也可称为"吐故纳新原则"。东方人对视觉艺术比西方人内敛，这是一种传统的观念。不过，现今的视觉艺术教育趋势不再朝这一个方向发展，乃鼓励学生多表达、多发挥、多尝试、多发问等等，这是先进教育的模式，发挥学生的无限创意。初中视觉艺术教师于课堂教学中所用的教学艺术也是跟以往的不一样，不再是传统，而是迈向通达开明，试图训练更多具有自信心、勇敢果断的学生承接未来的社会。所以，初中视觉艺术课堂教学艺术的另一个实施原则是"汰旧纳新原则"。课堂教学艺术的其中一个本质是表演说，初中视觉艺术教师的课堂教学艺术不单是一个教学表演，而且是一个进行思想熏陶的过程。他们除了在课堂教学中进行示范教学艺术之外，还将自己积累已久的丰富人生经验通过不同的教学活动、教学方法等等演绎出来，影响学生，正是生命影响生命的教学观。作为初中视觉艺术前线的教师，必须要勇于尝试，不断地学习新知识，钻研新的教学方法，弃旧迎新，才会在课堂上感染自己的学生，让他们从中学习如何勇于尝试，汰旧纳新。于是，学生的表现也会有所不同。初中视觉艺术教师抱着这种课堂教学艺术的实施原则，可让整个课堂改变过来，在提升教学效能之余，也促成学习成效。一句话，视觉艺术教师应抱有这样的态度鼓励学生在其创作上多尝试，让他们的创作独一无二、别具一格，也使教师课堂教学艺术发挥高效的教学成效。

"需适满足原则"。其实，初中视觉艺术教师需要了解学生的能力、兴趣、需要，以及他们的学习规律，正所谓"因材施教"，才可以设计适切性的课程和教学内容，于课堂内实践。这样，教师自然会寻找到合适的课堂教学艺术于课堂内进行施教，当教学艺术切合学生的学习需要，学生的学习成效便很自然地提升了。当然教师选择什么教学法，怎样施行，怎样在过程中补足缺漏的地方，如何配合自己的教学风格，都是教师进行及设计自己课堂教学前要思考的地方。作为初中视觉艺术教师，理解这样的原则更加重要。为什么？因为视觉艺术课程没有太多的规范，由教师自己厘定和设计，如果对学生的兴趣、能力，以及他们的成长都不了解，怎样设计出学生感兴趣的学习内容，怎样发挥自己的课堂教学艺术而使他们的学习感到有信心、有成功感？初中视觉艺术教育不是要训练学生成为伟大的艺术家，对艺术界有什么大的贡献，对国家甚至世界文化层面承担什么大的责任，而是让学生认识艺术，理解自己跟它的关系，如何通过创作表达自己。所以，这个原则是视觉艺术教师必须切记的。

"理解发挥原则"。作为前线的香港初中视觉艺术教育工作者，除了在课堂教学艺术上有自己独有的风格外，必须要对自己教的课程有深入的理解，所以，课堂教学艺术的第四个原则是"理解发挥原则"。要使课堂教学艺术发挥得最好，收到最佳效果，教师必须对自己要教学科的课程有所认识和理解。对自己要教学科的课程完全不了解，怎样设计合适学生的课程和内容？怎样教？怎样实行？一连串的问题蜂拥而来，于是教学的压力也相继增加了。香港初中视觉艺术教师更是，课程纲要是设计课程的唯一参考指引，教师如对它认识不深，了解不透彻，根本设计不出适合学生的课程和内容。所以，初中视觉艺术教师必须要遵守这个原则，就是按部就班，设计适合学生的课程和内容，这样才可以在课堂教学中将自己的教学艺术发挥到最好的效果，让学生学得有成效，提升教学效能。

"创造自己原则"。能够装备好和了解自己，自然在课堂教学上就会顺利得多，教学艺术的表现也会发挥到最佳效果，因为"教学艺术就是一种科学再现与艺术表现完善统一而使师生优化发展的综合艺术创造活动"①。笔者同意这种说法,而且认为它非常有实际意义。事实上,视觉艺术教学就是一个"创造",是师生之间携手合作而创造出来的教与学的创造品,也是在过程中创造不同的活动,激发师生两方面的化学效应,是师生的一种双轨互动式运作,才可衍生出具有创造性的课堂教学。可以肯定说:视觉艺术教师必须要预备好自己,通过自己独有的课堂教学艺术引导学生进行或参与活动,教与学才能大功告成,达到务实、活化和优化的教学成效。这正显示了视觉艺术教师个人的教学风格与教学艺术所发挥的课堂教学。

总之,实施香港初中视觉艺术课堂教学艺术的原则有以下五方面:一是教师对教学艺术持开放态度,于课堂教学中接纳学生所有的学习表现;二是教师于教学艺术上持有汰旧纳新、勇于尝试的态度,感染及成为学生的学习模本;三是教师必须要了解学生的需要和适切他们学习的规律,才可在课堂教学艺术上有所发挥;四是教师必须要对自己教的课程有深入的理解,才可达到师生共融的地步,享受教与学的愉快过程;五是教师要预备好和了解自己,才可达到师生共同努力所达到的教学成效。其实,实施课堂教学艺术的原则需不断地更新变化,与社会的发展相一致,并不是处于一成不变的地步,必须要在不同的学科层面里,适切于不同情况和制度下的教育体制。即:只要教师懂得怎样调校自己的教学艺术,用于课堂教学上,就能发挥教学艺术的最高境界,达到高效的教学水平。

二、构成的元素

许多教师为应付繁重的教学工作,他们的脑海中忽略了课堂教学艺术的观念,只管完成教学工作,学生达到学习成效便是,他们很少关心自己在课堂教学上的表现。香港初中视觉艺术教师更是,他们并不太着意自己的教学,只是过于关注学生在创作上的表现,对教学法、教学理论较少关注,所以,他们没有课堂教学艺术的观念是很正常的事。课堂教学艺术跟教学有什么关系?它有什么用处?其实,这种观念存在于教师当中,是因为教师除了忙于教学工作外,还没有思考过他们的教学可以有这样的学术

---

① 杨青松:《教学艺术论》,四川教育出版社,1993,第32页。

性、理论性。所以，他们认为课堂教学就是将自己预备好的信息和资料，按教学进度完成的一个活动，并没有想及其他关于教学的事情。难怪很多教师的教学没有进步，尤其是有一定教学资历的教师，反而越教越退步。这是因为他们对自己教学的自觉性不高，也没有要求自己之缘故。

要组织一个完美的初中视觉艺术课堂教学，教师必须要多花心思，做周全的预备和思考。究竟教师要预备什么？最基本就是要有好的心理预备。就以香港初中视觉艺术教学为例，当教师想教好一门课时，必会做好事前功夫，如搜寻跟课题有关的资料，有什么教学内容，用什么教学法，怎样设计教学活动，而配合教学目标，教师都会思考清楚。这是一般初中视觉艺术教师会考虑的东西。还有，初中视觉艺术教师必须要思考课堂教学如何达到高效水平，让学生学得愉快。这是每个课堂教学必须要达到的目标。这牵涉到教师教学艺术发挥的效果，是教师课堂教学艺术的功能。于是，从一个理论性角度看，在一个完美的课堂教学中，课堂教学艺术扮演着一个重要角色，也是必须有的元素之一。换言之，教师的课堂教学艺术是促成课堂教学高效能的主要因素。因此，必须要有系统地组织课堂教学艺术，才可以帮助教师发展高效能的课堂教学。根据一些教育学者的说法，组成课堂教学艺术有三大元素，分别是"课堂教学艺术观念、课堂教学艺术技巧和课堂教学艺术意境"[1]。这是一般组织课堂教学艺术的三大元素。不过，笔者却认为初中视觉艺术课堂教学艺术不一定如学者所说的同样具备这三大元素，反而是应有自己学科上的特色。有研究认为组成初中视觉艺术课堂教学艺术的元素，应该包括三方面：一是"视觉艺术课堂教学艺术的观念"；二是"视觉艺术课堂教学艺术的创造"；三是"视觉艺术课堂教学艺术的表现"。

第一，视觉艺术课堂教学艺术的观念。一个组织完善的初中视觉艺术课堂教学，教师一定有清晰的课堂教学观念，有自己独特的教学艺术。这是教师对自己教学的认识和了解。简单地说，就是教师对自己的教学有多少程度的认识和理解。事实上，视觉艺术教师对课堂教学艺术有很多不同

---

① 李如密：《中学课堂教学艺术》，高等教育出版社，2009，第29页。

的理解，没有正确与错误、先进与落伍、积极与消极等的分别，每个教师的课堂教学艺术都不同，他们怎样看和怎样理解自己的课堂教学艺术，都存在很多差异性，这是很自然的事。例如：有些香港的初中视觉艺术教师觉得"先管后教"是最好的课堂教学艺术，有些却认为课堂管理并不重要，最重要的是学生学习愉快。这都是教师对课堂教学艺术观念的差异性。毕竟这是因教师本身的性格、道德水平、个人的经历不一样所形成的课堂教学艺术观念差异。现实终归现实，要改变这些固有的课堂教学艺术观念，是一件很难的事，尤其对于已教学很长时间的视觉艺术教师，他们根深蒂固的观念不容易拔除。像笔者认识一位年长的视觉艺术教师，还有几年便退休，正值课程改革之时，她只是依然故我，我行我素，照旧用以前的教法去教新课程，让学生在新课程下自己修炼。这位老教师消极不进取的观念，从不检视和理会自己的课堂教学艺术如何配合新课程，只是迁就自己教学的需要而没有从学生角度去想。面对这种情况，学生是最大的受害者。其实，一个视觉艺术教师课堂教学艺术的观念会随着不断反思自己的教学而逐渐形成，只是教师没有留意而已，乃是通过他们"对教学的观察、思考"，以至在教学实践中不断地获得和发展这种观念。不过，视觉艺术教师在教学完成后所进行的"自我反思"，也能帮助教师课堂教学艺术观念的筑构。此外，视觉艺术教师也可通过书本或同侪观课交流中发展课堂教学艺术的观念。如果教师是积极进取的，希望改善自己的教学效能，让学生学得开心有成效，不得不在这方面努力。教学工作的对象是学生，教师做任何工作都应以学生为先，正是"以人为本，发展学生"的观念，才是真正发挥教师课堂教学艺术的功效。不是要以大量文件、文字档案、行政工作，怎样宣传教学成效，怎样宣传优秀高考成绩等为目的构建课堂教学艺术观念，这是一种教育的谬误，实在背离教育的真正意义。一句话，初中视觉艺术课堂教学艺术观念的构建必须遵循课堂教学艺术的一些原则，才可达到高效能的课堂教学。

第二，视觉艺术课堂教学艺术的创造。初中视觉艺术教师要在课堂教学中创造自己独有的教学艺术，不得不借助课堂教学中所运用的教学技巧而展示出来。初中视觉艺术课堂中所用的教学技巧并非等同课堂教学艺术，它只是构建课堂教学艺术的一部分。所以，课堂教学成功与否，并不单是因着教师课堂教学技巧的完善与运用。当教师在教学过程中所用有关的教学方法、教学技术、教具展示也是必然考虑的元素。没有恰当的教学方法和技术，教学无法达到预期的效果。真正的是：视觉艺术教师在运用教具、教学设备，以至教学方法时，都必然是综合性、灵活性、针对性和调控性地处理，并不是一成不变和没有弹性，尤其是配合教学设备而展示教具教材，需要恰当处理和灵活安排，是发挥和创造教师教学艺术的时候。因此，教学技巧适当地运用，对提升教学效能帮助很大，也是精炼教师教学艺术的机会。例如，以前的视觉艺术课堂会着重用实物让学生加以观察而表达出来，所用的教学技巧不多，只管多做示范教学便可。随着科技日新月异，现今的视觉艺术课堂所用的教学技巧可谓多样性，如借用实物投影机、电脑简报、电子绘板等，都是在课堂上综合地运用，活化了僵化的教学方法。利用实物投影机进行创作示范，让全班学生都可清晰见到整个创作过程；利用电脑搜寻网上资料或浏览网址，让学生可即时更新资料；利用电脑简报对教学内容做展示，让全班学生对所学的内容一目了然。所以，综合地运用教学技巧，可增添课堂学习的乐趣，也是帮助教师创造多样性课堂教学艺术的必然趋势。

作为初中视觉艺术教师要懂得灵活运用教学技巧，不是保守或盲从地使用，而是有针对性和有需要地使用，才能显现出自己课堂教学艺术的价值所在。有时候根本不需要那样的技巧，却硬要加入其中，就会破坏学习气氛或教学成效。根据资料表（三）的资料，笔者对教师乙的教学技巧的评论是："整个教学都较为沉闷，教师主导教学，用大部分时间进行简报讲解，却忽略学生的需要，未有给予他们机会进行提问，思考空间较少。"①如果教师乙能减少运用电脑简报内容，针对主题内容的重点做讲解，灵活运用时间的限制，让学生多些思考空间和活动的时间，做师生间的交流，整个教学过程更能达到预期效果。这是视觉艺术教师时常忽略的重点。还

---

① 观课及记录日期：2011年3月24日下午1时30分至2时30分汇基书院（东九龙）视艺室（初中一，全班共33人，学生年龄12~13岁）。

有，初中视觉艺术教师在课堂教学过程中警觉性要极高，随时调控教学的进度和一切教学技巧的运用，创造自己高效的课堂教学艺术，使学生学得愉快，也让自己能流畅地完成教学。同时，初中视觉艺术教师要按厘定的教学目的、教学内容、教学流程、教学原则、个人的素质、教学形象、教学时间、学生的能力等与教学技巧互相配合，切忌照搬照套，这会弄巧成拙，达不到预期效果，更不能创造出自己课堂教学艺术的魅力，吸引学生学习。例如，初中视觉艺术教师必须按教学规律进行教学，好像"在课堂里当学生接受和认可了教师后，学生才会接受教师的教学"①，这是一种教学规律。切勿强行让学生接受教师的教学，学生需要时间适应、消化与接受，教师也要调校自己的教学。另外，年资较长的初中视觉艺术教师会害怕工作繁多，只管教材用得着，便年年都用相同的教材，甚至教学主题和内容都是千篇一律，以致教学效果没有提升，反而每况愈下，试问在这种情况下教师可会创造出自己的课堂教学艺术？学生怎会学得愉快？所以，初中视觉艺术教师如果能坚持自我不断提升的态度，积极学习，教学成效必然持续提升，达到卓越的效果，还会创造出自己独有的课堂教学艺术，吸引学生学习。

第三，视觉艺术课堂教学艺术的表现。这是构成初中视觉艺术课堂教学艺术的一种重要元素之一，它在课堂教学中扮演极其重要的角色，没有它的话，没法显示整个课堂教学的成效有多大。事实上，初中视觉艺术课堂教学讲求活泼生动、变化多端、愉悦气氛。如果课堂教学刻板呆滞、没有生气，就会失色，甚至有僵化的局面出现，学生提不起兴趣学习，教师也因为学生的表现而对教学草率了事，两者互相牵动，结果导致教学效能失衡，双方均没有得着，这是一个极为差劣的课堂教学艺术的表现。这显示出教师教学素养专业性的水平不高。一个良好的初中视觉艺术课堂教学，必然有愉快的课堂学习气氛，这是由教师与学生双方面合作营造出来。视觉艺术教师于课堂教学中所表现的主观情思，而配合教室的环境、气氛、情景，在各方面相互影响下所缔造出来的愉快氛围，相辅相成，是初中视觉艺术课堂教学艺术的理想表现。学者李如密提出这是课堂教学艺

---

① 尹少淳：《初中美术教学策略》，北京师范大学出版社，2010，第27页。

术的意境，即是"指教学过程中师生的主观情思与客观景象相结合而创造出来的情景交融、形神兼备、浑然一体的艺术世界"[①]，这点跟笔者所提出的"视觉艺术课堂教学艺术的表现"的观念有异曲同工之妙。有研究认为视觉艺术课堂教学艺术的理想表现就是让学生在最愉快的气氛下进行和完成学习。要做到在初中视觉艺术课堂中发挥教学艺术的表现，教师必须要认真和用心教学，让学生体会教师教学，只有双方面的互相配合和共同努力，才会有这样的成果。初中视觉艺术教师在课堂中表现了自己的教学艺术，有赖于他们教学艺术风格的展示和驱使，而他们教学艺术风格的形成乃从教师的性格慢慢地衍生出来。换言之，初中视觉艺术课堂教学艺术的表现跟教师的性格有密切关系。所以，教师是主要创造课堂教学艺术表现的人，他如何通过自己独有的课堂教学艺术激发学生热情地学习，这是组织课堂教学艺术的一个重要元素。很多初中视觉艺术教师都曾感受过不同课堂的学习气氛，不过，在良好的课堂教学和学习气氛下，总会体会到视觉艺术课堂教学艺术所表现的和谐融洽的整体美、坦诚真挚的情感美、积极进取的动态美。这是初中视觉艺术课堂教学艺术所表现出来与别的不同的特征。笔者在课堂实践的时候也曾感受到这样由视觉艺术课堂教学艺术所表现出来的"美"。笔者在2011年4月14日教学实践结束后，随意挑选三位学生进行访谈，其中问道："你们喜欢这科跟课堂教师的教学有关吗？哪方面？"他们回应是："教师教学有吸引力，学生从中培养兴趣；喜欢课堂学习气氛的自由性；教师用不同的教学方法，可以照顾不同学生的学习需要。"[②]从他们的答案中，像"教学有吸引力、学习气氛的自由性"是课堂教学艺术所表现的整体美；"吸引力、喜欢"是课堂教学艺术所表现的情感美；"从中培养兴趣、照顾不同学生学习需要"是课堂教学艺术所表现的动态美。从学生的不同回应中，可见教师在课堂教学中的地位被确认了，且学生接受了教师在课堂教学中所表现的教学艺术，以至学生享受整个教学过程。这些都是笔者从整个课堂教学过程中所亲身感受到那种真实、真挚的情感。所以，如果初中视觉艺术教师没有掌握课堂教学艺术的观念、

---

① 李如密：《中学课堂教学艺术》，高等教育出版社，2009，第46页。
② 受访日期：2011年4月14日下午1时正汇基书院(东九龙)视艺室。

创造和表现，会导致课堂教学陷于僵化和失效的状态。

　　总的来说，"课堂教学艺术观念属于'形而上'的领域，谓之'道'；课堂教学艺术技巧属于'形而下'的领域，谓之'器'"①。"道"和"器"两者关系密切。实际上，教师必须要具有基本课堂教学的能力，才能明白如何进行课堂教学，掌握课堂教学中的种种技巧，营造课堂学习气氛，这些都是课堂教学艺术组织元素的观念。初中视觉艺术教师明白这些"形而上"的"道"后，便能付诸行动，实行"形而下"的"器"，于是课堂教学艺术便顺利地发展了，达到了卓越的效果。

第三节　初中视觉艺术课堂教学艺术的形成

　　中国人有句谚语"姜越老越辣"，不知道这句话有多真？笔者同意这话。笔者听九十高龄的母亲说老姜会较嫩姜辣，想她丰富的人生阅历值得信任。人对某种技能掌握久了，自然有信心做好那种技能的展示，正是"熟能生巧"的意思。同样情况，教师年资越久，教学经验越丰富，什么场面都见过、经历过，是"教学老手"，课堂教学艺术越娴熟，整个课堂教学正是掌握在自己手中。亦有一些另类经验的教师，却是对课堂教学全不能掌握、控制，这是什么原因？是自己的问题？抑或是学生的问题？甚至是否课程出现问题？这是值得讨论的地方。归根究底，研究认为这是教师自觉性的问题，对自我要求不高所致。姑勿论，每个教师都应该有自己个人课堂教学艺术。一般而言，教师的课堂教学艺术是经过不同阶段而形成的，包括"模仿性教学阶段、独立性教学阶段、创造性教学阶段和具风格教学阶段"②，而且是"一个连续的、长期累积的过程，是随着教师的专业成熟不断完善的过程"③。所以，每个初中视觉艺术教师都肯定有自己持续

---

① 李如密：《中学课堂教学艺术》，高等教育出版社，2009，第30页。
② 同上，第73-78页。
③ 同上，第69页。

发展而来的个人课堂教学艺术，更可以不断因应环境、对象、经验和个人学养而塑造出来。

要探讨初中视觉艺术课堂教学艺术的形成，必先了解视觉艺术科的性质。视觉艺术科跟其他学科不同，着重于视觉元素的概念与表达，非用文字作表达途径，乃以理论与实践并行，不是单一个课堂教学便可完成预期达到的目标，可能需要一段颇长的时间，且要持续发展，学生才可以培养出某种技能、某种观念，达到教学目标。换言之，视觉艺术课堂教学设计具有连续性的特色，着重人本精神、专题内容、单元阶段等独有概念，于是，初中视觉艺术教师所发展出来的课堂教学艺术就必然要切合这些教学设计的特色，例如：着重于学生的学习需要所展现的教学魅力，这是初中视觉艺术教师独有的课堂教学艺术。本节会重点探讨初中视觉艺术教师的课堂教学艺术形成的背景和过程，以便进一步加深了解初中视觉艺术课堂教学艺术的内涵。

一、形成的背景

初中视觉艺术课堂教学艺术怎样出现？可肯定的是它绝对不会是突然出现，而是慢慢酝酿而成。可是，它在什么环境下形成？这是初中视觉艺术教师应该关注并思考的课题。初中视觉艺术教师课堂教学艺术形成的背景可就以下几方面进行探究。

第一，创造性履行教学的要求。之前提及初中视觉艺术教师是创造课堂教学艺术的人，没有他们，这门学问根本不可能成立，所以，课堂教学艺术的形成跟教师的关系非常密切。现今视觉艺术教育的趋势循"创造"方向而迈进，作为视觉艺术教师，自然在教学观念和课堂教学艺术方面，都要不断创新，务使学生在学习过程中感觉愉快，加上视觉艺术的创意教学可诱发学生有更多具创意的作品出现，所以，"教师只有充分发挥自己的创造性，才能激发学生学习的主动性、创造性；一个墨守成规的教师对于学生创造性的发展无疑是一种近乎灾难的障碍"[1]，这是一件很真实的事情。一句话，初中视觉艺术教师必须对教学抱有开放态度，才可使自己的

———————————————
① 李如密：《中学课堂教学艺术》，高等教育出版社，2009，第55页。

教学具有创造性，进而逐渐形成自己的课堂教学艺术。同时，初中视觉艺术教师加入教学工作，就担负了一份社会职业责任，这就需要他们热爱这份工作，为着履行教学而做好这份工作。在这情形下，视觉艺术教师应对自己的教学有着一份热忱，见到自己在课堂教学中有什么不足的地方，要不断推动和更新自己，力求创新，务求达到"为创造而教学，为学生而创造"的理想。总之，教学的创造性要求环境促成了个人独有的课堂教学艺术。

第二，教学专业不断发展。随着社会不断进步，思想开放，经济蓬勃发展，信息发达，科技进步，知识型社会诞生，创意工业抬头，各行各业竞争性强，就连教学工作的竞争也很大，视觉艺术教师不得不持续进修，加强自己的专业知识、本学科知识，来保持自己在行内的竞争力。不过，从一个职业价值观看，教学专业发展对视觉艺术教师来说是必要的。一个初中视觉艺术教师的一部教学用书可用到退休吗？就算这部书再好，但绝不是每个人都能接受，也不是可以适用于每一个课堂教学的。一个毫不进取的初中视觉艺术教师，想想他受欢迎的程度会有多大？这样自己的职业有什么发展？这样的工作有意义吗？他们如何从价值取向看自己的职业？他们过得开心幸福吗？这对视觉艺术教师来说是一个很矛盾的心理挣扎。教学工作受人敬重，如果不持有与时俱进的发展性教育思想和价值是不可行的。要在教育工作下活得有尊严和备受敬重，内心不得不产生自我完善的动力。基于此，视觉艺术教师很多时候都会自觉追求教学专业发展，最后，便发展了自己个人独有的课堂教学艺术，通过课堂教学表现自己的教学艺术。

第三，教育改革的环境。教育工作与时俱进，不断革新，乃是切合社会的发展和需要。学校是培育人才的地方，人才用之于社会；只是社会不断地发展和创新，各行各业需要创意思维的人才，初中视觉艺术教师若单用传统的一套方法培育人才，这可能配合不了社会需要。初中视觉艺术教师作为培育人才的前线人员，不得不配合社会的发展，发展有效的课堂教学艺术，以冀培育多方面人才，切合社会创意产业的发展。在这迫切情况下，初中视觉艺术教师的课堂教学艺术便发展得百花齐放，欣欣向荣，彰显特殊教学魅力，尽显教学艺术的"特异性、创造性、亲和性与可赏性"[1]。

第四，学生努力追求知识的需求。学生读书的目的是追求知识，修养自己，巩固自己，以至将来有好的发展，安居乐业，贡献社会。作为初中视觉艺术教育工作者是理解这点的，尤其对自己的学习满有期望或抱负的学生，对视觉艺术学科满怀热情的学生，初中视觉艺术教师都会尽心尽力教好他们，不管多么辛劳，也在所不辞。为此，视觉艺术教师会不断优化自己的教学，琢磨出精彩的课堂教学艺术，务使在满足学生的求知欲之余，让学生的思维得到启发，性情得以陶冶，视野得以拓展，生命得以创造，这是教师发挥了自己课堂教学艺术的功效。以上几方面都是形成初中视觉艺术教师课堂教学艺术的主要背景。总之，初中视觉艺术教师课堂教学艺术得以在课堂教学中有完善的发挥乃是配合各方面因素所致。

二、形成的因素

在某些特定的环境下，初中视觉艺术课堂教学艺术得以形成，无论是客观环境因素或主观因素，都具有一定的影响力。现就客观环境因素和主观因素两方面作详细的分析和讨论。

在客观环境方面，可就"学校教学组织"探究初中视觉艺术课堂教学艺术形成的因素，主要是学校风气、学校领导、教师团队三方面。学校风气是"一个学校领导作风、教师教风、学生学风的集中反映"[2]，顾名思义，它明确代表了学校的教育目标、使命、治学态度等等，简言之，它就是学校长久积滤形成的学风、教风和作风等文化属性。其实，校风的形成乃由一团队的教师所孕育，其中包括校长、教师、文职人员、工人等等，当中教师乃是构建校风的主要人物。所以，教师的课堂教学艺术是校风的主要特色之一，而校风为文化标记，也诱使教师课堂教学艺术的形成。其实，校风就如"一种约定俗成的'法制规范'，需要每个人去遵守，才可以维持这种优良校风，这是一种强而有力的调节作用和巨大的互为约束作

---

① 梁玖：《张道一先生的艺术学教学思想刍议》，《东南大学学报》（哲学社会科学版），2013年3月第14卷第2期，第1页。
② 李如密：《中学课堂教学艺术》，高等教育出版社，2009，第60页。

106

用"①，教师在这样的氛围下，也因为这缘故而自觉地产生一股内在推动力——努力教学，务求在教学上有良好效果，追求卓越的课堂教学艺术。学校领导对率领一班教师发展教学更为重要。事实上，校长的教学经验一定比教师丰富，包括教育观、教育理论、教学艺术等，都可以成为教师课堂教学艺术构建的借鉴和学习蓝本。因此，校长的领导直接影响了教师课堂教学艺术的形成。当然，要有"伯乐式"的校长领导，才会有"良马型"的教师，两者相互影响。校长的领导风格越开放新颖，教师课堂教学艺术越有自己的独特性，学生的学习成效也越具创造性，这都是相关的。任何机构、团体、组织，若要有稳定的发展，同辈之间的了解、合作，以至建立团队精神，都是非常重要的，因为这会影响整个组织的结构和工作效率。教学工作是个人化和团体性的统一，教师之间的彼此合作、互相交流，完全体现了团队合作的精神，也间接促成了教师课堂教学艺术的形成。以香港中学教育为例，每所学校教视觉艺术科的教师最多两人，最少一人。于是，视觉艺术教师通过共同备课、教学分享、同侪观课、交流学术等，或多或少在思想上、信念上和态度上都有互相影响的时候。通过以上种种相互交流，激发对自己教学的自觉性，因此，自己会检视自己的教学状况，谦虚地欣赏和学习别人的优点，舍短取长，优化和完善自己的教学；甚至帮助有需要的教师改善他们教学上的问题。在此种良好的氛围下工作，"在相互启发、切磋、帮助的过程中，促进反思，提升质量，共享智能"②，于是，教师团队合作精神建立了，教师便创造了多样性课堂教学艺术。笔者已有22年在中学教学的时间，目睹了很多不同教师团队，总结他们的特色是：（一）教师之间感情融洽，无分彼此，互相帮助，互相关心，坦诚相对，合作无间；（二）价值观一致，教学信念相近，容易达成共识；（三）用心教学，关心学生，懂得欣赏、接纳与包容学生；（四）大胆、创新、有上进心、勤奋。这些都是笔者从调研和分析不同教师团队所归纳得来的种种特色。要是教师能在这样的团队中工作，试问教学怎会不进步？课堂教学艺术怎会不精炼？

① 李如密：《中学课堂教学艺术》，高等教育出版社，2009，第61页。
② 同上，第63页。

在主观因素方面，可就"教师自我完善"探究出初中视觉艺术教师如何形成课堂教学艺术。初中视觉艺术教师的自我催促感是促成自己课堂教学艺术的主要成因。事实上，作为视觉艺术教师必须有一种自我催促感，即一种自觉性，才可以对自己的课堂教学不断创造，切合视觉艺术学科特色。视觉艺术教师自踏入教学生涯的第一步开始，这种观念便自然地萌生出来，乃是职业关系所使然。自我催促感包含了责任感、认真感、使命感、完美感等等感觉，是因为教师这份神圣的职业所推动，最终成就了这种感觉，而这种感觉是帮助教师自我完善的推动力。基本上，视觉艺术教师和其他教师一样受人尊重，这是因为教师这份职业的缘故，就如北京师范大学的校训"学为人师，行为世范"一样是标志着教师那种任重道远和对人影响的责任，对教师来说实在是一个很大的挑战。任何教师都应该心存这种自我催促感，认同自己的职业，自然对自己的教学会要求高，于是不断地探索和钻研、试验和实践、评价和检讨，在不断的自我完善下，探究出自己独当一面的课堂教学艺术，激发学生学习。另外，初中视觉艺术教师对学生的了解是发展自己课堂教学艺术重要的因素。在视觉艺术课堂教学中，教师和学生是主要构成整个学术交流的人物，缺一不可。而视觉艺术教师的教学表现也因学生对其教学的回馈而不断地改变，务求切合学生的学习需要。因此，视觉艺术教师必须要了解学生，如他们的背景、兴趣、能力等，对教师设计课堂教学，以至他们发展自己个人独有的课堂教学艺术，神益犹大。人物、时期、事件三方面都是促成初中视觉艺术教师课堂教学艺术的因素。之前提及，任何学科教师课堂教学艺术的形成并非一朝一夕，乃需一段长时间才发展起来，而教师在这一段长时间正面对着不同人物、事件，成为影响他们教学专业性发展的关键要素。这是很容易理解的，因为很多人决定要当教师的时候，并非一开始就有这样的想法，是受到某些因素的影响所致。同样的道理，教师课堂教学艺术可能是受到某些人的教学表现而有所启发，例如同行教师，或者一些美术教育家。初入行时是初生之犊，对教学感到陌生，尤其是安排教学活动，以至制作教材教具，都没有方向。但随着年月增长，对视觉艺术课程有一定程度的了解，又通过观课学习别人的优点，慢慢地懂得怎样组织视觉艺术课堂教学，于是发展了一套自己的独有教学风格，让学生学得有成效。笔者曾在2000年参加了由香港教育学院举办的亚太区美术教育会议，出席一连三天的活动，通过主题演讲、分组讨论，参观工作坊、展览等，从中分享其他地区视觉艺术教师教学体验及其成果。那次笔者大开眼界，学到不同地区的美术教育，让自己在教学方面增益不少。那次的体验成了关键事件，影响了笔者的教学观念，尤其是发展个人课堂教学艺术。事实上，视觉艺术教师在自我专业发展过程中，可能面对一些重要时期，如教育改革、课程变更等等，对他们来说是一个转变，通过这个转变的关键时期让他们重新构建自己，去芜存菁，于是专业的教师课堂教学艺术便形成了。一句话，教师课堂教学艺术之所以能形成是因为教师自我完善的推动所致。

总而言之，教师课堂教学艺术的形成乃因着某些因素和机会而成就，只要我们常做准备，这些因素和机遇便成为我们教学生命的关键时刻。

三、形成的过程

上文详细探讨了课堂教学艺术的原则、组织元素、形成背景、形成因素等内容对初中视觉艺术教师如何构思其课堂教学、构建其课堂教学艺术帮助很大，也甚具意义，更重要的是有实用价值。事实上，这非单对视觉艺术教师有益，对于从事教学工作的人，都有很大的作用。对于课堂教学艺术是怎样形成的，过程是怎样，很多时候教师都毫不注意，是因忙于教学工作所致。根据有关研究所得，一般来说，课堂教学艺术的形成要经历四个教学阶段，包括"独自模仿、独立探索、形成雏形和走向成熟"①，适用于任何学科上，其中"形成雏形"便是一个"创造性教学阶段"②，因这阶段是教师课堂教学艺术由无至有的衍生，别具创造性；另外，"走向成熟"是"具风格教学阶段"③，"具风格教学阶段"亦可称为"教学艺术完美阶段"④，因为这是教师课堂教学艺术形成的成熟阶段，具个人独特风格，优化完善。可是，笔者认为初中视觉艺术课堂教学艺术形成的过程跟

① 朱良才：《课堂教学实用艺术》，天津教育出版社，2009，第186页。
② 王升：《如何形成教学艺术》，教育科学出版社，2008，第193页。
③ 同上。
④ 李如密：《中学课堂教学艺术》，高等教育出版社，2009，第77页。

有关学者所提出的见解不一样，自有其独特性，完全体现教师个人的教学风格及其性格特征。尽管初中视觉艺术课堂教学艺术是经历一段长时间而积累形成，但它是独特的、与众不同的、可塑性的，随着教师的专业不断完善而发展。初中视觉艺术教师的专业教学发展，也是经历不同的阶段，如适应阶段、管理阶段、成熟阶段、发挥阶段等，这些阶段都让一个视觉艺术教师向着自己的专业迈进，由新手教学开始，至懂得掌握教学，到渐趋稳定，能独自处理教学，以至能综合运用自己所积累的经验，都是教师教学的成长过程，就如小婴孩从襁褓至长大一样，有着各阶段精彩的历程。这些宝贵的历程为视觉艺术教师课堂教学艺术的形成提供了独一无二的经验，这是刻骨铭心的。

初中视觉艺术教师课堂教学艺术的形成经过是由"蹒跚学步的模仿者，到丢开拐棍的探索者，再到初步成型的合格者，走向自成体系的教育家"①，这漫长的路程真不易熬过，有时会跌伤，有时会头破血流，有时会失望而回，有时则收割欢呼，这些都是教师教学成长的必经之路。针对性而言，本文认为初中视觉艺术课堂教学艺术的形成是经过四个不同阶段而发展出来，分别是"自我适应调整阶段""个人发展成长阶段""创新突破发挥阶段"和"成熟稳定成功阶段"。

第一个阶段是"自我适应调整阶段"。初入行的初中视觉艺术教师就是一个新手，什么都不知道怎样做，什么都不知道从何入手，什么都不知道怎样开始……总之，就是一张白纸。于是，有经验的视觉艺术教师自然就是这些教师的"导师"，帮助他们在教学上自我适应调整，从"做中学，学中做"，通过课堂观课学习有经验的教师怎样教学。对于新教师来说，这是他们职业的一个好开始，可以从有经验教师中学习、模仿，对他们课堂教学艺术的形成有很大帮助。不过，模仿只是一个方法，绝不能盲目跟从，且要有智慧地去分辨、筛选在教学上有用的东西，最重要的是适合自己的教学，配合自己的能力，对自己进行适应调整。要谨记一点：教学是每个教师独有的东西，好像衣服鞋袜一样，只有适合自己穿，而且要

---

① 朱良才：《课堂教学实用艺术》，天津教育出版社，2009，第186页。

穿得舒服，才可以用最佳状态见人。总之，只有自我适调恰当的课堂教学艺术才是最能感动学生的。

第二个阶段是"个人发展成长阶段"。这阶段对新的初中视觉艺术教师来说非常重要。为什么？新教师在"自我适应调整阶段"中吸取了别人丰富的教学经验，经过自己的思考、筛选，慢慢开始独立起来，也是学习自己处理教学的时候，是迈向个人发展的成长阶段。笔者曾几何时也是初生之犊，对视觉艺术教学一窍不通，对于课堂管理、课程设计、教学法、学科知识等皆很幼嫩，但经过不断观摩、模仿、学习和试验，摆脱依赖他人的经验，构建自己的教学模式，慢慢掌握了怎样处理一个视觉艺术课堂教学，建立起自己的教育观念、教学理论，且能将自己独有的课堂教学艺术运用于课堂内，稳定走向"个人发展成长阶段"，建立了自己个人特色的视觉艺术教学。当然，不是每一个初中视觉艺术教师都能在这阶段"出格"，开始发展出自己的东西。但对教师来说，这毕竟是一个探索、研究、进步的阶段，一个颇具意义的阶段。

第三个阶段是"创新突破发挥阶段"。这个阶段对初中视觉艺术教师来说是一个教学渐趋稳定的过程。教师经过自我适应调整，以至自己思考、摸索、实践、验证等，走到个人发展成长阶段，发展了一套具创造性的课堂教学艺术——引发学生学习兴趣与激情，营造良好学习气氛与环境，吸引学生留心听课与参加活动，鼓励学生积极参与和提问，这些情景都可以在这个阶段中经常见到，因为教师已形成了自己独有的课堂教学艺术，师生享受教与学的乐趣。对于一些较为成熟的初中视觉艺术教师，他们更能将自己的生活体验、洞见、信念、思想等与学生分享，让教学过程中有着生命素质的交流和影响，正是切合本论所提出的"生命影响生命""生命建造生命"的初中视觉艺术教育观的精髓所在。

第四个阶段是"成熟稳定成功阶段"。在这阶段中，初中视觉艺术教师能用自己教学观念里的"教育科学理论"通过课堂实践进行验证和鉴别，来检视教师教学效能和学生学习成效如何。这是初中视觉艺术教师将课堂教学艺术发挥得淋漓尽致的标记。这里所指的"教育科学理论"是一些科学化的教育理论，是经过研究，反复验证，有相关效果，从而应用到课堂教学中。这些理论都是视觉艺术教师从自我发展的过程中，或通过同辈交流时所学习到的，经过不断的改良，塑造成切合自己教学所需，而成为自己独有的课堂教学艺术。在视觉艺术教学中，也有很多相关的"教育科学理论"，如美国的罗恩菲尔德之"工具论"或"自然方法论"（Child-Centre Art Education, CCAE）；艾斯纳的"本质论"或"以学科为基础"的艺术教育（Discipline-Based Art Education, DBAE）；中国台湾的黄壬来之"统合论"。关于教学方法的有：美国的戴维·库伯（David Kolb）之"体验式学习法"（Experiential Learning Approach, ELA）；加拿大麦克马斯特大学（McMaster University）医学院提出的"问题为本学习方法"（Problem-Based Learning, PBL）；香港大学教育学院（Philip Stimpson）的"议题为本教学方法"（Issue-Based Teaching, IBT）；等等。这些都是近几十年世界各地学者研发出来的视觉艺术教学理论和相关教学方法。事实上，要一个教学经验不多的初中视觉艺术教师将这些理论或教学方法用于课堂内，并非一件容易的事。教师必须要有成熟的课堂教学艺术，才可以将这些理论或教学方法融入自己的教学里，发挥所长。因此，视觉艺术教师走到"成熟稳定成功阶段"已是"以稳定一贯的教学艺术显示出自己在教学实践中所达到的自由状态，反映了教师对自我的一种认识"[①]，怪不得老姜真的较嫩姜辣。

　　总而言之，初中视觉艺术教师课堂教学艺术的形成要经历"自我适应调整""个人发展成长""创新突破发挥"和"成熟稳定成功"四个阶段，每个阶段均有其独特的地方及作用，但它们互有关系，互相牵连，不可割裂，而且是一环扣一环地连贯着，更是有着不可颠倒的顺序性。所以，"'教学亦艺海'，教学艺术的桂冠是诱人的，摘取桂冠的道路不是神秘的，但并非坦途"[②]，笔者非常同意这番言论，因为能冠以"经验教师"必定有其过人之处，其过人之处也必定是经过几番努力才能换取回来。一个充满艺术化的初中视觉艺术课堂，必定洋溢着一种和谐愉悦的课堂气氛，而这种令人感到舒服的氛围，能够有效地解除学生紧张学习的情绪，成为

① 朱良才：《课堂教学实用艺术》，天津教育出版社，2009，第188页。
② 李如密：《中学课堂教学艺术》，高等教育出版社，2009，第78页。

学生乐于学习的"兴奋剂",这是初中视觉艺术教师发挥课堂教学艺术的最大功效。

第四节　初中视觉艺术课堂教学艺术的特征

每一个初中视觉艺术课堂都有其独有的特色,而这些特色正是显示教师的课堂教学艺术之所在。例如:视觉艺术教师怎样演绎课堂教学是一个重点所在,他们的课堂教学艺术能否帮助整体教学达到实践性、教育性、创造性、审美性、表演性等,都可以在课堂教学过程中窥见和感受到。只是,所有初中视觉艺术课堂亦有很多共通的属性,譬如说:教学目标、教学内容、教学活动、教学方法、教学评估等等,这些都是每一个课堂都必须有的元素,但不是每个课堂都是千篇一律地运作,而是通过教师的演绎而有自己的取向,因着教师的教学风格而塑造切合自己的教学艺术,配合学生的学习能力,将教学和学习提升至最佳效能,以冀达到教学目标,而衍生不同课堂教学艺术特色。例如:初中视觉艺术课堂跟其他学科课堂最大分别是——视觉艺术课堂大部分时间需要师生互动,以及学生间的互动,才能帮助学生将课堂所学到的知识通过图像符号实践在创作上。对于视觉艺术课堂上的学生来说,他们在视觉上的训练是经常性和全面化的,所以,他们的视觉认知和辨识能力相对地比其他学科的同学更为强烈和敏锐,这是视觉艺术课堂教学的特色之一。简言之,视觉艺术课堂教学艺术的主要特色是教师如何培训学生的视觉认知和辨识能力,提升他们的学习效能。本部分会细致地讨论初中视觉艺术课堂教学艺术的种种特色,从而理解课堂教学艺术对提升教师教学和学生学习成效的功能所在。

一、教师个人教学风格的个体性

初中视觉艺术课堂教学艺术展示了教师个人教学风格的个体性。这个教学风格的个体性是教师教学的特色，可通过教师课堂教学的设计而彰显出来。笔者认为初中视觉艺术教师去构想一个课堂教学，就是对它做一个周全的计划设计，这些都能体现教师个人教学风格的个体性，表现他们独有的课堂教学艺术。事实上，视觉艺术课堂教学设计不周全，直接影响教师课堂教学的表现，也会引致在课堂教学过程中有很多中断和失误的地方，降低教学和学习效能，不能完全表现教师个人教学风格，发挥个人独有的课堂教学艺术。因此，教师设计课堂教学是非常重要的步骤，它主宰着整个课堂教学的成效。

课堂教学设计的概念是美国学者肯普（J. E. Kemp）提出的，即"运用系统方法分析研究教学过程中相互联系的各部分之问题和需求，在连续模式中确立解决它们的方法和步骤，然后评价教学成果的系统计划过程"①。的确，教学的成效取决于课堂教学的周全和详细设计。不过，初中视觉艺术教师能否发挥个人独有的课堂教学艺术，他们的教学经验直接影响课堂教学设计，所以，两者互相配合，互为影响。视觉艺术教师设计和发展一个好的课堂教学，在实践过程中信心会大增，不但有发挥的机会，而且教师能够表现个人教学风格的个体性，尽情发挥自己独有的课堂教学艺术，于是师生产生化学作用，完全体现理想课堂教学的成效。对初中视觉艺术教师来说，形成和发展课堂教学艺术有很大帮助；对学生来说，他们会因应课堂教学的设计而学得有次序，从而提升在思考模式上的顺序性，提升他们的学习效能。

其实，初中视觉艺术课堂教学设计都必须要有清晰的课堂教学目的，它是整个课堂教学的灵魂，没有它，课堂教学没法成立，教师课堂教学艺术没有方向。不过，必须要明白如何设立课堂教学目的，是属于初阶层次，抑或是高阶思维，都必须要配合该课堂教学主题和内容。如本书的附件六乃笔者课堂实践的教学设计，里面清楚指出该初中视觉艺术课堂教学的目的是什么，如："知识上——学生能够说出中国汉字字体的类别和中文

---

① J E Kemp. *The Instructional Design Process*, Utm. utoronto.ca, 1985, pp. 9–15.

字体基本笔画结构，如'永'字八法；技能上——学生能够利用'永'字八法的基本原则设计中文字体；态度上——学生能够感受和欣赏中文字体的美感性"，等等。这些教学目的都依据布卢姆（Bloom）的分类法清楚列明预期学生在知识、技能和态度三方面的学习，这是一个既全面又顺应个人知识成长发展的阶梯模式。这是较具体化的目标设计，"表述应力求明确、具体，避免含糊不清和不切实际"[①]。其实，只要按着这样清晰、具体和实际的教学目的发展教学，教师不但能逐步实现整个教学设计，而且能表现个人教学风格的个体性，配合课题而发挥自己独有的课堂教学艺术。一句话，一个系统的初中视觉艺术课堂教学设计可以帮助教师创造多样性的课堂教学艺术。

每个初中视觉艺术课堂教学都会有明确的教学对象，一方面，能够进一步了解它们；另一方面，让教师在设计各项教学活动时能切合对象的能力和需要。于是在设计教学内容方面，必须要考虑教学策略、教学方法、运用教具、教学活动等等，这些都要配合整个课堂教学而帮助教师发挥自己独有课堂教学艺术。例如：笔者曾在2010年的初中视觉艺术课堂教学中以"印象派"（Impressionism）为主题教学，目的是让学生认识印象派的画风，于是拣选相关画家及其作品进行分析，跟着让学生仿效和经历印象派的画法，而使印象派再现于学生自己的创作当中。设计这个主题的课堂教学，教师必然会设计相关的教学活动，以使学生容易理解主题。教师利用不同教学方法和相关活动，让学生认识和分析印象派画风的用色、题材内容、技法、主题讯息，以至个别画家风格。其最重要的一环就是通过教师自己的示范，让学生清楚理解印象派画风的画法和用色，以至如何配合印象派作画的观念。教师发现学生对印象派画风的画法和用色的感觉很特别，很能激发他们的创作意欲，于是学生纷纷拣选自己喜欢的印象派画家的作品进行模仿和体验，感受一下当时画家作画的情况。这个课题揭示了课堂教学设计与了解学生能力的相关性，它们是帮助教师体现个人教学风格个体性和发挥教学艺术的必然考虑。图2-7至图2-10是部分学生的作品。

---

① 李如密：《中学课堂教学艺术》，高等教育出版社，2009，第87页。

图2-7　初一级，曾德扬，凡·高名画仿作，油粉彩纸本，30cm × 42cm，2010，指导教师: 区昌全

图2-8　初一级，尤伟，凡·高名画仿作，油粉彩纸本，30cm × 42cm，2010，指导教师: 区昌全

图2-9　初一级，吴希旻，凡·高名画仿作，油粉彩纸本，30cm × 42cm，2010，指导教师: 区昌全

图2-10　初一级，袁智情，凡·高名画仿作，油粉彩纸本，30cm × 42cm，2010，指导教师: 区昌全

二、教学过程中师生双方的创造性

初中视觉艺术课堂教学艺术的另一个特色是展现教学过程中双方的创造性。教学过程中师生双方的创造性是指教师与学生在教与学两方面所创造出的一种成效，达到一个高效水平。要达到高效水平，教学内容是师生交流的接触点和平台，是双方共同努力发展创造性课堂教学的成果。所以，教学内容是初中视觉艺术课堂教学的重要元素。

学生于初中视觉艺术课堂教学上所学的是学科的教材，教学内容是教材的一部分。而事实上，"教学内容有一定的结构和使用要求，而且具有自身的逻辑性"[①]，初中视觉艺术课堂教学内容也是一样，都有特定的要求和逻辑性。初中视觉艺术课堂教学内容的结构必定是"以学科的理论体系"为基础的，是切合学生的能力和成长需要的，如由浅入深、由内至外、由简单至复杂、由具体至抽象、由初阶思维至高阶思维等等，循序渐进，让学生学习时能掌握到教学内容，不致陷入混沌迷惘的状态。所以，初中视觉艺术教师除了在课堂教学中扮演教学者这个重要角色外，在构想设计、筛选，以至组织教学内容上也扮演举足轻重的角色，尽量可以照顾一班在学习上有不同需要的学生。于是，按着所设计的教学内容循序渐进，不单学生学得有系统，教师能发挥自己的教学风格，而且还可以在课堂教学中展示师生双方对学与教的创造性，达至教学和学习的最佳效能。譬如说，一班学生有三十多人[②]，有不同学习的差异，视觉艺术教师都会尽可能切合大部分学生的学习能力来设计课堂教学内容，以满足课堂教学需要。视觉艺术科是一个颇有弹性的学科，尤其是初中级别，毋须过于迁就每个学生的学习能力，因每个学生都可以在视觉艺术课堂中有不同的发挥，也没有具体的优劣指标，只是以发展学生的视觉艺术能力为宗旨。虽然如此，"任何学科都具有本学科的理论体系和特征，而教学内容规定了学习过程和方法"[③]，视觉艺术科也一样，都要切合本学科的科学理论——顺应学生成长的学习与发展。于是，顺应学生学习成长的需要，因着教师课堂教学艺术

---

① 许高厚，施铮等：《课堂教学技艺》，北京师范大学出版社，2004，第21页。
② 这是现时香港一班学生的人数。
③ 同①。

的魅力，便能帮助学生发挥其创造性，双方达至教与学高效水平的情况。

因此，在设计初中视觉艺术课堂教学内容时，必须考虑当中的内容是否符合原则性的观念，尤其是科学性原则。所谓科学性原则就是教学内容是否有系统性、普遍性、概念性、理论性等，视觉艺术科教学内容也需具备这种科学性原则，可以帮助和训练学生思维的逻辑性。这样的训练，对学生将来在各方面的学习意义重大。在实际层面上，初中视觉艺术教师能够精选和剪裁科学性教学内容，对整个课堂教学很有帮助，有利于教师发挥课堂教学艺术，使学生的学习更具创造性。初中视觉艺术课堂教学内容要适切学生的需要和能力，如他们的兴趣、爱好、知识水平、学习能力，以至他们所认识的，都适合取材成为教学内容，这是切合学习对象原则。因为视觉艺术课程和教学内容的弹性化和自由度，教师可就自己的专业，因着学生的兴趣和喜好而设计适合他们的课程及内容，让他们通过教学内容而有所发挥，可见视觉艺术教学内容可塑性非常高，更可让教师展现个人课堂教学艺术的魅力，因而师生得以在教学过程中共同表现学与教的创造性。

此外，初中视觉艺术教师在设计课堂教学内容时，除了适切学生能力与兴趣外，是否想及教学内容的大方向问题，就是能否帮助学生掌握学科基础知识和基本技能。而这些学科基础知识和基本技能就如一个资料库，承接和帮助构建他们日后的学习，这是"举一反三"的道理。例如，教懂初中学生掌握素描的概念和技法，对发展他们其他范畴的视觉艺术创作有很大帮助，如绘画、雕塑、平面设计……值得考虑的是：设计视觉艺术课堂教学内容时，应该从哪里搜寻资料作为教学内容？有什么标准和程序来精选和剪裁这些资料？一般来说，教科书的内容就是最好的资料作为教学内容，因他们"具体表述学科知识体系，是课程标准的具体化，是教师设计教学内容的主体"[1]，很多初中视觉艺术教师都会选用，这是因为省时，毋须自定或编写教材，又可减轻教师工作量，一举两得。精选和剪裁教学内容必须要配合教师自己个人的教学风格，以至自己课堂教学艺术的发

---

① 李如密：《中学课堂教学艺术》，高等教育出版社，2009，第92页。

挥，在帮助学生发展学习之余，师生双方能否共同发展课堂教与学的创造性，达到教与学的成效，是必然要考虑的因素。如图2-11是2011年初二级学生在笔者《雨伞创作》课堂教学中的学习情况。而图2-12是部分学生雨伞创作的制成品。一句话，初中视觉艺术教师需要有智慧地设计和全面审视教学内容，让教学内容更适切学生的需要，除提升学生学习成效之外，最重要的还是教师课堂教学艺术得以发挥。

图2-11　初二级学生创作雨伞情况，2011，汇基书院（东九龙）

图2-12　初二及初三级学生雨伞集体创作——跨文化，2011，指导教师：区昌全

三、课堂教学营造出来的和谐性

初中视觉艺术课堂教学艺术的第三个特色是突显课堂教学营造出来的和谐性。所谓"课堂教学营造出来的和谐性"就是视觉艺术教师通过自己

熟练或特殊的教学魅力，去感染并提升学生的学习兴趣，让师生在交流过程中享受整个教学，双方达到一个愉悦的理想境界。在初中视觉艺术课堂教学里，师生双方教与学达到一个愉悦的理想境界，并不是一件困难的事，只需要教师努力引导学生投入每个学习环节。这取决于课堂教学技巧的恰当运用，及教师课堂教学艺术的魅力能否感染学生投入学习。所以，从一个完整的初中视觉艺术课堂教学来看，课堂教学技巧直接帮助教师发挥课堂教学艺术，从而营造课堂教与学的和谐性。其实，在课堂教学中运用的一切有关教学的方法和用具，都可归类为课堂教学的技巧。

俗语有云："教学有法，但无定法，贵在得法。"这是一个很实际的问题。初中视觉艺术教师要做好课堂教学工作，必会各施各法，尽量找到最好最适合的方法教好学生，可是并没有必然有效的教学方法可循。必须要不断尝试找出适合自己的方法，经过一番塑造，配合自己的教学风格，施教于课堂内，发挥自己的教学艺术，才可达到预期的教学和学习成效。所以，在构想设计初中视觉艺术课堂教学的技巧时，首先考虑的就是教学方法。在选择初中视觉艺术课堂教学方法时，必先要考虑：（一）教学方法是否配合学科的特性；（二）教学方法是否配合该课堂教学的课题和教学目的；（三）教学方法是否配合课堂教学内容及其活动；（四）教学方法是否配合教学过程的规律；（五）教学方法是否配合学生的年纪和教学时间。

问题为本学习法 （Problem-Based Learning）、议题为本教学法（Issue-Based Teaching）、汇报、角色扮演 （Role-play）、示范法（Demonstration） 等等，这些方法都是通过视觉艺术教师主导的课堂教学艺术而帮助突显课堂教学师生双方配合所营造出来的和谐气氛。但最不能缺少的始终是"示范法"，因为这个方法演示了理论与实践的结合，这是配合视觉艺术学科的特性和展现教师课堂教学艺术的时候。

其次，前文提及教学目的对初中视觉艺术课堂教学的重要性，同样的，它也决定了教学方法的选择和运用。由于每个初中视觉艺术课堂的课题和教学目的都不同，教师就需要调控和筛选合适的教学方法，一方面配合课题和教学目的，完成教学任务；另一方面，又可以提升教学和学习效率，不会耽误时间。事实上，初中视觉艺术课堂不一定每一堂课都要进行创作实践，有时是会通过欣赏艺术品而认识艺术史，于是一些灌输知识的教学法便会较为适合，如呈示法（Expository Method）①、讨论法、汇报法、谈话法等，都是配合课堂教学的课题和教学目的而选择的。于是，教师独有的课堂教学艺术便可以因不同课题而加以发挥，达至课堂教学的和谐性，这是配合课堂教学的课题和教学目的所达的效果。如图2-13及图2-14是2011年初二级学生于笔者《雨伞创作》课堂教学中的学习情况，学生在和谐的课堂气氛下享受创作。

图2-13　初二级学生创作雨伞情况，学生在和谐的课堂气氛下享受创作，2011，汇基书院（东九龙）

　　第三，课堂教学活动的配合可以营造课堂教学的和谐性。初中视觉艺术课堂教学活动除了因教学内容而设计外，亦可帮助教师选择教学方法。事实上，教学方法有很多种类，但要切合教学活动的性质，视觉艺术教师就必须要小心选择合适的教学方法，以求达到教学成效。例如：笔者曾在初一某视觉艺术课堂的部分教学活动中让学生将所创作的脸谱作品以分组形式进行演示，演示内容和方法由学生自定。于是教师通过一些方法如汇报、角色扮演、情景描述、评论等，激发学生思考如何演示他们的脸谱作品。结果，学生在愉快的气氛下完成演示自己的脸谱作品，而且学生间还能互相合作、互相欣赏，收到预期的效果。于此，教师既发挥了个人课堂

① 这是教师主导讲授式的教学方法。

教学艺术，又在教与学中达到双赢的局面，更重要的是突显了课堂教学所营造出来的和谐性。

第四，能配合初中视觉艺术课堂教学过程的规律，帮助教师实现和发挥个人课堂教学艺术。上文有提及初中视觉艺术课堂教学技巧必须配合教学规律，换言之，课堂教学中所用的方法也必须按每个课堂的教学规律和学生学习规律而选择和配合，不可以违反这些教学规律。因为这些教学规律能帮助学生逐步建构思维和知识，若破坏或干预这些顺序性的教学规律，会导致学生的逻辑思维有所偏差，甚至崩溃，因而产生歪理。例如：一个初中视觉艺术课堂主题是麻胶版画制作之教学。若教师介绍麻胶版画制作，必定由原始的拓印开始，逐步建立学生对凹版画的

图2-14 初二级学生创作雨伞情况，学生在和谐的课堂气氛下享受创作，2011 汇基书院（东九龙）

概念，继而介绍凸版画和孔版画，这样学生就会对版画有较完整的认识。教师在指导学生印刷版画时，会介绍单色版画和套色版画的区别。至于多色版画则较少在初中课堂教授，乃其复杂性会阻碍学生制作版画的兴趣，还会破坏整个课堂的学习气氛，达不到课堂教学的和谐性。这个例子清楚指出教学规律需要配合教学方法，以至教师展示个人课堂教学艺术。

第五，配合学生的年纪和教学时间，教师课堂教学艺术才能发挥尽致。事实上，初中视觉艺术课堂教学切勿选择配合不到学生能力的材料，也切勿将课堂教学拖得太长，尤其是初中学生，他们正值思想发展阶段，未必处理到较复杂化的课题和学习内容，所以，教师必须了解学生的能力，调控教学方法的难易程度，这是发挥个人课堂教学艺术的机会。除了提升学生学习的成效外，最重要还是让他们在愉快的气氛下学习，感受课堂教学的和谐性。事实上，复杂化的教学方法不一定能培养高阶思维，也

未必奏效，反见较为简单的教学方法，更能发挥功效。还有，鉴于每个初中视觉艺术课堂教学都有时间制约，故不能将教与学拖得太长，这会妨碍学生学习兴趣的培养。应该在规定的时间内完成教与学任务，使教师"乐教"，学生"乐学"，达到课堂教学的和谐性。

以上讨论的各点都展示了初中视觉艺术课堂教学艺术的种种特色，彰显了教师独有的课堂教学艺术，可见一个短短数十分钟的初中视觉艺术课堂教学，已包含了教师一点一滴的心血结晶，正所谓"台上一分钟，台下十年功"是也。

四、 师生真我性情交流的独有性

初中视觉艺术课堂教学艺术的第四个特色是实现师生真我性情交流的独有性。初中视觉艺术课堂教学是教师与学生真情流露的平台，当中最能表现师生独有真我性情交流的方式便是课堂教学活动。教学活动于初中视觉艺术课堂中扮演重要角色，它激发教师将自己的生命体验与学生分享，它让学生在学习过程中真实表达自己的情感。所以，视觉艺术教师必须利用教学活动进行教学，与学生沟通，将教学内容展现出来，达到教学目的；学生就通过这些活动帮助自己加深对课题和教学内容的认识和了解，与教师教学形成共识交融的地步，这是他们双方在课堂教学中所进行的情感交流。

什么是教学活动？广义来说，凡是在课堂教学中进行的活动，都可以归类为教学活动。狭义来说，只有跟课堂教学内容有关的活动，才可称为教学活动。有些教学活动是动态的，有些则是静态的，有些是思考性的，更有些是消耗性的。20世纪90年代中期的教育研究，将课堂教学中的"教学活动"更名为"学习活动"，此乃标志着由传统教师主导的教学模式转变至现今学生主导的学习模式，这是因为教师学生角色转换以配合教学模式改变的趋势，也是实现师生紧密关系观念的萌芽。其实，"教学活动"或"学习活动"都是帮助学生学习，建立他们的知识。

在构想初中视觉艺术课堂教学活动时，必须多方面搜集资料，以求发展完善课堂教学。很自然地，视觉艺术教师会因搜集得来的资料而设计适合学生和配合主题的教学活动，必定与教学内容紧扣着。前文提及教学活动是教师配合教学内容而设计出来的，必定有其创造性、独特性及适切性的特质，也必然最触动学生，因为这会让学生真情流露，与教师有真正交流的机会。于是，视觉艺术教师设计教学活动时都会经过周密的审视、仔细的分析、深入的理解、全面的考虑，才设计出这些具创造性的教学活动以配合教学内容；另一方面，视觉艺术教师对学生有深入的了解，明白他们的兴趣、喜好、能力，才会设计出这些配合学生适切性需要的学习活动。这都是因为初中视觉艺术科教学内容的灵活性和弹性，教师才需要用时间去做这些构想和设计工作，可见这些由教师设计的教学活动必能切合学生的学习需要，正显示这些教学活动的真正意义——它透视了教师的个人教学风格，它展现了教师独有的课堂教学艺术，它实现了教师的真我性情，它激发了学生真情流露。如果初中视觉艺术教师在课堂教学过程中将教学活动运用得宜，配合课堂各属性，教师的课堂教学艺术必能达至优化境界，全面提升教与学的效能，这是一个很理想的课堂教学。不过，必须考虑的问题是：（一）教学活动怎样组织与呈示？是由浅入深？抑或是平铺直叙，配合课堂教学的程序？（二）教学活动是否促进学生获取知识？知识水平到哪个层面？与教学内容的主体并行而进？（三）教学活动能不能对学生产生知识巩固功效？只是蜻蜓点水式略过？抑或是基础稳固？（四）教学活动对学生的知识训练属于什么层面？"陈述性？程序性？抑或策略性？"[1]学生可以自行思考，学会学习吗？抑或是欠缺启发性？（五）学生在教学活动中真正得到什么？是否与教师和同学有情感上的交流？所以，构想和设计初中视觉艺术课堂教学活动并非一件容易的事，需要花很多时间去思考和准备。为什么？因为教师会自订教材，自己设计教学活动，以切合自己厘定的课程内容为本，也周详考虑学生的需要和能力。单是这样，教师已耗尽力量备课，更遑论要做好其他的工作，实在不容易。香港现行初中视觉艺术科只有数套教科书，而且质量参差不齐，目标方向虽因应课纲指引而编写，内容大致相近，但当中也有很多缺漏的地方，所建议的教学活动

---

① 李如密：《中学课堂教学艺术》，高等教育出版社，2009，第92—93页。

也未必切合教师所拟定的课题。加上每所学校学生素质不同，难以全面将教科书的内容全部运用，亟须调节。所以，要教好一个初中视觉艺术课，是需要付出很多。一句话，视觉艺术课堂教学活动设计的适切性直接展现教师个人教学风格和影响教师课堂教学艺术的发挥与教学效能，但最重要的还是能否通过教学活动让师生共同实现独有性的真我情感交流。

五、 师生情感发展提升的美感性

初中视觉艺术课堂教学艺术的第五个特色是感受师生情感发展提升的美感性。视觉艺术科的最大特色是学习"美"，自然地，课堂教学的核心内容必定是跟"美"有重大关系，如视觉上的美、感观上的美、创作上的美、气氛上的美、欣赏上的美等等，所以，初中视觉艺术课堂教学讲求"在培养学生感受美、理解美、表现美和创造美的能力方面具有其不可替代性"[1]，不仅如此，视觉艺术课堂教学更应重视教师课堂教学艺术所展现的师生情感发展是否达到美感性。

要感受师生情感发展有否达到美感性的提升，必须在课堂教学中通过不同渠道进行资料搜集，如观察、访谈、讨论、交流等等，才可理解教师在教学和学生在学习这两方面是否有发展情感上的美感性。如前提及，视觉艺术课堂教学讲求美感的培养，故此，课堂教学提升美感是一项重要的工作。于是，要理解视觉艺术课堂师生情感发展美感性的提升，必须通过简单的评估工具进行资料搜集。以前视觉艺术课堂教学的评估工作全部由教师负责，"造成了评估模式的单一性"[2]，过于主观性之余，也欠缺客观性。香港课程发展处2007年"视觉艺术科新高中课程纲要（中四至中六）"指出"评估是收集学生学习的数据，这些数据是课堂教学的主要和重要的部分"[3]，从这里清楚反映出评估在视觉艺术课堂教学中所扮演的角色及其重要性，不仅显示了学生学习的情况，也展示出教师提升教学效能

---

① 陈璞：《最美，艺术课——上好艺术课并不难》，中国轻工业出版社，2011，第85页。
② 朱良才：《课堂教学实用艺术》，天津教育出版社，2009，第166页。
③ Hong Kong Curriculum Development Council and the Hong Kong Examinations and Assessment Authority, *Visual Arts Curriculum and Assessment Guide* (Secondary 4–6), Hong Kong Government Publishers, 2007, p. 45.

的水平。所以，在构想如何理解初中视觉艺术课堂教学师生情感发展美感性的提升时，必须思考三个问题，一是为何要有这样的理解？即评估的目的；二是有什么准则去理解？即评估的原则；三是从哪个角度去理解？即评估的策略和方向。当思考这三个问题后，实际要做的便是如何理解师生在初中视觉艺术课堂教学中美感性提升的情况，这可通过不同的角度和方法进行分析。（一）分层理解。初中视觉艺术科已脱离了过往单向理解和分析学生创作品的美感性，并且走向对学生学习表现不同层面的观察，如知识、技能（技巧展示、综合运用）、情意（个性、气质、特点）等，这对于学生来说，是一个较全面和客观的观察和分析，可理解到他们在课堂教学中各方面的表现，尤其是美感的提升。（二）互相欣赏。初中学生在视觉艺术课堂互相欣赏创作品，对他们来说颇有新鲜感，因为他们从没试过当教师，现在能肩负起像教师一样评估的工作，可以让他们"发掘教师所忽略的细小环节和他们微弱的闪光点，让学生从同学的角度发现自己的成长，从不同的角度发现自己的优点，培养自信心"①，这是视觉艺术教师课堂教学艺术的手段，目的乃培养和发展学生的审美判断，提升自己的美感，所以，他们只有在视觉艺术课堂教学中可以经历和感受到情感表达。视觉艺术教师能够赏识学生的课堂表现、创作表现，对学生来说是注入强心针，会帮助他们投入课堂，提升学习兴趣，建立他们对课堂学习美感性情感的表达。（三）接纳包容。初中视觉艺术教师对学生关心、接纳与包容是驱使他们成长的最好动力，教师在课堂教学中的真情流露可以打动学生的心灵，让学生感受教师真挚教导，享受学习之余，继而建立师生间的情感关系，从而提升师生双方在课堂教学中的美感性感受。因此，初中视觉艺术教师在课堂教学中所发挥的教学艺术，是提升他们独有美感性情感的关键所在。（四）生命造化。学生在初中视觉艺术课堂中的表现是最真挚的、最坦诚的、最率直的，喜欢就喜欢，不喜欢就不喜欢。他们的表现是"其人生中充满生命力意义的重要构成部分"②，是情感体验的过程，因为

---

① 朱良才：《课堂教学实用艺术》，天津教育出版社，2009，第166页。
② 同上，第171页。

这些经历对他们来说，可通过课堂教学中的不同环节表现出来，如学生情感、人格特征等都可通过创作和欣赏活动反映出来，是造就他们成长的重要里程碑，对他们意义重大。所以，初中视觉艺术教师课堂教学艺术的展现与发挥，正是激发学生情感美感性的提升；学生的美感得以提升，教师教学效能得到发挥，师生双方生命有所建立和造化，实现师生情感发展提升的美感性。笔者在自己教学的22年时间里，不同种类学生都教过，真的感受到学生在课堂教学中那种纯真、可爱，教师用一种尊重的态度对待学生，学生也报以尊重，这样和谐的关系建立了他们对课堂学习的兴趣和信心，这是他们人生充满美感性的课堂，让他们明白生命造就的意义。

总的来说，初中视觉艺术课堂教学艺术的特色在于体现教师教学的效能和学生学习的成效，双方达至高效水平。初中视觉艺术教师发挥课堂教学艺术，一方面，是缔造教师在课堂教学中的重要角色扮演；另一方面，是突显教师在课堂教学中的鲜明位置——没人能代替的地位——只有教师才可在课堂教学中有这样的艺术成就。

第五节　初中视觉艺术课堂教学艺术的价值

人类存在的价值观都可以从不同的角度去理解，有的从"功利"方面去理解，有的从"务实"方面去判断，更有的从"深层意义"去思考"价值"的意义等。总之，人类对"价值"的理解是多面体，承载着很多不同的意思和感受。根据翁震宇所说，"'价值'是揭示周围世界一切客体对人和社会所具有的积极或消极意义的一种特殊社会规定。价值首先来源于客体或外部世界的一些属性，这些属性必须能在一定程度上满足人的物质或文化的需要"[1]，于是这些属性构建了我们人类对不同的人物、事物的价值观。笔者却认为"价值"的意义取决于个人本身对人物、事物的观点，而

---

[1] 翁震宇：《美术教育概论》，中国美术学院出版社，2009，第93页。

这些观点却受到周围世界和社会观点所影响，在多角度互为影响下而建立独有的观点。譬如说，有人认为视觉艺术是学科，有人却认为不是，"是"与"不是"乃因着周围世界的观点所影响而构建出来。这是理解"价值"意义的一个取向视点。

很多研究都显示出视觉艺术教育存在着不可被逾越的独特价值，特别是对一个人的成长，提出了一个"全人"（Whole Person Development/All-rounded Development）的训练，如情感价值、智力价值、技术价值、创造价值等，这是无可取代的意义与贡献。西方国家对此更褒扬，认为视觉艺术教育的价值是其他学科所不能取代的，因此坚持视觉艺术在各阶段教育的重要性。美国的盖蒂艺术教育中心（The Getty Centre for Education in the Arts）于20世纪70年代鼓励和拨款资助研究，由美国哈佛大学教育学院研究院纳尔逊·古德曼（Nelson Goodman）开展了一连串视觉艺术教育的研究，当中包括零计划（Zero-project）美术教育研究。这是一项庞大的研究，范围包括教育学、心理学，专门针对研究"视觉艺术"之象征意义，于美国随机抽样不同的中小学校，在校内美术课堂进行一连串不同的美术教学活动，包括创作艺术品、欣赏艺术品，以至全面理解和解读艺术品，目的乃发展学生对视觉艺术的"知觉力"（Perception）、"创造力"（Creativity）和"反思力"（Reflection）。这一连串不同的美术教学活动，乃通过视觉艺术教师课堂教学艺术的展示与发挥，而激发学生"知觉力""创造力"和"反思力"三种能力的发展。经过一段时间的观察，通过与学生访谈，发现学生在美术概念、知识和创作方面均有改变，如学生对美术创作的自发性和创造力的表现均有提升；学生在欣赏艺术品方面有深层思考，如喜欢观赏艺术品、认识和了解艺术品的内容和意义。从这个例子看，视觉艺术教育的价值乃体现教师课堂教学艺术，可见教师课堂教学艺术对学生起着举足轻重的作用。本部分会重点讨论初中视觉艺术课堂教学艺术的价值，大致上可分为教师成长和学生成长两方面。

一、教师教学的成长作用

"视觉艺术课堂教学艺术"包含两个概念，一是"视觉艺术"；二是

"课堂教学艺术"，两者并凑一起而成为一个单一的概念：视觉艺术教师于课堂内的教学艺术。因此，要探讨视觉艺术课堂教学艺术的价值，不得不提的是教师的教学，它是促进教师成长的推动力。视觉艺术教师的课堂教学艺术全面反映教师教学表现，帮助促进教师教学成长，完善教师教学。

事实上，初中视觉艺术课堂教学艺术便是指视觉艺术教师在课堂中的教学表现，他们在课堂教学中所施行教学的每一环节，小的可以是教师的一言一语、小动作，大的可以是他们的教学观念、教学技巧、教学内容等等，一方面构建了视觉艺术课堂教学艺术的特色；另一方面，却体现教师个人教学的特色。教师在初中视觉艺术课堂中会有较多机会发挥自己的课堂教学艺术，而且是多样性的，这是因为初中的视觉艺术课堂较为弹性和灵活，教师可以适择性进行教学。一句话，初中视觉艺术课堂教学艺术的价值可体现教师个人教学的不同特色。

第一，教师通过教学艺术去塑造生命。初中视觉艺术教师与其他学科教师同样"是传授知识且承担着塑造学生心灵和思想品德的职责"[1]，因为这是教育工作，以育人为本。现今教师的工作无法明确地分工，因为教师是生命教育工作者，无论是什么岗位的教师，都有责任和义务教好每一个学生，管理好每一个学生的品行。初中视觉艺术教师在课堂教学里除了培养学生对艺术的认知外，还会因着视觉艺术教育的特有功能——净化心灵——"使学生的道德得以净化、情操得以陶冶、智慧得以启迪、精神得以升华、审美能力得以发展"[2]，塑造学生真善美的人格。因为视觉艺术课堂教学的过程就是对学生生命的塑造，教师如何通过课堂教学艺术以自己的生命影响生命，切合笔者的"生命影响教育观"。这一点正充分地体现视觉艺术教师个人教学的特色。

第二，教师通过教学艺术去传播文化。初中视觉艺术教师在课堂教学中有重要的职责，乃是通过不同的教学活动、自己独有的课堂教学艺术去传播人类文化，表扬人类的贡献。人类与文化是不可分割的，而视觉艺术

---

① 翁震宇：《美术教育概论》，中国美术学院出版社，2009，第169页。
② 同上。

是文化中的一部分，因此，视觉艺术教师有责任将人类的文化通过自己的课堂教学艺术去感染和灌输给学生，如：人类文化中艺术的观念、美术理论、美术史、艺术创作技能、美术欣赏和批评等，让学生能全面认识和掌握人类这种独有的文化，提高他们对意义化生活的追求。能造就学生这方面的发展，正是体现了视觉艺术教师课堂教学艺术的价值。

第三，教师通过教学艺术去建立榜样。初中视觉艺术教师在课堂教学中的一举一动，都影响着身边周围的学生。例如：教师教学时对学生的包容忍耐，教学时所展示课堂教学艺术的感染力、吸引力；教学时所表现的逻辑思维、推理、分析、归纳等能力；教师的个人修养、文化素质、性情、性格等等，都对学生起着举足轻重的作用，影响着学生对教师的印象。所以，教师课堂教学中的教学表现对学生来说是刻骨铭心的，如果教师教学表现失准，不单不能让学生学习有成效，还使学生对教师的教学失去信心，因而对学习失去兴趣。因此，教师应该有自我塑造、自我完善的要求，才可以成为学生的典范，成为模仿的对象。这正好体现了视觉艺术教师课堂教学艺术的另一价值。

第四，教师通过教学艺术去领导课堂。初中视觉艺术教师是整个课堂教学的灵魂，他们除了领导教学工作外，还需要兼顾其他有关课堂教学和非课堂教学的工作，如设计课程、制作教具教材、组织教学活动、控制教学设备、评估学生表现、管理课堂秩序、照顾学生学习差异、物料预备等等，可以说是一个"万能勇士"。所以，初中视觉艺术教师在课堂教学中展示多样性的课堂教学艺术，是帮助学生享受学习视觉艺术课堂的乐趣。

第五，教师通过教学艺术去确立方向。初中视觉艺术教师除了是整个课堂教学的命脉外，对于在教学过程中如何通过自己的教学艺术去筑建学生对视觉艺术的正确观念，以至在学校里推广视觉艺术，为学校厘定未来视觉艺术教育发展的方向，都需肩负起重要的责任。例如跨学科跨部门合作，统整课程，发展不同协作模式，目的是使学生在视觉艺术课堂教学中乐学，这正体现了视觉艺术教师课堂教学艺术所发挥的功效和价值。

第六，教师通过教学艺术去建立自己的课堂教学特色。初中视觉艺术教师在课堂教学中所表现的教学艺术，体现了教师的专业精神、个人独有的教学风格和"为人师表"的伟大情操。初中视觉艺术教师在课堂教学中通过教学艺术对学生所做、所付出的，正是他们对教学无私的奉献，印证了唐代思想家韩愈提出"以身立教"的"为人师表"素质，确立了自己课堂教学的特色。综观以上，初中视觉艺术教师课堂教学艺术的价值不只在于表现教师的教学行为，乃在于表现教师背后对教育所付出的一切，正好体现了教师这份职业独有的特色。

二、学生学习的成长功能

初中视觉艺术教师课堂教学艺术的价值除体现了教师教学不同的特色外，它对促进学生成长，发挥了重要的功效，例如提升学生学习兴趣、发展学生的创造力、净化心灵等等，都能帮助学生自身发展。本部分会对以上各方面予以详细的讨论和分析。

（一）视觉艺术课堂教学艺术能提升学生学习兴趣

初中视觉艺术教师在课堂教学中最重要的是通过自己的课堂教学艺术来提升学生学习视觉艺术的兴趣，当中最有效的方法有：1.借助教具刺激感官——初中视觉艺术教师善于"调动学生的内在心理因素，是非靠外在的强制方式，所以它是一种具有理想效果的自觉学习和生动学习形式"[1]，利用感官刺激，如色彩斑斓的视觉艺术作品、挂图、相关图片等，皆可以捕捉学生的学习心理，吸引学生的注意，加上教师独有的课堂教学艺术来激发学生的学习兴趣，这就是视觉艺术教师如何通过其千变万化的课堂教学艺术来发挥功效。2.教学内容化繁为简——初中视觉艺术教师也善于将复杂抽象和死板的概念，通过自己的教学经验和课堂教学艺术，以简单化、形象化的方法，图文并茂的方式，抓住学生的好奇心，塑造他们学习的模式，调节适合他们需要的教学方法，发挥教师个人独有的课堂教学艺术，因势利导，提升他们课堂上的学习兴趣。可通过实际的教学活动，帮助学生明白复杂和抽象的概念。笔者在教授学生理解"透视"概念的时

---

① 翁震宇：《美术教育概论》，中国美术学院出版社，2009，第206页。

候，通过自己系统化的提问和实际环境的观察，逐步构建这个概念。课堂开始时，利用日常生活的经验解构"透视"的概念，随后率领学生站在教室外的走廊上，让学生观察走廊通道的尽头，激发学生思考走廊通道的形状和造型的特征，明白走廊通道的形状和造型的变化跟距离与"透视"的关系。这样系统化建立"透视"的概念，学生会较易理解。笔者就是利用这样的课堂教学艺术来进行教学，将复杂抽象和死板的概念化繁为简，激发学生的学习兴趣。3. 引发和满足学生好奇心——初中视觉艺术教师必须要善解学生的心理特征，对于年纪尚小的初中学生，"他们的知觉处在无意识性、情绪性比较明显的时期，具好奇心的特点，对他们进行有目的、有计划的感知活动，都要便于他们的观察，从外形的美感到内在结构，让他们在直观感受中获得艺术的享受"[1]，这是通过理解和满足学生的好奇心，而顺势发展学生美感经验的方法。笔者曾经以一个黑色的布袋，里面放了不同质感的物料，让学生伸手入袋，用手感觉物料质感，然后让学生以一个词汇形容所接触的质感。教师课堂前并没有告诉学生，只着令数位学生做此活动。活动过程中，学生感到慌张惊讶，恐怕袋中是些怪异的东西，总是战战兢兢的，却又很有兴趣参与活动。教师就是抓住初中学生这种好奇心理，用此活动，激发学生的学习兴趣。这正体现了教师课堂教学艺术的价值意义。4. 善用教室环境及设备——初中视觉艺术教师可以将教室布置得充满美感，如张贴学生作品、艺术雕像、挂图在墙上，甚至让学生在教室墙壁上制作壁画，美观之余营造学习气氛，并运用教室中的设备，如音乐、幻灯片、投影机、电视录像、多媒体等，来激发学生在课堂上的学习兴趣。因为"现代教育呼唤教学手段的现代化，运用多媒体技术辅助视觉艺术教学既是当前教学改革的必然发展趋势，同时也是推进素质教育的一种必然要求"[2]，所以，视觉艺术教师要不断与时并进，发展自己的课堂教学艺术，吸引学生学习，发挥教学的专业作用。5. 拓展教学材料——初中视觉艺术教师必须不断拓展教材，目的是丰富教学内容，吸引学生学

---

① 张银龙：《中学美术教学方法琐谈》，《安徽教育》，2011年第2期，第56页。
② 刘玉蓉：《优化美术课堂教学的艺术》，《中小学电教》，2008年第10期，第106页。

132

习，因为现今视觉艺术教材、视觉艺术技术、交流传播媒体等发展迅猛，以至在"视觉艺术研究和信息技术的冲击下，表现手法已经发生巨大变化，视觉艺术教师必须要用发展的眼光看待视觉艺术教学和学生"①，而不能停滞不前，眷恋往昔的教学和技术的培养，以切合自己的课堂教学艺术。所以，日益更新的视觉艺术教材使教师在设计教学的思路和教学方法上拓宽了思维和想象空间，改变了教师的思维模式，加强了他们对教学方法的灵活运用，充分发挥自己创意盎然的课堂教学艺术，从而让学生学得更开心和自信。

凡此种种，都是一些方法建议初中视觉艺术教师通过课堂教学艺术来激发学生学习的兴趣，充分体现教师课堂教学艺术的价值意义。

（二）视觉艺术课堂教学艺术能提供机会发展学生的创造力

初中视觉艺术教师课堂教学艺术的另外一个具意义性的价值功能是为学生提供良好的机会发展和完善他们的创造力，这是视觉艺术课堂教学的独有特色。欣赏和创作是视觉艺术学习两大主要范畴，不论是初中还是高中，都是知识和技能的学习，是通过系统课程而获得的，二者相辅相成，互相紧扣。正如香港课程发展处2003年的《基础教育：视觉艺术科（小一至初中三）课程指引》指出，"视觉艺术能力不是天生的。学生需要通过系统课程和主题式学习，才可学习不同的视觉语言和造型，明白和表达对美的感受，继而利用所学的创造视觉图像表达自己的思想和情感，并能欣赏和批评不同艺术作品的价值和意义"②，这正指出视觉艺术是要学习的，且要系统地训练。去看艺术作品不代表知道和懂得怎样看、看什么；拿起笔画画也不代表知道和懂得怎样画、画什么。一句话：视觉艺术教师课堂教学艺术的一个意义性价值是让学生真正从理论和实践两方面表现他们的创造力。因此，视觉艺术教师对培养学生的视觉艺术能力扮演着非常重要的角色，尤其是初中视觉艺术教师。

---

① 康玉华：《优化美术课堂教学的艺术》，《天津市经理学院学报》，2007年第4期，第55页。
② Hong Kong Curriculum Development Council, *Basic Education: Visual Arts Curriculum Guide (Primary 1-Secondary* 3)，Hong Kong Government Publishers, 2003, 2p.

那么，初中视觉艺术教师怎样提供机会发展和完善学生的创造力？其实，方法有很多，且要看教师怎样发挥个人课堂教学艺术。如前文已讨论过的"以学科为基础"的艺术教育理论教学模式，甚至是"问题为本"或"议题为本"的教学方法等，都可以帮助学生发展创造力。姑勿论有多少方法，仍是围绕一个原则，就是要科学系统化。视觉艺术科的学习规律是理论与实践并重，换言之，就是先理论，后实践，将所学的理论或知识消化后用到创作实践层面上，这点是符合科学化观念，也能系统地展示所学的，透视了人的逻辑思维，是这科学习的特色。有些初中视觉艺术教师会先通过欣赏作品，从而认识和理解视觉艺术基本理论、视觉艺术知识，以至构成作品的要素等，这是一种循序渐进的学习。事实上，视觉艺术知识有很多，包括：美术史、美学、艺术家生平资料、艺术品创作背景资料、视觉语言①（Visual Language / Visual Element）和组织原理②（Composition Principle）等等，这些知识都与视觉艺术有密切的关系。通过欣赏作品认识和理解有关视觉艺术知识后，学生就能通过所学的知识发挥创造力，创作一件属于他们自己的作品。

笔者曾经在2004年的高中一年级通过"体验式教学法"开展"人物肖像"绘画的课堂教学。当中特别引用16世纪意大利宫廷画家（Court Painter）阿尔钦博托（Arcimboldo）生平及其作品作为人物肖像画的教学内容。开始时，笔者先引用这位艺术家的作品进行欣赏和讨论其作品特色，之后，利用工作纸进行分组讨论，目的乃巩固和深化学生对这位画家作品风格的认识，包括他作画所用的视觉元素和组织原理，以至其作品所带出来的讯息和深层意义。接着由学生汇报他们讨论的结果。最后，学生综合他们所学的知识运用到他们自己的创作上。完成作品后，学生进行自评和互评，并进行欣赏活动。教师特别多花些时间于评赏画家作品风格、分组讨论、汇报等等教学活动上，乃让学生从画家作品风格中认识和理解

① 如：点(dot)、线(line)、面(plane)、色彩(colour)、形状(shape)、形体(form)、质感(texture)等。
② 如：均衡(balance)、对比(contrast)、比例(proportion)、调和(harmony)、节奏(rhythm)、韵律(movement)等。

艺术品的知识和视觉上的知识，明白如何通过自己的创造力表达主题，理解怎样组织至构成作品，知道怎样将思想感情融入其中，于是学生就能从中拓展自己的思维空间，帮助他们去发展和完善内部创造；有了内部的创造后，通过不同的物料的测试和运用，将内部的创造外显出来，继而修订完善自己的作品，最终完成自己具创造性的作品。这是视觉艺术教师如何通过自己的课堂教学艺术提供机会发展和完善学生视觉艺术创作的进程和方向。如图2-15至图2-20皆为学生欣赏了阿尔钦博托的作品，而发挥自己的创造力所创作的"人物肖像"。虽然这是高中一级学生的作品，但仍可通过这种教学模式发展相关的课程于初中级别的视觉艺术课堂里，值得借鉴。提供机会发展和完善学生视觉艺术创作的方法很多，本部分不再冗赘，留待教师自己发现和深思。毕竟，视觉艺术是一门活泼的学科，教师不能死守，必须要突破现状，不断地发展自我、完善自我，学生才能从学习这科中得到最大益处。

图2-15　高一级学生，李俊贤，人物肖像，广告彩纸本，2004，厂商会中学，指导教师：区昌全

图2-16　高一级学生，程翔，人物肖像，广告彩纸本，2004，厂商会中学，指导教师：区昌全

图2-17 高一级学生，陈宗耀，人物肖像，广告
彩纸本，2004，厂商会中学，指导教师：区昌全

图2-18 高一级学生，区光铭，人物肖像，广告彩纸
本，2004，厂商会中学，指导教师：区昌全

图2-19 高一级学生，冯景朗，人物肖像，广
告彩纸本，2004，厂商会中学，指导教师：区昌
全

图2-20 高一级学生，陈伟亮，人物肖像，广
告彩纸本，2004，厂商会中学，指导教师：区
昌全

（三）视觉艺术课堂教学艺术增强为净化心灵之道德教育的方式

德、智、体、群、美五育素来是培养学生全面学习的五大范畴，自古至今已经有一段很长的时间。可是，他们在成效方面不一，尤其是美育的发展较为缓慢，这是因为美育一向备受忽略之故。事实上，艺盲的人数可能比起实际文盲的人数更多，这是什么原因？其实，五育发展并不均衡，往往是智育最优先，接着是体育和群育，德育和美育排在最后。不论是先进国家也好，落后国家也好，都是这样的先后次序。无他，经济效益问题。例如：为何每个国家都争相举办大型奥运会？除了推广体育文化事业外，最主要是吸引游客前来观赏运动比赛，带动旅游业发展，提高经济收益。试想想，有哪个国家只挂上"艺术文化"事业旗帜而能吸引游客并有可观的经济收益？或许埃及是个好例子。其实，每个范畴的教育都有其重要性，绝对不可忽略，视觉艺术教育也不例外。

初中视觉艺术课堂教学艺术的价值不止于之前所讨论的，它丰富了视觉艺术教育的内涵，拓宽了视觉艺术教育功能的边际，它成为每个人生命中不可或缺的心灵滋养品。我们生命是缺少不了艺术①，它离不开我们；于视觉艺术课堂中通过教师的教学艺术认识视觉艺术是"因为艺术文化恰恰是促进民众自己的意义化生存方式实现条件要素之一"②。我们有意义地生存，全赖艺术文化补充我们生活所不足之处，润泽我们枯干的心灵，让我们生活更健康，更有情趣。如果没有艺术，我们生活怎会生趣？怎会认识什么是美？怎会培养出文化修养？怎会让社会进步？怎会……所以，"我们的生活总是受到艺术文化的影响或润泽的"③。事实上，视觉艺术教育跟道德教育有异曲同工之妙，两者都起着陶冶性情的作用。陶冶性情是视觉艺术教育价值的功能之一，如果它没有"施之于人，会造成真知和善的戕害，对社会秩序的破坏，对人类生存的威胁"④，可见它的影响力是何等的巨大，可摧毁整个道德教育体系，造成严重破坏。所以，必须要加强视觉

---

① 这里包含了视觉艺术。
② 梁玖：《欣赏艺术》，西南师范大学出版社，2005，第3页。
③ 同上，第6页。
④ 翁震宇：《美术教育概论》，中国美术学院出版社，2009，第77页。

艺术教育净化心灵的功效。视觉艺术课堂教学艺术的价值对增强视觉艺术教育为净化心灵之道德教育的方式，可在以下三方面体现：1.课堂教学艺术对审美过程起着积极作用。学生在视觉艺术课堂教学通过教师的教学艺术对不同媒介的视觉艺术形式秩序的观赏和把握，使内心得到培养、训练、净化和滋润，转变为一种审美能力，达至能于日常生活中自由运用和表达创造，好像在日常生活中见到的视觉图像，例如：一张海报、一条灯柱，学生会敏锐地力图对它们进行解读和欣赏，建立审美情趣。2.通过课堂教学艺术对鉴赏艺术品过程培养超脱人生观。学生在视觉艺术课堂教学中通过教师的教学艺术对不同艺术品的形式意味而衍生感受、领悟，于是使情感、心灵得到冲击、净化，培养出一种超脱现实功利的人生观。其实，在视觉艺术课堂教学中进行思想教育是最好不过的，尤其是初中视觉艺术课堂，因为课程较为灵活、富有弹性，教师可借助多样的、充满和渗透社会理性因素的视觉艺术媒介、艺术品，"有目的地引导学生进入艺术品所提供的情境去感受、领悟、体验、把玩、操作，就会使学生的个性情感得到净化和提升"[1]，转变为一种审美的能力，达到超脱现实的人生观。对此，可见视觉艺术课堂教学艺术所发挥的效果。3.通过课堂教学艺术配合视觉艺术形式进行思想道德教育。学生在视觉艺术课堂教学中被教师的教学艺术说服、感化，让道德思想标准、规范、价值观等通过不同的视觉艺术形式植入脑部记忆体中，作为思想教育，提高他们的思想道德修养。具体地说，就是将渗有道德内容的视觉艺术形式，通过教师的教学艺术对学生进行潜移默化渗透式教育，久而久之，视觉艺术形式所承载的道德观念、精神质量、思想意识便会随学生的言行举止流露出来。举一个例子，视觉艺术形式是通过塑造艺术形象反映社会生活的方式，如19世纪法国写实主义杜米埃（Daumier）1864年的《三等车厢》（The third class carriage）便是最好的例子。杜米埃通过对周围生活的描绘和刻画，表现了挤在火车车厢里的巴黎劳工苦况，从人物脸部流露出无奈、彷徨、焦虑等情感，正交代了当时法国社会生活和经济面貌。三位衣衫褴褛的主角的刻画

---

[1] 翁震宇：《美术教育概论》，中国美术学院出版社，2009，第77页。

与旁边穿上绅士服饰的贵族产生了强烈对比，他们自行坐在一旁，有种被社会遗弃的感觉。画家通过这些具体形象，以崇高的道德操守痛斥社会中那种人情冷淡、世态炎凉的道德风气，以讽刺的方式达到揭示社会生活阴暗面的目的。只有通过视觉艺术形式才能对世界有正确的反映，它是人类社会生活的写照。视觉艺术教师要把握欣赏不同的视觉艺术形式，让学生"可以同作品人物同呼吸、共命运、体味其喜怒哀乐之情感，从而在内心萌发出义务感、责任感、光荣感、自豪感或耻辱感、悲伤感、愤怒感等，以完善自己的人格要素"[1]，才能做有效的道德思想教育。

视觉艺术课堂教学中除了可通过观赏作品进行道德教育外，还可通过实际创作磨炼意志，因为道德教育其中一个标准就是需要一种高素质的意志品质。长时间浸淫在不同的创作里，是需要"有刻苦的耐性、坚忍不拔的毅力、精益求精的精神、一丝不苟的工作习惯、对美的执着追求和创造"[2]，这些意志品质全部达到了道德思想的规准，是有赖教师课堂教学艺术的配合，才能磨炼学生这种精神意志。

视觉艺术课堂教学艺术的价值除了以上所讨论的之外，它还对个人、家庭、社会、文化各方面均有相当重要的贡献。在个人方面，它确认了视觉艺术是全人教育发展重要的一环。视觉艺术教师通过课堂教学艺术对学生进行视觉艺术理论灌输，学生则将理论赋予创作，二者相辅相成，达到润泽心灵的效果。另外，教师在课堂教学中通过评赏艺术作品建立学生的审美价值观和品德思想教育，净化心灵，建立完美的品格，终至由内到外的全人发展。学生在校内通过教师课堂教学艺术接受视觉艺术教育，得到了全人发展，对学习态度起积极的作用，对思想品德起调和的作用，让家长们都一一观察到视觉艺术独有的特质，在家庭和谐方面起到的推动作用，是其他学科所不能比拟的。随着社会不断进步，科技突飞猛进，教育思潮不断跃进，自然对人的素质要求也高了。为此，各学科都努力发展和改革，以求满足学生学习需要之余，还要切合社会的发展需要。现今社会形态已发展为知识型，对人才在学养上、品格上和思维上均有诉求，视觉

---

① 翁震宇：《美术教育概论》，中国美术学院出版社，2009，第80页。
② 同上。

艺术教育必须通过教师课堂教学艺术帮助学生全面发展，以迎合社会之要求，让社会重新建构对视觉艺术教育的认识和了解。在文化方面，社会确认视觉艺术成为文化教育的主要部分，传播、捍卫和弘扬文化是视觉艺术教育的必然工作。教师通过视觉艺术课堂教学艺术发展不同的教学活动去传播和弘扬文化，激发学生对视觉艺术的兴趣，因此，对于学生来说，他们自然成为一个文化使者，肩负起发展文化事业的责任，成为文化教育工作者。

凡此种种，都是通过视觉艺术课堂教学艺术所衍生出来的对视觉艺术教育的不同价值。当然，仍有很多不同的价值有待研发，期望不久的将来在这方面有更多新的发展和新的突破。

第三章

香港初中视觉艺术课堂教学
艺术与教学实现的相关性

　　从预备一个初中视觉艺术课堂开始，到进入教学过程，以至完成课堂教学，得到学生的认同和赞赏，当中教师实在花了不少心血，才可以实现一个完美的教学。事实上，初中视觉艺术课堂教学艺术与教学实现关系非常密切，两者有着很大的相关性。为什么？两者都由教师调控，是否能达到预期效果，教师的经验起着关键作用。假如教师在课堂管理上出现问题，无法维持课堂秩序，试问还可以继续进行教学吗？所预备的教学活动，可以完成吗？现实教学生活中，教师会经常遇到同样的问题，于是教学过程被中断了，教师没法教学，便只有继续管理学生的问题，教师于课堂教学所预备的内容便无法进行，教与学均达不到目的。在中学视觉艺术教学工作了好一段长时间的视觉艺术教师对这类场面也见惯了。当教师面对这些问题，其课堂教学艺术无法施展的时候，真的没有心情继续教学，情绪也激动了，唯有放弃该课堂教学，最终教学美梦幻灭。所以说：课堂教学艺术与教学实现两者的关系非常密切。本章将深入浅出地探讨香港初中视觉艺术教师的素养、课堂教学内容和课堂教学设计等如何影响课堂教学艺术的建立，以至实现教学，影响教学效能和学习成效。

第一节 教师素养与课堂教学艺术的关系

初中视觉艺术教师的课堂教学在很大程度上决定了视觉艺术教学的水平。其中，视觉艺术教师的素养高低直接影响了视觉艺术课堂教学艺术的形成及其作用的发挥。究竟初中视觉艺术教师应具备什么素养？这些素养对初中视觉艺术教师的课堂教学艺术构建有什么关系？这是主要深入讨论的课题。本节集中讨论关于视觉艺术教师素养，以及初中视觉艺术教师素养与课堂教学艺术的关系。

一、教师职业能力对构建教学艺术的影响

有人说："当教师就一定要当语文教师、数学教师、科学教师……因为前途好，升职快。当视觉艺术教师有前途吗？看某中学校长，某大学校长，他们以前不是当语文教师、数学教师，就是当科学教师，甚至是什么专家，岂会由视觉艺术教师充任？"俗世的眼光、观点就是这样的功利，这样的短视，才会对视觉艺术教师有这样的看法。他们从没有去思考初中视觉艺术教师是何等的伟大，委身自己去教育人。哪一个现代文明国家的国民是欠缺艺术素养的？答案是大部分现代文明国家的国民都欠缺艺术素养。有什么数据？事实上，当任何学科的教师都有其独特性、重要性，对人教育同样的重要，不分彼此。可以找一个数学教师去教视觉艺术吗？他一定教不了！除非他也曾经是视觉艺术本学科毕业，或者有私下专门地研修艺术，但也不一定懂得如何去教。其实，每一个学科的教师都有他们的专业技艺、独特的职业能力、个人素养……如此才可以胜任某学科的教学，而且达到良好的教学成效。视觉艺术学科也如此，视觉艺术教师也不例

外，拥有其他学科教师所没有的独特专业和素养，却有其他学科教师共同拥有的特点。以视觉艺术教学作为职业的香港初中视觉艺术教师要有什么素养和职业能力？他们由哪些要素构成？这些职业能力要素如何影响他们课堂教学艺术的形成？这些职业能力要素对构建初中视觉艺术课堂教学艺术有什么帮助？这是需要系统讨论的。

从视觉艺术学科、初中视觉艺术教学实践等维度综合分述和审视，初中视觉艺术教师的职业能力素养对初中视觉艺术教师课堂教学艺术的形成起着决定性和促成性的作用。初中视觉艺术教师的职业能力，是指完成制度的规定实施、完善视觉艺术教学应具有的本质性和规格基础性条件，即初中视觉艺术教师必须要具备视觉艺术教学的基本要求。这个"本质性和规格基础性条件"是一个多元综合整体系统，也就是说，初中视觉艺术从系统论和结构论的视点出发，在初中视觉艺术教学中有其独有的系统和结构而发展至整个课堂，所以，本文认为初中视觉艺术课堂教学中所构建的要素是发展初中视觉艺术教师的职业能力。换言之，初中视觉艺术教师的职业能力不是由单一的条件因素决定的，而是由多种条件因素构成的。构成要素有六个主要因素，包括：教学兴趣、教学情感、教学专业知识技能、文化素质、教学执行力、科研能力等，这些因素的共同作用将影响初中视觉艺术教师课堂教学艺术的形成与作用的发挥。其实，香港初中视觉艺术教师也因着这些因素而构建自己的职业能力，而这些职业能力也直接影响自己课堂教学艺术的形成与发挥。本部分所讨论关于初中视觉艺术教师职业能力的要素，也就是香港初中视觉艺术教师的职业能力要素。究竟这些职业能力要素是什么？

第一，初中视觉艺术教师的教学兴趣及其对构建课堂教学艺术的影响。愿意投入教师行业的人，大多热爱教学工作。投身视觉艺术的教师，对视觉艺术和视觉艺术教学有较浓厚的兴趣，期望将所学到的有关视觉艺术的知识与学生分享，甚至要熏陶他们。于是，去理解教学兴趣是什么的时候，自然会容易得多。所谓"教学兴趣"是一种对某方面学养所产生的喜好意向，发展为一种教学心理倾慕，而表现于行为中去感染他人。就以视觉艺术为例，对视觉艺术教学有兴趣的教师，自然会对这科产生一种爱恋和热心的教学倾向。所以，"能对视觉艺术教学产生兴趣，是视觉艺术教师创造性地完成教学工作的重要心理因素之一"①，只有这种心理因素才能驱使他们顺利完成教学工作，造就他们课堂教学艺术的建立。视觉艺术教师对视觉艺术教学的兴趣，乃源于一份教学的满足感和成功感。而这些感受的源流乃来自学生，尤其是在课堂教学中跟学生的相处，学生学习时的积极反应，让教师感到有成功感；与学生讨论和交流心得时，情感真挚，既坦率且真诚，这些都促使教师在工作上获得满足感。于是，这些感受就成为教师坚持教学的强心针，和维持他们对教学兴趣的动力。而这两方面的感受也积极影响教师课堂教学艺术的形成。于此，视觉艺术教师自然在工作岗位上更加积极，努力钻研自己的专业知识技能，认真地从事视觉艺术教学工作，寻找最有效的教学方法，目的是要做好这份工作。他们对教学的热情，"激发学生的求知欲，学习兴趣和思维的积极性，把形与理、知与情结合起来，让学生的知识、能力、情感、意志和思想品德得到和谐发展"②，改变他们的学习态度，使教师渐渐地形成自己的课堂教学艺术。不过，教学兴趣可以推动教师发展教学，但不一定有成效，必须要配合其他因素加以造就，才能发展具有自己特色的教学风格，发挥个人独有的课堂教学艺术，提升教学效能。还有，视觉艺术教师的教学兴趣能促使他们对工作产生投入感，有了这份投入感后，更能推动自己不断学习，自我完善。在这种推动下，视觉艺术教师会因着教学的需要，增广见闻，学习不同的知识，如科学、天文、地理、历史、科技、文学等等，一方面，可以激发自己产生更多的教学灵感；另一方面，能够丰富自己的学识，对开展、构想及设计课堂教学帮助很大。所以，视觉艺术教师"有广泛的兴趣，必然能激起学生对视觉艺术的爱好，启发他们的心智活动"③，成为一股积极有效的推动力量，迈进教学实现的境界。

第二，初中视觉艺术教师的教学情感及其对构建课堂教学艺术的影响。"教学情感"是什么？所谓"教学情感"就是教师对教学的一种情意和钟爱，而这种情感也成为教师专业发展、构建自己教学理念的动力。当中

---

① 翁震宇：《美术教育概论》，中国美术学院出版社，2009，第171页。
② 顾明远：《教育大辞典》（第一卷），上海教育出版社，1991，第181页。
③ 同①。

"教学情感"包括了教师的教学热情、思想观念、道德情操等，所以，教师有这些职业能力以帮助形成自己的课堂教学艺术。第二章都有讨论过初中视觉艺术教师课堂教学艺术的其中一个价值是对学生进行思想教育，这是直接彰显教师教学情感的途径，也发挥了教师课堂教学艺术，只是教师可以通过自订的教学内容而达到这样的效果。事实上，每个教师的"身教言教"和"思想观念"对学生都有一定的影响力，视觉艺术教师也不例外。初中视觉艺术教师在课堂教学中所表现出来的教学热情、思想观念、道德情操，学生是完全能感受到的，就是教师"运用教学机制，灵活选择不同教学形式、方法"[1]直接感染学生，这是视觉艺术教师发挥课堂教学艺术的机会。视觉艺术教师的教学热情，来自他们对教学工作的责任心和事业心，他们在教学过程中表现出无私奉献的精神，尽心尽力教导学生，关爱学生，与学生坦诚相待，在这种和谐的氛围下自然感染学生，而激励他们学习。在这种情况下，视觉艺术教师的课堂教学艺术便形成了。

第三，初中视觉艺术教师的教学专业知识技能及其对构建课堂教学艺术的影响。一个视觉艺术教师受学生的欢迎和爱戴，姑勿论他们是初中或高中的视觉艺术教师，不是因为他们英俊漂亮，而是因为他们有打动人心的学养——丰富和全面的视觉艺术知识、扎实的专业技能[2]，科学系统化的教学方法，这是他们的职业能力。另一方面，一个视觉艺术教师应该了解视觉艺术教育的发展，能管理学校视觉艺术教学和发展工作，以至能全面于校内外推广和组织不同的视觉艺术活动……以上两方面都是一个视觉艺术教师必须拥有的专业知识技能，也是感染学生的专科教师必需的素养。从学生角度看，视觉艺术教师必须要有扎实的专业技能，例如视觉艺术创作能力、视觉艺术欣赏能力等，这是一个高水平的视觉艺术专科教师必备的能力。视觉艺术教师的专业技能是帮助学生发展视觉艺术创作的思维，从无至有地进行创造，而使他们能完善自己的创作，这是视觉艺术教师发挥他们的课堂教学艺术所致。总而言之，初中视觉艺术教师就是通过他们

---

① 顾明远：《教育大辞典》（第一卷），上海教育出版社，1991，第181页。
② 这是包括：基本视觉艺术的知识，如美术史、美术理论等；基本技能和知识，如绘画的概念和技巧、素描的概念和技巧、速写的概念和技巧、手工艺的概念和技巧、设计的概念和技巧；视觉艺术教育理论和教学方法。

不同范畴的专业知识技能，配合灵活性和创造性的教学形式与方法，形成自己的教学风格，发挥课堂教学艺术的魅力，而能扶助学生成长，陪伴他们走过这条创造之路，顺利地实现教学多方面的目的。

第四，初中视觉艺术教师的多元文化素质及其对构建课堂教学艺术的影响。作为视觉艺术教师，无论是初中或高中，除了具备一定的职业素养外，拥有丰富多元的文化素质是必需的。视觉艺术是人类文化的一部分，视觉艺术教师拥有视觉艺术知识技能，就是拥有人类一种重要的文化知识技能。但是，视觉艺术教师不能仅限于此，还应具备视觉艺术素养，就是具备人类的多元文化素养。如此，视觉艺术教师才可称为拥有"丰厚的文化素质作基础"[1]，才可以发展自己的专业素养，才可以积极促进自己课堂教学艺术之形成和风格彰显，才可以启发学生形成不同的视觉艺术创造能力。从现实角度看，初中视觉艺术教师拥有这些丰厚的多元文化素质，对发展自己的职业能力，帮助学生学习和发展视觉艺术创造，是相当有利的。为什么？因为视觉艺术教师的视野、胸襟与思维必须跟社会发展同步，社会不断进步，信息科技越发达，不同文化越普遍，视觉艺术教师的触角就要越敏锐、广阔和快捷。视觉艺术教师在整合学科知识，发展融合教材用于课堂教学的时候，必须要切合学生的学习兴趣，借个人的"教育学、哲学、社会学、心理学、美学、艺术以及语言艺术体现自己课堂教学艺术"[2]，提升教学效能。另一方面，艺术与科学、艺术与其他文化不时地交替穿梭在我们生活当中，如室内设计便是，当中包括了很多科技、科学与艺术的巧妙组合，也包含了不同文化的融合，完全体现了多元文化精神，让现代人生活舒适惬意之余，让我们与视觉艺术关系更密切，让视觉艺术融入我们生活当中，视觉艺术教师也须具备这种前卫的视点。视觉艺术教师拥有多元文化素质，就能培养学生多元文化素质，启发学生不同的视觉艺术创造。

在笔者过往的教学工作环境里，每年都有一至两位海外生到校学习和交流，每位教师都有机会通过课堂教学跟他们相处，故此，对他们的文化背景也须多加了解，才能在课堂教学中帮助他们学习。在学校里有不同文

---

① 翁震宇：《美术教育概论》，中国美术学院出版社，2009，第172页。
② 顾明远：《教育大辞典》（第一卷），上海教育出版社，1991，第181页。

化国籍的学生，作为初中视觉艺术教师必须具备多元文化素质的敏锐触角，除了对他们的文化背景有所认识外，还需要多了解关于他们学习的情况，好在进行课堂教学时能掌握恰当的方法、模式，与他们沟通。例如：他们跟本地学生在学习上的差异、语言的运用、教学内容的层次等等，教师都必须要配合和调校合适的课堂教学艺术，帮助这班不同文化国籍的学生，真正促进他们的学习。这正是具备多元文化素质的视觉艺术教师促成自己课堂教学艺术和教学风格所要做的工作。假如视觉艺术教师没有多元文化的触角，则根本做不了一个多元文化使者，做不了沟通桥梁，没法进行文化交流，没法将大家的文化差异拉近，消除学习上的隔阂。一句话，初中视觉艺术教师的多元文化素质必须肩负起文化保育和推广的工作。

第五，初中视觉艺术教师的教学执行力及其对构建课堂教学艺术的影响。任何学科的教师都必须具备基本的教学执行力，而"教学执行力"就是指教师完成既定教学任务的具体实施能力，也称"教学能力"。再深入理解，"教学能力"是"教师为达到教学目标，顺利从事教学活动所表现的一种心理特征，由一般能力和特殊能力组成"[1]。换言之，"教学能力"具备"教学执行力"中的一般能力和特殊能力，而初中视觉艺术教师的教学执行力是指教师完成初中既定视觉艺术的教学任务等实施本能，是每个初中视觉艺术教师的共性特点，也是这个职业的先决条件。另一方面，初中视觉艺术教师的教学能力中的特殊能力可以有多方面，包括设计和组织视觉艺术课堂教学能力、实际课堂教学的能力、敏锐的课堂观察能力、敏感快速的分析和判断能力、想象力和创造力、思想品德教育能力等等。这些"教学执行力"中的"教学能力"对构建初中视觉艺术课堂教学艺术发挥着重要的促进作用，本部分会重点讨论有关初中视觉艺术教师的"教学执行力"。

其一，初中视觉艺术教师的观察能力对构建课堂教学艺术的作用。一般教师可能只需要有良好的观察能力，但视觉艺术教师却必须具备敏锐的观察能力。为什么？视觉艺术教师要对周围的事物有敏锐的触觉，观察力要强，尤其是对一些视觉语言，如色彩、形状、形体、质感等，更加需要

---

[1] 顾明远：《教育大辞典》（第一卷），上海教育出版社，1991，第180页。

有这种敏锐的观察能力。举一个例子，视觉艺术教师在教导学生进行实物素描时，必须要训练学生如何观察一件实物，例如：从不同的角度，由上而下，由左至右，从光暗的概念，从形状、形体和造型方面，从质感的效果，从物与物之间的关系，以至从空间虚实的概念等；同时要在学生面前进行示范的时候，由无至有地将实物解构分析表达出来，就更能清楚展示教师从观察力训练出来的绘画能力了。从这，教师通过解说和示范所表现出来的观察力，就是"教师达到最佳教学效果的知识、方法、技巧和创造能力的综合表现"[1]，全面发挥了教师课堂教学艺术的功能，促进教师完善课堂教学艺术，从而吸引学生学习，达到教学效能。如果视觉艺术教师没有敏锐的观察力，又怎能将实物描绘得入木三分？这是一个例子证明视觉艺术教师的观察力能促进教师课堂教学艺术。另一方面，视觉艺术教师也需要留心观察学生的学习表现、学习上的需要、课堂上的秩序、情绪问题，以至他们在进行各种教学活动时所出现的种种问题，教师也须特别地留意和观察，所以"教师应善于及时观察学生某些不良反应的预兆，尽可能事先防止学生在纪律和学习上出现某些差错"[2]，这点值得教师留意，教师也可配合实际情况而改变教学，调整自己的课堂教学艺术使之发挥应有的功效。

其二，初中视觉艺术教师的分析和判断能力对构建课堂教学艺术的作用。视觉艺术教师在课堂教学中所配合进行课题的教学活动，都会表现出教师的分析和判断能力，例如：教师引导学生欣赏一幅画或一件雕塑，都需要将个人独到的分析力和判断力运用其中，如分析作品的视觉语言如何组合，判断作品的优劣等，都必须用到这些能力以引导学生理解和明白。当然，教师要把握教材内容，会借助不同的教学方法，配合个人的教学风格和教学艺术，逐步构建学生对艺术品的了解。教师能够恰当运用他们的分析和判断能力，吸引和激发学生学习，才算是成功地完成了欣赏活动。所以，初中视觉艺术教师在进行教学活动时，需要随时随地用敏锐的分析和判断能力应付环境的需要，学生自然能从教师身上学习到应有的视觉艺术知识。这促生和发挥了教师课堂教学艺术的功能，也促使他们的课堂教

[1] 顾明远：《教育大辞典》（第一卷），上海教育出版社，1991，第181页。
[2] 翁震宇：《美术教育概论》，中国美术学院出版社，2009，第173页。

学艺术迈向完善。如果教师欠缺这些能力，就无法应付复杂的教学工作环境了。

　　其三，初中视觉艺术教师的想象力和创造力对构建课堂教学艺术的作用。视觉艺术教师尤其是初中视觉艺术教师，与其他教师不同的地方，就是充满丰富的想象力和创造力，这些都构建了他们成为视觉艺术教师的必然条件。如果作为初中视觉艺术教师连想象力和创造力都缺乏，他们在课堂教学中所用的教学方法都会因循守旧，试问在教学中如何能启发学生在思维上的想象力和创造力？学生的作品会有创意吗？他们的作品会有自己的独特性吗？不是说传统的方法不可以达到教学效能，只是激发不起学生的想象力和创造力。笔者曾在2010年时，以"印象派"画风作为教学内容，要求学生除了要适当地运用"印象派"技法外，还需要加入自己的想象力和创造力，改造参考作品的内容，使之成为具有个人风格的作品。教师在教学活动中引用著名画家莫奈的《睡莲（睡莲与垂柳）》风景画为例，通过自己的想象力和创造力，加入图像，丰富了莫奈的作品。笔者就是通过自己的创作经验，跟学生分享，这是笔者于该课堂教学所运用的教学策略，利用艺术评赏的教学，展现自己独有的课堂教学艺术，体现笔者对艺术的认识和创作的智慧。若要学生有想象力和创造力的表现，教师的课堂教学艺术就必须具有想象力和创造力，这是完全因教师的想象力和创造力有多少而反映出来的。图3-1是初一级学生的创作品。学生参考了一张风景相片，利用自己的经验，发展想象力和创造力，参考"印象派"的风格，最后完成该作品。所以，"现代视觉艺术教育要求多渠道、全方位地拓宽视觉艺术教育的内容、目标、对象、途径和方法，才能培养创造性人才"[1]。事实上，社会真的发展迅速，很多新兴行业抬头，需要大量具创意和独立能力的人才，视觉艺术教师必须紧跟时代的步伐，才能培训出所需人才，也不致与世界各地视觉艺术教育脱步，不致落伍。

---

① 翁震宇：《美术教育概论》，中国美术学院出版社，2009，第174页。

图3-1　初一级学生，罗倚雯，风景画，广告彩纸本，2010，汇基书院（东九龙），指导教师：区昌全

其四，初中视觉艺术教师的思想品德教育能力对构建课堂教学艺术的作用。初中视觉艺术教师跟其他教师不同的是：可借助古今中外不同的视觉艺术形式或媒介进行思想道德教育。初中视觉艺术课堂教学乃基于两个大范畴——欣赏和创作，教师朝着这两大方向帮助学生去体验和发展不同的视觉艺术知识，这需要依赖教师的教学经验及其课堂教学艺术；此外，在教学过程中，教师也可通过不同的视觉艺术形式或媒介，彰显自己高尚的情操，随机对学生进行思想品德教育，与培养学生正确的价值观，让学生分辨善美丑恶、是非黑白、错与对、正与邪等相对的观念，从而培养学生高尚的品德、健康的精神。要达到这方面的效果，教师必须具备高尚的情操，并具备思想品德教育能力，通过自己独有的课堂教学艺术，去感染和影响学生。一句话，视觉艺术教师的思想品德教育能力跟其课堂教学艺术的发挥关系密切。笔者于本文中，随意向香港不同中学的初中视觉艺术教师进行抽样问卷调查（内容详见附件一），共向约20所中学发出问卷，共有26位教师回应。对于理解香港初中视觉艺术教师职业素养能力，笔者于问卷内设计了有关的问题让受访者回应，现将受访者在问卷内的回应分为两大类——专科教师和非专科教师，特摘要如下。

资料表（五） 初中视觉艺术课堂教学与教师职业素养能力的关系（一）

有关教师职业素养能力的问题	类别	受访者回应
你认为视觉艺术科课堂教学是什么？它又包括了什么？	专科教师（专科学位及专科教育证书）（共20人）	·培养创意和想象力、评赏艺术能力和发展技能，享受创作乐趣
		·引发学生的学习意欲，发展学习经历与成果
		·观察形象表达思想，产生美感和趣味
		·启发对周遭事物的感知、欣赏，对文化艺术的传承感知
		·探索、讨论、欣赏、实践
		·发挥创意的平台，透过视觉艺术元素和原理创作一件艺术品，它包括了理论、素材运用、批判思考、解难和欣赏
		·发挥创意的空间，每人创意思维有所不同，透过各种交流活动，制造共融空间
		·分享视觉艺术相关的知识、技能
		·欣赏艺术，学生表达意念的机会；艺术创作和艺术知识的领受
		·美感的培养，社会思潮与艺术的关系，创意的激发，技巧学习
		·是人文、艺术、生命的教育；它包括了道德、批判和生命价值的教育
		·引起学生的兴趣
		·启发思维，包括欣赏、分析、评鉴
		·提升学生美的素养
		·一些审美的准则、美学知识，学生能应用在日常生活中
		·单纯是愉快学习艺术

续表

有关教师职业素养能力的问题	类别	受访者回应
你认为视觉艺术科课堂教学是什么？它又包括了什么？	专科教师（专科学位及专科教育证书）（共20人）	·是一个过程，由认识／接触开始，经过制作，从中学习
		·欣赏，并与生活拉上关系，非单纯"手作仔"
		·欣赏作品，掌握物料和技巧，进行创作
		·提升学生学习本科的兴趣、知识和技巧，建立学生正确价的值观
	非专科教师（非专科学位，但有专科教育证书）（共6人）	·一切能让学生思考的视觉艺术元素
		·包括理论、技巧、评赏和应用
		·提高兴趣，发掘潜能
		·技巧、欣赏、创作和思考

资料表（六）　初中视觉艺术课堂教学与教师职业素养能力的关系（二）

有关教师职业素养能力的问题	类别	受访者回应
你认为一个完整的"视觉艺术课堂教学"应该是怎样？它是一种艺术吗？	专科教师（专科学位及专科教育证书）（共20人）	·互动、开放和活泼，体验艺术评赏和创作
		·引起动机、传递知识，学生接收并输出
		·吸引和激发学生创作，体会各种艺术风格，产生对艺术的热情，是一种艺术的表现
		·让学生在学习中有所启发；教学是一种艺术
		·学生得到启发，透过艺术去欣赏、培养；教学本身就是一种艺术
		·理论教授，学生要有创作的经历、创作过程，让学生懂得欣赏艺术品
		·均衡发展，兼容多种创作媒体

续表

有关教师职业素养能力的问题	类别	受访者回应
你认为一个完整的"视觉艺术课堂教学"应该是怎样？它是一种艺术吗？	专科教师（专科学位及专科教育证书）（共20人）	·达到预期的学习目标，教学相长；课堂教学是艺术的一种
		·先提起学生兴趣，透过欣赏和练习得到相关艺术知识，与同学分享
		·逐步向前，由浅入深，有冲击力，引发学生思考
		·师生互有交流、讨论，有严肃亦有轻松，有练习亦有活动，有创作亦有欣赏
		·包括知识教授、技能训练、批判思考
		·知识、欣赏、创作和分析
		·欣赏、创作和指导、评赏和总结
		·从基本艺术原则开始，再去研究艺术历史，继而自我创作
		·认识一些美术教师的课堂很精彩，可以用"艺术"来形容
		·是一个学与教的过程，师生要有互动，同学间要有交流
		·包含评赏及创作，次序不一定，视乎情况；视觉艺术课堂教学是一种艺术
		·要有清晰的教学目标和评估，学生能愉快和全面获得学习兴趣
	非专科教师（非专科学位，但有专科教育证书）（共6人）	·包括理论、技巧、评赏和应用
		·任何课堂教学也是一种艺术

笔者根据回收的问卷将教师的回应归纳出资料表（五）和资料表（六）两份资料，并将所得资料分类为专科教师和非专科教师两大类，以方便对他们的资料进行比较和分析。笔者向受访者提出两条问题，分别为

154

"你认为视觉艺术科课堂教学是什么？它又包括了什么?"和"你认为一个完整的'视觉艺术课堂教学'应该是怎样？它是一种艺术吗?"其实，两条问题都可体现教师职业素养能力，如第一条问题已涉猎关于教师的教学兴趣和教学专业知识技能两个层面；而第二条问题则涉猎关于教师的教学情感、多元文化素质和教学执行力三方面，所以，这两条问题足以反映教师的职业素养能力，反映香港初中视觉艺术教师的专业教学素养。

从资料表（五）和资料表（六）所提供的资料看，所有接受问卷调查的初中视觉艺术教师，不论专科或非专科教师，他们基本上都对初中视觉艺术课堂教学抱着应有的和正确的概念和态度，明白视觉艺术课堂教学的方向——创作和欣赏，这正是配合香港现有新课程纲要的发展。这些受访的初中视觉艺术教师都具备了其中的教师职业素养和能力，如要"（1）引起学生兴趣，提升学生对学习本科的兴趣、知识和技巧，建立他们正确的价值观；提高兴趣，发掘潜能；（2）引发学生的学习意欲，发展学习经历与成果；（3）吸引和激发学生创作，体会各种艺术风格，产生对艺术的热情，是一种艺术的表现；（4）先提起学生的兴趣，通过欣赏和练习得到相关艺术知识，与同学分享"，这些都是教师职业素养能力内教学兴趣的范畴。如果视觉艺术教师没有对视觉艺术课堂教学产生兴趣，他们是不会用不同的教学策略、方法，以至个人独有的课堂教学艺术，去感染身边的学生学习的。所以，教师要引发学生的学习意欲，不得不精炼自己的课堂教学艺术，从自身的教学兴趣来发挥与完善自己的课堂教学艺术，并实现课堂教学。

其二，从问卷调查结果所得，所有初中的视觉艺术教师都有非常丰富的教学专业知识技能，他们认为：视觉艺术课堂教学是"（1）让学生欣赏作品，掌握物料和技巧，进行创作；（2）分享视觉艺术相关的知识、技能；（3）是一个过程，由认识／接触开始，经过制作，从中学习；（4）让学生欣赏艺术，表达意念的机会；（5）让学生创作艺术和领受艺术知识；让学生均衡发展，兼容多种创作媒体"，这些都是视觉艺术课堂教学独特的地方——一种专业知识与技能的表现，如视觉艺术教师懂得掌握物料和技巧，进行创作，是经过反复试验，才可与学生分享和示范，也必须要切合自己个人的课堂教学艺术，向学生清楚展示，所以，他们的专业知识技能是帮助自己课堂教学艺术的发挥与发展。一句话，视觉艺术教师独有的专业知识技能，并非其他学科所能给予的，这是视觉艺术教师与众不同之处。

其三，从问卷调查所得，所有视觉艺术教师都存有浓厚的教学情感，有教师认为："（1）视觉艺术是人文、艺术、生命的教育；它包括了道德、批判和生命价值的教育；（2）视觉艺术是发挥创意的空间，每人的创意思维有所不同，通过各种交流活动，制造共融空间；（3）互动、开放和活泼，体验艺术评赏和创作；（4）师生互有交流、讨论，有严肃亦有轻松，有练习亦有活动，有创作亦有欣赏；（5）视觉艺术课堂教学是一个学与教的过程，师生要有互动，同学间要有交流"。单从这几点可知视觉艺术教师理解视觉艺术课堂教学并非只是"创作艺术品"的教育，乃是一种拓展思想、道德观念和生命交流的价值教育，完全体现教师教学情感的投入，学生也会因着教师课堂教学艺术的演绎，将自己教学情感投入当中，感染学生而使他们情感得以释放，这是一种摆脱旧课程的单向性的技能培训观念。这点可见现今香港初中视觉艺术教师已脱胎换骨，因着自己对视觉艺术独有的感情，促进自己课堂教学艺术的发展，全面表现了视觉艺术教师独有的职业素养。

其四，受访教师都具有多元文化素质，他们认为：视觉艺术课堂教学应该是"（1）启发学生对周遭事物的感知、欣赏，对文化艺术的传承感知；（2）培养他们的美感，让他们明白社会思潮与艺术的关系，激发创意，学习技巧；（3）欣赏艺术，并与生活拉上关系，非单纯'手作仔'；（4）从基本艺术原则开始，再去研究艺术历史，继而自我创作；这些都是视觉艺术教师必须具备的条件"。笔者认为受访的初中视觉艺术教师都能与社会发展同步，对社会以至世界各地的人、地、物、事等有敏锐的触觉和了解，与时俱进，所以，他们才会认为视觉艺术课堂教学应该是"启发学生对周遭事物的感知、欣赏，对文化艺术的传承感知"，这样，教师可通过自己对多元文化的了解和认识，利用自己独有的课堂教学艺术，诱使和启发学生进行创作，将自己的文化观念融入创作品中，以至反映对多元文化的了解，实是帮助他们认识和了解自己所处社会中发生的事情，以及培养他们个人独有文化观念。

其五，从问卷调查结果所得，受访的所有初中视觉艺术教师认为视觉艺术课堂教学应该是："（1）帮助学生发挥创意的平台，通过视觉艺术元素和原理创作一件艺术品，它包括了理论、素材运用、批判思考、解难和欣赏；（2）培养学生的创意和想象力、评赏艺术能力和发展技能，享受创作乐趣；（3）培养学生的一些审美准则、美学知识，他们能应用在日常生活中"，这些都显示了视觉艺术教师都具有符合职业素养的教学执行力，切合自己独有的课堂教学艺术，才能全面培养学生各方面的视觉艺术能力，如发挥创意和想象力、培养评赏艺术、培养审美的准则等，足见教师所具备的教学能力是促使其课堂教学艺术的发展，成为他们职业素养能力的必备条件。

最后，从问卷调查结果所得，只有23%的受访者正面回应了"视觉艺术课堂教学是一种艺术"，大部分教师都没有回答这问题。这显示了大部分教师对"视觉艺术课堂教学艺术"的观念未够清晰，未够具体化，也未够根深蒂固，忽略了"课堂教学艺术"于视觉艺术课堂教学中的重要性，以及它的专业性地位。不过，有回应的教师俱认为：视觉艺术课堂教学艺术是"（1）让学生感到有所学习，有所启发，教学是一种艺术；（2）学生得到启发，通过艺术去欣赏、培养，教学本身就是一种艺术；（3）达到预期的学习目标，教学相长，课堂教学是艺术的一种；（4）认识一些美术教师的课堂很精彩，可以用'艺术'来形容；（5）包含评赏及创作，次序无一定，视乎情况，视觉艺术课堂教学是一种艺术；（6）任何课堂教学也是一种艺术"。以上种种回应，都反映出香港初中视觉艺术教师对"课堂教学艺术"的概念似乎有点含糊，并没有清晰交代课堂教学是怎样的一种艺术。所以，香港初中视觉艺术教师对"课堂教学艺术"的概念是幼嫩的、贫乏的。另外，在回收的问卷中，共有5份问卷完全没有回应第二个问题，占19.2%。从数字上看似乎是一个很小的百分比，但事实上，有回应的教师对这个问题也未清晰交代课堂教学艺术是什么，也没有针对问题而做适当的回应，这足以反映出香港初中视觉艺术教师对"课堂教学艺术"概念理念的不足、片面和缺乏，也可见香港初中视觉艺术教师对"课堂教学艺术"的概念未有持一个专业态度，这是香港初中视觉艺术教师职业素养能力不足的地方。

第六，初中视觉艺术教师的科研能力及其对构建课堂教学艺术的影响。视觉艺术是一门具科学系统性的学科，当中具备逻辑性思维和系统化概念，尤其是在创作方面可窥见一斑，例如：视觉元素的运用，组织原理的结合，都可看到逻辑性思维和系统化概念的发展。所以，发展这科的时候，必须从科学化研究的方向开始。所谓科学化研究必须有逻辑性理据和实证，才能有合符科学化的结果。作为初中视觉艺术教师须具备这种科学化研究精神，就是不断探究和钻研教授视觉艺术科的方法，除了不断自我检讨之外，还要寻找实证找出问题所在，精炼自己的课堂教学艺术，务求提升自己的教学素质和学术水平。事实上，初中视觉艺术教师的科研能力可包括"视觉艺术教学能力"和"科研与探索能力"[①]两大方面，当中包括：（1）自我学习与自我提升能力；（2）搜集资料与获取信息的能力；（3）开展教学实践理论、进行教学改革的能力；（4）综合分析信息资料的能力；（5）进行教学示范、自身艺术创作与创新能力；（6）编写教材和撰写学术论文的能力；（7）确定科研选题，组织或承担课题研究工作的能力等。笔者认为初中视觉艺术教师不应单顾教学工作，而忽略其他相关工作，因为教学工作所涉猎的层面非常广泛，如教学之前需要搜集资料并获取与教学内容相关的信息，又要综合分析信息资料，方便编写教材，这些都是一个初中视觉艺术教师必须具备的"科研与探索能力"。而事实上，视觉艺术教师在日常教学工作里已经包含数项科研能力，例如：设计课程、编写教材、搜集资料、综合分析信息资料、教学示范、组织教学活动等等；下班后修读相关课程，进行研究，撰写学术论文，自我学习，自我增值；或闲时或在假期里从自身艺术创作中舒缓日常工作压力，这些都是视觉艺术教师工作生活中所涉猎有关的科研活动。正是这些科研活动帮助教师"科研与探索能力"的发展与成长，也发展了教师的教学艺术，为什么？初中视觉艺术教师具备了"科研与探索能力"后，自然会对自己有所要求，从自己积淀的教学经验中，经过不断的钻研，建构独特性的教学理

① 翁震宇：《美术教育概论》，中国美术学院出版社，2009，第174页。

论和教学方法，发展个人教学风格和课堂教学艺术，适合学生的需要，感染和吸引学生学习，从而提升教学和学习成效。

第七，初中视觉艺术教师的设计及组织教学活动能力及其对构建课堂教学艺术的影响。对任何一位初中视觉艺术教师来说，设计及组织教学活动是课堂教学前必须准备的工作，只有充足的准备才能将教学实现出来。初中视觉艺术教师在设计及组织教学活动上需要比其他学科教师更强，为什么？因为几乎每一课堂教学都需要组织教学活动去帮助学生理解该堂课的教学内容，帮助学生发展思维，帮助学生将所想的通过创作表现出来，这些都是初中视觉艺术教师在课堂教学中必须要做的工作。所以，初中任何年级的视觉艺术教师都必须擅长设计及组织教学活动，这是视觉艺术教师与众不同之处，也是职业素养能力的必备条件之一。事实上，制订教学计划和教学大纲、编写和使用教材、设计教学活动等工作，都能帮助视觉艺术教师在教学过程中达到目的。视觉艺术课堂教学除了在教室内进行外，亦可到户外开展。所以，在构想和组织这类学习时，必须要有周详的计划。笔者曾经在初一级进行"写生"教学，"写生"是一个教学活动，在组织这个教学活动时可以考虑：(1)教学活动的目标是什么？(2)活动对象是什么年级的学生？他们有什么特征？(3)活动题材是什么？植物？静物？人物？(4)活动形式怎样？分组进行？个人进行？(5)活动地点能否切合写生题材？是否安全？(6)时间安排怎样？完成作品所需时间？(7)秩序管理如何运作、如何执行？(8)工作人员安排怎样？需要多少教师随行？(9)怎样进行学生个别指导工作？(10)需要什么物料提供给学生？(11)其他。笔者完成"写生"教学活动后进行检讨，得出结论：每一个视觉艺术教学活动的设计和组织都需要有周详的计划，且要配合教师独有的教学艺术，还要有很多不同的考虑，如需要有一些空间做补救工作，遇上天气突然有变，教学活动会怎样安排？应该在什么地方进行教学活动？这些变数都不在预计的范围里面。所以，教师需要灵活和弹性处理，也是他们发挥教学艺术的时候，如何配合学习环境而吸引学生学习，尽量在实践过程中减少出错，才能达到计划中既定的成效。因此，视觉艺术教师没有设计和组织教学活动的能力，就没有个人独特的课堂教学艺术，两者有密切的关系。在设计和组织教学活动的时候，不可以太贪心，因为学生会吸收不到，引致学习上消化不良，反而要"长计划，短安排，发挥自己的灵活性，规划自己的行动和考虑具体情况，节约时间完成计划，既不匆忙又不拖延时间"[1]，从而彰显视觉艺术教师职业素养的能力。

　　一个教学活动的设计和组织无论规模大小，只要是切合课堂教学目的、教学内容、学生能力、学习需要，便已经达到教学成效了。在进行本文的写作时，笔者也通过问卷调查对受访者搜集有关"设计和组织教学活动"这方面的资料，向受访者提出两条相关问题，如"你认为视觉艺术科教学应该教什么？为什么？"和"进行视觉艺术课堂教学时，你会先教什么？为什么？"这些问题或多或少都可反映出教师是怎样组织初中视觉艺术课堂，以至他们所设计和组织的教学活动如何配合教学内容。现将所得资料表归纳如下。

资料表（七）　初中视觉艺术课堂教学与教师职业素养

能力之设计和组织教学活动的关系（一）

有关教师设计和组织教学活动的问题	类别	受访者回应
你认为视觉艺术科教学应该教什么？为什么？	专科教师（专科学位及专科教育证书）（共20人）	·美术知识、美术评赏和各种媒介的技巧训练，让学生享受创作
		·欣赏艺术品和创作技巧
		·从艺术品、美学、哲学中启发学生对创意和媒介的运用
		·视觉艺术知识和技巧训练，继而欣赏与评鉴，加入通识课程
		·艺术创作、技巧、欣赏，并加入商业艺术和专业艺术课程
		·透过欣赏学习视觉元素和原理，懂得评赏一件艺术品
		·创作意念的发展及如何透过艺术创作来自我表达

---

[1] 翁震宇：《美术教育概论》，中国美术学院出版社，2009，第173页。

续表

有关教师设计和组织 教学活动的问题	类别	受访者回应
你认为视觉艺术科教学 应该教什么？为什么？	专科教师 （专科学位 及专科教育 证书）（共 20人）	·视觉艺术知识、媒介技能及各地文化背景、价值
		·视乎课题而定，先多用生活例子或历史背景引起学习动机
		·视觉艺术知识、技巧、理论、历史，启发学生的创意
		·理论与实践，从生活中认识艺术，社会与艺术的关系，美学和创作技巧
		·艺术技巧、类别、历史、评赏、文化与社会、价值观、人性、人道、态度，为学生提供全面的艺术发展和建立正确的思维和态度
		·美术知识、美术创作、美术欣赏
		·启发学生的创意，培养欣赏和评鉴能力
		·创作技巧：提高学生学习的成功感，让学生知道自己有能力创作；不同艺术造型：透过接触不同的艺术创作，提高学生的学习兴趣
		·以学生的兴趣为主，让他们享受课堂
		·一般传统艺术都可教，但必让学生亲身经历，欣赏与创作并重
		·知识、技巧、创意，尝试不同的物料及工具，让学生享受学习艺术的过程，从中获得乐趣
		·视觉艺术理论、知识、技巧，以至文化内涵
		·任何和视觉有关的艺术，让学生从中思考、沟通
	非专科教师 （非专科学 位但有专科 教育证书） （共6人）	·本学科知识
		·理论、评赏、技巧、应用
		·培养学生对美术的兴趣
		·理论与实践
		·各类媒介、艺术欣赏

资料表（八） 初中视觉艺术课堂教学与教师职业素养
能力之设计和组织教学活动的关系（二）

有关教师设计和组织教学活动的问题	类别	受访者回应
进行视觉艺术课堂教学时，你会先教什么？为什么？	专科教师（专科学位及专科教育证书）（共 20 人）	·引起学生的兴趣，进行美术欣赏和评论
		·引起学生的学习兴趣，继而开始学习美术知识
		·评赏艺术品的技法、含义、构思过程
		·视觉工具、物料特色开始，继而从文化历史、理论建构学生的美术学习
		·艺术探索，引起学生的兴趣，引发创意思维
		·视觉元素和原理，让学生掌握艺术创作的基础
		·主题探索，学生能深入研究主题，增加发挥空间
		·透过正规课程教授视觉艺术相关的知识、技能
		·欣赏艺术品和艺术知识，引发学生创作兴趣，开拓学生的眼界，懂得欣赏周围事物
		·由视觉出发，引起学习兴趣
		·先引起兴趣，否则学生无法投入和喜爱学习
		·美学的概念、美术欣赏
		·美术知识，让学生有基本知识
		·视乎课题而定，脑图发展、技巧创作和示范
		·给学生欣赏范作，引起他们的兴趣，引导他们探究艺术原则和元素
		·先作品示范，学生有迹可循
		·与生活拉上关系
		·作品欣赏，拓宽学生的眼界，汲取他人的技巧及创作意念
		·明确教学目标、学习内容、美术知识、技巧，及学生须完成作品要求、时间限制等
		·美术理论、美术史，让学生多角度认识艺术

续表

有关教师设计和组织教学活动的问题	类别	受访者回应
	非专科教师（非专科学位但有专科教育证书）（共6人）	·素描，培养学生的观察力及耐性
		·理论及评赏，对学习主题有基本的认识
		·讲解、分享范作
		·先理论、后实践
		·艺术简史

从资料表（七）所得的进行理解，受访者在回应："你认为视觉艺术科教学应该教什么？为什么？"的时候，笔者将所得资料主要分类为八个范围，分别是"视觉艺术创作/技巧""视觉艺术评赏""视觉艺术知识""思维训练/创意""视觉艺术理论""学习兴趣""视觉艺术与生活""态度/价值观"等，现将资料统计为数据如下。

资料表（九）　初中视觉艺术课堂教学与教师职业素养

能力之设计和组织教学活动的关系分析（一）

受访者回应比率	教学方向/范畴							
	（1）视觉艺术创作/技巧	（2）视觉艺术评赏	（3）视觉艺术知识	（4）思维训练/创意	（5）视觉艺术理论	（6）学习兴趣	（7）视觉艺术与生活	（8）态度/价值观
专科教师（专科学位及专科教育证书）（共20人）	15人次	14人次	10人次	7人次	4人次	4人次	4人次	2人次
非专科教师（非专科学位但有专科教育证书）（共6人）	（1）视觉艺术创作/技巧	（2）视觉艺术评赏	（3）视觉艺术理论	（4）视觉艺术知识	（5）学习兴趣	/	/	/
	3人次	3人次	2人次	1人次	1人次			

　　通过资料表（九）的分析，可清楚看到香港初中视觉艺术专科教师和非专科教师在决定初中视觉艺术科课堂教学应该教什么的时候，都有一致的方向，皆离不开"视觉艺术科教学的三大范畴，包括：视觉艺术知识、视觉艺术评赏和视觉艺术创作三方面"[1]，这三方面都是受访者认为最重要的，是数据中最多人次提出的项目，亦是初中视觉艺术课堂教学应该教的内容。这正显示：一方面，教师都忠于课程纲要的指引；另一方面，都将初中视觉艺术课堂教学建立了一个框架，让视觉艺术课堂教学不致偏离正轨，趋向统一化。事实上，这样统一化的课堂教学对一个学科来说是有其优胜的地方，但却又碍于视觉艺术这门学科的独有性质，似乎无须太规范化，窒碍教师在教学上的表现，尤其是他们课堂教学艺术的发挥，对学生来说也是一个学习障碍，影响他们的思维训练及创意表达。不过，值得高兴的是，受访者回应中也不乏认为"设计和组织视觉艺术教学活动"必须着重训练学生思维及激发他们创意表达，来提升他们的学习兴趣，并诱发他们思考如何将艺术与生活拉上关系，这正显示了教师在课堂教学上所用的教学艺术的成效。这样看来，香港初中视觉艺术教师确实比以前进步，不再追求旧有课程所关注的技巧训练，而是加强学生思维、评赏艺术品的训练，将视觉艺术教学推向专业化——评赏和创作并重，并能跟世界的视觉艺术教育发展趋势同步迈进。同时，更有教师认为：初中视觉艺术课堂教学应灌输学生视觉艺术理论和人生态度与价值观。事实上，现行香港视觉艺术科课程纲要指引中的课程宗旨强调，"视觉艺术教育在于陶冶学生情意、修养、品德，以至对国家、民族及世界的投入感"[2]；指引中也强调，"可帮助学生逐渐了解个人、社会、国家、民族各个层面，建立宏达的价值观，以及积极的生活态度"[3]。从这两点可理解现行香港视觉艺术科课程纲要不再是技巧培训，而是"全人"的发展。这点跟我国2001年所颁布的《全日制义务教育美术课程标准（实验稿）》内所提及"美术课程在引

---

① 香港课程发展议会：《艺术教育学习领域：视觉艺术科课程指引（小一至中三）》，政府物流服务署印制，2003，第18页。
② 同上，第6页。
③ 同上，第14页。

164

导学生形成社会共同的价值观的同时，也努力保护和发展学生的个性……
美术课程本身就包含情感与理性的因素、脑力与体力的因素，所以在促进
人的全面发展方面，其作用是独特的"①这方面的美术教育观念有异曲同工
之妙，理解到我国美术教育正在迅速地发展，与世界同步。要达至"陶冶
学生情意、修养、品德，以至对国家民族及世界的投入感"，视觉艺术教师
必须发挥其个人独有的教学艺术，去感染和熏陶学生，让他们浸淫在视觉
艺术教育里真正发展"全人"，再不是单纯技巧的训练。

不过，从资料表（八）所得再深入分析，受访者在回应"进行视觉艺
术课堂教学时，你会先教什么？为什么？"的时候，笔者把专科初中视觉艺
术教师所提供的教学内容主要归类为十个范围，分别是"视觉艺术评赏"
"视觉艺术知识""引起学习动机""物料特色/创作工具""视觉艺术与生
活""美术概念""思维训练/创意""视觉艺术理论""主题探索""其他"
等优先次序的排列；而非专科初中视觉艺术教师所提供的教学内容主要归
类为四个范围，分别是"视觉艺术理论""主题探索""美术史""视觉艺术
创作/技巧"，现将所有资料统计为数据总结在资料表（十）。

**资料表（十）　初中视觉艺术课堂教学与教师职业素养
能力之设计和组织教学活动的关系分析（二）**

受访者回应比率	教学方向/　范畴									
	（1）视觉艺术评赏	（2）视觉艺术知识	（3）引起学习动机	（4）物料特色/创作工具	（5）视觉艺术与生活	（6）美术概念	（7）思维训练/创意	（8）视觉艺术理论	（9）主题探索	（10）其他
专科教师（专科学位及专科教育证书）（共20人）	5人次	3人次	3人次	2人次	2人次	1人次	1人次	1人次	1人次	1人次

---

① 中华人民共和国教育部：《全日制义务教育美术课程标准（实验稿）》，北京师范大学出版社，2001，第3页。

续表

非专科教师（非专科学位但有专科教育证书）（共6人）	(1)视觉艺术理论	(2)主题探索	(3)美术史	(4)视觉艺术创作/技巧						
	2人次	1人次	1人次	1人次						

　　根据资料表（十）的内容，受访者中的视觉艺术专科和非专科教师在回应"进行视觉艺术课堂教学时，你会先教什么？为什么？"的时候，教师之间都存在差异性。事实上，每一个视觉艺术教师都有个人的教育理念，他们在考虑所要设计和组织的教学活动时，必须切合所任教的学生的能力、需要；故此，在每个课堂教学中的教学方向或范畴上都有不同的地方，有不同的优先次序，例如：有25%的视觉艺术专科教师认为，"视觉艺术评赏"是现行香港视觉艺术课堂教学必须要进行的活动，所以，课堂教学中必须进行这个学习环节；又如有些教师认为，"视觉艺术与生活"关系非常密切，必须先在课堂教学的引起动机环节中做清晰的介绍；更有些教师认为，学习"视觉艺术理论"是现行香港视觉艺术课堂教学必须首要进行的……总之，资料表（十）所列出的内容都是视觉艺术教师认为视觉艺术课堂教学活动的优先次序。虽然他们没有一致的答案，但他们课堂教学的设计和组织课堂教学活动都甚具创意和前瞻性，如"由视觉出发，引起学习兴趣""视乎课题而定，脑图发展、技巧创作和示范""欣赏艺术品和艺术知识，引发学生创作兴趣，拓宽学生的眼界，懂得欣赏周围事物"等等教学活动取向，配合他们课堂教学艺术的展现，让学生乐于学习，乐于创作，没有背离现行香港视觉艺术科课程纲要的发展路向——"学生必须通过有系统及配合主题的学习，才能掌握通过视觉语言和视觉形式所表现的美感、记号系统和视像结构，从而适切地运用视像表达个人的感情和思想，以及欣赏与评价不同的艺术表现，并借此发挥个人的艺术潜能、建立个人的价值观，及对世界或不同文化的多元观点"[1]。从教师的种种回应中

---

① 香港课程发展议会：《艺术教育学习领域：视觉艺术科课程指引（小一至中三）》，政府物流服务署印制，2003，第2页。

可以看出，他们都是依据现行香港视觉艺术科课程纲要的指引而设计和组织课堂教学活动，如没有专业教师职业能力素养，没法发挥他们课堂教学艺术的作用，是绝对不能发展如此多元化和多样性的课堂教学活动，足见香港初中视觉艺术教师的专业性。

第八，初中视觉艺术教师的教学实施能力及其对构建课堂教学艺术的影响。初中视觉艺术教师对设计和组织教学活动有了周详的计划后，另外一个要处理的工作，就是思考怎样实践出来。"教学实施能力"是教师必须具备的职业能力素养，没有这样的素养，就算有一个怎样好的教学计划，有怎样好的设计和组织的教学活动，都是没有用的。教学实施既是展示教师课堂教学艺术的途径，是实现教学的场景，是体现教学成效的唯一方法，又是着力建构课堂教学艺术的核心环节。那么，如何在初中视觉艺术教学环节和具体的教学实施过程中，着力构建和形成自己的课堂教学艺术呢？即如何让初中视觉艺术课堂教学实施而形成课堂教学艺术？

初中视觉艺术教师在掌握教学实施方面都有他们自己的一套方法，这正是体现他们课堂教学艺术的成效。不过，初中视觉艺术教师为着实现教学的理想，会慎重考虑教学过程中每个细节的地方，结合和展示了他们在实现教学过程中的各种能力，如怎样理解和运用自己编写的教材？用什么教学语言使学生更加明白教学的内容？怎样培养学生的审美经验？如何启迪学生的创作思维？如何演示教具和多媒体设备？如何进行板书设计及书写？如何进行创作示范？怎样安排个别指导工作？怎样进行教学总结？如何帮助学生进行评赏工作和建立学生间的互评？这一切都是教师在进行教学实施的时候所运用的课堂教学艺术——如何感染和帮助学生学习，正是体现了教师课堂教学艺术的成效。此外，初中视觉艺术教师所编写教材的特点是以视觉图像为主，让学生多些视觉上的体验和享受，丰富他们的学习，从而激发学生的创作灵感。这些都显示了教师在编写教材和制作教具时分析综合的能力，配合自己独特的课堂教学艺术，将教学效能发挥得淋漓尽致，完成教学实施工作。的确，"视觉艺术是一科形象和感情的学科"[1]，所以，教师在进行课堂教学时都会用简单鲜明、活泼生动、具感时的语言进行教学，以吸引学生有效地理解教师所说的教学内容，这是配合

---

① 翁震宇：《美术教育概论》，中国美术学院出版社，2009，第173页。

自己课堂教学艺术所发挥的作用。

因本书的关系，笔者除了于六所学校进行观课外，自己更设计了课堂教学（详见附件六之教学实践：视觉艺术科教学设计），学习如何实践课堂教学，亲身体验课堂教学艺术的运用，并理解课堂教学艺术如何提升教学效能。笔者于2011年3月24日上午11时30分在教室进行课堂教学的时候，特别邀请三位教师①对自己的教学进行观课，并填写课堂观察量表，收集他们对笔者课堂教学表现的意见，做一个简单的总结，借此对自己的教学进行检讨和反思。三位教师以「√」记录课堂内所观察到的情况。

资料表（十一）

初中视觉艺术课堂教学实施与教师课堂教学表现的关系分析（一）

教师课堂教学表现	语文教师(甲) 表现指标				语文教师(乙) 表现指标				视艺教师 表现指标			
	1	2	3	4	1	2	3	4	1	2	3	4
·教师备课充足，清楚及明白教学目标、内容				√			√					√
·教师的本学科知识丰富				√			√					√
·教师有技巧管理课堂秩序				√			√				√	
·师生有互动沟通的时候，双方关系良好，建立互信			√				√				√	
·教师乐于帮助学生，进行个别指导时能回应学生的意见及问题，尤其是在学生进行"创作"的过程中			√					√				√
·教师在教授课题时，能给予学生机会自己去"经验、反思、类推和运用"，感受不同阶段的学习			√				√					√
·教师鼓励学生自己主动学习			√				√					√
·教师所设计的教学活动颇有创意，能引发学生自己学习		√					√					√
·教师给予学生清晰的指引以进行活动			√				√					√

① 三位教师分别为两位语文教师、一位视觉艺术教师。

续表

教师课堂教学表现	语文教师(甲) 表现指标				语文教师(乙) 表现指标				视艺教师 表现指标			
	1	2	3	4	1	2	3	4	1	2	3	4
·教师能透过"分享活动"提升学生的表达能力			√					√		√		
·教师能透过"讨论活动"提升学生的学习兴趣、对课题的了解			√				√				√	
·整个教学以"学生中心"为主			√				√					√
·各项教学活动适合学生能力水平			√				√					√
·这种以"学生中心"的"体验学习"(Experiential Learning)教学法适合学生学习需要及能引起学生学习兴趣			√				√				√	
·教师以"体验"方式,帮助学生发展个人能力及学习兴趣			√				√					√
·这种"体验学习"提升学生欣赏作品能力,从而了解作品的社会及文化观			√				√			√		

*"1"代表极不同意,"2"代表不同意,"3"代表同意,"4"代表极同意

笔者所邀请的教师教学年资不等,分别为数年至十年,课堂教学经验不多,但他们对教学持开放态度,接纳不同的教学方法,他们所给予的意见对笔者有参考价值。另外,笔者拣选两位语文教师参与观课,原因是初中视觉艺术教学乃一种文化普及的课堂学习,每一学科的教学都有共通的地方,并非一种单轨模式,而是百花齐放、变化多端,故请其参与检视笔者的教学艺术量测水平。另一方面,语文教师课堂教学与视觉艺术课堂教学也有一脉相传的地方,就是让学生多主动参与学习活动,从中汲取经验,转化成为知识,最终发展为自己的一套知识观念,这是美国学者戴维·库伯(David Kolb)在20世纪80年代所提倡的"体验式学习"(Experiential Learning)的概念。这种教学模式可用于任何学科,没有任何限制,目的乃让学生自己去"体验",从经验中学习,从学习中累积知识。因

此，语文教师对这种教学模式都有一定程度的理解，邀请他们参与笔者的课堂教学，是一个好的决定。还有，两位语文教师是笔者所不认识的，乃是由香港公开大学所培训的在职教师计划中到笔者学校进行课堂教学观摩和实习，故此，顺道邀请他们进入教室场景观课。此外，笔者还邀请共事多年的视觉艺术教师参与观课，一方面，让同一学科教师有互相观摩的机会；另一方面，也让同一学科教师将自己课堂教学的经验心得，可以与人分享，提升教师教学的专业地位。

从资料表(十一)所得，三位教师对笔者的课堂教学都有积极正面的评价，他们大部分认同笔者的课堂教学表现，他们认为笔者在以下方面都有突出表现，例如：(1) 在备课方面；(2) 在课堂教学过程中都清楚地表现了教学目标、教学内容；(3) 在该课题探讨上都展示了自己丰富的本学科知识；(4) 于课堂教学过程中有系统地管理课堂秩序；(5) 师生关系方面，这点是体现了教学的重要理念——"教师支持学生成长性学习"[1]；(6) 在进行个别指导时候；(7) 在鼓励学生自己主动学习时，这点也是体现了给予"适当的帮助、强制的帮助、规范的帮助、启示的帮助"[2]，是帮助学生成长；(8) 在设计的教学活动上提升学生的学习兴趣，对课题有深入的了解；(9) 在整个课堂教学设计以"学生中心"为主。凡此种种，三位教师在表现指标上都以"3"和"4"代表"同意"和"极同意"，完全认同笔者在课堂教学中的表现，欣赏笔者在课堂教学中所运用的教学艺术对学生学习成效的作用等，足见笔者在实践课堂教学上是成功的，也发挥了课堂教学艺术的作用，教学效能显著。以上总结了三位教师对笔者课堂教学的一点点意见。

三位教师除了通过"课堂观察量表"内的"评估项目"对笔者的课堂教学进行导向式的评价外，还在量表"其他意见"一项中提出了宝贵的意见，这些资料对笔者来说都非常有用，因为它是量表中导向式评估项目的延续和补充，而两位语文教师都真诚地对笔者的课堂教学有以下的评语。

---

① 梁玖：《艺术实践教学及其评价》，载《创意与实践：全国艺术与设计类专业实践教学研讨会文集》，山东美术出版社，2009，第89页。
② 同上，第90页。

资料表（十二）　两位语文教师对笔者课堂教学的评语

语文教师(甲)	语文教师(乙)
·能透过课堂活动使同学更投入课堂的学习及认识此课堂主题。 ·我欣赏课堂里有让同学认识中国艺术历史的环节。此环节促进中国文化的承传，有助于同学加深对中国文化的认识。 ·能在最后做总结并温习所学的。	· I appreciate the work prepared by the teacher (i.e powerpoint, worksheet), which promote students' interests in the subject. (翻译：我欣赏课堂教师所预备的工作，如简报制作、工作纸等，它们能提升学生对视觉艺术科的学习兴趣。) · I also appreciate the way the teacher gives opportunity for students to share their work. (翻译：我欣赏课堂教师所用的教学方法，能给学生机会分享自己的作品。)

（分别记于2011年3月24日上午11：30和11：40）

　　笔者非常感谢两位语文教师坦诚的评语，对笔者来说是一个莫大的鼓舞，意义甚大。这并非两位语文教师评语的赞赏，而是他们在与笔者毫不相识的情况下所给予的直观之意见，非常的真实坦率。事实上，要在观课过程中对施教者和学生进行观察的同时，一面记下"表现指标"，一面要写下对施教者和学生从观察所得的资料和评语，并非一件容易的事。从资料表（十二）内容所得，两位语文教师对笔者的课堂教学都十分欣赏，能清楚了解笔者的教学内容，对非专科视觉艺术教师来说，他们的观察能力颇强，而且十分细腻，并不逊色于一个专科视觉艺术教师所观察到的。对于学生在课堂内的一举一动，每个学习环节都有仔细地观察，上至对课题的探讨，下至教师所演示的教材、教具，都没有遗漏，他们有这样客观的评语："同学能通过课堂活动投入课堂的学习及认识此课堂主题"，足见两位语文教师对笔者的课堂教学观察入微，并非堆砌评语。与此同时，笔者于课后分别跟两组学生（共五位学生）进行了访谈，为的是了解学生的学习情况，以及了解自己课堂教学艺术发挥成效的水平。现摘录部分访谈对话内容如下：

　　当笔者问及学生："整体上，你喜欢教师的课堂教学吗？哪方面？"学生的回应是："我们喜欢。够活动性，也有启发性，让同学可以多些思考空间"；"很好。教师在教学表达方面很清楚，课堂气氛很好。"另外，在问及学生："教师的课堂教学有什么吸引你的地方？"学生的回应是："活动够多，可让同学在活动中学习"；"教师在课堂引导我们怎样可以从作品中表达感受。"①从学生的回应中，学生都很享受笔者的课堂教学，而且很投入参与课堂内的每一项教学活动，正如两位语文教师所观察到的跟访谈学生的回应是一致的，足见学生是真正感受到课堂学习的乐趣。从体验到由预备课堂教学到实现教学历程中的宝贵经验，尤其是如何运用自己独有的课堂教学艺术到实现整个课堂，深切体会到课堂教学艺术对发展课堂教学的重要性，明白它是提升教学效能的主要因素，这正是学者梁玖教授所提出的"艺术实践教学"的概念。"艺术实践教学"是指："艺术教师以最优效活动促进学生习得艺术文化与相应能力的润泽行为。"②换言之，在课堂教学中所施展的课堂教学艺术乃是专业教师职业素养能力，是促进学生艺术学习能力的形成，是达至艺术实践教学的素质。一句话，初中视觉艺术教师的课堂教学艺术直接影响和促成学生学习的成效。

　　下面的资料表（十三）是引证学生在课堂学习中的表现，从而检视笔者的课堂教学成效。三位教师以「√」记录课堂内所观察到的情况。

————————————

① 受访日期：2011年4月7日下午1时，正汇基书院（东九龙）视艺室，两位初二女学生和一位男学生接受访问，分别是陈慧玲、甄咏琳和苏子献；4月14日下午1时，正汇基书院（东九龙）视艺室，两位初二男学生接受访问，分别是谢怀恩和陈智信。
② 梁玖：《艺术实践教学及其评价》，载《创意与实践：全国艺术与设计类专业实践教学研讨会文集》，山东美术出版社，2009，第88页。

资料表（十三）初中视觉艺术课堂教学实施与课堂教学成效的关系分析（二）

评估项目	语文教师(甲)				语文教师(乙)				视艺教师			
	表现指标				表现指标				表现指标			
	1	2	3	4	1	2	3	4	1	2	3	4
学习成效												
·教学内容适合学生能力和发展他们的兴趣			√				√					ü
·教材(工作纸、讨论卡、简报资料)能帮助学生了解及认识本课题内容			√				√					√
·学生能将所学的应用到创作上		√					√					√
·学生喜欢这类学习模式	√						√		不适用			
·学生有兴趣继续探讨其他不同的艺术		√					√		不适用			
·学生能掌握各种教学活动，发挥及培养主动学习		√				√					√	
·学生能互相交流意见及互相引导学习		√				√						√
·这个教学法适用于视觉艺术课堂内		√				√						

*"1"代表极不同意，"2"代表不同意，"3"代表同意，"4"代表极同意

　　资料表（十三）是根据所邀请的三位教师于课堂观察时所记录的资料而综合出来，但都不难发现学生确实在该课堂中获得学习的成效，笔者课堂教学艺术得到了最佳的发挥。如所设计及组织的教学活动适合学生能力和引起他们的兴趣；所设计的教具、教材能帮助学生了解及认识该课题内容；学生能将所学的应用到创作上（如图3-2至图3-6之学生的作品）；学生能掌握各项教学活动，发挥及培养自己主动学习的态度；更重要的是，教师能鼓励学生互相交流意见及互相引导学习……这些都足以证明课堂教学达到了预期的成效，尤其是教学活动达至最优效——"主动创造性设计教学活动来帮助学生有效成长的优秀训练"[1]；课堂教学艺术提升了教学效能，激发学生的学习成效，完全体现教师的职业素养，达到教学实施

---

① 梁玖：《艺术实践教学及其评价》，载《创意与实践：全国艺术与设计类专业实践教学研讨会文集》，山东美术出版社，2009，第88页。

能力。图3-2至图3-6是笔者学生的创作，都是在教师培育下所产生的优秀作品，独一无二，以供欣赏和评价。

图3-2　初二级学生，严欣灵，中国汉字设计，木颜色纸本，2011，汇基书院（东九龙），指导教师：区昌全

图3-3　初二级学生，尹昊恩，中国汉字设计，木颜色纸本，2011，汇基书院（东九龙），指导教师：区昌全

图3-4　初二级学生，陈慧欣，中国汉字设计，水彩纸本，2011，汇基书院（东九龙），指导教师：区昌全

图3-5　初二级学生，林尔媛，中国汉字设计，木颜色纸本，2011，汇基书院（东九龙），指导教师：区昌全

　　通过以上的作品，不难理解到教师在课堂教学中所展示的个人独有教学风格，彰显个人课堂教学艺术，散发魅力，吸引学生学习，从而达到教学成果。总之，初中视觉艺术教师的职业素养能力与其课堂教学艺术的促生和发展有着密切的关系，教师应

图3-6　初二级学生，贺晟中，中国汉字设计，水彩纸本，2011，汇基书院（东九龙），指导教师：区昌全

抓住他们的专业素养能力来建构自己的课堂教学艺术，感染学生，从而实现教学的理想。

二、教师专业水平对教学艺术发挥的影响

前文已讨论了关于香港初中视觉艺术教师的职业素养对初中视觉艺术课堂教学艺术的作用，以及初中视觉艺术教师的专业水平与发展课堂教学艺术的关联，但教师的职业素养与课堂教学实现也有着密不可分的关系，既直接影响课堂教学成效，又影响初中视觉艺术课堂教学艺术的形成与作用的发挥。所以，有必要专题讨论香港初中视觉艺术教师的专业水平对初中视觉艺术课堂教学艺术的形成与作用发挥的影响。事实上，一个初中视觉艺术教师缺乏专业水平会造成教学失效，不单学生损失很大，而且对教师的课堂教学艺术形成也是一大障碍。香港的学者林碧霞曾于2002年进行了一个"香港美术教师的专业知识"研究，认为"美术教师的教学专业知识"就是"学科教学知识"（Pedagogical Cotent Knowledge）。它是由"'学科知识'（Subject Knowledge）与'教学知识'（Pedagogical Knowledge）两者结合得来，亦是教师应有的专业知识，'教学知识'与'学科知识'是两种不同的专业知识，从教学效能来看，都是十分重要的，不单不能偏重某一方面，而且更应互相支持、互相补足"①。本部分将从"教学法的构思"和"准备课堂"两方面重点讨论初中视觉艺术教师的专业水平如何影响课堂教学艺术的形成与发展。

（一）教学法的构思促进初中视觉艺术课堂教学艺术形成

初中视觉艺术教师在每次构想课堂教学的时候，必须思考用什么方法进行教学，而使学生有效地接收教学内容。这是教学策略，一个较为宽广的教学概念。根据美术教育学者尹少淳的说法，"教学策略是由若干教学方法组成的，如何选择和运用方法就会成为一个策略问题"②，所以，香港初中视觉艺术教师在课堂教学中会运用不同的教学方法，以配合不同的教学活动，这是因为"这些教学方法由于教学目的、教学内容、教学环境、教学资源，甚至学生和教师的不同会形成不同的集合"③，这点正切合"教学

---

① 林碧霞：《教育专业——美术教师的专业知识》，香港美术教育协会出版，2002，第56页。
② 尹少淳：《从正确理解教学策略到美术教学策略的制定》，《教育探索》，2009年第4期，第4页。
③ 同上，第2页。

方法是师生为达到教学目的而采用的工作方式和手段"①，为的是要发挥教师的课堂教学艺术以达到教学的实效性。一句话，教学法的构思是香港初中视觉艺术教师建立专业水平不可或缺的教学知识的必然要素。

初中视觉艺术教师在构思教学法的时候，必须顾及整个课堂教学的全局性和稳定性，为什么？这是因为不适当运用教学方法或其错配于教学活动，都会引致教学的失效。学生不单未能在课堂学习上有成效，还会使他们对这门学科失去学习兴趣。很多初中视觉艺术教师都忽略了这点，也因此在往后的课堂教学中未能建立良好的师生关系。没有师生双方互动所产生积极和化学作用的教学活动，称不上一个良好的课堂教学。事实上，一个良好的初中视觉艺术课堂教学的润泽促进师生"帮助成长，彼此帮助——彼此相爱、彼此快乐、彼此贡献、彼此发展"②，这是在构思教学法的时候要考虑的地方。

其实，初中视觉艺术教师在预备教学内容的时候，必会想到如何选择和运用教学方法将教学内容演示给学生，能帮助学生学习成长。所以，这就是讨论初中视觉艺术教师思考运用教学法时如何生成自己的课堂教学艺术，于是"教学方法的优劣，关系到教学效果的成败，更影响到视觉艺术教育思想能否在教学实践中得以落实和体现"③。的确，不容忽视的是初中视觉艺术教师在课堂教学中所用的教学方法合宜与否对学生都有深远的影响，这一点可包括多方面：1.智力与非智力的发展，如解读视像符号和视觉认知判断能力；2.人格的成长，如情绪、情感的宣泄和表达；3.学习兴趣；4.创造力和想象力；5.创作技能；6.思想观念的形成，如对视觉艺术理论或哲学观念的延伸发展，甚至是自己创作的心得等。足见初中视觉艺术教师的课堂教学艺术有着巨大的影响力和感染力。如果初中视觉艺术教师能选择和运用合宜的教学方法，对学生不但有良好和正面的影响，还对教师本身课堂教学艺术的发展起着激励作用。例如：教师的教学艺术会变得精炼，越趋娴熟，散发魅力，吸引学生；教师的教学艺术会彰显他们个

---

① 翁震宇：《美术教育概论》，中国美术学院出版社，2009，第144页。
② 梁玖：《艺术实践教学及其评价》，载《创意与实践：全国艺术与设计类专业实践教学研讨会文集》，山东美术出版社，2009，第88页。
③ 同①。

人的特殊风格，产生教与学的化学作用，呈现着一种艺术意味，感染学生；教师的教学艺术表现出他们的专业和智慧，让学生在学术气氛下学习。凡此种种，都可窥见初中视觉艺术教师教学方法的选择和运用对其专业水平起着举足轻重的作用。

初中视觉艺术教师在课堂教学中所选择和运用的教学方法，是促生自己课堂教学艺术的有效途径，尤其是因每个课堂教学的教学目的、教学内容而有所不同。大体上，初中视觉艺术课堂教学中所选择和运用的教学方法，也涉及"语言传递（Linguistic Transmission）、直接感知（Direct Perception）和技能训练（Skill Training）"①等。不过，这只是一般其他学科课堂教学所共同的教学方法和特点所在，仍有补充的空间，跟视觉艺术课堂教学仍有些不同的地方——视觉艺术课堂教学重视"视觉"的感官刺激。"语言声音表达"（Language Expression）、"视觉感官刺激"（Stimulation of Visual Senory Organs）和"技术技能培养"（Skill Development）三者要互相配合运用，才会在视觉艺术课堂教学中产生特别的效果，因为三者在不同的感官上和体能上对学生有不同的刺激，帮助其视觉艺术能力的成长。可是，视觉艺术的教学方法最重要的还是"感官刺激"中以"视觉"为主刺激学生的知觉，从而达到视觉艺术教学的目的——由视觉开始学习，刺激脑部，发展视觉艺术能力，而"技术技能培养"是视觉艺术教学的最终目的。初中视觉艺术教师的教学艺术乃建基于以上三种类型的教学方法，将自己在教学过程中所累积的一切转化为教学艺术，是属于个人独有的教学艺术。

首先，"语言声音表达"能促生教学艺术——每一学科的课堂教学大致上都是以"语言"和"声音"作为传递和表达知识的途径，这是最基础和必需的教学方法，视觉艺术科也不例外。这类常见的教学方法有讲授、提问、分组讨论、对话/谈话评讲、分享、汇报，等等，全部跟"语言"和"声音"有密切关系。在教学过程中，教师和学生以"语言"通过"声音"做沟通和表达主要讯息，激发学生思考，构建整个课堂教学的骨架。事实上，几乎每个视觉艺术课堂都有运用这些方法，例如：在课堂开始的时

---

① 翁震宇：《美术教育概论》，中国美术学院出版社，2009，第144页。

候，视觉艺术教师必会向学生提问，让学生分享一下与课题有关的资料，之后教师会讲授自己对课题的观点，接着会让学生分组或全班讨论，教师会对学生的汇报做出回应，甚至发展对话，激发学生思考课题。而对话的内容可以是教学内容的一部分，这是一连串于视觉艺术课堂运用有关语言和声音表达的教学方法。

这类用语言和声音表达的教学方法不单可以激发学生的思维能力，发展他们的想象力、创造力等，务使学生对学习产生兴趣，而且还可以帮助教师促生课堂教学艺术，配合学生而发展整个课堂教学。不过，作为初中视觉艺术教师要留意的是：1.不可用太多时间去讲述课题内容，学生会觉得沉闷，继而会变得不专心；2.不可用艰涩的视觉艺术词汇，使学生难以明白教学内容；3.注意声音的表达涵盖范围可否让每个学生清晰接收教学内容；4.讲授内容要多样化，不可太形式化，尽可能辅以日常生活例子，切合学生的生活体验；5.配合多媒体设施，使讲授内容变得生动、活泼，吸引学生之余，激发他们去思考；6.留意讲授内容能否发展学生的情感培养与审美情操；7.与学生在个别指导时的谈话或生生间的讨论，都可帮助学生对课题做深入的认识和了解，也可鼓励学生主动学习。总而言之，视觉艺术教师虽不是语文教师，可无须拘泥于咬文嚼字，可是，"努力提高自己语言的概括能力和声音的表达能力，是提高专业技能和保证教学质量"①所必须要做的，也是视觉艺术教师逐步发展自己个人教学艺术必需的元素。

其次，"视觉感官刺激"能促生教学艺术——每一门学科的课堂教学都有运用这类教学方法，目的是辅助学生对所学的能更清楚，如科学课进行实验时的示范便属这一类。这类教学方法在初中视觉艺术科十分普遍，"通过作品、教具、多媒体等形象教学手段和景物境遇，促进学生感性认知"②。这是大量视觉教材以刺激学生感官所收到的学习成效，这类常见的教学方法有观赏法、演示法/示范法、参观法等。普遍来说，在初中视觉艺术课堂教学的中段，当教师完成有关的教学活动后，便会开始进行创作演示或示范，好让学生能清晰地看到教师如何进行创作，甚至将所学的理论

---

① 翁震宇：《美术教育概论》，中国美术学院出版社，2009，第146页。
② 同上，第144页。

用到创作层面上，这是包含了意念和技巧两方面。通过这样的"视觉感官刺激"，学生对学习留下深刻印象于脑海中。学习素描是一个好例子，单是理论未必全然了解素描中的明暗调子是怎样创造出来的，必须经过教师的演示或示范，才会明白其中所要表现的技法。通常视觉艺术教师都会在课堂教学的最后阶段将学生的创作品进行观赏和评价，让学生有机会分享和表达学习心得。当然，到艺术馆和博物馆参观可直接观赏和评价艺术品，学生也可对艺术品做正面的了解。

这类用"视觉感官刺激"的教学方法能使学生通过直接观察，逐步掌握教师所演示或示范表现对象的特征，例如跟课题有关的艺术品，教师利用不同类别的挂图，帮助学生对教学内容逐步认识和了解，一层一层地建构知识；教师可在课堂上直接进行教学示范，帮助学生将所学的运用出来；教师还可带学生到艺术馆和博物馆，正面接触有关的艺术品进行理解。不过，教师在进行"视觉感官刺激"的教学方法时要留意：1. 拣选合适的挂图，在质方面要清晰和够大，可供全部学生见到；在量方面不可过多或过少，要适中，教师因应课堂教学进度要弹性调节；2. 在讲述有关教学内容时，可配合多媒体设施一并进行，使效果有不同的变化，引起学生的学习兴趣，如简报；3. 在讲述挂图内容或到艺术馆和博物馆进行作品讲述时，尽量要留意语言和声音的运用；4. 进行教学示范的时候，讲述要清晰和系统，确保学生清楚见到每个步骤；5. 教学示范的功能除了是对教学内容的延伸和补充外，还有扮演示例、说明和检查等功能，是初中视觉艺术课堂教学必须要有的教学方法，可确保学生能跟随示范而不会偏离课题；6. 教学示范是在课堂内即场进行，故教师在示范的技法上必须要很熟练，且要有信心在学生面前演示，不可太复杂，要简单、干净、利落，尽量准确；7. 教学示范不可太长，免得学生感到沉闷。总而言之，视觉艺术教师在准备课堂教学时，不得不详细考虑选择和运用这类"视觉感官刺激"的教学方法，确保尽量展现和促进自己的课堂教学艺术的发挥，从而达到教学效能。

最后，"技术技能培养"能促生教学艺术——初中视觉艺术课堂教学主要分为理论与实践两大部分，乃通过欣赏和创作达至教学目的。所以，大部分时间都会用到技术技能培养方面，此乃加强手、脑、眼的互相配合，而形成具体视觉艺术表达能力。这类常见的教学方法有临摹法、速写法、创作法、设计法、制作法等。初中视觉艺术教师都会在课堂教学的中段时间让学生有时间实践，亦即结合所学的用到创作自己作品上面去。不过，不是每个课堂教学在实践阶段都会用得着这些教学方法，乃要切合教学内容的需要，而选取合适的教学方法，达到技术技能培养的目的。通常初中视觉艺术科教师都会多用速写法、临摹法和创作法于绘画的课堂教学中；设计法用于设计课堂里，而制作法多用于立体创作的课堂上。

初中视觉艺术教师会在教学示范后与学生进行个别创作时运用"技术技能培养"的教学方法，亦即是创作指导。创作指导这种教学方法是在师生间个别进行，教师乃因学生所获取的视觉艺术知识、技能、意念等，切合他们个别的能力和需要，而剪裁合适的"技术技能培养"方法，给予学生发挥潜能的机会，尽展所长。事实上，"技术技能培养"非单指视觉艺术上的技巧技能，而是从一个宽广的思维理解，即培养学生的思维、解难、自我反思等等，皆属"技术技能培养"的范畴。所以，要培养学生的"技术技能"，可在进行个别创作指导时，与学生对话沟通，聆听和给予他们意见，理解他们的思维能力、判断能力、筛选能力、解难能力、研究能力、自学能力、自我反思能力、表现能力等等，务使在教师的监察和指导下帮助他们独立完成自己的创作。这种独立处事的能力培训，对学生来说是一个宝贵的经验，都是属于"技术技能培养"方法。不过，初中视觉艺术教师也得留意以下几点：1. 帮助学生养成良好的工作习惯，有始有终，不可半途而废；2. 帮助学生养成勇于尝试，不断自我完善的学习态度，精益求精；3. 帮助学生养成认真、积极进取、坚持到底、永不言败的精神；4. 帮助学生养成尊重、虚心接受批评的处事态度。凡此种种，都是教师在初中视觉艺术课堂教学中所能发挥促生自己教学艺术的作用。如图3-7是笔者2011年3月24日在实践课堂教学里一位初中二级学生的完成作品。细心观察作品，不难发现一点：学生对课题有一定程度的认识，而且能将课题所学的视觉艺术知识、技能、设计意念等一并用于自己的创作中，加上对中文字体有所认识，通过对字义的理解，结合图像的造型，演绎所选择的词汇，发挥了特有的效果。如作品中的词汇是"早出晚归"，当中"早"字左边有一头公鸡造型的图像，与右边"出"字旁的太阳造型，互相辉映下表现了"大清晨"的意思；"出"字内绘画人形的图像，乃表达农民大清晨便要外出工作，直至"晚"就归家休息。所以，在"晚"字上端画上弯月图像，"归"字部分画上窗门，表达了归家后便足不出户、在家休息的意思。作品清晰地展现了作者对词汇的理解，配合适当的视觉语言，如具体的图像，由黄至橙的渐层背景，造就了一件匠心独运的作品，这是一位初中二级学生于视觉艺术课堂学习的成果。教师在进行个别创作指导时，都与学生有讨论，之后，就让学生自行发展其创作品。事实上，学生的创作品除了可反映出教师的教学效能外，还可反映出教师课堂教学艺术的促生对学生学习所造成的感染力，彰显了教师的职业素养和专业水平。

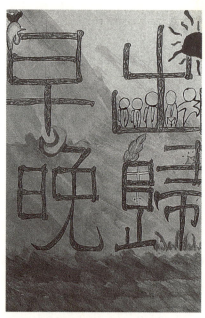

图3-7　初二级学生，黄懿羚，中国汉字设计，水彩纸本，2011，汇基书院（东九龙），指导教师：区昌全

初中视觉艺术教师在课堂教学中，尤其是在进行个别创作指导时，都会不断通过这些教学方法将自己的人生阅历和生活体验，灌输给学生，形成不同的价值观，这是教师通过自己独有的课堂教学艺术所达至的教学效益——一种生命影响生命的高尚情操。视觉艺术教育其实是一种"关爱的生命教育"，一切教学行为或活动都应该是积极支持学生健康愉快成长和进步的成效指标①。因此，一个初中视觉艺术课堂教学的成功与否，诉诸不同因素，如教学内容是否适合学生能力和需要，教学方法的选择和运用是否切合课题或教学内容，教材教具制作的适切性，教师课堂教学艺术的运用和发挥等并非只是依赖教师的

① 梁玖：《艺术实践教学及其评价》，载《创意与实践：全国艺术与设计类专业实践教学研讨会文集》，山东美术出版社，2009，第89页。

职业素养和专业水平，乃是教师经历多年积淀的教学经验及不断反复试验所使然，才能体现一个有实效性的课堂教学，为学生带来学习上的一种享受和乐趣。初中视觉艺术教师应将自身的专业水平发扬光大，尤其是教学专业知识，结合学科知识与教学知识熟练地运用，充分发挥教师的课堂教学艺术。一句话，初中视觉艺术教师课堂教学中所选择和运用的教学方法对自己教学艺术的促生和表现有重大的影响。

（二）准备课堂环节对促生初中视觉艺术课堂教学艺术的作用

"准备课堂"是"教师充分地学习课程标准、钻研教材、开发课程资源和了解学生，弄懂弄通为什么、教什么、学生怎么学、教师怎么教，并在此基础上创造性地设计出目的明确、办法适当的教学方案"[1]，也是教师必须要做好的课堂教学准备工作，是促使教学实现的必要条件。如果这一部分做得不好，根本无法实现课堂教学，纵使勉强执行整个课堂教学，都会是拉牛上树，起不着什么作用，发挥不到什么教学效能，学生得不到益处，提不起学习兴趣，学习动机被摧毁；教师也发挥不到他们的专业水平，更遑论什么课堂教学艺术，基本上是一个"双失"的局面，一个难以收拾的残局。其实，教与学是相向的，而且是相辅相成的，有好的事前预备，就有好的效果。当然这不是一定的规律，纵然有好的预备工作，却有可能达不到预期目标。这样，错不一定是教师教得不好，而是因为其他的变数所致。所以，"课堂教学质量源于教师的备课质量，提高教学素质首先要提高备课素质，这是充分体现教学的科学性和价值性的基本要求"[2]。然而，这是初中视觉艺术教师时常忽略的问题，他们必须加以重视，才可改善初中视觉艺术教育的素质。事实上，很多初中视觉艺术教师课堂教学处理不好，既不能促生和发挥自己的课堂教学艺术，又不能达到自己的专业水平，都是因为"准备课堂"不足之故。从教学实践工作来看，"准备课堂"是达至教学实现的理想指标，促生课堂教学艺术的主因；没有这个指标带领，是没法实现教学的。因此，作为前线的初中视觉艺术教师必须要有十足功夫的"准备课堂"，给自己一个良好的心理准备，才踏进教室，实

① 张鹏，赵玲：《美术学教育实习导论》，高等教育出版社，2008，第101页。
② 吴松年：《有效教学艺术》，教育科学出版社，2008，第8页。

施教学，就能促生和发挥教师课堂教学艺术。所以，视觉艺术教师"训练自身教学艺术功力，创造优质教学过程，都有赖于备课过程"①，是迈向教学专业化的里程碑。还有，"准备课堂"是开展一个初中视觉艺术课堂教学的起点，是整个过程的关键环节，它仿佛照亮黑暗隧道的一盏明灯，清楚见到隧道的尽头。如果初中视觉艺术教师能重视每个课堂教学，做好"准备课堂"的工作，"以对学生的高度责任感将备课做到常备常新、越备越优"②，这完全是体现了教师专业化修养和职业道德的高尚情操，是对自己成为专业视觉艺术教师的一种承诺。

"准备课堂"就是初中视觉艺术教师要对课堂内一切有关教学要素有清晰的概念和脉络，如教学目的是什么，教学内容是什么，有什么教学活动配合教学内容，如何组织这些教学活动，以达到教学目的，有什么教学策略，用什么教学方法，怎样去评量学生的学习表现，用什么教具，有什么教材……这一切都是"为着能顺利而有效地进行教学，并取得最优的教学效果"③，都是在"准备课堂"过程中要考虑和确定的地方。初中视觉艺术教师在"准备课堂"过程中，必须要做好以下几项重要工作，借以促生自己的课堂教学艺术，提升教学效能。

首先，确定清晰的教学目的——在初中视觉艺术课堂教学里，究竟要学生学什么，要学生在行为上有什么样的变化，可观察到及可预测到学生有怎样的行为，都是整个课程或课堂教学的命脉，是教学目的确立的方向。现行香港视觉艺术教育大体在整个课程上都有具体教学目标，而每一个课堂教学中都会设立三个层面的教学目的，分别是知识、技能和情意与态度，课程教学目标和课堂教学目的这二者是互相呼应的，它们都是可观察到及可测度到的指标，这是根据美国学者布卢姆于1956年所提出的教学目的分层而确立。只是布卢姆所提出"知识领域"六个层次中的"知识（Knowledge）、理解（Comprehension）、应用（Application）、分析

---

① 吴松年：《有效教学艺术》，教育科学出版社，2008，第8页。
② 同上。
③ 翁震宇：《美术教育概论》，中国美术学院出版社，2009，第192页。

(Analysis)、综合(Synthesis)和评价(Evaluation)"①等由单一个"知识"教学目的所包含。姑勿论,视觉艺术教学目标和教学目的之确立是教学过程中绝对不可忽略的,它仿如在一片漆黑大海中的一艘船的导航系统,让船只不会在大海中迷路。确立了教学目标和教学目的,对初中视觉艺术教师发展其课堂教学艺术有直接影响,因为没有明确的教学目标和教学目的,就不能发展下一步的计划——教学计划大纲的编写。

其次,设计详细的教学计划大纲——编写教学计划大纲是每个初中视觉艺术教师必须要做的工作,而且是在"准备课堂"工作中必须经历的。初中视觉艺术教学计划大纲大致上可分为学期、单元和单一课堂三种类别,当中关于每堂课的教学目的、教学内容 (教学重点)、教学活动、教材、教具、多媒体设施等等,都会详列其中。笔者曾在香港现行新课程实施下到过不同中学任教,因每所学校的特色不同,所用的教学语言也不一样,故编写了中英文语言的初中视觉艺术科教学计划大纲和教学进度表,都是因新课程大纲指引而设计编写的。现行香港大多数的中学都是以"学期"为单位而编写初中视觉艺术科教学计划大纲,当中已包括了每个课堂要实施的教学目的、教学内容 (教学重点)、教学活动、教材、教具、多媒体设施等内容。不过,现时香港教育局并没有一致式样表格的初中视觉艺术科教学计划大纲,而是容许每间学校自行设计这类表格,因此,每所学校编写初中视觉艺术科教学计划大纲的内容和规格都不同,这要视乎视觉艺术科科主任 / 学科领导的要求,而内容的繁简程度也不一致。笔者曾见过有些学校的初中视觉艺术科教学计划大纲和教学进度表都很简单,每个课堂只有课题和一两个教学重点,并没有订明教学目的、教学内容 (教学重点)、教学活动、教材、教具、多媒体设施等内容,对于科任教师来说,这类教学计划大纲有等于无,根本起不着一个"引导"的作用,对课堂教学没有帮助,岂可以帮助教师促生自己的课堂教学艺术,发展其专业性的教学或职业素养?

事实上,初中视觉艺术科教学计划大纲是教师根据其编写的内容而实

① Jacobsen D, Eggen P D and Kauchak D P. *Methods for Teaching: Promoting Student Learning*, U. S.:Charles E.Merrill Publishing Company, 1985, p. 86.

现教学，里面是"反映出教学结构特点和具体课时课题，要明确扼要，具体可行，有助于教师把握教学进度"①，过于简单的教学计划大纲根本不能帮助教师把握课堂教学，以至教学进度。所以，编写初中视觉艺术教学计划大纲是"准备课堂"中不可忽略的工作，也是成功地帮助教师促生课堂教学艺术的必需条件。之前提及现行香港大多数的中学都是以"学期"为原则编写初中视觉艺术科教学计划大纲，但亦有学校以"单元"或"课题"为阶段编写教学计划大纲，这也是可行的做法。因为"课题"式的教学计划大纲乃"避免教师拘泥于每一节课的完整性，而忽视整个单元知识之间的整体性和每一节课中的侧重点"②，换句话说，教师教不完这节课的内容，可以延伸至下一节，做一个弹性处理，构建知识之间的连续性和整体性。很多时候，"课题"式教学计划大纲都有很多弹性调节，因为将一连串的课堂整合为一个整体，每个课堂都是为一个整体服务，无须介意是否达到每个课堂所定下要做的工作和目的，是可以做伸缩弹性处理，初中视觉艺术课堂教学更应朝这个方向发展和设计。因此，"对于存在的某些特殊教学现状，教师应该根据现状因地制宜、因时制宜地进行教学方案的设计"③，才能实现理想的初中视觉艺术课堂教学，才可以促生和发挥教师的课堂教学艺术，提升教学效能。

最后，计划系统课堂教学方案——一般来说，初中视觉艺术课堂教学方案亦称为初中视觉艺术课堂教学计划或教案，是教师为每个初中视觉艺术课堂教学做好准备而设计的，也是"备课"工作必须经历的阶段。此外，初中视觉艺术课堂教案是针对每个课堂教学而撰写的，有明确而清晰的教学目的、课题、学生已有知识、教学内容、教学方法、教学步骤、教学活动、辅助教材、教具、多媒体设施等等，对初中视觉艺术课堂教案有这样构想的思考，具科学性、逻辑性、灵活性、多样性、综合性、发展性的特点，教师可因循教案所预备的内容，按部就班地在课堂教学中实践，并观察实际教学的情况而做适调。设计初中视觉艺术课堂教案的目的"在

---

① 翁震宇：《美术教育概论》，中国美术学院出版社，2009，第195页。
② 同上，第196页。
③ 同上，第197页。

于整合视觉艺术课堂教学活动的进程，增进教师对视觉艺术教学目标与程序的思考，了解视觉艺术课堂教学活动的情况，记录教师对视觉艺术教学观念的理解及班级教学活动情况，并以此为依据设计今后的视觉艺术教学活动①。事实上，现行香港大多数的中学都只会撰写学期或单元的初中视觉艺术教学计划大纲，不会针对个别单一课堂教学而编写教案，对教师来说，根本做不到。很多时候，教师都未能完成每一课堂的工作或达到预期目的，而要延续至下一节课，切合不到所编写教案的工序，到头来是白费心机。如此下去，整个课堂教学便会不断地向后推迟，编写教案的意义不大。笔者过往任教的中学，每星期初中每班都只有一小时的视觉艺术课，试问区区一小时怎可完成课堂预定的内容？这是什么原因？是否教师的备课工作做得不够完善？是否教师所预备的教学内容太多？抑或是他们在教学上遇到什么问题？是否教师职业素养未够专业化？又是否……研究认为这些都是学校对初中视觉艺术课堂安排的问题，以及教师未有效地发挥课堂教学艺术所致。其实，不一定每个初中视觉艺术课堂教学都要有编写的教案，的确教师有教案可循，不会偏离正轨；但没有教案的时候，凭着教师的经验、职业素养和专业化教学技能，加上教师能有效地展现其个人独具魅力的课堂教学艺术，又有充分的备课，问题便不大了，即使是一节短短一小时的课，同样可以使课堂教学发挥完美的实效性。

　　以上都是初中视觉艺术教师在"准备课堂"中必须要做好的工作，尤其是在课堂教学计划方面，纵使教师有较强的教学能力，没有"准备课堂"的功夫，也不能实现教学目标，发挥自己应有的课堂教学艺术，而达至教学效能。由此观之，"准备课堂"的工作对初中视觉艺术教师来说是一门在教学上不断修为琢磨的学问，必须与时并进，也需要不断地进行自我反思，是达至教学艺术及其境界的重要内容、主要环节和重要方法，不可不重视。事实上，初中视觉艺术教师"准备课堂"工作中的"明确教学目的""设计详细教学计划大纲""计划系统课堂教学方案"等等都是帮助教师促生课堂教学艺术的重要内容，况且也不是一朝一夕可以促生出来，乃经年累月的琢磨、日积月累的经验所致，且经过反思检讨而衍生，是故初

---

① 翁震宇：《美术教育概论》，中国美术学院出版社，2009，第197页。

中视觉艺术教师的课堂教学艺术"乃具有综合性、计划性、导向性、保证性和提高性"[1]的综合教学能力，全面体现他们与众不同的教学风格，是初中视觉艺术教师职业素质的独特要素。

第二节　课堂教学艺术与教学内容的关系

初中视觉艺术教师在进行课堂教学的时候，必须依据所厘定的教学目的，"借助于教学内容和教学手段，引导学生掌握知识，形成技能"[2]，从而提升学生的学习成效，并促进其身心发展和建立融洽的师生关系。事实上，一个好的初中视觉艺术课堂教学计划，是帮助教师实现教学成功的重要元素。那么，一个好的初中视觉艺术课堂教学计划有什么内涵？研究认为它包括了明确而清晰的教学目的、课题、学生已有知识、教学内容、教学方法、教学程序、教学活动、辅助教材、教具、多媒体设施安排等等；不过，最核心的部分仍是教学内容。因为学生的学习成果是显示教学内容的全部和体现出教师的教学情况。姑勿论，一个成功的初中视觉艺术课堂教学成果是显示主要的教学内容，例如：笔者2011年曾教初二级学生风景画创作，教学内容必然是关于风景景物。如图3-8为一个初二学生成功创作的风景画。作品成功地描绘近景和远景的景物，表现出大自然景物的蓬勃生机和欣欣向荣。此外，这更体现出教师有效地发挥了自己的课堂教学艺术，启蒙学生对风景画的认识之余，还运用所学的视觉艺术知识而表达于创作上。事实上，如果学生的学习成果不是画风景景物，而是其他东西，这不仅表示教学未达目的，而且表明了教师的课堂教学艺术未能发挥作用，可见教学内容和教学艺术关系密切。普遍认为，初中视觉艺术课堂教学内容，应"包括学校教育的课程计划、学科的课程标准、系列教材

---

[1] 张鹏，赵玲：《美术学教育实习导论》，高等教育出版社，2008，第103页。
[2] 同上。

等"①；换言之，它们会联系到整个视觉艺术科的课程目标及与其有关的教学活动建议和教材。所以，教师必须要对视觉艺术科课程纲有清楚的理解，才能厘定课堂教学目的，掌握课堂教学内容，通过合适的教学方法演绎教学内容，发挥个人课堂教学艺术，转化成为视觉艺术知识，让学生掌握所学知识，用于创作层面，从而达到课堂教学的实效性。

图3-8 初二级学生，张安盈，风景画，油粉彩纸本，2011，汇基书院（东九龙），指导教师：区昌全

　　初中视觉艺术教师不能单凭自己的学科修养和教学经验，而没有好好掌握教学内容，随兴发挥，这是不切实际的，不但没有将教学内容系统、有条理地灌输给学生，发挥不了自己个人课堂教学艺术的功效，还破坏了学生对视觉艺术知识逻辑性和科学性的理解。初中视觉艺术教师要知道一点，视觉艺术知识乃夹杂科学化的理论，例如：红色混蓝色会是紫色；离自己视线范围越近的东西会越大，距离越远会变得越小等理论。正因如此，教师就必须以逻辑性的教学手段演绎，配合个人课堂教学艺术，才能让学生理性地接收视觉艺术知识。所以，初中视觉艺术教师有责任设计合符科学化的教学内容，通过自己娴熟的课堂教学艺术，培养学生对视觉艺术知识理解的逻辑思维。总之，教学内容是帮助教师发展教学艺术的基石。本部分会详细讨论初中视觉艺术课堂教学内容与课堂教学艺术的关系。

---

① 张鹏，赵玲：《美术学教育实习导论》，高等教育出版社，2008，第104页。

一、课堂教学对教学内容的要求

初中视觉艺术教师在厘定课堂教学内容的时候，会有什么考虑？是否考虑如何达到学习要求？即教学内容如何达到要求。是否考虑要求什么？即要求什么样的教学内容。这些考虑都必须要在"准备课堂"的时候思考清楚。第一个考虑会牵涉到教学内容如何达到学生学习要求，而第二个考虑会牵涉到教学内容的种类。不过，首先要理解的是：初中视觉艺术课堂教学内容包含了逻辑性和科学性的视觉艺术知识，是"由一定的思想、知识、能力等方面的内容所组成的体系"[1]，概括地说，它是分为理论性的"知识学习"和实践性的"技能学习"两大类，是初中视觉艺术课堂教学的必要内容，是学生必须学习的知识。"知识学习"是"从思想意识上掌握视觉造型要素及内部规律"[2]，是较为理论性的知识；而"技能学习"是"通过人脑指挥的各部分骨骼和肌肉运动，运用一定的材料来表达所思维的造型艺术要素"[3]，是较为实践性的技能。综观初高中视觉艺术课堂教学内容于每个课堂中都应该离不开这两方面的学习，先有知识灌输，后将所学知识融入技能表达中，即实践性创作。所以，初中视觉艺术课堂教学内容怎样达到学生的学习要求，教师必须对学生能力有所了解，拣选合适的内容进行教学，配合自己的课堂教学艺术，就能帮助学生建立视觉艺术能力，达到课堂教学目的。例如：上一节"艺术史课"或"艺术欣赏课"，都会通过"审艺"[4]训练去理解视觉造型要素，以及通过观察和讨论分析当中艺术家如何利用一定的材料以艺术形象来表达自己的思维。这是教师必然了解学生能力才去拣选合适的内容进行艺术欣赏教学。故此，教师厘定课堂教学内容时必会考虑它是否切合学生学习要求及其种类。可以说，二者的学习是相偎相依、相互影响的。一句话：视觉艺术知识学习和视觉艺术技能学习是初中视觉艺术教师必须考虑的教学内容。

究竟初中视觉艺术课堂教学内容的"知识学习"和"技能学习"是什

① 张鹏，赵玲：《美术学教育实习导论》，高等教育出版社，2008，第104页。
② 翁震宇：《美术教育概论》，中国美术学院出版社，2009，第179页。
③ 同上。
④ 梁玖：《审艺学》，江西美术出版社，2008，第2页。

么？它们在课堂教学中所占的比重及其在课堂中的角色扮演是怎样的？它们跟教师课堂教学艺术的促生有什么关系？前面指出"知识学习"和"技能学习"在视觉艺术课堂中关系非常密切，相辅相成，学生在这两方面的学习是缺一不可的。简言之，"知识学习"和"技能学习"是不论初高中视觉艺术课堂教学都必然要学习的范畴。现行香港视觉艺术科新课程纲要指引中所提出的三大学习范畴，分别为"视觉艺术和识、视觉艺术评赏和视觉艺术创作"①，皆与之前所指的"知识学习"和"技能学习"的观念不谋而合，足见这两方面的学习范畴是视觉艺术课堂教学内容的关键环节。我国2001年颁布的《全日制义务教育美术课程标准（实验稿）》中的总目标提出，"学生以个人或集体合作的方式参与各种美术活动，尝试各种工具、材料和制作过程，学习美术欣赏和评述的方法，丰富视觉、触觉和审美经验，体验美术活动的乐趣，获得对美术学习的持久兴趣；了解基本美术语言的表达方式和方法，表达自己的情感和思想，美化环境与生活"②，当中的"了解基本美术语言的表达方式和方法"和"尝试各种工具、材料和制作过程"便是与香港的"视觉艺术和识、视觉艺术评赏和视觉艺术创作"与"知识学习"和"技能学习"的学习范畴一脉相传的地方。总之，"理论与实践"是初高中视觉艺术课堂必然学习的"知识"和"技能"。

初中视觉艺术课堂教学的"知识学习"是指视觉语言/艺术语言（Visual language），它包括：点（Dot）、线（Line）、面（Plane）、质感/肌理（Texture）、形状（Shape）、色彩（Colour）、形体（Form）等造型要素；比例（Proportion）、节奏（Rhythm）、均衡（Balance）、对比（Contrast）、渐层（Gradation）、重复（Repetition）、动势（Movement）等形式要素。学生可以在视觉艺术课堂中通过欣赏不同的造型艺术而学习不同的视觉语言，他们在视觉上会产生直观性的特点，因此构成一种视觉上的感染力。当不同的视觉语言结合在一起时，便建构出具有一定审美价值的视觉形象，从而诠释视觉形象所要表达的信息。简单地说，造

---

① 香港课程发展议会：《艺术教育学习领域：视觉艺术科课程指引（小一至中三）》，政府物流服务署，2003，第18页。
② 中华人民共和国教育部：《美术课程标准（实验稿）》，北京师范大学出版社，2008，第7页。

190

图3-9 区昌全摄，植物，首尔市内，2008

型艺术中的各项艺术语言是互相配合、互相依靠的，而建立其中的艺术结构，发展出特有的视觉效果，帮助观者解读不同视觉形象。

这是通过初中视觉艺术课堂上观赏不同作品或日常生活事物而达到这样的效果。图3-9和图3-10是笔者曾经在初中视觉艺术课堂中通过观赏日常生活事物引导学生学习视觉语言的例子。例如：在讲授视觉语言中"点"的时候，可通过讲述和提问的教学手段，如"点"是艺术语言中最初和最基本的元素，是构成造型艺术的基础部分。在我们日常生活中，常看到"点"的存在。如图3-9摄影作品，作品分上下两部分，主要由"点"结合成这幅作品。上部分的花在整张作品中形状似圆点，并没有较大的面建构作品的内容。与此同时，下部分的石墙面在阳光照射下突显"粒"状的造型和质感，于整张作品中的表达，也是有"点"的效果。这是一个好的例子，大家也不妨留意下身边周围的事物，都会发现"点"的踪迹。

图3-10 区昌全摄，线绳，首尔市内，2008

又如在讲授视觉语言中"线"的时候，可通过讲述指出线是由点而发展出来的。"点"经过移动后，其轨迹形成了"线"。当两个点分隔有距离时候，将它们相连，便形成"线"了。线也是造型艺术里面重要的元素，没有它的存在，里面的形象没法表达，观者没法解读作品内容，减退了视觉元素的吸引力。如图3-10为不同颜色的线绳，它们随意地摆放着，乱中有序，没有半点凌乱，倒觉有点趣味性。只要我们逛街的时候多加留意，便会有很多意外收获。又如在讲授视觉语言中"色彩"的时候，指出我们生活的世界如此美丽动人，就是我们在视觉上能享受其色彩缤纷的美丽现象，"感受其丰富的色彩有直接的关联"[①]。由于人的视觉神经对色彩感应最快，最敏感，故色彩使造型艺术作品引人入胜，能加强艺术感染力。图3-10五颜六色的线绳，在平凡中显出其不平凡之处，深浅对比，浅色于深色中跃动，给人一种活泼的感觉，无怪乎让人止步而加以仔细观赏，足见色彩对人视觉上之吸引。

再者，在讲授视觉语言中"形状、形体"的时候，指出从线条中所构成的形状和形体，都是点燃造型艺术的生命力。单以色彩表达造型艺术会略为单调和枯燥无味，但如果加入形状和形体以表达造型艺术中的形象，会让观者更容易理解造型艺术所要传递的信息。基本上，造型艺术中的形状和形体都以几何形状为主，继而发展成其他有机形状和形体，切合作品主题的表达。如上图3-11土耳其地道的特色彩绘手工艺品，除了色彩耀眼之外，形状和形体都以基本的几何形为主，简单而富线条感；加上用手绘方法设计和绘画不同图案，极富伊斯兰教国家特色。只要多加点想象和创意，满以为沉闷的几何形状不会在视觉上有什么感觉，当加上色彩后却可以变化成如此缤纷的效果，实是人类的独有聪明智慧。我们懂得如何运用艺术语言于造型艺术上，才有这样的效果。

通过上面摘录的视觉语言中的点、线、色彩、形状和形体等例子，解释什么是造型要素。对于视觉语言中的形式要素，教师通过日常生活中的图像作为例子，加以解释，让学生有更具体的理解。根据学者陈琼花(1997)对视觉语言中的形式要素的说法[②]，可有下列主要各项：

图3-11 区昌全摄，手工艺品，土耳其伊斯坦堡市内，2009

---

① 哈九增：《艺术教程》，复旦大学出版社，2001，第295页。
② 陈琼花：《艺术概论》，三民书局股份有限公司，1997，第105至117页。

（一）反复（Repetition）：以相同的"形"重复及继续排列，产生动势（Movement）。

（二）渐层（Gradation）：以渐变的原则一层层地渐次变化，产生节奏感（Rhythm）。

（三）对称（Symmetry）：以假定的直线为轴，在轴线的左右，或上下排列相同形状，产生平稳、安定的感觉。

（四）均衡（Balance）：于质与量的范围，并不偏重一方，产生自由、变化、不规则但恰好相若的分量。

（五）调和（Harmony）：以同性质，或类似的媒材，配合在一起，虽有某种程度上的差异，但仍有融合的感觉，产生平和、安详的情趣。

（六）对比（Contrast）：两种或以上的媒材并列，其间有极大的差异，产生强烈、明显、突出的感觉。

（七）比例（Proportion）：在同一结构之内，部分与部分，或部分与整体之间的关系，产生均衡的感觉。

（八）节奏（Rhythm）：又称韵律或律动，具有周期性起伏的一种秩序运动，产生高低起伏、抑扬顿挫的情感变化。

（九）单纯（Simplicity）：简化的形态，最易显现所欲表达的内容，产生朴素、简单、平静的感觉。

（十）统调（Unity）：在不同及杂乱的媒体中，有一共同点统率整体，产生浑然一体的感觉。

图3-12　区昌全摄，树，首尔德昌皇宫内，2008

以上是对视觉语言中的形式要素作简要的概述。不过，这些也是初中视觉艺术课堂教学里面的重要"知识学习"，是学生必须学习的部分。教师也可以通过提问法，借观赏日常生活事物，与学生讨论并建立他们对形式要素的概念。以下是这方面的教学例子。笔者向学生提问：从图3-12中有没有看到一棵树干和它的倒影竟可以成为摄影作品的主题？它表现了什么艺术语言或结构形式？图3-13和图3-14两幅摄影作品，你较喜欢哪一张？为什么？他们表现了什么结构形式？跟着，图3-15是土耳其棉花堡的石灰岩地面，细看之下，原来大自然中都是由不同的视觉语言组成，你看到有什么视觉语言中的造型要素和形式要素？对于人造物的栏杆（图3-16和图3-17），是否看到它们特别的地方？它们除了有分隔开不同区域的功能外，还有什么用途？它们的外形有吸引你的地方吗？哪些地方吸引你？你看，栏杆的影子投射在地上，是否好看？栏杆的结构用了什么造型要素和形式要素？

图3-13　区昌全摄，首尔机场，2008

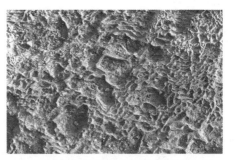

图3-15　区昌全摄，土耳其棉花堡地质，2009

图3-14　区昌全摄，首尔德昌皇宫内，2008

图3-16　区昌全摄，土耳其伊斯坦堡市内栏杆（1），2009

图3-17 区昌全摄，土耳其棉花堡市内公园栏杆（2），2009

图3-18是热气球的内顶端部分，它的图案在艺术结构上是用了放射性（Radial Pattern）的构图。由中间的一点开始至四方八面向外伸延，这是一个由内而外的结构。当中用了点、线、面为视艺语言。你们感受到了吗？图3-19是土耳其棉花堡，一层一层由上而下，由内至外，慢慢向外伸延，有层次、有秩序、有渐进（Gradation）、有节奏（Rhythm）……是充满艺术结构的感觉，它是天然造成这样的效果。图3-20是土耳其天空之城内的穹形建筑，单看穹形的石门结构是视觉效果上的一点透视。实际上，穹形的石门是大小一致，只是我们在观看时视觉上所产生的一种空间距离效果。在艺术结构上，它产生重复、渐进、渐层的感觉。

图3-18 区昌全摄，土耳其奇石区内热气球内部，2009　　图3-19 区昌全摄，土耳其棉花堡地形，2009

图3-21是土耳其地下棉花堡。要理解什么是艺术结构中动势（Movement）的感觉，有时都较难去解说，因为要多看才可以深深体会。图3-22是水流动的样子和形态，一层一层和一叠一叠地往下流，由上而下，穿越整个构图，在视觉上产生一种移动，也给人一种生机盎然的感觉，这正是艺术结构中所惯常的组织。你能感受到吗？

图3-20 区昌全摄，土耳其天空之城内圆穹门，2009

图3-21 区昌全摄，土耳其地下棉花堡瀑布，2009

以上只是在初中视觉艺术课堂中帮助学生进行"知识学习"视觉语言的例子，还有很多方法和教材可辅助学生在这方面的学习，只是不同的教师有不同的方法而已。事实上，要教好学生这方面的知

图3-22 区昌全，伦敦市内一景，塑料彩纸本，1997

识并不容易，因为都是一些抽象的概念，需要大量视觉材料和讯息以辅助；所以，教师不得不做好充足的准备，如资料搜集、教学方法的选择和运用，以及教材制作等，都是必须要预先做好的工作。要让学生明白这些抽象的概念，就必须使用大量视觉材料，切合多媒体设施的运用，配合教师独有的教学艺术魅力的发挥，通过语言、声音、动作、表情等等，产生独有的感染作用，收到预期效果。因此，初中视觉艺术教师越能对课堂教学内容有透彻的了解和充裕的准备，越能促生和发挥个人独有的教学艺

术，达到课堂教学的实效性。

在初中视觉艺术课堂中教导学生认识视觉语言的"造型要素"和"形式要素"概念非常重要，为什么？这是因为视觉艺术是用视觉语言的"造型"和"形式"来传情达意，表达不同的讯息，摆脱语言文字的枷锁，率直地表现创作者的真挚感情。学生在这门学科上就是要学习怎样通过非语言文字传递讯息，从而建立另类的沟通模式，这是视觉艺术学科所独有的特质。因此，学生必须要在"知识学习"领域打好基础，才能解读往昔历史具价值意义的艺术品，以及周遭环境的视觉文化，并能运用这些知识发展其技能的表达。于是，学生越能掌握"知识学习"，越能通过"技能学习"表现自己。对学生进行"知识学习"的培养占了视觉艺术课堂中的一半课时。

初中视觉艺术中的"技能学习"是"实践活动最核心的内容，是视觉艺术信息的输出过程，没有技能无以表现和创作"[1]，也无法表现在"知识学习"领域所学到的。简单来说，"技能学习"就是"视觉艺术创作"，乃通过各种工具、材料进行创作，这是一种外显行为。实际上，学生在初中视觉艺术课堂中发展"技能学习"，可以分为"技能思维"和"技能操作"两方面。"技能思维"是一种内部思维活动训练，属大脑的思维运动，是视觉艺术学习的高级阶段，为一种内显行为，叫"内创品"；"技能操作"乃大脑受外在环境刺激，通过眼睛带动大脑进行的思维活动，是活动中所输出的讯息，通过脑、眼和手的配合而表现出来的技能技巧，为一种外显行为，称"外创品"。两者内外行为的配合既有意义，又有价值，对创作者来说是一个重要的过程，它们的存在是相互依赖，相互补足，相互影响的。所以，在进行"技能学习"的过程中，"思维"和"操作"是同步培养的，先有"思维"概念，后有"操作"表现，教师必须通过"示范"以展现两者的关系，全面发挥个人课堂教学艺术的功能，提升学生在"技能学习"方面的成效。台湾学者陈琼花（1997）认为："艺术家从事艺术创造，从意象[2]的孕育到表现，所有经验的历程都是视觉艺术创作的过程，大体上可

---

① 翁震宇：《美术教育概论》，中国美术学院出版社，2009，第180页。
② 这里就是指"技能思维"。

包括观察、体验、想象、选择、组合和表现等六个步骤。"① 姑勿论，"技能学习""视觉艺术创作"和"艺术创造"都是相同的东西，是视觉艺术课堂中学习内容的重要环节。

如果在形式要素表达上务求有多些的变化，就不应平铺直叙，必须配合造型要素运用其中，会使作品的效果产生感染力，发挥视觉艺术创作的功效。笔者引用下面自己的作品对"技能思维"和"技能操作"进行讨论，目的在于理解它们两者之间的关系。图3-22作品中在视觉语言上以"色彩"和"造型"做主要元素。

作品的艺术结构中有前后两景，前景物象大而远景物象小，将空间距离感通过前后两景而成功地表达。实际上，一棵树的高度永远高不过一座建筑物，但为何作品中却夸张地表现了那棵树高过建筑物？这是因为前景物象与距离遥远的后景物象被压缩在同一空间中，所以我们在视觉上才有这一种错觉。事实上，前后景物两者之间由一道空间分隔开，细看之下，便构成了一种空间距离感，才有前景物象大而后景物象小的情况。这是一种"有意味的形式"②，一种"形式规律"，在画面上有刻意的布局和安排，使人如置身在实景当中。此外，作品中日落黄昏的景象，加上前景的树挂上疏疏落落的树叶，画面配以橙黄色，给人一种萧条冷落的感觉，这正是笔者要将这种"技能思维"通过"技能操作"而表现出来。当然，创作者都会在"技能操作"过程中加入主观感受，不免会曲解所描绘的物象，表现自己思维中的造型，但这却不会妨碍对"知识学习"的理解。这里可证明一点：能对视觉语言中的"知识学习"越加认识，就越能通过"技能操作"将"技能思维"表达得淋漓尽致，可见两者关系非常密切。"技能学习"是视觉艺术课堂学习的必然内容，是体现学生课堂学习所学的视觉艺术知识，同样也占去了学习内容的另一半课时。不过，初中视觉艺术教师要让学生实践"技能学习"中的"思维"与"操作"，不得不在教学

---

① 陈琼花：《艺术概论》，三民书局有限公司，1997，第70—71页。

② 20世纪时，英国艺术理论家贝尔（Clive Bell）就提出"有意味形式"，乃表达某种特殊的情感，尤注重艺术品的内在美。"有意味形式"就是将艺术语言编码、组织、构成艺术性有意味的信息整体（梁玖：《欣赏艺术》，西南师范大学出版社，2005年第16页）。

过程中通过自己有效和吸引力强的课堂教学艺术，让学生明白如何将"思维"以"操作"表现出来。毫无疑问，"知识学习"和"技能学习"同样是初高中视觉艺术课堂教学不可缺少的内容。综观而论，初中视觉艺术课堂教学对教学内容的要求是基于两大要点：1. 如何达到学生的学习要求，即对学生有深入的了解，能寓"知识学习"于实践创作，让学生可以有所发挥；2. 教学内容的种类，即因材施教，拣选合适的内容切合学生的学习需要，能寓"技能学习"将所学的尽情表达，达到理论与实践并行，所以，两者的学习是相互依存，而不能独善其身。

二、影响课堂教学艺术提升的教学内容

前文已清楚讨论过关于初中视觉艺术课堂教学内容的要求，就是学生在每一个初中视觉艺术课堂均可涉猎学习"知识"和"技能"两方面的训练，达到"理论与实践"的要求，于此，学生必能提升自己对这门学科的认识和了解。不过，有一点值得思考的是：初中视觉艺术课堂学习内容范畴的"知识"和"技能"是否能够满足现今学生学习需要和知识型社会的需求？除了这些规限的"知识"和"技能"学习内容外，有没有需要加强本学科在"知识"方面的延伸与扩展？例如：如何通过初中视觉艺术课堂学习内容表达对现世社会不同问题的关注和感受？是否一如既往地让学生认识历史上伟大的艺术品，而忽略身边所处环境的视觉文化？他们怎样与社会同步？是否单纯训练学生的技术技巧，而忽视他们真正学习这科的需要和兴趣？这些问题都值得身为香港初中视觉艺术教师的我们去反思和关注。从这里我们可以带出一个问题：初中视觉艺术教师应该怎样去开发和利用教学资源去丰富课堂教学内容？如何让学生在初中视觉艺术课堂学习上更能提起兴趣，学得更加广泛，更接近社会？这些被开发的资源不但丰富了课堂教学内容，还帮助了教师促生和提升自己的课堂教学艺术，增加教学魅力和吸引力；所以，开发资源对规划与发展教学内容有重要的影响，也与初中视觉艺术课堂教学艺术的提升有着莫大的关系。

在探讨初中视觉艺术教学资源开发问题的时候，为什么它对课堂教学内容有直接的影响？从一个实际的角度看，首先，初中视觉艺术教师就是

整个课程或课堂教学内容的重要资源，是学生在课堂内不可缺少的学习支持。在初中视觉艺术课堂教学过程中，教师的学习经验、学养、生活体验等皆是学生的学习和模仿对象，学生的思维方式和创作表现都会或多或少有教师的影子。所以，学生在未培养自学能力的时候，教师教什么，学生便学什么；教师要学生这样做，学生便会跟随教师的指示。由此观之，学生从初中视觉艺术课堂中所获取的知识来源，全是由教师所提供，教师便是他们最好的资源。因此，教师在取舍与安排初中视觉艺术课堂教学内容时，都会直接影响学生的学习成效。于是，教师所设定的教学内容也自然影响了自己个人课堂教学艺术的提升和促生。现行香港视觉艺术科新课程纲要（2003）指引中课程方向提出，"视觉艺术科课程须在培养学生视觉艺术能力的基础上，培养有助终身学习的共通能力"[1]，换言之，教师必须考虑到课堂教学内容能否帮助学生建立共通能力，可否鼓励和发展学生自我学习模式的"学会学习"，此乃避免过于依赖教师那种"喂养式"（Spoon-feed）的教学方法，而压制学生的自我表达能力。现行香港视觉艺术科新课程纲要指引的理念并非只是要求学生在"知识"和"技能"方面的学习，而是一种延伸性的持续学习，一种"全人"的发展。为配合这个发展趋势，香港初中视觉艺术教师不得不开发资源，充实教学内容的领域，发展多元教学内容以配合"全人"的培育，于是便要调适自己和创造多样性的课堂教学艺术，尽量配合学生学习需要。一句话：初中视觉艺术教师的课堂教学艺术会因课程要求和教学内容的不同而发生改变和促生，继而形成独有的风格。

其次，初中视觉艺术教师过于依赖自己作为课堂教学内容资源的同时，会忽略其他方面资源的开发，也是一件憾事。以香港为例，所有中学教师的工作并非只是教学，还要兼顾其他行政工作，自然地，视觉艺术教师也不例外。于是，初中视觉艺术教师教学工作十分忙碌之余，对外开发资源也需额外时间，对他们造成一种压力。由于这个缘故，香港初中视觉艺术教师会就地取材，借助出版商的教材作为课堂教学内容，于此，对教

---

[1] 香港课程发展议会：《艺术教育学习领域：视觉艺术科课程指引（小一至中三）》，政府物流服务署，2003，第3页。

师的专业发展可说是一件坏事，为什么？一方面教师会对备课工作变得马马虎虎，敷衍了事；另一方面，也窒碍了他们课堂教学艺术的发展，尤其是教学方法的选择与运用，不免会因循教材的建议，而不思进取，完全没有想及这些教学内容是否适合学生的兴趣和能力，是否切合所定课题的方向，实在影响他们教学的专业性。所以，如果初中视觉艺术教师要教好一节课，必须要开发和搜集不同的资源，以配合课堂教学内容，因为"艺术教育不再只局限于课堂和教材，它可以建设更广泛的学习平台、活动范围和交流空间，因此，除教材外的社会、公共艺术资源以及作为教学主体的教师与学生的动态资源，也就必然成为艺术教师需要开发并且使用频繁的课程资源"①。朝着这个方向思考的时候，初中视觉艺术教育必然有更大的进步，教师必定更能发挥自己课堂教学艺术的作用，提升教学效能。这种想法是"富有教育价值的、能够转化为学校课程或服务于学校课程的各种条件的总和"②，这正显示视觉艺术所寻求和开发课程的资源，必须要有教育价值，可帮助教师发展和丰富课堂教学内容。

初中视觉艺术教育的课程资源很多，除了"视觉艺术教师"是重要资源外，还包括："学校、社区、社会艺术场所、艺术家、网络和家庭，包含自然与人文环境。而开发的方式则需因地制宜，多渠道、多元化、多角度进行。"③因此，视觉艺术教师必须因着所处的环境情况，敏感周围可用得着的相关资源，尤其是学校环境，如图书馆资源，包括书籍、杂志、挂图、幻灯、磁带、光盘等；学校校园空间、各教室、多媒体专室、网络教室和壁报板等，都可借用到教学里；而教师间不同的专业知识、教学经验等，可互相交流、切磋，发展有趣味的教学内容；至于同区或跨区学校资源共享，观课交流，科研成果，共同协作计划等，也可互相借鉴发展为重要资源，丰富教学内容；另外，不同学生的专长，不同家长的专业素养等，都是近在咫尺的资源，可善加利用而成为教学内容重要的部分；至于

① 王福阳：《综合艺术课程与教学论》，高等教育出版社，2008，第137页。
② 范蔚：《实施综合实践活动对课程资源的开发利用》，《教育科学研究》，2002年第3期，第51页。
③ 同①。

社会艺术场所方面，包括公共文化设施，如美术馆、博物馆、剧院等提供大量艺术或视觉艺术有关资料，以及讲座、工作坊等活动，皆可从中寻找跟教学内容相关的资料；个人团体方面，包括艺术家工作室、资料馆、艺术作坊、院校艺术教师、文艺团体演员、业余艺术爱好者及非专业人士等，他们的经验都可成为教学内容的借鉴；社区方面，包括民间艺术组织、老人院、幼儿园、中小学校、社区中心等，皆可共同协作，共享资源，互相学习，共同发展教学内容，为初中视觉艺术教学提供无领域界限的资源；还有，乡土地方/民间方面，包括自然生态景观，如山岭河川等自然遗产，文物、工艺、民间风俗习惯、节日庆典等世界文化遗产，都可成为课堂教学内容重要的环节。以上皆是开发和扩充对课程和课堂教学内容有实用价值的资源，加上配合教师对这些资源的运用，帮助教师创造多样性的课堂教学艺术，配合自己独有的课堂教学风格演绎，实是发挥了初中视觉艺术课堂教学的实效性。现时《香港视觉艺术科新课程纲要(2003)》都鼓励教师："在不同文化情境中选取多元学习内容，可以帮助学生拓宽视野，以进行艺术评赏及创作，丰富他们的视觉艺术经验及贴近艺术发展的进程。"①而我国的《全日制义务教育〈美术课程标准〉(实验稿)》中也提出："广泛利用校外的各种课程资源，包括美术馆、图书馆、公共博物馆及私人博物馆、当地文物资源、艺术家工作室和艺术作坊等。"②两者俱提倡善用学校以外的不同资源，足见校外多元化的资源对校内资源所提供的补给功能对发展课堂教学内容是有很大的帮助的，扮演举足轻重的角色，也促生和提升教师课堂教学艺术发挥的作用。这不单拓展了初中视觉艺术课堂教学内容的传统要求——"知识学习"和"技能学习"，还让学生贴近和了解艺术发展，与社会以至世界同步；更拓宽和润泽了视觉艺术教师的视野和观念，让教师的课堂教学艺术有跃进和提升的机会，是故课堂教学内容的开发和扩充，是直接影响视觉艺术教师课堂教学

① 香港课程发展议会：《艺术教育学习领域：视觉艺术科课程指引（小一至中三）》，政府物流服务署，2003，第16页。
② 中华人民共和国教育部：《美术课程标准（实验稿）》，北京师范大学出版社，2008，第31页。

艺术提升的重要元素。

总而言之，初中视觉艺术课堂教学的目的除了让学生认识课堂内容外，最重要的还是"培养学生对生活的热爱与观察、体验、反思、评价，结果是创造、享受、美化生活，体现传承和发展的意义"①，而不是只懂教授学生视觉艺术创作，最终不能全面配合学生学习的需要，忽略视觉艺术教师发挥课堂教学艺术应有的作用。视觉艺术教育的精髓在于让学生从视觉艺术中有体验和经历，了解视觉艺术，培养其对视觉艺术的兴趣，还通过他们特有的经验，而促进自己个性的形成和全面的发展——一个均衡"完人"的培育。

第三节　课堂教学艺术与教学设计的关系

前面讨论了初中视觉艺术课堂教学艺术与教学内容的种种关系，其中包括课堂教学内容的要求是什么，课堂教学内容的构想和规划如何影响视觉艺术课堂教学艺术的提升，足见课堂教学内容与课堂教学艺术两者有着密切之关系。除了教师是视觉艺术课堂教学艺术发展的主要元素外，课堂教学中的其他元素也不断影响着课堂教学艺术的促生与发展，成为另外的变数或诱因。本节将详细讨论初中视觉艺术课堂教学艺术与教学设计互为作用的内涵。

一、教学设计如何促进课堂教学艺术的发挥

只要有一个好的视觉艺术课堂教学设计，教师就有可能实现一个实效性的课堂教学。这是一个很积极的想法。假使初中视觉艺术教师已很有经验，且能掌握有效的教学方法，教师可因已设计好的课堂，按部就班，通过教学步骤的每个进程将需要教的内容逐一演示，这就可以造就理想的教学成效。当然，教师课堂教学艺术的展示非常重要，能否吸引学生学习，

① 王福阳：《综合艺术课程与教学论》，高等教育出版社，2008，第141页。

感染学生投入积极参与学习的过程，这是达到教学效能的一个指标。视觉艺术课堂教学设计是促生教师课堂教学艺术，是决定课堂教学效能的一个重要因素。事实上，初中视觉艺术教师都不敢肯定自己所设计课堂教学能够完全切合学生的能力和需要，所以，课堂教学能否收预期效能仍是在不断地观望和摸索，因为在教学过程中实在有太多变数，包括：课堂秩序、学生学习态度、教材演示、教学内容的深浅程度、教学方法运用，以至在时间上的安排，这些都足以影响整个课堂教学的成效和教师课堂教学艺术的发挥。因此，若要做到有实效性的课堂教学，必须要有一个好的视觉艺术课堂教学设计，于是，要设计好一个课堂教学，就必须要对教学设计有清晰的概念。在此，有两个问题必须思考：一是"初中视觉艺术课堂教学设计对课堂教学艺术的功效发挥是如何促生的？"即课堂教学设计如何促生教学艺术？二是"课堂教学设计对视觉艺术课堂教学艺术形成的功效是什么？"即课堂教学设计对教学艺术有什么功效？

课堂教学设计的概念是："'设'是思路、创意；'计'是规划，实施方案。'设计'是创造、意志、理念的蓝图，'教学设计'就是教师的教育信念、本学科课程理念、学习对象与环境三者高度整合的文案。"[1]初中视觉艺术课堂教学设计是指视觉艺术教师将自己对视觉艺术的教学经验、自己对视觉艺术教学的理念，融汇于视觉艺术课堂教学里一个理想综合教学方案的构思。事实上，在构想初中视觉艺术课堂教学设计的时候必须有很明确的概念，它一方面是表现教师自己的教学观念、对本学科课程理念的认识程度；另一方面，是体现教师了解学生的兴趣水平和能力需要，也预计了教师课堂教学艺术如何配合整个教学进程而能发挥作用，达到预期的教学效能。例如：要教学生认识"超现实主义"，必须要从欣赏相关作品开始，这是配合整个教学进程而用的教材和教学方法，还要视乎教师如何发挥其课堂教学艺术而达到预期成效，所以，初中视觉艺术课堂教学设计是自然地促生了教师教学艺术。能够掌握这些方面的观念，就能设计好一个初中视觉艺术课堂，既清晰，又有系统。所以，初中视觉艺术课堂教学

---

① 王福阳：《综合艺术课程与教学论》，高等教育出版社，2008，第102页。

设计在于"高度体现教师的教育智慧，成长的心智"①，而这些教育智慧、成长心智完全是教师的课堂教学艺术。总之，初中视觉艺术教师必须配合课堂教学设计的每一个步骤，而他们是促生教师课堂教学艺术不可或缺的部分；无怪乎一个有实效性的初中视觉艺术课堂教学，可以全面表现出教师精湛的课堂教学教学艺术，其背后必然有一个好的教学设计所支持。

从另一角度看，在初中视觉艺术教学过程中，教师太负责整个过程的工作，是一种"外化"过程，可观察到教师课堂教学艺术的展现，即是说初中视觉艺术课堂教学过程是促生和展示教师课堂教学艺术，促进了教学效能；另一方面，在初中视觉艺术教学过程中，学生应尽的责任是学习，是一种"内化"过程，是因着教师课堂教学艺术发挥的作用而促成学生学习，即是说学生学习全面反映了教师的课堂教学艺术的功能，促进了学生衍生学习成果。所以，初中视觉艺术教学过程中，当"学"与"教"两者结合而达到信息交流，产生化学作用的时候，教学过程便完成了。事实上，有教必有学，有学也必有教，教与学之间互为基础、互为依赖，缺一不能成事。当然，在初中视觉艺术教学过程中，教学结果显示，教师不一定教到要教的知识，学生也不一定学到要学的知识，期间存在着很多变数，会改变教学结果，但"教学是教师与学生以课堂为主要渠道的交往过程，是教师的教与学生的学的统一活动"②，于是，初中视觉艺术课堂教学设计就是将教与学变得系统化和具体化，从而达到可量度的教学成效，它是"综合了多种学术理论，运用了系统分析方法，解决了教学中的问题，实现了教学优化的规范计划过程和操作程序"③。初中视觉艺术课堂教学设计促生了教师课堂教学艺术，并因着它而促进了自己的教学效能和学生的学习成效。

初中视觉艺术教师在处理每一个课堂教学的时候，都必须要有一个系统的教学设计，而这些教学设计是让教师去完善每一个课堂，实现教学效

---

① 王福阳：《综合艺术课程与教学论》，高等教育出版社，2008，第102页。
② 同上。
③ 同上，第105页。

能。所以，初中视觉艺术教师进行教学设计是因为：首先，为教学活动作指引——初中视觉艺术教学设计中的各项教学活动建议是为着配合教学内容而产生，为避免在教学过程中产生混乱，迷失方向，教学设计对各项教学活动的次序安排有着科学化的规律性和联结性，乃配合学生的成长需要，也促生教师的课堂教学艺术。其次，为教学对象做准备——初中视觉艺术课堂教学过程中的每一个学生都不可忽略，必须对他们的学习有全面的了解，教学设计中的各项教学活动就是针对提升他们的学习能力及照顾他们的个体差异而设计，于此，教师必须要思考自己的课堂教学艺术如何配合学生的学习需要，促使教师素养专业发展。再次，为解难问题做引导——初中视觉艺术教师在教学过程中都会帮助学生建立解决问题的能力，教学设计中的各项教学活动就是问题的源流，让学生面对它们，寻找合适的办法去解决。有了教学设计，可让学生有机会训练自己解决问题的能力。最后，为教学设计做评价——学生在初中视觉艺术课堂教学过程中的每一环节的表现，都是反映教学设计对他们的适切性，教学设计程序的逻辑性和科学化，所以，教学设计的衍生，是对教师的教学思维进行评价。初中视觉艺术课堂教学设计是教师对视觉艺术教学理念的体现和实践的机会，它带领教师教学表现的科学化与逻辑性的思维发展，迈向教学专业化的道路。

综观初中视觉艺术课堂教学设计的价值，乃在于实现教学效果的最优化水平，对教师和学生来说，各具特别意义。一方面展现了教师的课堂教学艺术如何配合整个教学设计，达到教学效能；另一方面，让学生学得有系统，循序渐进，发展不同的学习能力，体验学习乐趣。因此，初中视觉艺术课堂教学设计对教师教学艺术的培养和促生发挥了独特的功效，是教师发展自己职业专业化的先决条件。不过，初中视觉艺术课堂教学设计并非只是将教学的流程具体化和清晰化，而是有特定的内涵要素，当中包括：教学目的、教学对象、教学方法、教学评价等四项。首先，教学目的是厘定初中视觉艺术课堂教学设计必须具备的指标或要求，有了这些指标，可以构想和设计各项教学活动，以求与整个教学设计达到呼应和一致的效果，促进教学成效。制订这些教学目的，必须用一些可操作、可观察和可测定的术语表达，以清楚表达学生需要哪些知识、技能和情意态度等，便于教师评量。对于教师来说，这些明确的指标或要求，提供了教学上有力的依据和参考价值。其次，就是了解教学对象。初中视觉艺术教师必须要了解自己的对象，包括：他们的年龄、性别、喜好、学习态度、能力、性格特征等，这样在构想和设计各项教学活动时候会切合他们的需要，使教学过程更臻于完善，又可配合对象尽量发挥教师的课堂教学艺术，更加为教师提供了教学上可靠的依据而改善自己的教学。再次，教学方法是初中视觉艺术课堂教学设计里面不可缺少的元素，是教师掌握整个教学过程的理想指标，是检视教师教学理念和教学进程的最好准则，"是实现教学目的的重要手段，也是教学设计研究的重点"①，更是教师课堂教学艺术得以发挥的机会，所以，课堂教学成效的水平完全是依赖教师如何选择或运用有效的教学方法，如何向学生演示教学内容和教学活动，如何配合不同设施以提升教学效能，以上种种都是制订教学方法时所要考虑的东西。最后，要了解教学目的是否达到要求，学生的学习情况怎样，初中视觉艺术教师可在课堂教学过程中进行细致的观察，与学生的倾谈，学生在课堂上的学习成果，以至进行一个课堂后的测试等，作为教师为自己教学评价的评量工具，将从中所得的资料作为修正教学设计的实际依据，帮助改善教学之余，为改良和精炼自己的课堂教学艺术，为教学设计的方案带来理想的教学效果。所以，教学评价在初中视觉艺术课堂教学设计中扮演重要角色，可直接解释课堂教学成效的水平。

事实上，初中视觉艺术课堂教学设计中的教学目的、教学对象、教学方法、教学评价四大要素是相互联系、相互依赖、相互共存、相互制约的，乃将教师在教学设计中所做的思想预备，通过实际课堂教学实现出来。初中视觉艺术课堂教学设计所牵涉的内涵太多，非只是教学目的、教学对象、教学方法、教学评价四大要素的相互配合便能达到预期的成效，还要与课堂教学的其他内涵相互配搭，如学生的已有知识、教学内容、教

---

① 王福阳：《综合艺术课程与教学论》，高等教育出版社，2008，第107页。

学活动、教具的运用、教材的编制、教学程序、课堂进度、堂课安排、课室秩序管理、处理学生问题等等，这些内涵一旦产生什么变化，都会对整个课堂教学设计有所影响，引致课堂教学失效，达不到教学目的。不过，只要在初中视觉艺术课堂教学设计中有周全的考虑，教师又在课堂教学中对突发事情有弹性及恰当的处理，发挥从经验积累的课堂教学艺术，是可以全面收复教学失地，足见教师课堂教学艺术对一个课堂教学的重要性。

于本文所进行的教师问卷调查，发现香港初中视觉艺术教师对教学设计所持的观点都有共通和差异的地方，现摘要他们的观点如下。

资料表（十四） 香港初中视觉艺术课堂教学设计要素内容

有关教学设计概念的问题	类别	受访者回应		
		教学内容	教学方法	评估方法
简单分享一下你任教视觉艺术课堂教学的概略情况。如：教学内容、教学方法、评估方法。	专科教师（专科学位及专科教育证书）（共20人）	·基本视觉元素、文化艺术、现代艺术	·展示、示范、讲授	·持续评估
		·玻璃画设计及制作	·讲授、创作	·创意、技巧和内容
		·陶艺创作	·评赏、示范、技巧练习、草稿、创作	·观察创作过程、审阅作品
		·视觉元素、技巧训练	·示范、讲解、个别指导	·学生创作品、创作意念、课堂表现
		·印象派理论及风格	·讲解、临摹	·学生表现是否配合主题
		·七个原则、七个元素	·讲授、示范、习作	·自我评估、教师评估
		·平面和立体创作	·个人创作、小组创作、临摹、练习	·学生作业、同侪评估、口头汇报
		·印象派	·简报	·自评、互评
		·视觉元素、组织原理、基本技巧	·提问法、查询法、探究法	·形成性评估、总结性评估

续表

有关教学设计概念的问题	类别	受访者回应		
		教学内容	教学方法	评估方法
简单分享一下你任教视觉艺术课堂教学的概略情况。如：教学内容、教学方法、评估方法。	专科教师（专科学位及专科教育证书）（共20人）	·素描、设计、色彩、绘画、西方艺术史、陶塑、雕刻、版画	·不同学生不同教法	·全方位评估
		·徐冰的书法－新英文书法	·简报、分组讨论、问答、工作纸	·字形、色彩、构图、创意
		·平面及立体创作、艺术知识、艺术史、设计及美术元素	·教授、提问、创作、讲授	·同侪评估
		·中英艺术史、平面及立体创作	·个人创作、小组创作、讲解、示范、提问、讨论、小组/个人汇报	·总结性评估学生作品、工作纸、报告撰写
		·点描绘画	·欣赏名家作品、技巧练习、创作	·课堂上讨论、听取不同意见及观点
		·线条的特性	·实验、讨论、欣赏、创作、评鉴	·学生互评、课堂观察
		·兴趣班模式、与生活有关	·示范、讨论	·欣赏名家及同学作品
		·基础美学知识、美术元素、组织原理、美术技巧、文化欣赏	·讲解、示范、练习、自评、同侪评估、组织课外参观、结合社区资源教学	·依学校评估方法
		·免烧泥制作	·分组讨论、创作、欣赏名家作品	·教师评估：创作内容、美感、合作性

续表

有关教学设计概念的问题	类别	受访者回应		
		教学内容	教学方法	评估方法
简单分享一下你任教视觉艺术课堂教学的概略情况。如：教学内容、教学方法、评估方法。	专科教师（专科学位及专科教育证书）（共20人）	·艺术知识、视觉元素、构图法则、艺术家介绍、作品介绍、艺术史、欣赏、创作	·教授、分组讨论、游戏比赛、制作、互评	·作品评分、小测、讨论、工作纸、资料搜集与整理
		·生活化题材、设计不同媒介及题材的课程	·评赏引入创作、提问、讨论、按学生的学习差异调整教学策略	·阶段式评估：搜集资料、草图探索、媒介创作
	非专科教师（非专科学位但有专科教育证书）（共6人）	·陶艺	·手捏法	·评估表
		·扎染	·讲解、示范	·课业练习评分
		·扎染	·讲解、示范	·实践
		·版画	·示范、分组创作	·学生自评、互评及老师评分
		·素描、立体制作、绘画、版画、设计	·提问、示范	·工作纸、作品、课堂表现
		*有一位受访者并没有回应这部分问题		

　　根据资料表（十四）的内容，整体上看来，香港初中视觉艺术教师对课堂教学设计都有颇为清晰的概念，对其中的基本要素都有一定的了解，尤其是教学内容和教学方法。他们既知道在初中视觉艺术课堂教学中必须要教授视觉艺术知识（如视觉元素、构图法则等）和创作技巧（如素描、立体制作、绘画、版画、设计等），兼容评赏与创作两者并行；又紧贴现行香港视觉艺术新课程指引的建议。有些更强调教学内容必须要多用生活化题材和贴近学生的兴趣，务使他们对这科的学习提起兴趣，让他们感受"视觉艺术学习的'乐'，不是简单的'快活'概念，而是学生精神上有美的享受、情感上的满足和因为努力而掌握塑造美的技艺的成就心态等一些

较为深层次的含义"①。另一方面,受访者对教学方法的选择与运用,都颇有独特性和创意,除了一般的方法,如展示、讲解、示范、分组讨论、个别指导、提问、简报、临摹等,还采用较新的方法,如实验、评赏引入创作、按学生的学习差异调整教学策略、结合社区资源教学、游戏比赛等,配合个人独有的教学风格,以及课堂教学艺术的发挥,这完全是切合教育的整体变化、学生的学习需要和学科教学的专业化,更可反映出他们对初中视觉艺术课堂教学设计有清晰的理念。对于教师能按学生的学习差异调整教学策略,是切合整个教学的大趋势,因为融合教育(Integration / Main Streaming)是全球教育的大环境,鼓励学校融合不同学习能力的学生,让他们在学习上有均等的机会,接受平等教育,不致被忽略。从这里可见受访者对初中视觉艺术教学课堂教学设计的全面性和照顾性。因此,初中视觉艺术课堂教学是有责任照顾学习上有差异的学生,教师必须通过某些教学策略,这样就能"走近学生生活,贴近学生将要面对的社会,深入学生的心灵世界,激起学生勇敢进入生活的渴望"②,让这些学生在学习上得到认同和鼓励。还有,结合社区资源的教学是现今香港视觉艺术教育的大趋势,因为"视觉艺术教育是一种融合社会与文化的学习活动,它的目的是在帮助学生体会人类存在的多元意义以及感受视觉能力在理解文化议题上的重要功能"③,足见社区资源有着很多视觉艺术教学上丰富的材料,帮助学生了解社会与文化的关系,启发他们在创作上的灵感。是故学生居住在不同社区,他们从中随手可得的资源也不一样,通过课堂学习的意见交流,汇集成庞大的资源库,也因教师课堂教学艺术的发挥,从而帮助学生提升自己的学习成效。笔者认为受访者提出这样的观点,正是反映他们对初中视觉艺术课堂教学设计的专业性,是他们在这方面教学多年所得来的成果。

教学评估是初中视觉艺术课堂教学设计的重要元素。对于受访者在初

① 应天蓝:《中小学艺术课教学的艺术性》,《教育文汇》,2002年第1期,第29页。
② 刘阳:《新课堂教学艺术:体验真切的"生命历程"》,《晋中学院学报》,2010年第2期,第98页。
③ [美]凯莉·费德门:《当代美术教育的发展与变革》,王士樵译,载《美育双月刊》,台湾艺术教育馆,2003,第57页。

中视觉艺术课堂教学设计的评估概念上，他们大致都能紧随全球教育趋势所提倡的方向，迈向"持续性"评估 或"过程性"评估上，而不会过于强调总结性评估。他们在初中视觉艺术课堂教学设计中引入"学生自我评估""同侪评估""学生互评""课堂观察""全方位评估"等种类，可见教师在初中视觉艺术教育中对评估的概念是与时俱进的，明白这门学科的独特性，而不会盲从附和、穿凿附会、墨守成规，而是持开放态度。这正反映出香港初中视觉艺术教师在教学方面的可塑性极高，能容纳不同和创新的教学概念，也可理解他们的课堂教学艺术必有其个别的独特性。因此，在评估他们的教学表现方面，他们在发挥其课堂教学艺术的时候，对学生必然产生化学作用，发挥功效。不过，问卷中仍有一些专科教师对初中视觉艺术课堂教学设计中的评估方法未有清晰的理解，他们仍旧过于重视总结性评估中的作品评分，只是针对学生创作品的创意、技巧和内容等进行评分，而忽略学生在课堂中的各种表现，实在是未够全面性，从中可推论到一点：香港初中视觉艺术教师在评估方法的概念上仍有待发展和改善的空间，如能强化这方面在课堂教学设计中的概念，对完善他们的课堂教学艺术，帮助尤大。

实际上，如果初中视觉艺术教师能对课堂教学设计的概念加强思想训练，常常谨记教学设计的观念及其对自己课堂教学艺术促生的重要性，自然地，教师在课堂教学中会有更理想的发挥，灵活有效地运用自己的课堂教学艺术，便能顺利完成所预定计划中的一切，达至教学实效性。

二、课堂教学艺术是实现教学设计的重要方法

为什么要设计课堂教学？教学设计究竟有什么好处？进行教学设计对实际教学有什么作用？教学设计跟教学进度有什么不同的地方？为什么初中视觉艺术课堂教学艺术是实现初中视觉艺术教学设计的重要途径？初中视觉艺术课堂教学艺术如何实现教学设计？这些问题，都是香港初中视觉艺术教师在进行课堂教学前要仔细思考的问题。而且这些问题，对初中视觉艺术教师来说，乃构成一种负担。为什么？事实上，初中视觉艺术教师所面对的重担很多，主要是来自繁重的教学工作，如教学课时增加，科务

工作繁复，行政工作不断增多，适应新课程，教师自我增值，职业专业化等，都令初中视觉艺术教师透不过气，更遑论要对每个课堂教学进行教学设计，教师根本没法承担。因此，要提升初中视觉艺术教师教学效能，必须减少教师非教学工作，让教师有充足的时间备课，专心致志，认真落实教学设计，实践教学工作，发展优质视觉艺术教学。从实际角度看，繁重的教学工作都对初中视觉艺术教师的职业素质构成威胁，严重影响课堂教学效能，但最直接的影响却是窒碍了教师课堂教学艺术的发挥和促生，导致教学失衡。这都是连锁性的结果，也是当今香港视觉艺术教育的问题。因而可思考一个问题：如何提升香港初中视觉艺术教师教学素质？

最直接影响香港初中视觉艺术教师教学素质的是课堂教学设计。一个好的课堂教学设计是帮助教师课堂教学艺术的发挥和促生，实现高效的教学。一句话，有一个好的课堂教学设计是实现优质教学的最基本条件。初中视觉艺术教师对课堂教学设计有一个清晰的观念，对其中的每一要素都有相当的理解，自然会明白自己如何去处理整个教学的每一部分；换言之，亦即是对自己教学有相当程度的理解。

图3-23 朱子峰，高中三学生，死亡，塑料彩纸本，2011，汇基书院（东九龙），指导教师：区昌全

基于此，教师对课堂教学设计所想和实际要做的必须互相配合，这是实现教师课堂教学艺术的必然方法，也是体现课堂教学设计的真正途径，这样才能真正逐步提升教师教学的专业性。当然教师所积累的教学经验可以帮助提升自己的教学素质。例如：笔者在2011至2012学年的12月初高中视觉艺术课堂教学上以"欣赏导向创作"的方法发展绘画创作，以"死亡"为题，引用20世纪挪威表现派画家蒙克的一系列绘画，激发学生开展以"死亡"为题的绘画创作活动。教师在课堂教学设计上以"欣赏作品"为主线，其中夹杂提问与讨论，配合

图 3-24 周晓文,高中三学生,死亡,塑料彩纸本,2011,汇基书院(东九龙),指导教师: 区昌全

图 3-25 周嘉恩,高中三学生,死亡,油粉彩纸本,2011,汇基书院(东九龙),指导教师: 区昌全

教师课堂教学艺术的发挥,目的是让学生思考主题,建立清晰的概念。在进行个别指导时,教师与学生互相交流,对主题有更深入的理解,继而开展创作活动,让学生表达自己对主题的理解。图 3-23 至 3-26 为学生对"死亡"主题的绘画创作品。虽然,这是高中视觉艺术课堂教学的经验,但仍可用在初中视觉艺术课堂教学里,可能会有不同的效果。要有实效性的课堂教学,最重要的是具备系统的课堂教学设计。纵使学生的学习成果不是决定课堂教学好坏的准则,但是,学生在学习过程中的表现正反映出教师课堂教学艺术的发挥作用,师生间的沟通,更能体现课堂

图 3-26 钟颖妍,高中三学生,死亡,油粉彩纸本,2011,汇基书院(东九龙),指导教师: 区昌全

教学设计的成效性。一句话,初中视觉艺术课堂教学艺术是体现课堂教学设计的方法,也是彰显课堂教学设计的实效性。

　　所以，初中视觉艺术教师要明白为什么要对教学进行设计，最终目的是优化教学效果。其实，优化教学效果是"提高教学效率和教学质量，使学生在学习过程中能够学到更多的知识；提高学生各方面的能力，使学生获得良好的发展"①，这是为何要进行教学设计的原因。可是，这点是很多香港初中视觉艺术教师所忽略的，也是香港初中视觉艺术教学素质停滞不前、没有提升的重要因素。事实上，初中视觉艺术课堂教学设计的工作是综合了教学的基本要素，以"系统化和科学化的方法分析和研究教学的需要，设计解决教学问题的方法和步骤，并对教学效果做出价值判断"②，一来教师可以在进行教学设计过程中发展自己的科研能力，不断提升自己的职业素质；二来教师也可以通过进行教学设计而提升自己课堂教学艺术的造诣，使之更趋个人化、独特性和风格化，体现教师教学专业性的地位。这是因为教师不断尝试运用不同的教学方法以实现教学设计中的教学目的，经过反复试验，从中汲取不同的经验，才能掌握当中的要诀，继而发展成为自己独有的课堂教学艺术。所以说：教学设计是帮助教师体现自己的课堂教学艺术，而教师通过自己教学艺术实践教学设计的每一部分，两者相辅相成，让课堂教学达到成效。初中视觉艺术教师的课堂教学艺术是实现教学设计的重要途径和方法。尽管初中视觉艺术教师发挥了其独特的课堂教学艺术，如个人教学风格、有吸引力的教学语言、教学的系统性和条理性，但却未能切合教学设计的教学目的、教学内容、教学对象和教学评价等要素，则不能体现教学设计的最终目的——教与学的成效。原因是初中视觉艺术教师通过课堂教学展现了自己的教学理念，"展示了教师的教学水平，而且直接影响、感召着学生"③，还体现了自己教学设计中的一切，这标记着个人教育观念。总之，教学设计与教师的课堂教学艺术有着不可分割的关系。

　　从资料表（十四）可知，香港初中视觉艺术教师喜欢因着课题的厘定而决定用什么的教学方法，从而发展整个课堂教学。例如：其中有教师分

---

① 王福阳：《综合艺术课程与教学论》，高等教育出版社，2008，第106页。
② 同上，第107页。
③ 翁震宇：《美术教育概论》，中国美术学院出版社，2009，第205页。

享其视觉艺术课堂教学主题是"当代中国艺术家徐冰的书法"。教师通过其多元化的教学方法，如简报、分组讨论、问答、工作纸等，加上个人课堂教学艺术的吸引力和感染力，逐步建构学生对徐冰的生平、作品风格等的认识和了解，从而创作出自己的书法字体——新英文书法。教师以详尽的教学计划构想，运用了不同而有效的教学方法，配合自己个人课堂教学艺术和不同教学活动，逐步构建学生对这位艺术家的认识，不然的话是很难提升学生对这位当代中国艺术家书法的兴趣，而激发自己创作的热情，这样做的最终目的是切合现今新课程的方向，乃达至优化教学的效果。通过调研分析：香港初中视觉艺术教师课堂教学艺术是完全体现了教学设计内涵的重要方法。教师没有课堂教学艺术，就无法理解教师的教学设计，这是一个合符科学化的观点。

还有，根据资料表（十四）的内容，再看另一个例子。有受访教师分享其初中视觉艺术课堂教学主题是"线条的特性"。教师通过其不同而有效的教学方法，如实验、讨论、欣赏、创作、评鉴等，加上自己个人课堂教学艺术的吸引力和感染力，让学生在不同教学活动中对课题有深入的理解。最为初中视觉艺术教师喜欢用的教学方法便是实验示范，这例子中教师乃通过示范逐一给学生介绍如何表现线条的各种特性，让他们实地看到效果，对课题留下深刻印象。事实上，这位教师也是在进行此课堂教学前有周详的教学设计，不然的话用不着那么多教学方法于不同的教学活动中。由此可见，香港初中视觉艺术教师课堂教学艺术除了实现其教学设计外，还突出了教师对教授视觉艺术"知识技能"的专业性。

总而言之，资料表（十四）的整体内容显示了香港初中视觉艺术教师对视觉艺术课堂教学设计都具有专业性的学科教学知识，这都可以从他们在教学内容和教学方法的构想和实践中引证出来。事实上，要达到教学的效果，初中视觉艺术教师必须要有丰富的专业知识和教学经验，通过多方面的配合，如教学方法的选择与运用，加上教师个人独有课堂教学艺术的吸引力和感染力，才可以发挥到这样的效能。所以，初中视觉艺术教师作为教学的艺术家，在对其教学艺术的不断探索和琢磨中，是不断地汰旧纳新，不断地发展和培养其专业性，继而"融入自己鲜明的个性，针对不同的教学内容、时代和民族的特点，形成相对稳定而又能灵活变化的独特的教学风格"①，才可以在教学过程中不断启迪学生的智慧，吸引学生学习。

第四节 课堂教学艺术与学生学习成效的关系

一般而言，教师的主要工作是体现自己职业的专业化——教学。教学的视点很宽很广，单独与一个学生讨论学科上的问题，是教学；在教室进行一个完整的课堂教学，也是教学；指导数个学生在课堂上解决不明白的地方，仍然是教学；在学校礼堂跟全校学生分享学科上一些的讯息，都是教学。只要是"一种通过信息传播促进学生达到预期的特定学习目标的活动，强调'教'与'学'的统一"②，这都是教学最基本意义，而视觉艺术教学也是一样。所以，视觉艺术教师的工作离不开教学，任何工作皆涉猎有关视觉艺术教学的，都归类于视觉艺术教学工作。视觉艺术教学除了是传播相关艺术信息予学生，而使他们明白所学的视觉艺术知识外，还是帮助他们"形成一定的能力态度，人格获得一定的发展"③，这是视觉艺术教师从事教学工作所担负的伟大使命。视觉艺术教师加入教育工作行列，为的是"育人"，借视觉艺术教育培养一个人"全面"的发展，改变一个人的思想、行为等模式臻至完美、完善，达至视觉艺术教育的最终目标。普遍来说，视觉艺术教师主要的职场是视觉艺术教室，每天皆进行视觉艺术课堂教学，每天都通过视觉艺术课堂教学接触不同类型的学生，帮助他们解决学习上的问题，尤其是香港视觉艺术教师，差不多都会接触全校的学生，因为一所学校只有一至二位视觉艺术教师，他们需负责全校的视觉艺术教学。就是这个原因，香港视觉艺术教师都会为每个课堂教学疲于奔命，而教师的课堂教学艺术，是不断在每天的课堂教学中磨炼，由生疏至

---

① 林彦君：《浅谈课堂教学艺术》，《南昌教育学院学报》，2010年第1期，第46页。
② 王福阳：《综合艺术课程与教学论》，高等教育出版社，2008，第103页。
③ 同上。

熟练，由熟练至老练，由老练至炉火纯青，每个阶段都印记着不同的教学经历。因此，在探索初中视觉艺术教师教学时，自然会涉猎讨论关于初中视觉艺术课堂教学艺术。因为初中视觉艺术教师拥有自己独特的教学艺术，必然会充分发挥教学艺术的作用，一是为了完成教学的任务；二是为了优化教学；三是为了提升教学成效。因此，本节重点探讨初中视觉艺术教师课堂教学艺术与学生艺术学习成效的关系。

一、　学生于课堂上的学习表现

学生于香港初中视觉艺术课堂上的学习，离不开视觉艺术知识、视觉艺术技能和视觉艺术情意等三方面的学习范畴，学生的学习也体现了这三方面的情况。所谓"视觉艺术知识"乃是关于视觉艺术学科的专门知识，如视觉元素、组织结构等观念；"视觉艺术技能" 是指创作表现的技术、技巧，如素描、绘画、版画等；"视觉艺术情意"乃通过欣赏艺术品所发展出来的情感，或通过视觉艺术创作所表达的情感意念。所以，要知道学生在视觉艺术课堂上的学习表现，可就这三方面去进行审视。其实，初中视觉艺术教师于课堂教学上的表现，直接影响到学生艺术学习的成效。图3-27是教师在初二班视觉艺术课堂中学生学习"视觉艺术知识"后在其创作中所表现的有关视觉艺术知识。图3-28是2011年一位初三学生在视觉艺术课堂中所创作的绘画，名为"内与外"，以技巧技术为主。图3-29是一位初二学生于视觉艺术课堂中表现情感的立体创作。学生以环保物料进行创作，以表现某种"情感"为主题。以上三件作品都引证了初中视觉艺术教师如何利用自己教学艺术发挥作用，而达到知识、技能和情意等三方面的教学效能与学生艺术学习表现。事实上，初中视觉艺术教师进行教学的时候，都会预备好一切有关教学的东西，尽量于课堂上使用和完成，一方面实践教学设计中一切的安排；另一方面，也尽量善用课堂时间来完成教学，达到教学效益。

这是一般初中视觉艺术教师希望在课堂教学中达到的目的，只是在教学过程中却因某些事情而导致教学延误，甚至教学失效。举一个简单例子，很多时候，初中视觉艺术教师在课堂上都会多花点时间在教材的讲述和解释上，以对题目有深入的探讨，方便学生在创作阶段进行创作，容易

图3-27 黄溢儅，初二学生，码头工人，油粉彩纸本，2010，汇基书院（东九龙），指导教师：区昌全

图3-28 林婕，初三学生，内与外，混合媒介纸本，2011，汇基书院（东九龙），指导教师：区昌全

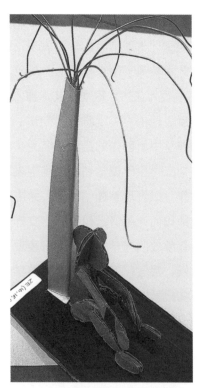

图3-29 袁智情，初二学生，闷，混合媒介立体创作，2011，汇基书院（东九龙），指导教师：区昌全

将所学的运用到实际创作中。只是在时间安排上未能配合教学设计，教师因说得太多而导致学生的创作时间不足，有时只剩下数分钟工作，学生根本没有创作的机会而要留待下堂继续，这样的课堂安排未能让学生有所发挥，一方面学生没有实践的机会；另一方面，下一节课堂又要做一些热身活动，让学生唤醒记忆，才可重投学习和开始工作。这是因为初中视觉艺术教师在实践教学设计时未能充分进行弹性处理，而教师又想将丰富的教学内容于课堂内完成，实践上有很多困难。香港初中级别之视觉艺术课时每班每星期只有两节连堂时间，共约一小时十分钟，这样的时间要包含理论和实践，是非常困难的事，在教与学关系上造成不协调，两节课连堂没有充裕时间完成课堂作业，需要几个连续课堂才可以完成有关课题。因此，初中视觉艺术教师必须要有应变能力，随机发挥，这是体现教师课堂教学艺术发挥作用的时候。事实上，学生在视觉艺术课堂上的艺术学习表现除了上述提及的知识、技能和态度三方面外，还可以在行为态度上有多方面不同的表现，跟其他学科的课堂一样，建立完整的思想观念和价值观。当然，一定有些学生喜欢，有些不喜欢，有些是一般，更有些是讨厌，这是课堂上常见的学生表现。笔者在香港中学视觉艺术教学一段颇长的时间内，在课堂教学上见过不同学生行为态度上的表现。不过，学生课堂上表现的好与坏、积极与消极、主动与被动等，完全是因教师的教学和其课堂教学艺术的发挥而决定。换句话说，学生课堂上的种种表现是因为教师的课堂教学艺术所调控，学生的学习成效有赖于教师教学效能。从这点可得出一个结论：教师之教学水平是影响学生学习成效的主要因素。所以，调研分析香港初中视觉艺术课堂教学的种种表现，一是为了进一步认知教师拥有初中视觉艺术课堂教学艺术的重要性；二是为了证明初中视觉艺术教师的课堂教学艺术及其风格对学生学习的影响；三是充分认知发挥课堂教学艺术功能的价值所在。于是，在对香港初中视觉艺术课堂教学表现的调研上，结合笔者多年在初中视觉艺术课堂教学中所观察到的学生课堂表现做简单的分类和总结。以下综合了问卷调查中受访者回应"视觉艺术课堂教学成效"的有关内容，组织成为资料表（十五），从而窥见香港初中视觉艺术课堂教学情况。

资料表（十五）　初中视觉艺术教师课堂教学艺术与学生学习成效之关系

有关教师课堂教学艺术与学生学习成效的问题	类别	受访者回应
你认为自己的视觉艺术课堂教学成功吗？何以见得?	专科教师（专科学位及专科教育证书）（共20人）	・成功。大部分学生能够运用所学的知识和技巧
		・并不经常成功。初中年级受时间及资源限制
		・算成功。因为能达至课堂教学目标
		・尚算可以。大部分学生都投入，作品也不错
		・好成功。因为公开考试成绩很卓越
		・不成功。因为学生基本功夫甚弱，很明显他们在小学阶段的基本训练不足，不少学生连执铅笔或画笔的手法也有问题，不少作品水平甚低。香港家长一般不重视艺术教育，学校由"分数"评估学生改为用 "等级"，学生水平直线下降，作为教师，课堂挫折感甚大
		・尚可。部分学生能达到预期效果
		・成功。学生能按要求完成作品
		・有时成功。这要视乎课题和学生兴趣。有些课题较难去教，如素描、比例等概念
		・学生反应大都很不错。
		・大约每个单元有70%是成功的，因为学生能从理论中学习，但由理论到实践是有一定的过渡，需要因学生的差异来做个别教导
		・大部分成功。学生能掌握预设的技能，对艺术品有所认识，也能根据教师指示完成每一项目，最重要的是能投入课堂，如对教师的提问做出反应、专注及集中
		・尚算成功。由学生的作品中可看到他们卓越的表现。
你认为自己的视觉艺术课堂教学	专科教师（专科学位及	・尚算成功。从学生作品反映出大部分都能在课堂教学中创作出有水准的作品

续表

有关教师课堂教学艺术与学生学习成效的问题	类别	受访者回应
		·对一些能自律的同学是成功的。由学生的进步情况、投入感得知。对毫无学习动机及有很大行为问题的学生帮助不大
		·大概是成功的。学生会欣赏和想起从前的课堂日子，做教师也感到学生对自己的一份尊重和爱
		·不大成功。未能推动全部学生积极投入创作，有些更马虎了事或破坏秩序
		·尚算成功。能引发同学的兴趣，提升学生的欣赏和创作能力
		·成功。因为大部分同学都喜欢及投入课堂活动及创作，并且获得令人满意的创作成效
		·尚算成功。大部分学生投入学习，眼中充满期待，会问："今天玩些什么?"有些中三学生会伏在桌上，放弃学习，令人痛心
你认为自己的视觉艺术课堂教学成功吗? 何以见得?	非专科教师（非专科学位但有专科教育证书）（共6人）	·学生主动提问细节，作品有心思
		·尚可。因本人教授的学生学习能力稍逊，故在理论及评赏方面较难掌握，唯在创作方面，则因个别学生的潜能及兴趣不同，从而影响教学及学习成效
		·一般。学生的反应未必是预期的结果，需不断改善。每班学生亦有不同之处，所以成果亦有所不同
		·一般。学生渐有进步
		·当学生能掌握所学，学以致用，乐在其中就是成功
		·有一位受访者并没有回应这部分问题

通过资料表（十五）所提供的内容，约有88%的香港初中视觉艺术教

师认为自己的课堂教学是成功的，即是说：他们认为自己的课堂教学能帮助学生学习视觉艺术，通过课堂活动，当中包括课堂上创作活动，学生能完成课业且其作品有好的表现，达至教学效能和学习成效。这是一个非常理想的情况，因为当中受访者所任教的学校包括三类：一是学业成绩优异；二是学业成绩一般；三是学业成绩稍逊。不过，可以肯定的是：学业成绩稍逊的学生在视觉艺术课堂上都是较为倾向"自我摧毁""悲观"和"一窍不通"，为什么？因为这类学校多录取学业成绩不太理想和行为上稍有偏差的学生，所以差不多一班有九成学生都有这方面的问题。面对如此多问题的学生，试问视觉艺术教师如何处理其课堂教学？故有教这类学校的初中视觉艺术教师表示自己的课堂教学是："不大成功。未能推动全部学生积极投入创作，有些更马虎了事或破坏秩序。"这是香港教育界目前面对的恶劣境况，而事实上，这类别的学生越来越多，各学科教师所费的心力会更大。不过，初中视觉艺术课堂教学与众不同之处是：课堂学习中有很多时间是创作实践的部分，只要教师在课室秩序上管理得好，加上教学方法吸引到学生的学习兴趣，教师发挥个人独有的课堂教学艺术，配合课题的趣味性，就算喜欢捣乱的学生也会愿意去进行创作实践，有时还会有意外收获——这类学生会有好的表现，作品表达也不错。图3-30是笔者2011年一个初三学生在视觉艺术课堂上所完成的创作品。这位学生在课堂上经常与邻座同学聊天，有捣蛋破坏情况，影响其他学生上课，浪费物料之余，又不专心听课。对此，教师特用多一倍时间对该学生进行个别指导，与他建立关系，关爱他学习上的需要，分享自己的学习心得，实行生命影响生命，因而激发他思考，帮助他重拾学习上的信心，结果完成了这堂课，而且效果也不错。这可说明一点：教师的课堂教学艺术是帮助学生建立学习成效的关键。

图3-30 陈伟信，初三学生，内与外，油粉彩纸本，2011，汇基书院（东九龙），指导教师：区昌全

　　笔者也曾在学业成绩和行为稍逊的学校任教达12年时间，所耗损的精神和心力皆很大，且要用很多时间来处理学生秩序问题。事实上，在这类学校进行课堂教学是可有可无，有名无实，教师教不到要教的知识，学生学不到要学的东西，双方都有很大挫败感。但笔者自己不断地检讨和反思，认为剪裁适合他们学习的内容是成功教学的关键，学习内容必须由繁至简，继而选择和运用有效的教学方法，尤其是个别辅导方法，因为这是"视觉艺术教学的一个具体实施过程，而且是上好视觉艺术课的关键所在"[①]，跟着发展贴近他们生活的课题，加强内容的趣味性，于是，师生双方携手创造出来的课堂教学气氛，自然会变得和谐，学生的学习态度也积极进取，扭转了往昔课堂学习的颓风，踏上成功之路。由此也带出一点：教师应常自我反思、自我检讨，催我自新，必须找出切合不同学生需要的教学方法，配合个人的课堂教学艺术，才能帮助学生达到学习成效的目的。所以，笔者认为初中视觉艺术课堂教学艺术应该是具有个人风格的思想观念，一种教育思想，一种处世的态度，而明确地理解成功的课堂教学

① 朱剑红：《浅淡美术课堂教学艺术》，《考试周刊》，2010年第50期，第221页。

"不是单纯的方法问题"①。

　　以下是笔者在初中视觉艺术课堂上观察学生表现所归纳出的分类和总结，当中可能仍会有缺漏的地方，但若要再加以分类，可能会有更多不同学生的表现，难以尽录。初中视觉艺术教师的教学表现直接影响学生的学习成效。当然，有些学生无论在什么课堂上都是毫无反应，绝对跟教师的教学表现无关，这要另外计算。毕竟，学生的学习表现是受教师的教学所影响，大致上可归纳为六大类。其一，勤奋向学型。这类型学生在视觉艺术课堂上用心听课、好学、专心，留心教师所说所讲的，而且还记下课堂所学的重点，作为日后之用。这类学生不一定在视觉艺术能力方面有突出表现，有可能很好，亦有可能是一般而已，更有可能是稍逊的，但胜在够勤力进取，视学习为重要工作。教师会尊重这类型的学生，也乐意栽培他们成才，因为视觉艺术能力乃需要后天的培养。其二，悲观埋怨型。这类型学生在视觉艺术课堂上是"紧张大师"，既想用心学，但又不专心，因为对这科兴趣不大，喜与人聊天，容易受人影响；学得不好的时候，便抱怨同学搅扰自己，甚至埋怨教师教得不好，引致成绩稍逊。一次成绩不好，就怨天尤人，对学习抱悲观态度。教师对此类学生会多些鼓励，帮助他们解决学习上的困难。其三，一窍不通型。这类型学生在视觉艺术课堂上表现为被动和消极，只得一个躯壳呆坐，双目呆滞，脑袋在发呆，实质上没有听教师上课，偶尔也会有反应，但答非所问，对视觉艺术这科兴趣不大，会在课堂上做作业，但不知怎样做，自己很少主动去做，学习表现属下等。这就需要教师去耐心教导这类学生，因为他们对这科学习兴趣不大，又信心不足，故在学习表现上较为退缩一点。其四，自以为是型。这类型学生在视觉艺术课堂上的表现是自我中心，恃着自己的视觉艺术能力有些表现，便无视教师的课堂教学，在自己的座位上做自己的工作，如画自己的画，做其他学科的功课，跟同学聊天等，对视觉艺术这科虽有兴趣，但不太浓厚，会做功课和交作业，但不会太认真，遇到有兴趣的课题会用心去做。教师应让这类型学生自由发挥，耐心等候他们回心转意，借

---

① 应天蓝：《中小学艺术课教学的艺术性》，《教育文汇》，2002年第1期，第29页。

机教导和改变他们对视觉艺术学习的态度，他们是可造之才。其五，自我摧毁型。这类型的学生在视觉艺术课堂上的表现是完全放弃，既没心学习，又视学习为无前途的东西，可有可无，课堂上全程睡觉，毫不理会周边发生什么事情，对视觉艺术这科全无兴趣，更遑论要求他们有什么视觉艺术能力的表现，对要做和交的作业全不理会。为此，教师就要个别辅导这类型的学生，帮助他们对学习恢复兴趣和信心。其六，积极进取型。这类型学生在视觉艺术课堂上表现得很有心，专心致志，既对视觉艺术这科有浓厚兴趣，又对这科学习充满热忱，课堂上积极进取，主动积极投入学习，实在是课堂上的好榜样。教师特别欣赏这类型学生，无须担心他们在这科的学习，会鼓励他们多些自我学习，从中发展自己在视觉艺术某方面的长处。

总的来说，学生在初中视觉艺术课堂教学中有不同的表现，主要是因着教师如何发挥自己独有的课堂教学艺术，而达到预期中的教学效能。一句话，初中视觉艺术教师课堂教学艺术会直接影响学生学习艺术的成效。

二、课堂教学艺术如何提升学生的学习成效

20世纪80年代，香港初中视觉艺术教师只会将学生的创作品作为主要评估学生的艺术学习成果的依据，因为这可最清楚见到学生在学习后有没有明显的改变，如对主题的展示与回应、个人意念的表达、视觉语言及结构形式的表现，以及技巧的演示等，都可通过学生的创作品引证。20世纪90年代，初中视觉艺术教师会较重视学生作品集（Student Portfolio）中的资料搜集，配合学生的创作品而评估学生的整体学习成果，这点较以前的方式更为开放和宽广，评估学生的表现也趋多元化。现行初中视觉艺术教师会因应新课程纲要指引的要求，着重评估学生的"学习过程"（课堂学习表现是其中一部分），作为评估学生学习成果的一部分，当中"指引"提出，"视觉艺术学习的评估，主要涉及学习过程和学习成果两方面"[1]，这可理解为：评估学生在视觉艺术的表现不再只是依赖学生的创作品，而

① 香港课程发展议会：《艺术教育学习领域：视觉艺术科课程指引（小一至中三）》，政府物流服务署，2003，第36页。

是他们的整个学习过程，可见香港视觉艺术科的评估是多元化和多样性的。

前文已讨论过学生在初中视觉艺术课堂上有不同的表现，也分类和总结了学生的表现，但事实上，学生的不同表现是因着教师的课堂教学艺术，它影响了学生的学习成效，促进学生的学习成果，他们之间关系紧密，互为紧扣。另一方面，现今香港视觉艺术科评估的概念已跟以往的不一样，起了变化，视觉艺术教师不得不改变过往的固有观念，重新建立新的评估概念——"学习过程"和"学习成果"——作为理解学生的课堂表现。所以，教师在教学过程中要通过不同而有效的教学方法，配合个人的课堂教学艺术，加强学生的学习成效，促进学生的学习成果卓越发展。于此，教师必须经常检视和加强自己的课堂教学艺术，帮助学生在课堂上学习之余，也须促进他们的学习成果。这点乃初中视觉艺术教师不得不正视的问题。既然现今香港视觉艺术科评估重点在于学生的学习过程和学习成果，那就必须对评估范畴有清晰的了解，才能明白教师的课堂教学艺术怎样促进学生的学习成效。

根据现行香港视觉艺术新课程纲要指引，评估学生"学习过程"是指："它包括课堂和课外的学习，重点集中在评估学生的共通能力、学习态度及艺术评赏与创作的过程。视觉艺术创作过程评估的重点，主要是学生在视觉艺术上的表现能力。"①就这点看，视觉艺术的学习很着重学习过程，是学生自己个人在学习过程中共通能力的发展、学习态度的培养等等。他们在学习过程中能否发展共通能力、培养学习态度，完全依赖于教师课堂教学的表现——是否剪裁适切学生能力的学习内容？是否选择及运用有效的教学方法，从而提高学生的学习成效，促进学生的学习成果？是否发挥课堂教学艺术去激发学生学习？可见教师课堂教学表现极为重要，它与学生学习成果有着密切的关系。一句话，学生在"学习过程"中的一切表现都是评估的范畴。其次，新课程纲要指引中对"学习成果"有这样的解释："本课程指引的编订主要以视觉艺术学习为重点，因此学生在视觉艺术的整体学习成果应占较大的评估比重。评估重点为视觉艺术表现及批

---

① 香港课程发展议会：《艺术教育学习领域：视觉艺术科课程指引（小一至中三）》，政府物流服务署，2003，第36-37页。

判性理解的素质。评估内容包括学生创作的单一视觉艺术作品，或经由多种学习形式综合而成，并以视觉形式为立足点的作品，及口头与文字对艺术品的回应。"①就这点看，评估学生视觉艺术的学习均是全面性的，并非只是单方面评估学生的制成品，乃是学生通过对自己的创作品进行综合展示而做出评估，例如：通过说话表述他们的思想观念、对创作主题的理解、对物料的选择与应用、对技巧的演绎、所搜集的资料等等。学生在创作自己作品的时候，教师的个别指导相当重要，教师的个人学养、生活体验、人生阅历等都会因跟学生的接触、讨论、分享而影响学生的思想，以至创作意念和他们最后的学习成果。这正显示了教师个人课堂教学艺术魅力的影响性。为促使教学效能与学习成效，教师会因课题、学生、内容等调整教学方法、教学过程，而不会用一个固定的模式，因为不同学生有不同的需要，这正是学习差异的问题所衍生出来不同的学习成效。所以，初中视觉艺术教师必须要"引导学生对生活多观察、多思考、多动手，建构合理、动态、发展、多元、开放型和创造性的教学方法"②，才能激活学生的创作，才能促进和提升学生的学习成效。总之，初中视觉艺术教师课堂教学艺术最后会直接影响学生的学习成果。

现行香港视觉艺术新课程纲要指引的方向是切合社会需要，紧贴现今教育的发展的，尤其是对提升学生学习的原则较有前瞻性，如"培养学生学会学习的能力、引发学生主动学习、运用实践知识和经验于生活中"③这三项，其实是学生初中视觉艺术课堂学习中较长远的目标，也是学生的最终学习成果。即学生学习成果非单指学生完成创作品，而最终是培养学生自主学习（Self-learning），是一种内化的推动力，在于驱使其发展至其他不同的能力表现。学生能够培养和发展自主学习的能力，是学习成果的最大目标。在资讯爆炸的现代社会，视觉知识泛滥，充斥在我们生活范围里，只要步出门口，便可接收不同的信息。所以，学生获取知识的途径非

① 香港课程发展议会：《艺术教育学习领域：视觉艺术科课程指引（小一至中三）》，政府物流服务署，2003，第36-37页。

② 张银龙：《中学美术教学方法琐谈》，《安徽教育》，2011年第2期，第56页。

③ 同①，第28页。

常广阔，不仅仅是教师在课堂上的传授，而是"要掌握选择知识信息的方法，学习的核心任务就是使学生学习的方法"①，这就清楚地表明了学生的学习成果实质是掌握学会学习的方法，并非是制作一件创作品那么简单，而是一种能力的培养，一种内化的推动力的衍生。事实上，自主学习是帮助学生发展视觉艺术能力，因为优秀的艺术创作是很个人化的，具有独特的思维角度，于是要具备这些条件，"学生需要独立的、个性化的学习，要有好的内部控制，意识到自己的需要、情感和态度，以及自身与周围环境的关系；能够有效地控制自己的学习、训练"②，所以，自主学习正好是学生艺术创作表现的学习成果，是学生在中学阶段自然促成的。作为初中视觉艺术教师可以怎样配合发展学生学习的能力？基本上，是要依仗视觉艺术教师课堂教学艺术的吸引力和感染力，学生通过教师的教学艺术帮助自己发展学习的方法，顺应自己成长阶段的需要，"让学生学得更主动，让他们在学习中充满好奇心与求知欲"③，以至成为一种推动力去发展其他的能力。

学者程明太提出三种学习层面，一是"'接受式学习'，二是'体验式学习'，三是'探究式学习'"④，这三种学习层面均可激发学生学习能力的发展。不过，程明太的说法是单指一般学习，仍有不足的地方，未能全面涵盖所有学科特色。但对初中视觉艺术教育而言，可从另外的角度进行理解，这会更切合学生在视觉艺术方面的学习需要，培养学生的学习能力。那么，初中视觉艺术教师可以怎样配合发展学生学习的能力？笔者认为学生在初中视觉艺术课堂必须经历五个学习层面，分别为：一是"单向性学习"；二是"模仿性学习"；三是"双向性学习"；四是"经验性学习"；五是"自发性学习"。只有"自发性学习"是全部由学生自己通过观察、体验、讨论、分析、整理后自主建构知识，而无须借助教师的指导，跟第一种"单向性学习"全由教师指导的不一样。这种"自发性学习"学

---

① 程明太：《上海课程改革中的艺术课程发展及其教学》，载《艺术综合教学探究——课程研究/课例与评析》，上海教育出版社，2007，第17页。
② 尹少淳：《初中美术教学策略》，北京师范大学出版社，2010，第72-73页。
③ 同上。
④ 同上。

习模式是经过教师从第一层面发展至第四层面，而最后演变出来。这是真正培养学生在视觉艺术方面学习的能力。不过，从调研归纳所得，最多香港初中视觉艺术教师选用的方法是第一至第三层面的"单向性学习""模仿性学习"和"双向性学习"；而第四层面的"经验性学习"，则较少教师会采用，乃是因为这个层面的学习需要一般颇为自律的学生才可进行。基本上，现行香港初中视觉艺术教师普遍先对学生进行"单向性"教授工作，后由学生自行"模仿"，从中体验和经历，继而"师生"和"生生"双方互动而产生"双向性学习"。如果学生较为积极主动，便可发展至自行探索，进入"经验式学习"。这实在需要教师个人独有的课堂教学艺术的配合，感染学生，让他们可以自己驾驭学习；若教师认为学生可以自己学习的时候，便会让他们自主学习，而发展至最后第五层面"自发性学习"的模式。总而言之，香港初中视觉艺术课堂教学中，教师多会采用"单向性学习""模仿性学习"和"双向性学习"三种模式进行教学和学习，这是因为大部分学生的学习态度较为被动，欠缺一份推动力；只有对视觉艺术科有兴趣的学生才会自发地花时间去体验、探索、搜寻有关学习上的资料，继而发展"经验性学习"，最终达至学会学习的自主学习模式。能够发展至"自发性学习"这种学习的模式，除了学生本身对这科有兴趣之外，最重要的还是教师课堂教学里所发挥的教学艺术——一种推动学生积极参与学习的作用，让学生从中学习知识和技能，促进他们的学习成效，帮助他们达至这科学习的成果。

第四章

完善香港初中视觉艺术
课堂教学艺术的方法

　　第三章已讨论了关于初中视觉艺术课堂教学艺术与教学实现的相关性，当中引用调研的资料分析讨论香港初中视觉艺术课堂教学情况，作为例子引证，也有涉猎讨论初中视觉艺术教师的职业素养与发展课堂教学艺术的关系，更有讨论教师的课堂教学艺术与教学内容、教学设计及学生学习成效的种种关系，体现教师课堂教学艺术的重要性。这种种讨论都可证明一点：教师是教学的命脉、生命的塑造师、教育的灵魂；没有教师便不能成就教学，学生学不到知识，教育不会进步，社会会倒退，人类智慧会被封闭。因此，每个学科教师在教学中都扮演举足轻重的角色，其课堂教学艺术是引发学生知识的泉源，激发他们学习达到成效的重要元素。以初中视觉艺术教师为例，他们需要不断地创新、发展、改善、构建自己的学科教学知识，才能完善自己的教学，贴近社会发展的脉搏，不断地培育学生，为未来视觉艺术教育的发展而努力。这是因为视觉艺术教师在教学工作中有着激发学生创意思维的重要使命，必须要不断催我自新，才可以感染周围的学生。凡此种种，视觉艺术教师都必须建构一套"完善初中视觉艺术课堂教学艺术的方法"，从而帮助发展自己的专业，提升教学效能之余，促成学生的学习成效。究竟"完善初中视觉艺术课堂教学艺术的方法"是什么？它里面包含了什么？为什么要构建这么一套方法？它对教师和学生有什么好处？于此，笔者继续引用从调研所得的资料，深入浅出地对"完善香港初中视觉艺术课堂教学艺术的方法"做一个讨论和分析，找出方法完善本章所提出的问题。

第一节　构建"自我反思"的观念

　任何学科的课堂教学都可变得活泼生动、变化多端、引人入胜，并具有意义性和价值性的成效，这要视乎教师怎样设计教学，怎样发挥自己的课堂教学艺术，而能达至课堂教学的实效性。视觉艺术课堂教学跟一般语文和科学课堂不一样，具自己独有特色，乃通过大量的视觉图像展示教学内容、激发思维意识，以及以特殊的技巧表现学科特色，更重要的是展现了教师个人独特的教学风格，散发教学魅力，表现自己的课堂教学艺术。事实上，视觉艺术教师在课堂教学上比其他学科教师占尽优势，尤其是初中视觉艺术教师。为什么？因为他们运用大量视觉艺术信息，刺激学生的视觉思维，让他们的思维蠢蠢欲动，渐渐地，学生的思维变得活跃起来，从而构建视觉知识，通过技能表现出来，发展独有的美感情意。所以，初中视觉艺术教师课堂教学要吸引学生，达到课堂教学成效，最重要的是教师必须具备自我觉省的能力。例如：当初中视觉艺术教师发现有部分学生在课堂上昏睡，有部分学生却在闲聊，并不专心听课，这是什么原因？是不是发现这样的问题都置身事外，继续讲课，这是教师应有的态度吗？何不对自己教学进行检讨，找出原因，改善教学？这种积极性和催迫感对自己教学和学生学习都有好处，这是作为教师应有的职业素养。"自我觉省能力"是每个教师都必须要具备的，切不可欠缺，不肯面对自己教学的问题，这是一种消极的处事态度。因此，初中视觉艺术教师要经常对自己的课堂教学做出自我检讨，从课堂观察所得找出问题，积极解决教学的问题，乃是构建一种"自我反思"（Self-reflection）观念的催化作用，一是对自己的教学进行自我完善，二是发展专业化职业素养。事实上，"自我反思"观念对任何学科教师都十分重要，它是建立教师专业素养的途径，是提升自己教学能力的推动器。所以，"自我反思"最基本的内涵是构建观念，这是发展自己教学能力的重要指标。

　　笔者在第二章已揭示陈述观点——视觉艺术教育是一种关爱生命教育，即"生命影响教育观"。这个结论是基于"自我反思"的成果。于此，再提出确立"自我反思教学"的观念。简言之，笔者主张的教学观念和思想是"自我反思观"。作为一个重要的教学理论——"自我反思观"，是笔者多年来在自己教学上研究的成果，也是在教学工作方面进行验证实践的一套自我觉省的方法，并反复实验后而成为一套提升自己教学艺术的途径，亦是一种自我专业化教学艺术提升的方法。所谓视觉艺术的"自我反思教学观"是指视觉艺术教师随时对自己课堂教学而催迫反复剖析诉求完善创造性提升教学成效的教学主张。也就是说，"自我反思观"是任课教师针对自己课堂教学的强弱分析，提出问题，并进行检讨，在自我不断反复检讨的过程中，探究改善对策，提出方案，随方案做出教学上的修订，并进行自我完善，提升自己专业化的教学。"自我反思教学观"的核心理念是自行催迫创造教学。其观念与现今教育研究方向甚为普遍采用的"行动研究"相类似，都是自我完善的观念或方法。究竟香港初中视觉艺术教师普遍有什么方法去完善自己的课堂教学艺术？他们对"自我反思"的观念有多少程度认识？"自我反思观"是一套怎么样的自我检讨的方法？它又如何帮助教师完善自己的课堂教学？本节对此等问题有深入浅出的讨论。

一、自我反思观于课堂教学艺术的重要性

　　前段已简单交代"自我反思观"的基本概念，它对教师完善自己课堂教学艺术具有重要的影响力。它为何那么重要？事实上，任何学科的教师，只要长时间浸淫在教育工作行列里，都会慢慢满足于教学现况，对多年准备好或积累已久的教材资料，很少会翻新，进行修葺，以至增删修订，加上在课堂教学上得到学生的认同与接纳，其他教师的赞许，"无暇也不想做教学研究，最后导致在教学日益模式化的同时自己也沦为教师

匠"①，没有"自我反思观"的催迫，教学怎会进步，这是教育界一个普遍的现象，"教师老化"也是全球教育界一体化的情况，香港教育界也要面对这个问题。普遍来说，年资越久的教师，资历越深厚，职级也会较高，也许主要负责行政和管理学校的工作，重点不在教学，自然对前线教学工作会较为生疏，加上又没有"自我反思观"的推动，在这种情况下，试问教学工作怎会进步，学生有进步吗？所以，作为教师，不论在任何岗位上，都要有一种自我完善的催迫推动力，建立"自我反思观"，不断检视自己的教学工作，自己的课堂教学艺术，催促自己教学的专业化，才是教师在职业素养上应有的本质。

近年来笔者经常出席不同的关于视觉艺术科的教师研讨会、工作坊、分享会等，都是关注课程改革的内容，新课程的适应等问题。在聆听教师的分享时，他们对于"课改"抱着悲观、消极的态度，也埋怨香港政府的不仁道，从不体谅教师的工作压力，加上要面对"课改"新课程的准备和教学工作，实在透不过气。笔者明白他们的情况和感受，因为自己也是面对和承担同样的压力，眼见很多视觉艺术教师都因为这样的问题，有点儿想放弃。事实上，一个课程用了十多年，习惯了当中的模式，真的不想改变，要改变的话，真的需要一份勇气，一份牺牲精神。笔者虽然身为其中一分子，却有另一番体会：压力叫人痛苦，却培养人的适应力，催促人进步，发展人自我反思。因为"要做一个合格的专业视觉艺术教师，反思与研究能力必须予以强调"②，正是这种自我反思的推动力，教师才会进步，才走向专业化地位。香港初高中视觉艺术教师所面对的情况，就是笔者在前一段所引述的情况，大部分教师都是浸醉于安逸的教学工作，尤其是初中视觉艺术教师，他们对自己教学工作较少催我自新，欠缺自省能力、自我反思。所以，研究认为香港初中视觉艺术教师缺乏"自我反思"的概念，对自己的教学较少进行系统性的自我检讨，这是遏止香港初中视觉艺术发展素质教育的原因。为什么会这样？究其原因，一方面初中视觉艺术教师学校工作忙碌；另一方面，他们欠缺"自我反思"的观念和推行的动

---

① 王福阳：《综合艺术课程与教学论》，高等教育出版社，2008，第217页。
② 同上。

力，导致香港普遍并不重视初中视觉艺术教育的发展。正是这缘故，香港初中视觉艺术教师对自己的课堂教学并没有习惯进行系统性的"自我反思"，只是多以口头讨论和汇报为主，有些甚至从不检视自己的教学，绝少理会自己教学上的问题。不过，课程改革所引发"新课程"之出现是改善香港视觉艺术教育发展的契机和新希望，它促使教师教学的专业化，让教师检视自己教学艺术所发挥的作用，以至课堂教学的实效性，学生学习成效的跃升，学生学习成果的肯定等，将为香港视觉艺术教育来一个大检阅。

香港视觉艺术新课程的出现虽然催促了教师教学的专业化地位，可是却没有清楚表示教师应如何提升自己教学专业化的途径，是"新课程"不足的地方。其实，在前文已清楚交代教师要达到教学专业化就必须对自己的教学工作进行自我反思，这是一种提升和完善自己的方法。只是，新课程未有涵盖这方面的资料。相反，我国2001年颁布的《全日制义务教育〈美术课程标准〉（实验稿）》评价建议中提出，"强调美术教师对自己教学行为的分析与反思。建议美术教师在每一单元教学结束后，记录教学体会、教学成果以及需要改进之处"[1]，从这点可以看出我国的美术教育课程的思路较为宽广和全面，能照顾学生的需要和教师教学的专业发展。两者相比，现行香港新课程纲要指引的思路就相对较为狭窄，对教师专业化发展的方法则较为忽略。因此，现行香港视觉艺术新课程纲要指引仍有很多不足的地方，需要向其他地方学习和取经。

香港初中视觉艺术教师因普遍缺乏"自我反思观"，因而就没有一种"自我反思"的推动力而对自己教学进行检讨。一句话，"自我反思观"是一种教育观念，而"自我反思"是一种检讨方法，前者发展后者，两者关系非常密切。究竟什么是"自我反思"的检讨方法？"自我反思"于课堂教学艺术中有什么的作用？美术教育学者尹少淳认为，"'自我反思'是对过去的经验回顾和思考，因而有一种以经验中学习的过程"[2]；从实际角度

①中华人民共和国教育部：《全日制义务教育美术课程标准（实验稿）》，北京师范大学出版社，2008，第30页。
②尹少淳：《美术教育：理想与现实中的徜徉》，高等教育出版社，2005，第268页。

看，"自我反思教学观"是视觉艺术教师对自己教学工作的一个全面检视的教学思想，当中包括：教学设计的思路与方向、教学目的的厘定、教学方法的选择与运用、教学内容的适切性、教材教具与教学内容的配合、教学评估的方法、教学过程等等，通过对这些不同范畴的内容进行检视，从而提出应该改善和修订的地方，借此提升自己教学的专业化水平。所以，"是否具有反思与研究的意识与能力，是区别专业人员与非专业人员的重要标准"①，这是作为初中视觉艺术教师专业人员必须要有的条件之一。其实，我国2001年的《全日制义务教育〈美术课程标准〉（实验稿）》中强调"美术教师对自己教学行为的分析与反思"，这已清楚提出对美术教师的要求，就是不断地提升自己，追求卓越，可见"自我反思"对提升教师教学素质和建立课堂教学艺术的重要性。姑勿论香港新课程纲要是否清楚列明对视觉艺术教师有这样的要求，但作为教师，都必须具备这样自我觉省的"自我反思观"，继而发展"自我反思"的能力（Self-reflective Ability），从而不断完善自己教学的工作，提升学生的学习效能。事实上，"视觉艺术教师研究能力首先是表现为对自己的教育实践和周围发生的教育现象的反思能力，对日常工作保持一份敏感和探索的习惯，不断地改进自己的工作并形成理性的认识"②，这是一种从"自我反思观"发展而来的"自我反思"能力，于是视觉艺术教师并非只是关心本学科的问题，而是牵涉到教师对"周围发生的教育现象"的反思能力，以至全球教育发展的情况，都需要有敏锐的触觉。

为什么初中视觉艺术教师的"自我反思"对课堂教学艺术那么重要？首先要了解一点，"自我反思"是一种较为开放的自我检讨方法，教师必须要有"自我反思观"的教育思想，才可以发展"自我反思"的能力。事实上，初中视觉艺术教师建立"自我反思"能力，一方面可以针对自己的教学问题，做即时处理；另一方面，能帮助教师构建一个全面检视教学工作的概念，不单是对自己教学设计的一个整体重温，甚至是对自己教学实践过程中的每一细节都有检讨的机会，如教学方法的选择与运用便是，是对

---

① 王福阳：《综合艺术课程与教学论》，高等教育出版社，2008，第217页。
② 同上。

教师发挥了实际和利益性的功效。因此，"自我反思"对教师来说是一个360°的自我完善方法，对自己课堂教学艺术的发展与完善尤为重要。例如：初中视觉艺术教师怎样用最有效的方法去改善学生课堂学习上的问题？用什么教材可以帮助学生学得更好，更容易理解教学内容？通过"自我反思"可以帮助教师去改善以上教学的问题；另外，也可改善和加强自己课堂教学艺术的发挥，如怎样配合教材去感染学生积极参与学习，进而修炼自己的教学艺术，散发魅力与吸引力。因此，"自我反思"在教师专业发展中扮演重要角色，起着催化作用，是教师教学素质必需条件。还有，初中视觉艺术教师在"自我反思"的过程中通过"反思日志"所记录的资料非常重要，Labercane（1998）认为"他们高度反映了教师在教学过程中的最重要时刻（Critical Moment）"[①]，是教师发展成为"自我反思"实践者（Reflective Practitioner）的必经阶段，踏上专业发展的成功路。

　　事实上，初中视觉艺术教师可以在教学前、教学中和教学后三个阶段进行"自我反思"。首先，香港初中视觉艺术教师应努力在教学前的准备工作中顺道进行反思，通过之前的课堂教学而做出检视，找出教学上的问题；又或一间学校有两位视觉艺术教师以上，在大家都会有讨论和表达意见的时候，予以反思，分享教学过程中遇到的问题，为以后的教学做好准备。这一阶段的反思具有前瞻性，"能使教学成为一种自觉的实践，并有效地提高教师的教学预测和分析能力"[②]，这对教师的教学起着催促作用，有助于加速教学效能。如果一间学校只有一位视觉艺术教师的话，教学前"自我反思"的工作，应该会更少机会进行，除非教师有较强烈和主动的"自我反思观"，才有动力去进行教学前"自我反思"的工作。因此，这类教师就更应在教学后才进行"自我反思"，尤其是评估学生学习成果的时候。事实上，越少视觉艺术教师的学校就越难进行"自我反思"的工作，这是教师对教学专业化概念未够清晰和欠缺一股自我觉省的动力之故。所以，视觉艺术教师更应确立 "自我反思教学观"，并实践之。其次，主动

---

① Labercane G D, Last S, Nichols S, Johnson W. *Critical Moments and the Art of Teaching*, In: *Teacher Development*, 1998, pp. 191-205.

② 王福阳：《综合艺术课程与教学论》，高等教育出版社，2008，第273页。

确立在教学中的自我反思观念。香港初中视觉艺术教师教学和行政工作十分忙碌，加上要适应新课程，就更少机会在教学中进行"自我反思"的工作。所谓教学中的"自我反思"工作，就是在教学过程中遇到教学上的问题，做灵活和即时的改变，以切合学生学习的需要。其三，注重实践教学后的系统反思工作。香港初中视觉艺术教师也会在教学后进行"自我反思"的工作，但并非有系统地进行，只是一个简单的检视；事实上，这阶段需要教师具有批判性和敏感性的反思能力，"能使教学经验理论化，并有助于提高教师的教学总结能力和评价能力"[①]，香港初中视觉艺术教师是否会在教学后进行这样理性的"自我反思"工作，是一个疑问，非要有强烈主动性的"自我反思观"不可，才会进行这样系统性的工作。其实，"自我反思"工作是初中视觉艺术教师对自己的教学进行一个整体评价，帮助自我专业化发展的提升，促成自己的教学艺术发挥成效。现实中，大部分香港初中视觉艺术教师多以口头讨论或闲聊进行"自我反思"，并不以系统性的方法进行教学检讨的工作，这是因为"自我反思观"在初中视觉艺术教育中并不普遍，并非教师专业发展的方向，更何况要实践系统性的"自我反思"工作，这岂不是一种奢望？在这种情况下，香港初中视觉艺术教师教学专业化怎会有所发展？香港初中视觉艺术教师课堂教学艺术会有改进吗？课堂教学的素质会提升吗？这是举步维艰的工作。于是，香港初中视觉艺术课堂教学只会沦为一般的轻松课节、聊天课节、嬉戏课节，而不能称得上是什么学科了。所以，于此倡导确立"自我反思教学观"。

依循"自我反思教学观"，本研究也对香港部分初中视觉艺术教师予以"自我反思"的引导性研究。在所做的问卷调查中，归纳了受访者检视自己学校整体的初中视觉艺术课堂教学成效的情况，以下是有关这方面的资料。

---

① 王福阳：《综合艺术课程与教学论》，高等教育出版社，2008，第274页。

资料表（十六）　"自我反思"与初中视觉艺术课堂教学成效关系之检视

有关教师检视学校视觉艺术课堂教学成效的问题	类别	受访者回应
你认为你校视觉艺术课堂整体的教学成效怎样？	专科教师（专科学位及专科教育证书）（共20人）	·成功的
		·算成功吧
		·我认为本校的视觉艺术课堂教学成效理想，因为从学生的自评中反映了他们多喜欢创作，为校内建立了良好的艺术气氛。本校在公开考试中能获得优异成绩，并能稳定保持
		·大致良好。因同学大多对视觉艺术科感兴趣，投入创作
		·主要建立绘描能力根基，未够多元化
		·应该能引发学生对视觉艺术的创作兴趣和好感
		·成效不大。缺乏家长支持，高中学生太功利，只着重实际科目，如会计；初中学生只埋头玩电脑游戏，其他科目教师各自忙自己的教学，难以推动课堂以外的艺术活动
		·相当成功。学生喜爱这个科目，而且作品水平高；另公开试成绩卓越
		·满意，但仍有进步空间
		·不错吧。可能是因为只有两位视觉艺术教师，容易沟通及达至共识
		·学生能够从一个对设计有热忱的，转变成一个能够步入设计行列的
		·能从多角度认识艺术，学生有足够空间进行不同类型的创作
		·可以自说自话么？学生反应大都很不错
		·有些效能

续表

有关教师检视学校视觉艺术课堂教学成效的问题	类别	受访者回应
你认为你校视觉艺术课堂整体的教学成效怎样?	专科教师（专科学位及专科教育证书）(共20人)	·可以接受 ·满意 ·教学成效一般。自以"等级"作评估之后，无论家长或学生，对本科均不重视，难说成效 ·自己不断进步，教得越久，累积的经验很可贵 ·尚算可以 ·偏重应试教育
你认为你校视觉艺术课堂整体的教学成效怎样?	非专科教师（非专科学位但有专科教育证书）(共6人)	·有弹性的课堂安排，成效因不同的学生而有所不同 ·学生成就感提升 ·本校推行一人一体艺的计划，故半数以上的学生会在视觉艺术方面有较深入的发展 ·中上 *有两位受访者并没有回应这部问题

　　资料表（十六）是通过问卷调查所归纳出有关香港初中视觉艺术教师对自己学校初中视觉艺术课堂教学成效的总结，这些资料是教师通过自己非系统化①的"自我反思"方法所做的一个概略性描述。这里的"自我反思"方法跟前面所讨论的系统化"自我反思"方法不同，前者多凭记忆而做一个概略，内容有偏差；后者则通过不同工具，以文字表述做记录，目的在于辅助记忆，不致单凭记忆而影响表述内容的真实性和可靠性，提高信度和效度。从资料表（十六）内容看，差不多全部受访者都认同和肯定自己学校初中视觉艺术课堂教学的成效，虽然有些教师表示自己学校的初中视觉艺课堂教学成效不大，但他们都是正面积极的，并没有从他们的文字表述中感到他们对教学的无奈、惋惜与放弃，如"教学成效一般。自以

---

① 这里是指一些没有条理的记录，包括：零碎的记忆片段、简单的笔录、对话内容、从观察中所得的记忆等等资料。

'等级'作评估之后，无论家长或学生，对本科均不重视，难说成效"和
"成效不大。缺乏家长支持，高中学生太功利，只着重实际科目，如会计；
初中学生只埋头玩电脑游戏，其他科目教师各自忙自己的教学，难以推动
课堂以外的艺术活动"，两位教师都反映了他们的初中视觉艺术课堂教学处
境，虽处于劣势的环境中，没有人支持，单打独斗，却没有半点抱怨，仍
是硬着头皮努力教学，可见他们的教学精神实在令人敬佩。当中也有教师
更正面地表示自己学校的初中视觉艺术课堂教学成效十分理想，如"我认
为本校的视觉艺术课堂教学成效理想，因为从学生的自评中反映了他们多
喜欢创作，为校内建立了良好的艺术气氛。本校在公开考试能获得优异成
绩，并能稳定保持"，单凭这位教师的表述，了解到学生通过"自评表"
反映了他们十分喜欢创作，师生一起为校内建立了良好的艺术气氛，这是
一个教学成效的"乌托邦"（Utopia）①。肯定的是：这位初中视觉艺术教
师必然常常检视自己的教学，具有强烈的"自我反思观"，因而找出自己不
足的地方，不断地修订与改善，不然的话，学生是不会如此喜欢创作的，
可见"自我反思"对教师教学提升的重要性。事实上，这位教师是"善于
反思或者说具有反思精神的人，对自身行为的调整能力更强，因而取得进
步和成功的可能性也越大"②，要不然是达不到这样的成果的，可见这位初
中视觉艺术教师的功劳之大。因为他们创造了艺术神话，让艺术栽种和发
芽在学生、学校里，可见他们的勤奋努力为未来视觉艺术教育铺了路。这
足以证明一点：初中视觉艺术教师的课堂教学影响力很大，他们具有慑人
魅力的课堂教学艺术促成了学生的学习成效，造就了他们良好的学习成
果。所以，初中视觉艺术教师能够常常对自己的教学工作进行"自我反
思"，不断努力去改善，优化教学，追求卓越，是教师专业发展所必须具备
的条件。姑勿论受访者是否有经常进行教学上的"自我反思"，对"自我反
思观"有多少认识，但他们用心地教学，对学生所做的一切，如何让学生
学到知识，或多或少都已经进行了"自我反思"的工作。故此，他们所付

① 意思是指一个理想的国度。
② 尹少淳：《美术教育：理想与现实中的徜徉》，高等教育出版社，2005，第268页。

出的努力不会白费，是有目共睹的，学生心里是知道的。总的来说，构建"自我反思教学观"是完善初中视觉艺术教师教学素养的方法，也只有"自我反思"这样开放的观念用于初中视觉艺术课堂教学中，才可以真正发展教师教学艺术的专业化，发挥它独有的作用。

二、 自我反思观如何促进课堂教学艺术

教师要提升自己，让自己的教学变得专业化，就必须要常常进行"自我反思"的工作。这是因为教师工作的特质，就是经常与人沟通，尤其是学生，在沟通过程中，又不知有没有产生问题和误会，加上沟通的对象复杂和多变，所以需要"更多地对自己的行为做出反思，并积极地加以调整，以便与工作对象形成更为和谐的关系，促进工作对象的发展"[①]，因此，教师能够经常在自己工作岗位上进行"自我反思"，是发展自己职业专业性的途径。"自我反思"是现代教育理论所积极提倡的基本观念，是全球教育的大趋势，不少先进国家或城市都鼓励教师在自己的教学中进行"自我反思"，务求达到教师教学的实效性，学生学习的成效性。香港教育局在数年前已采用这种观念到教师评估策略方面去，目的在于鼓励教师去监察自己的教学，完善自己的教学艺术。只是香港教育局没有强行要求学校执行这样的措施，于是很多教师没有履行自己的责任，发展这方面的专业，视觉艺术教师也一样，对这方面的概念也较为薄弱。基本上，香港初中视觉艺术教师缺乏一种科研的精神，欠缺"自我反思"这方面的专业知识和动机，故此，很少会有教师认真建立一套系统性的"自我反思"方法。一般来说，只是对自己的教学与同行分享或交流些心得便是了，在他们的角度看，这已经是"自我反思"吧，只是没有"白纸黑字"证据或任何填写的表格存档记录。香港初中视觉艺术教师不是没有对自己的教学进行"自我反思"，只是他们意识不强，没有系统而已，对这方面没有深入的探讨或资料支持；因此，初中视觉艺术教师多以口头报告、用简单的文字表述等作为"自我反思"的资料。事实上，香港初中视觉艺术教师具有

---

① 尹少淳：《美术教育：理想与现实中的徜徉》，高等教育出版社，2005，第268页。

"自我反思"的精神，只是他们并非经常进行而已，又未有系统的"自我反思"制度，可是，他们却具有四大方面的特质：其一，对课堂教学有目的地、认真地对进行深思熟虑和思考；其二，思想开明，勇于尝试创新探索，并且经常乐于实践新的东西；其三，责任感极重；其四，具探索精神。这四点"自我反思"的特质是现今香港初中视觉艺术教师普遍所具备的。

以上只是对一些具有"自我反思"特质的香港初中视觉艺术教师做一个概括性的个人气质的检视，并不是说其他学科教师没有这样的特质，只是有"自我反思"的特质是香港初中视觉艺术教师较为明显见到的。所以，具有"自我反思"特质的香港初中视觉艺术教师会不断对自己的教学进行检视，因为只有这样做，他们的课堂教学才得以改善，课堂教学艺术才越趋成熟，发挥独有的作用。对于系统性"自我反思"方法，主要有以下四种方法。

（一）反思日记式方法

对一天中在课堂教学所发生的各种教育行为，如教学活动进行情况、教具运用、教学方法、学生课堂上的表现等，都会进行记录。初中视觉艺术教师通常会在课堂教学完结后撰写反思日记，并将日记保存及留档，以便日后进行教学设计时作为参考。除此之外，初中视觉艺术教师也会将个人对某课堂教学的感受或对某些人物、事情的过程笔录下来，对自己在教学阶段的工作进行描述与分析，作为个人教学成长记录，帮助日后的教学发展。笔者也建立了一套简单而又系统的"自我反思"方法，当中也有类似反思日记的东西，但名称则是"日志记录表"。这个记录表都是记录课堂教学的一切各种教育行为，目的在于"获得的反馈信息进一步修改和完善教学设计，以明确课堂教学改进的方向和措施"[①]。笔者在本文中于自己教学实践部分，除了撰写教学设计（附件六）外，还设计了课堂观察量表和日志记录表，目的乃收集资料，改善教学。笔者将自己教学实践后进行"自我反思"时所填写"日志记录表"的内容摘录如下。

---

① 王福阳：《综合艺术课程与教学论》，高等教育出版社，2008，第274页。

资料表（十七）

笔者教学实践后进行"自我反思"工作的"日志记录表"内容

日期	时间	事情
2011 年 3 月 24 日（第一节）	11:30am– 12:30pm	·中二丙班，课题为：中国字体设计 ·学生表现十分好，留心听课，积极参与讨论及其他教学活动 ·学生在分组汇报结果发表意见时，都十分愿意表达，没有半点被动 ·学生参与活动时表现投入，虽有少数学生没有投入活动，但整体上都乐意学习
		反思： ·教师可以再加插一至两个教学活动，让学生有多些参与机会和对所学的知识有所巩固 ·教师可以再有多些建议的中文字，如：一些字形结构较复杂的中文字，让做得较快的学生可以向难度挑战，以切合能照顾学生学习差异的策略 ·教师所用的教学法以"学生为中心"，可加插些资料性的内容，如中文字体的演变与中文书法艺术的关系
2011 年 4 月 7 日（第二节）	11:30am– 12:30pm	·学生对课题都感兴趣，且能将过往曾学的概念加以表达及运用 ·学生间都有互相讨论及欣赏对方作品的时候，从中学习对方所用的技巧 ·恰当运用教具教材，切合学生学习的能力
		反思： ·教师可再加入些艺术史和艺术欣赏的内容，以巩固学生对中文字设计的认识，切及 DBAE 的教学理念 ·评赏的作品未够多，创作的时间可以多些 ·教师对学生个别指导未够完善，勿太集中于某几位学生，尽可能多地照顾学习较差的学生
2011 年 4 月 14 日（第三节）	11:30am– 12:30pm	·学生在表现活动的时候都十分投入，且很有创意，能透过思想及辨别的能力，将其要表达之理念表现在其作品上 ·教师跟学生关系良好，学生都遵守课堂内的规则，也遵从教师的指导 ·学生对教师的提问都有好的反应

续表

日期	时间	事情
		反思： ·教师多加鼓励学生互相合作、互相学习、互相指导，尽显同辈之间应有相处和学习责任 ·教师可多加对学生作品的口头评语及鼓励的话，增强学生的信心

资料表（十七）是笔者教学实践后进行"自我反思"工作时所撰写的"日志记录表"内容，其中包括了课堂教学中所观察到的一切教育行为，另外也记录了关于笔者检视自己教学过程中不足的地方，这是教学反思。资料表（十七）的资料内容都是笔者经过认真反思后填写的，仔细思量教学过程中的每部分，这对于检讨自己的教学设计非常有帮助，且可以通过学生的反馈，检讨自己于课堂教学中所运用的教学艺术能否发挥功效，从而做出改善，以完善自己的教学艺术。在"日志记录表"内容中，笔者在三次教学"反思"里都有不同的体会。第一次反思的焦点会集中在教学活动次数上，以及教学活动的性质上，如：他们是否切合教学内容，切合学生能力；第二次反思的焦点集中在教学方法的使用上，如：它是否帮助学生建立对课题的认识，帮助学生建立视觉艺术能力；第三次反思的焦点集中在学生学习成果上，如：学生有没有建立自主学习的态度，教师对学生学习成效的提升等。三次教学"反思"都是从不同范畴进行检讨，而且是一种阶梯渐进式的检视，由下至上，由低至高，于是对整个教学设计进行了全面的检视。对笔者来说，实在是一种教师职业素养的发展和提升。一句话，这种系统化的"自我反思"是香港初中视觉艺术教师课堂教学艺术中一种完善的方法。

（二）教学观摩式方法

这是通过教师之间相互观摩课堂教学交流、分享一些意见、建议和共识，从而达至彼此教学成长，发展教师专业。香港初中视觉艺术教师对于观课文化的态度颇为接受和开放，差不多每一所学校都有设立课堂教学观摩制度，亦即是初中视觉艺术教师都会有教师间的观课交流，或校长（学校领导）、副校长、科主任等对初中视觉艺术教师进行观课。事实上，教学观摩已发展成熟，如同科与同科间交流，不同科之间的交流，甚至其他学校的同行教师定期进行教学观摩学习，彼此交流教学心得，目的乃"提出教学上的问题，共同研究解决问题的方案"①，营造一股教学相长的气氛，发展教师专业化的素养。笔者在进行教学实践之前，已备详细教学设计之余，并已设计好一些评估工具，如：课堂观察量表、日志记录表、访谈等，方便"同行"在观课时有所依据。教学观摩的作用一方面在于收集学生课堂学习上的表现；另一方面，通过工具让施教者进行"自我反思"，获取反馈信息进一步改善自己的教学，尤其是课堂教学艺术。这样，必然对教学素质有所提升。

（三）理论学习式方法

香港初中视觉艺术教师多受西方教育思想影响，自然会较为熟悉一些西方的视觉艺术教学理论，如"工具论""本质论""以学科为基础"的艺术教育理论、"自然方法论"等；至于教学法理论则是"体验式教学方法""议题为本教学方法""问题为本教学方法"等，以上的教学理论和教学方法都对西方视觉艺术教育有重大贡献。尤其是罗菲尔德的"工具论"和艾斯纳的"本质论"是西方视觉艺术教育的两大主流，以"人本"和"学科"为主，继而发展"自然方法论"和"以学科为基础的艺术教育理论"，影响至今。另外，"体验式教学方法""议题为本教学方法"和"问题为本教学方法"等都是近十多年西方视觉艺术教学方法的主流，目的乃发展学生的思维和自主学习的态度，值得香港视觉艺术教育借鉴。事实上，很多香港初中视觉艺术教师都有使用以上的教学理论和教学方法，目的在于"深刻理解和把握教育真谛，树立全新教育理念"②，好好发挥和实践前人所努力的成果。当然亦有些很有经验的初中视觉艺术教师较喜欢自己的一套教学理念和教学方法，不太愿意接受其他理论和方法，又不愿意对自己

---

① 王福阳：《综合艺术课程与教学论》，高等教育出版社，2008，第274页。
② 同上，第275页。

的教学进行自我反思，结果只会让自己的教学不进则退，不能与现今的教育同步，窒碍香港视觉艺术教育的发展。其实，初中视觉艺术教师学习新的理论和方法与自己的教育理念和行为比较，从中分辨优劣，乃是一种"自我反思"的行为，这是在于"矫正自身的理念与行为并使之符合理论要求"①，从中让教师不断自我完善，不断提升自己的教学专业，发展和研究出更具创新性的教学方法。由此可见，初中视觉艺术教师学习教学理论是自我提升的一种方法，也是帮助教师发展自身课堂教学艺术的最佳途径。

（四）访谈交流式方法

初中视觉艺术教师在课堂教学过程中和课堂教学完成后，可以与学生进行简单的对话或访谈，目的在于搜集学生在学习过程中的意见、感受，从而对自己的教学进行检讨，改善教学。这种方法是初中视觉艺术教师进行自我反思普遍所用的，一方面学生与教师闲聊，学生乐意接受，不会太形式化，也来得自然，没有压力；另一方面，教师也可通过与他们的对话或访谈，对他们有更深入的了解，了解他们的喜好、兴趣、能力、生活习惯等。于是在下次构想教学设计的时候会剪裁更合适他们的学习内容，选择适切他们学习需要的教学方法，借此来提升他们的学习成效，促进他们的学习成果；再者，教师发现教学问题，可以立即改善，避免重蹈覆辙。一句话，初中视觉艺术教师可以通过与学生对话或进行访谈来提升自己的教学和完善课堂教学艺术，达到卓越的效果。

初中视觉艺术教师运用系统化的方法来对自己的教学艺术进行"自我反思"，目的在于收集信息，改善自己的教学，追求一套完善课堂教学的方法，形成具有个人风格的视觉艺术课堂教学艺术。

---

① 王福阳：《综合艺术课程与教学论》，高等教育出版社，2008，第275页。

第二节　完善初中视觉艺术教师的教学素养

设立"专科专教"（Professional Teaching）应是一个完善理想的教育制度，是成就和完善教师教学素养，也是提升学生专科学习成效的体现，即专科教师负责专科知识的灌输，例如：中文教师专责中文教学，视觉艺术教师专责视觉艺术教学，目的在于培养学生学科的专业知识和技能，这样的安排应是最有效能和最为省时省人力资源的做法。事实上，香港有需要重视完善初中视觉艺术教师的教学素养，这是因为初中视觉艺术教学非"专科专教"是香港视觉艺术教育由来已久的问题，是窒碍香港视觉艺术教育发展的绊脚石。香港的教育很特别，可以接受非"专科专教"的教师，如学校的文化、学校的制度、学校的编制、学校的资源等等，都是产生非"专科专教"的教学现象。例如：某学年学校聘请不到初中视觉艺术教师，于是只有让非专科教师任教，由有关专科教师充当"导师"，教导这些非专科教师成为"专科教师"，正是边学边教。又如：某学年学校人力资源收缩，为节省开支，各学科教师除了要教自己所属学科之外，还要兼任其他学科的教学工作，试想想教师的专业教学素养可以发展理想吗？学生在非专科教师的教导下可以学得好吗？可以提升学习成效吗？如果这样行得通的话，试想教学的素质会怎样？倒不如就随意安排教节，任由教师拣选自己喜欢教的科目，这样可行吗？找一个体育专业的教师去教视觉艺术，可以吗？这些情况都是未能切合"专科专教"的制度而肯定教师专业素养资历的错误决定。作为负责任和管理学校人力资源的行政人员，必须要重视完善教师教学素养的要求，以提升学生的学习成效。如果学校重视完善初中视觉艺术教师的教学素养，学生在视觉艺术上的发展必然有所提升，能够维护他们学习上的利益，帮助和推动发展视觉艺术教育，意义重大。一句话，重视完善香港初中视觉艺术教师教学素养是发展视觉艺术教师专业地位的途径。

事实上，香港仍有不少的中小学校并非是专科专教，而是按教师的兴趣来分配教学工作，尤以小学情况较为严重，一些非主流科目如视觉艺术、体育等，都会由一些非本科的教师任教。中学情况也差不多，但略为好一点的是：专科教师充裕，资源许可，尽可能做到专科专教。不过，在20世纪70至80年代，很多中学初中级别的视觉艺术课堂是由非专科教师任教，只要是有兴趣和有视觉艺术表达能力①的便可充任，一方面因为这科的专科教师不多；另一方面，校方不会投放大量资源发展这门一向被视为边缘的学科。直至20世纪80年代末期，中学的视觉艺术专科教师数目开始增加，非专科教师任教视觉艺术的情况减少了，达到"专科专教"的目标。这里可以证明一点：学校管理人力资源的行政人员并没有重视完善初中视觉艺术教师的教学素养，只是解决他们的行政工作而已。这是一个可悲的现象，也是对初中视觉艺术教师教学素养的不尊重，造成师资良莠不齐的情况，是妨碍香港视觉艺术教育发展的重要原因。

一、重视教师入职的学历要求

初中视觉艺术教师专业化的教学素养十分重要，因为过往学校个别政策的主导性让很多非专科的视觉艺术教师任教初中视觉艺术课堂，导致初中视觉艺术教学未够专业化，尤其窒碍初中视觉艺术教育的发展。实际上，这类学校聘用非专科的视觉艺术教师任教初中视觉艺术课堂，显而易见是对初中视觉艺术教育毫不重视，又漠视初中视觉艺术教师的专业化地位，致一般初中学生对视觉艺术课堂作为"解闷堂""聊天堂"，引致他们误解视觉艺术课堂是画画堂、手工堂，更遑论一般人对视觉艺术教育的忽略。所以，初中视觉艺术教师专业化教学素养，尤其是教师的教学艺术的发挥，能促使教学成效提高，学生的学习成果得以肯定，矫正学生对初中视觉艺术课堂的谬误。如果初中视觉艺术教师缺乏专业化教学素养，如对视觉艺术本科的经验、知识、技能和一份对专科教学的情意态度，绝不可能是一位理想的初中视觉艺术教师。所以，非艺术学科的初中视觉艺术教师要建立专业化教学素养，必须要参与职后进修，弥补他们本学科不足的

---

① 这些教师并没有接受视觉艺术的专科训练，只是懂得绘画，对艺术有少许认识，缺乏教授视觉艺术的教学素养。

知识。现代教育的观念在于"教师能否给予学生充分自主学习、探究的机会,学生在课堂上获得了充分的发展,这便是一堂好课,一堂学生学得好的课"①;在某程度上是对的,可是本学科知识仍很重要,因为它是教学的主体。现今香港初中视觉艺术教育取态是培养学生"学会学习"—— 一种自主学习的模式。正因如此,只有视觉艺术专科教师才可胜任培养学生"学会学习"的能力,只有艺术专科教师才会明白学生的学习需要,发展他们的潜能。如果在课堂教学中欠缺视觉艺术知识的培养和技能训练,还算是一个视觉艺术课堂吗?一个合符资格教视觉艺术的教师必须"具有'教学能力',不仅是对教材的把握能力、课堂环节的设计能力、相关学科领域的知识,还要学会'用教材'而不是'教教材',要学会让学生在视觉艺术活动的'热闹'中,有序、有收获地培养学习的诸种能力"②,即是香港视觉艺术课程纲要所提出的九大"共通能力"(见前言),这才是视觉艺术教师如何发挥自己所拥有的教学艺术之余,亦是体现教师专业化教学素养。

对于香港初中视觉艺术教师学历要求的问题,一般来说,只要合符教师入职要求便可,就是要视觉艺术专业学科毕业,具备专科证书或大学学位,这是满足以前和现有"专科专教"的要求。20世纪70至80年代只有香港中文大学③和香港大学④两所大学提供视觉艺术本科知识的学位课程,供有兴趣的人修读,毕业后可投身中学教师行列,但入职当视觉艺术教师的人数不多。鉴于当时的视觉艺术教师大部分由本土教育学院⑤培训,都是非大学毕业的学历,只是一般的美术与设计科专科教师专业毕业,这是教师入职中学任教初高中视觉艺术的基本要求,并不符合现有"专科专教"

---

① 王福阳:《综合艺术课程与教学论》,高等教育出版社,2008,第222页。
② 同上。
③ 香港中文大学艺术系提供以艺术创作为本的学位课程,如中国水墨画、西画、雕塑等。
④ 香港大学艺术系提供以艺术史、艺术理论为本的学位课程。
⑤ 于30世纪末之前,香港的师资培训工作主要由四间师范学院负责,分别是:罗富国教育学院(Northcote College of Education)、葛亮洪教育学院(Grantham College of Education)、柏立基教育学院(Sir Robert Black College of Education)及工商师范学院(Industrial and Commercial Teacher College)。至20世纪90年代中期,香港政府将四间师范学院合并成为一间教育学院,是现今香港教育学院(Hong Kong Institute of Education),全面负责全港师资培训工作,设有不同专科,包括:中文、英语、数学、科学、公民与德育、视觉艺术、音乐、体育、特殊教育、商业等科。

的学位要求方法。所以，入职中学任教初高中视觉艺术的教师必须要职后进修，取回学位资历，成为"专科专教"的合格教师。前面曾经提及20世纪70至80年代的视觉艺术教师的不足，为应付学校需要，导致有非专科视觉艺术教师的出现，其学历要求未达"专科专教"的要求，这类教师需要职后进修，来支持自己教学上的不足。

现存有关于香港中学视觉艺术教师学历的研究，就只有林碧霞于2002年所提出的有关"教师专业：美术教师的专业知识"的研究报告可作为参考。根据林碧霞从收回所发出的数百份问卷中，只有221份回应者表达自己的学历资料，有关资料如下表。[①]

资料表（十八）　2002年香港初高中视觉艺术教师学历调查表

美术学位学历	教师教育学历				总数
	0	1	2	3	
0	8	61	13	1	83
1	39	54	38	2	133
2	1	0	3	0	4
3	0	1	0	0	1
总数	48	116	54	3	221

上面是林碧霞于2002年对香港初高中视觉艺术教师所进行调查的学历统计资料，事实上，如果以香港现有约一千名中学视觉艺术教师来计算，对于林碧霞所发出的问卷只有221位教师有回应，实质上回收率是22.1%，刚好是1/5视觉艺术教师的数目。虽然这个数目不足以代表全香港视觉艺术教师的学历，但林碧霞的统计资料却是有代表性，所显示的资料也反映香港视觉艺术教育状况。不过，从资料可以推论出一点：香港初高中视觉艺术教师的学历要求渐趋专业化，以"本科专业知识为本，教育知识为辅"，拥有本科知识的初高中视觉艺术教师达96.38%，这样高的比率足以

---

① 林碧霞：《教育专业——美术教师的专业知识》，香港美术教育协会，2002，第36页。

证明香港初高中视觉艺术教师的学历要求已达本科知识化水平，也具专科教学素养，是笔者引用林碧霞的统计资料作为引证的原因。从上表的统计资料看，截至2002年，既没有"美术学位学历"，又没有"教师教育学历"的教师共有8位，这是非专科视觉艺术教师，占3.6%；没有"美术学位学历"，但有1个"教师教育学历"的教师共有61位，占27.6%；至于最低学历要求是1个"教师教育学历"或以上的教师共有213位，这个数字已包括最少有1个"美术学位学历"而没有"教师教育学历"的教师，具本科知识专业化比例是96.38%，这是一个学历要求相当理想的数字，只有3.62%未符合最低学历要求，足见初高中香港视觉艺术教师的学历要求已本科化，这是一个大趋势，也是香港政府十多年努力重视完善初高中视觉艺术教师教学素养的成果。同样地，笔者所发的问卷调查也有相关的资料，在回收的26份问卷中，有一项是统计香港初中视觉艺术教师的学历资料，现将有关资料摘要如下。

资料表（十九）　香港初中视觉艺术教师的学历资料

数目	视觉艺术本科学位学历	非视觉艺术本科学位学历	教师教育学历			
			0	1	2	总数
0	0	0	0	0	0	0
1	20	6	1	25	0	26
2	0	0	0	0	0	0
总数	20	6	1	25	0	26

从资料表（十九）所得的结果知道，截至2011年，香港初中视觉艺术教师的学历要求已是100%视觉艺术本科教师教育学历，即非学位资历；换言之，在回收的26份问卷中，全部教师已达入职中学视觉艺术教师最低学历要求，即是拥有最基本的由香港教育学院所颁发的视觉艺术科专科教师证书。至于在获得视觉艺术本科学位学历方面，已达76.9%，只有23.1%是非视觉艺术本科学位学历，但整体上获得学位学历的视觉艺术科专科教师达到100%（具有视觉艺术本科学位学历或视觉艺术科专科教师证书），比

起林碧霞2002年所做的统计资料，当时持有学位学历的视觉艺术专科教师只有62.45%（具有视觉艺术本科学位学历或视觉艺术科专科教师证书），跟笔者所做的100%比较，已超出了37.55%，可见香港现行初高中视觉艺术教师的学历要求已达一个专业化水平。不过，林碧霞的研究较为大规模，受访者数量较多，反观笔者所做的规模较少，受访者数量也较少，难以比较。但有一点值得参考的是：两份研究的价值都是正面和令人鼓舞的——香港初高中视觉艺术教师的学历越来越专业化和本科化，素质优秀，应是解决了师资良莠不齐的问题，无怪乎香港视觉艺术教育的发展是一片光明的，与世界视觉艺术教育同步。

初中视觉艺术教师拥有专业化的教学素养是他们在本科努力学习的成果，因此，本科专业知识是构成初中视觉艺术教师的学历要求。任何学科教师都要有一定的学历要求，例如：学科知识、学科技能、学科教学知识、教师道德操守、教师教学情意、教师教学技能等等，初中视觉艺术教师也不例外。笔者就前三项专业化教学素养做详细讨论，后面三项有关教师个人的教学素养不会讨论，因本研究的第三章第一节已详细讨论过，故本节内容不会重复冗赘。初中视觉艺术教师拥有"学科知识"和"学科技能"是必须要的，而且是要"通晓所教学科本体知识所涵盖的视觉艺术基础知识和基本技能，对自己所教学科的全部内容有较深入的了解"[1]，于是进行初中视觉艺术课堂教学的时候，会较为容易掌握，也能恰当地发挥自己的课堂教学艺术，提升教学效能。现行香港视觉艺术课程纲要指出"学科知识"或视觉艺术基础知识主要包括两方面：其一，视觉艺术知识。这包括视觉语言的含义、视觉元素的意义和类别、组织原理的意义和类别等等；另外，视觉艺术形式、媒介、技巧、物料的知识，如最新的视觉艺术形式和媒介的类别与发展，也是视觉艺术知识的范畴；还有，通过社会、历史和文化情境学习和欣赏视觉艺术；最后，通过学习和欣赏视觉艺术，培养美感素质，建构美学的知识，也通过美学的知识探讨艺术的本质、特

---

[1] 香港课程发展议会：《艺术教育学习领域：视觉艺术科课程指引（小一至中三）》，政府物流服务署，2003，第28页。

质、意义和价值，如什么是艺术？艺术作品价值何在？其二，视觉艺术评赏。通过描述、分析、解释及判断不同艺术品在不同的社会文化和历史情景中的价值，是"浸透着人文精神的一种不间断的无止境的探究与完善过程，它要求教师具备丰富的人文知识以及对历史、社会、文化的深刻洞察力，具有深厚的文化底蕴"①。学习不同的艺术评赏和美学理论，对中国艺术发展史、中国艺术史重要的艺术家及其代表作品、中国当代艺术家及其代表作品有所理解；也对西方艺术发展史、西方艺术史重要的艺术家及其代表作品、西方当代艺术家及其代表作品有所理解。所以，初中视觉艺术教师的"学科知识"涉猎面很广泛，不可能单是局限在本科知识领域，而是要广博，与本科相关的文化知识也必须要学习。

另一方面，初中视觉艺术教师也必须掌握"学科技能"，它也包括了多方面。其一，视觉艺术技法理论。初中视觉艺术教师对于一些视觉语言和组织原理的运用必须要有深入的认识，而且能熟练地掌握其中的道理，如它们与构图法则的关系，与色彩观念的关系，与组织形式观念的关系等，都是视觉艺术技法理论的要素，能够掌握这些视觉艺术技法理论，教师自然能配合自己这方面独有的课堂教学艺术，发挥其作用，体现专业化教学素养。其二，视觉艺术基础技能。初中视觉艺术教师必须掌握视觉艺术基础技能，如速写、素描、绘画、设计、摄影、书法、手工艺，及其他相关技能，才能通过教学示范展演给学生。其三，艺术表现媒介的认识和应用。初中视觉艺术教师对于油画、水墨画、广告彩画、水彩画、拼贴画、雕塑、陶瓷、平面和立体设计及其他不同表现媒介，都必须略知一二。一方面了解表现媒介的特色；另一方面，可引导学生综合应用到创作层面上。其四，物料和工具的认识和应用。初中视觉艺术教师必须掌握不同物料的性质与特性、物料应用于表现媒介上的视觉效果，不同工具的性质与运用方法、工具运用于表现媒介上的不同视觉效果，配合教师个人独有的课堂教学艺术，发挥其作用，才可以达到视觉艺术教师专业教学素养的水平。

---

① 香港课程发展议会：《艺术教育学习领域：视觉艺术科课程指引（小一至中三）》，政府物流服务署，2003，第28页。

最后，作为一个初中视觉艺术教师，不能没有的就是"学科教学知识"的学历要求，就是教师将本科知识通过不同的教学方法和个人独有的课堂教学艺术演示出来，它包括两大方面。其一，一般教育学知识。初中视觉艺术教师必须对一般教育基本理论、心理学基本理论、教学论、教育心理学、教育科学研究方法、现代教育技术知识等有所认识和掌握，才能配合个人独有的课堂教学艺术，达到提升教学效能的高水平。其二，学科教育学知识。对于美术教育理论、美术教学方法、美术教育研究方法等等，初中视觉艺术教师必须有深入的认识，尽致发挥个人独有课堂教学艺术的魅力，吸引和感染学生学习，体现了初中视觉艺术课堂教学的实效性。

上述"学科知识、学科技能、学科教学知识"三大项是作为一个初中视觉艺术教师所必备的教学素养学历要求，姑勿论，他们拥有大学学位与否，拥有教师教育学历与否，只要能掌握此三项教学素养的要求，就符合资格可以成为初中视觉艺术教师，也就是完善了教师教学素养学历的要求了。当然，一纸大学毕业证书是学历的证明，是作为教师所必备的学历要求，但实质的教师教学素养是成为合格教师的必然条件，因为教师有"良好的教育学训练，事实上可以使接受过本科学位学科训练的教师，对教学有更透彻的理解和更深刻的体会"①，是体现理想教育的先决条件。重视教师学历的要求，既是认同教师的专业性地位，也是接受教师教学的表现，是完善教师的教学素养，所以，重视目前香港初中视觉艺术教师入职的学历要求是完善香港初中视觉艺术教师课堂教学艺术的前提和方法。

二、强调教师教学证书资历

前文清楚地阐释关于香港初中视觉艺术教师的学历要求，并做了一个整体宏观的讨论。不过，一个合格的香港初中视觉艺术教师不得不具备专科"教师教学素养"，因为这是帮助建构和完善教师专业资历的必要条件。前文已表述了香港初中视觉艺术科"教师教学素养"，下面将集中讨论香港初中视觉艺术教师教学证书资历是什么，并讨论一个香港初中视觉艺术教

---

① 林碧霞：《教育专业-美术教师的专业知识》，香港美术教育协会出版，2002，第56页。

师所需什么教学证书资历，以及这个资历对香港初中视觉艺术教师教的重要性。

香港初中视觉艺术教师必须具备"教师教学素养"，亦即是"学科教学知识"，这是基本的初中视觉艺术教学资历要求，也是一纸教学证书入职为香港初中视觉艺术教师的条件。香港初中视觉艺术教师必须拥有这个教学证书资历才可以任教视觉艺术。因为这个"资历"是教师教学专业的代表，是一个教学能力的展示。这纸证书对于任何学科教师来说都非常重要，是证明教师可以进行专科教学的条件。以前香港政府规定入职成为中学教师，必须具有教师专科教学证书资历，但无须拥有专科大学学位，例如：入职为视觉艺术教师必须具备视觉艺术教学证书资历，如此类推。不过，现在要求高了，入职成为中学教师必须具有教师专科教学证书资历和专科大学学位；具有专科大学学位而未有教师教学证书资历，则可以职后进修；如果只有教师专科教学证书资历而未有专科大学学位，要视乎学校的需要，入职后可以进修专科学位课程。从现有入职成为中学教师的要求看，教师专科教学证书资历是每个教师必备的学历要求，是"专科专教"的必然趋势，可见"学科教学知识"对教师职业发展的重要性，是教师教学能力的展现，是确立教师教学艺术专业性的认同。事实上，教师教学艺术的展现表现了自己的学科教学知识和教学能力的水平。一句话，教师教学艺术和学科教学知识两者关系密切。

笔者在20世纪80年代中期进入香港的师资培训机构罗富国教育学院接受教师训练，除了进行本科知识的训练之外，还有其他教育学科知识的培训，直至今天的香港教育学院①也是朝着这个课程方向培训专科教师。因此，香港的师资培训重点是培育一位真正懂得教书的教师，并不是培育一位某专科技能的教师。事实上，教师懂得教书十分重要，单是技能传授是不能使学生学到真正学科上的知识。这是因为懂得教书的教师未必有好的技能，有好的技能的教师亦未必懂得教书。于是，教师对两者都要持平，必须要涉猎学习，掌握两方面的知识，辨识它们两者的关系，才可以应付

---

① 由罗富国教育学院、葛量洪教育学院、柏立基教育学院、工商师范学院四院合并而成。

真正的教学工作。香港的师资培训机构所提供的视觉艺术教师专科教学训练课程，包括："一般教育学知识"和"学科教育学知识"两大类别。一般教育学知识包括教育基本理论、心理学基本理论、教学论、教育心理学、教育科学研究方法、现代教育技术知识等等。第一，抓紧"教育基本理论"的概念。作为一个初中视觉艺术教师，必须"借助于教育学和心理学知识，以便针对学生实施有效的教学"①，这样对提升教学效能帮助甚大。关于教育基本理论这门学问，初中视觉艺术教师必须掌握教育学内容，包括：教育的本质、教育的目的、教育的功能、教育的意义和价值、教学内容与方法、思想品德教育等等跟视觉艺术教育的关系。第二，明白"心理学基本理论"的要旨。一个初中视觉艺术教师，对于不同年龄阶段的学生的心理特征、行为模式等，都要有透彻的了解，以便进行切合他们学习的教学设计。而有关心理学基本理论的学习内容，包括：心理学的概念、心理学的原理、心理学的领域、心理学的方法等，教师都要思考他们跟视觉艺术教育的关系。此外，在这基础上仍可进一步认识不同范畴的心理学，如发展心理学、人格心理学、创造心理学、艺术心理学等，都跟视觉艺术教育有密切的关系。第三，清楚理解"教学论"的基本原则。一个初中视觉艺术教师对本科教学必须有清晰的观念，如视觉艺术这科有什么特色？有什么学习内容？与其他学科不同的地方是什么？如何去教这科？如何去设计教学？这些都是初中视觉艺术教师要考虑周详的地方。这门学问的学习内容，包括：教学的概念、教学的本质、教学的功能、教学的目的、教学的过程、教学方法、教学评价等，初中视觉艺术教师必须有全面的掌握，才可通过自己独有的课堂教学艺术，发挥教学的实效性。第四，对"教育心理学"有基本的概念。一个初中视觉艺术教师，掌握教学方法进行教学十分重要，好像要教初一学生静物素描的时候，除了要了解这级学生的心理和行为特征外，还要找出有效的教学方法，吸引学生学习，提升他们的学习成效，这正展示了教师个人独有的课堂教学艺术。笔者于2011年学期尾时在教授完初三级学生静物素描后，接着教授学生绘画。学生在作

---

① 尹少淳：《美术教育：理想与现实中的徜徉》，高等教育出版社，2005，第251页。

品中不但运用素描概念和技法，还通过其日常生活经验，尽情表达自己对主题"内与外"的理解，图4-1是一名学生的完成作品。事实上，初中视觉艺术教师学习这门学问的内容，必须涉猎感觉与知觉、学习与记忆、思维与想象、情感与意志、人格与个别心理特征等知识，它们跟视觉艺术教育有密切的关系。第五，抓紧"教育科学研究方法"的概念。一个初中视

图4-1　任诗恒，初三学生，内与外，油粉彩纸本，2011，汇基书院（东九龙），指导教师：区昌全

觉艺术教师，要多方面学习，单纯认识教学是不足够的，必须让自己成为一个研究员，探讨视觉艺术教育上的不同现象。因此，教师学习这门学科是必要的。探讨关于这门学科的研究和发展，如教育科学研究方法的种类，包括行动研究、个案研究、实验研究等；教育科学研究方法的价值、教育科学研究方法的发展等，皆与教师实际教学有密切关系。第六，初中视觉艺术教师必须要知道"现代教育技术知识"。现代科技发展进步千里，日新月异，作为一个初中视觉艺术教师，必须与时并进。因此，现代科技渗入视觉艺术教育层面，已是必然的趋势。尤其是视觉艺术教师，就更加需要懂得运用现代科技于课堂教学中，让教学更具吸引力，更具创意，使学生视、听觉皆可得到学习上的享受，乐在其中。这门学科的学习内容包括：现代教育技术的原理、现代教育技术的运用与实践、现代教育技术的未来发展等，都跟实际的视觉艺术教学有密切关系。

其次，初中视觉艺术教师除了掌握"一般教育学知识"外，还需要具备"学科教育学知识"。这包括美术教育理论、美术教学方法、艺术心理学、美术教育研究方法等等。第一，必须对不同"美术教育理论"有清晰

的概念。一个初中视觉艺术教师，除了要掌握各层面的知识外，最重要的还是掌握本科教育理论，对发展和进行教学起着重要作用，既可验证理论与实践的可行性，又可发展自己个人的教学艺术，提升自己的教学专业化。关于这门学科的"基本研究对象是美术学科教育在培养全面发展的人的过程中的基本规律，具有应用理论的性质，可以分成两个方面：一是研究美术教育的理论性问题；二是研究美术教育的具体应用性（实践）问题"①，这是初中视觉艺术教师必须关注的问题，有助于改善自己的教学。教师在进行教学时，一方面已验证了理论观念的可行性；另一方面，也在实践过程中测试了理论的实效性，正是理论与实践相互紧扣的效果。所以，初中视觉艺术教师若能掌握美术教育理论的观念并实践出来，必能促进教学效能。这门学科的学习内容包括：美术学科知识、美术教育理论的历史、发展过程及规律、美术教育的价值和目的、美术教育的功能、美术教育的学习问题、美术教育的内容与课程问题、美术教育的教学原则与方法、美术教育的教师问题、美术教育的环境与管理问题等，皆与实际的视觉艺术教学有密切关系。第二，必须要探索"美术教学方法"，以切合学生学习的需要。初中视觉艺术课堂教学有特定的模式与方法，其中教师必须留意教学方法的选择与运用，这是针对学生的学习情况而加以使用，配合教师教学艺术的发挥，若运用得宜，必能提升学生学习成效，促进学生学习成果。教师探讨这门学科的学习内容时，可从美术教学方法的原理、美术教学方法的种类、美术教学方法的实践、美术教学方法的发展、美术教学方法的成效等范畴理解他们如何促成视觉艺术教学的成效。第三，对"艺术心理学"建立基本的概念。一个初中视觉艺术教师，对教育心理学有了认识后，会随着积累的教学经验而对学生有深入的了解，也可以通过与他们在创作上的意见交流和频繁的沟通，慢慢地发展了通过艺术了解创作者的思想感情与心理状态，这是教师的教学经验所发展出来的教学素养。探讨这门学科的学习内容，包括：艺术心理学的概念与原理、艺术心理学源流与发展等，这些都可帮助促进教学效能。第四，掌握"美术教育研究

---

① 尹少淳：《美术教育：理想与现实中的徘徊》，高等教育出版社，2005，第252-253页。

方法"，发展科研。初中视觉艺术教师要常常进行小规模的研究，每个教学设计皆是研究主题，每个课堂教学都是实验探究，而每个学生必然都是研究对象，所以，初中视觉艺术教师的除了工作是教学外，他们还是一个前线的研究员，肩负起重要的研究实践计划。因此，初中视觉艺术教师必须对美术教育研究方法有所认识，才可天天进行研究的工作，探究新的发展。这门学科的学习内容，包括有：美术教育研究方法的种类、美术教育研究方法的发展、美术教育研究方法的实践等，皆对发展视觉艺术教育起着积极作用。以上两大方面是对初中视觉艺术教师在专科教学训练课程中所学内容做的详述，虽没有深入探讨每一学科内容，但经初步了解和接触后，引发教师对各门学问的兴趣，从而鼓励教师专业发展和持续自我学习，提升自己的教学资历，达到专业化水平。

就资料表（十九）所得的内容，综合香港初中视觉艺术教师的教师教学资历，从中了解他们在视觉艺术专科所学的内容跟之前的"一般教育学知识"和"学科教育学知识"两大类别是否有关系，发展了资料表（二十）。

资料表（二十）　香港初中视觉艺术教师专科教师教育的学习内容

教师类别	学习范畴				
	教育理论	教学技巧	其他（课堂管理、学生问题）	学科知识（艺术史、美术技能）	教育心理学
专科教师（专科学位及专科教育证书）（共20人）	11人次	10人次	10人次	10人次	7人次
非专科教师（非专科学位但有专科教育证书）（共6人）	2人次	3人次	2人次	1人次	0人次

从资料表（二十）的内容看，香港初中视觉艺术教师的教师教学资历

很专业，他们一方面在本科知识学习涵盖不同的领域；另一方面，也广泛学习很多关于专科教育学的知识，足见他们有专业的教学素养，成为一个真正的初中视觉艺术专科教师。受访者在视觉艺术专科教师教学培训中，涉猎教育理论、教学技巧、学科知识 （艺术史、美术技能）、课堂管理和学生问题，以及教育心理学等学习领域，这些是使受访者在他们培训学习过程中留下深刻印象，认为是最重要及最有用的，与前文所讨论的 "一般教育学知识" 和 "学科教育学知识" 两项内容，大部分都是有关联的。这点足以证明：香港初中视觉艺术教师的教学资历是专业性的和认受性的，正是符合视觉艺术教师教学素养学历要求的。另外，受访者认为对于课堂管理和学生问题的处理，在培训学习中都有涉猎，这对于他们的课堂教学十分有帮助，还可以帮助发展教师的课堂教学艺术，尽显教师专业化教学素养。

要培养一个以 "美术技能" 为本的视觉艺术教师，抑或培养一个以 "学科教学知识" 为本的视觉艺术教师，不同地方有不同的教育取向。过往我国是以 "美术技能" 为本的培训方向训练一位美术教师，"但作为美术师资则显得不够全面，难以胜任美术教学工作"[1]，所以，现今国家美术课程标准中 "认为美术学习绝不仅仅是一种单纯的技能技巧的训练，而应视为一种文化学习——使学生较为全面地了解美术与人类、美术与生活、美术与情感、美术与政治、美术与历史等方面的联系，从而更好地学习美术"[2]，往昔以 "美术技能" 为本的培训方向已转移到这种以培养学生全面了解以美术为本的策略，是故教师的培训方向也趋 "学科教学知识" 的取向。反观香港视觉艺术教师的培训一向都是以 "学科教育学知识" 为本的 "教育" 取向，着重教学的素质，对于处理课程设置、课程内容、教学方法较为擅长。此外，"这类教师的教育学知识配合视觉艺术本科知识，能够在

---

[1] 胡知凡，为什么要强调使美术学习从单纯的技能技巧层面提高到美术文化学习的层面？如何在教学中突出美术文化的学习？载尹少淳，《美术课程标准（实验稿）解读》，北京：北京师范大学出版社，2009，第100页。
[2] 尹少淳：《美术教育：理想与现实中的徜徉》，高等教育出版社，2005，第251页。

教学上产生最大效益，使学生一方面在视觉艺术本科得益，另一方面在个人发展、个人成长方面得益"①，达到视觉艺术教育的目标。所以，往昔入职香港中学视觉艺术教师只要专科教师教学资历便可，无须一定专科学位学历；只是现今教师学历要求提升了，才以专科学位学历为入职的依据。总的来说，香港中学视觉艺术教师的学历要求已趋专业化，是全球先进国家教育发展的整体趋势，也是完善教师教学素养的必然要求。

不过，要确保初高中视觉艺术教师教学资历的专业性和认受性得到广泛的认同，可有以下考虑的建议。其一，政府必须设立机制，如教学资历检测部，定期对现行初高中视觉艺术教师教学素质进行检定；其二，政府委派有关专家、教育家组成培养小组，到各校巡视、观课、交流，给予初高中视觉艺术教师意见和改良方案，甚至嘉许优秀教师，颁发奖项证书；其三，每间学校均设"培养小组"，目的在于帮助及改善视觉艺术教师教学素质；其四，初高中视觉艺术教师定期呈交"日志记录表"或"自我反思"报告，培养小组给予意见，让教师养成自我教学检讨习惯；其五，鼓励校内所有视觉艺术教师经常或定期进行同侪观课，借此交流教学心得和鼓励对方，也借此学习对方的优点，增强自己的教学，达到卓越成效，完善教师教学素养；其六，鼓励同地区学校或附近学校的视觉艺术教师组成地区网络小组，发展一种学习交流文化，与其他地区网络小组做定时聚会，通过研讨会、工作坊、分享会做专业发展；其七，政府设立研究和科研基金，鼓励视觉艺术教师进行研究和科研活动，与其他学科一样受到重视；其八，政府鼓励视觉艺术教师积极参与国际交流活动，如国际性美术教育会议、亚太区美术教育会议、地区性美术教育会议等；其九，鼓励大学发展美术教育研究和科研，务使与世界教育同步。

如果能将以上的建议，按部就班，逐项导入教师教学资历专业性的发展规划，香港视觉艺术教育发展必定光明一片，艺术文化不会没落。一句话，重视香港初中视觉艺术教师的教学资历是完善他们教学素养的途径，也是完善教师课堂教学艺术的方法。

---

① 林碧霞：《教育专业——美术教师的专业知识》，香港美术教育协会出版，2002，第56页。

三、加强教师学科知识水平

前面讨论了香港初中视觉艺术教师学历要求和教学证书资历，它们是完善教师的教学素养和教师课堂教学艺术的重要途径。本节将讨论如何完善香港初中视觉艺术教师的教学素养，就是通过现行香港视觉艺术新课程纲要指引和教师的课堂教学内容两方面的资料，作为检视香港视觉艺术学科知识水平的参考。

要实践学科知识水平检视的工作，是一件非常困难的事，有关当局并非只是开会讨论，找专家小组设计测验考试，通过测验考试合格便达到学科知识水平。事实上，要处理学科知识水平检视的工作，既费时，又耗损大量人力物力的资源，不得不从长计议，就各方面做仔细的考虑。香港在20世纪90年代初开始发展检视语文学科知识水平的方法，就是语文基准试，包括英文和普通话。换句话说，英文教师和普通话教师必须参加语文基准试来检视语文知识水平。语文基准试合格的教师，可以任教英文和普通话，正所谓"领正牌照"，可以名正言顺地做一个真正的语文教师，这是否代表学生就会得益？未能符合语文知识水平的教师，他们结果怎样？是否要转到别的科目上或离开教学工作？"基准试"是一种检视学科知识水平的方法，但并不是唯一的途径。香港政府推行语文基准试来配合教学语言运动，是一个可行的方法，但却未能提升语文教师的教学效能，学生语文能力并没有因此而大大提升，反见有倒退的现象，这是否暗示这个教育政策已告失败？

另一方面，香港政府也有意推动评审或检视科目知识基准政策，即每一学科的教师都要参加类似语文基准试来检视学科知识水平，视觉艺术科也包括其中。如真的实施的话，此举实在是一个错误策略，除了打击教师士气之外，还加重了教师的压力，"也令社会人士误以为不断提升教师本科的知识水平也就等同提升了教学素质，学生就会得益，也把本科知识水平等同教学水平的错误观念灌输了给教师"[①]，这无法让教育得以改进。视觉艺术教师通过了学科知识水平检视，是否就等同视觉艺术教学必有成效？

① 林碧霞：《教育专业——美术教师的专业知识》，香港美术教育协会出版，2002，第60页。

这是一个谬误。其实，香港政府这样的政策是分化教师，无视教师专业性地位，质疑教师的教学素养、学历水平。假如香港政府实行检视科目知识基准政策的话，那么，应该用什么方法进行？谁要参加这个测试？有什么准则作为甄选参考？测试内容是什么？测试形式又是什么？怎样的结果才是通过测试？不通过测试，如何安置教师？他们是否转教其他学科？这些一揽子的问题仍然有待解决。

事实上，现行香港视觉艺术新课程纲要指引内提出：视觉艺术教师必须"具专业教学能力，并对视觉艺术评赏和创作有丰富的知识和技能"[①]，即香港的视觉艺术教育是需要一些"具专业教学能力"和"学科知识"的视觉艺术教师，是前面所讨论过的具专科教学素养的教师，取向是"教学知识"为本，并非"学科知识"主导。为何香港政府要推动评审或检视科目知识基准政策？岂不是跟推行的新课程纲要指引有所抵触？这无疑是自相矛盾的做法。纵然新课程纲要中的"并对视觉艺术评赏和创作有丰富的知识和技能"这一句，是指教师需要具备"评赏和创作丰富的知识和技能"，但都没有清楚界定"丰富的知识和技能"达什么程度的水平，实在令人摸不着头脑，含糊不清。姑勿论，香港政府对教育政策的决定和推动都是夸大其词，没有收到预期和实质的效果。不过，推动"评审或检视科目知识基准政策"于初中视觉艺术教师是可行的做法，但需要重新订立名字，应是"检视学科知识水平政策"。当中"检视"和"水平"的用字较为温驯，有积极改善的意义，类似形成性评估的模式，目的是给受评者做一个自我检讨；而"评审"和"基准"则类似总结性评估的模式，以考试定优胜劣败，目的是给受评者做一个能力的判断。另外，不是每个学科都适合进行检视学科知识水平。譬如说，人文学科：如体育、宗教、音乐等科可免除；数理学科：如数学、化学、物理等科亦可免除，因为这些学科都过于两极化，不是过于主观，便是过于客观。事实上，每个学科的知识可以有不同的变化和组合，主观的时候，难以检视结果的可信性；客观的时

---

① 香港课程发展议会：《艺术教育学习领域：视觉艺术科课程指引（小一至中三）》，政府物流服务署，2003，第29页。

候，检视结果的可信性太高，意义性不大。例如：检视数学教师知识水平，受评者全部答对，取足满分。这个检视结果有什么意义？反而检视受评者如何将数学本科知识进行教学，这个层面的检视会较为实效性，对教育意义性较大。

为什么要对初中视觉艺术教师进行"检视学科知识水平政策"？因为非专科视觉艺术教师所衍生出来的教育素质问题在香港之中学已有一段时间，尤以初中年级为甚，对初中视觉艺术教师进行"检视学科知识水平政策"是帮助解决非专科视觉艺术教师未够专业化的问题。事实上，这个"检视学科知识水平政策"并非挑战初中视觉艺术教师的专业地位，只是通过政策帮助教师教学成长，反而是维护视觉艺术教师教学素质保证。所以，检视受评者如何将视觉艺术本科知识融合教学知识而在课堂实践，这个层面的检视会较有实效性，可提升教师教学素质及其专业化，对整体视觉艺术教育意义巨大。不过，若要实行检视学科知识水平政策，并非如前文所讨论的语文"基准试"，乃初中视觉艺术教师自行在自己任教学校科组内做定期检视，检视形式不限，将结果撰写成报告呈交学校转交有关政府部门检查核对，确保教师的学科知识水平合格达标。检视香港初中视觉艺术教师学科知识水平的方法很多，可以做以下的工作：（一）通过定期观课，对初中视觉艺术教师课堂教学中的教学活动做检视，帮助教师进行"自我反思"，检视自己的教学，以至自己课堂教学艺术的发挥；（二）通过观察初中视觉艺术教师课堂中的教学示范和教学内容的演示，检视学科内容与课题的相关性和学生学习上的困难度，借此检视自己课堂教学艺术发挥的实效性；（三）通过检查初中视觉艺术教师教学设计有关的文本资料，如教案、教具、简报、习题、测验卷、考试卷等，理解教学设计的方向是否适切视觉艺术教育的目标；（四）通过检查学生每个课题的完成品或有关课题的文本资料，如工作纸、讨论纸[①]等，了解学生的学习情况，借此了解自己课堂教学艺术发挥的功效性；（五）通过与初中视觉艺术教师分享和交

———————————

① 这是教师因应学生学习能力而设计出来与学习课题有关的课堂教材，目的乃增强学生对课题的认识。

流教学心得，借此了解教师学科知识水平，从中检视教师自己课堂教学艺术的发挥；（六）通过与初中视觉艺术教师共同备课，借此了解教学内容的厘定是否切合学生的学习能力，检视自己课堂教学艺术如何配合学生学习；（七）通过与初中视觉艺术教师分享和交流自己个人艺术创作的心得，借此了解教师创作艺术的知识水平；（八）通过与初中视觉艺术教师欣赏和讨论艺术品，借此了解教师对评赏艺术品的知识水平。

其实，检视初中视觉艺术教师学科知识水平的方法和渠道很多，在日常教学工作中，教师都会不经意地或多或少流露出自己的学科知识水平，只要细意观察留心，定有所发现。笔者并没有强烈意向一定要对初中视觉艺术教师执行检视学科知识水平的工作，但为切合现今社会的诉求，尤其是家长，这是一个需要，因为可以帮助教师成长和教学专业化的缘故而执行这样的政策。现今入职为香港中学教师必须具备专科学位的学历，初中视觉艺术教师也需要符合这样的要求；加上视觉艺术这学科知识领域实在太广泛，又是一门极主观性的学科，学科知识难以有客观准则，实行检视初中视觉艺术教师学科知识水平是一个较为客观和有说服力的做法，是重视完善初中视觉艺术教师的教学素养，也是完善香港初中视觉艺术教师课堂教学艺术的方法。

笔者就问卷内容之"视觉艺术课堂教学内容"作为检视初中视觉艺术教师学科知识水平，综合成有关资料如下。

资料表（二十一）　香港初中视觉艺术教师所建议的课堂教学内容

有关视觉艺术学科知识水平检视的问题	类别	受访者回应
		教学内容
简单分享一下你任教视觉艺术课堂教学的概略情况。如：教学内容。	专科教师（专科学位及专科教育证书）（共20人）	基本视觉元素、文化艺术、现代艺术
		玻璃画设计及制作
		陶艺创作
		视觉元素、技巧训练

续表

有关视觉艺术学科知识水平检视的问题	类别	受访者回应
		教学内容
简单分享一下你任教视觉艺术课堂教学的概略情况。如：教学内容。	专科教师（专科学位及专科教育证书）（共20人）	印象派理论及风格
		七个原则、七个元素
		平面和立体创作
		印象派
		视觉元素、组织原理、基本技巧
		素描、设计、色彩、绘画、西方艺术史、陶塑、雕刻、版画
		徐冰的书法——新英文书法
		平面及立体创作、艺术知识、艺术史、设计及美术元素
		中英艺术史、平面及立体创作
		点描绘画
		线条的特性
		兴趣班模式、与生活有关
		基础美学知识、美术元素、组织原理、美术技巧、文化欣赏
		免烧泥制作
		艺术知识、视觉元素、构图法则、艺术家介绍、作品介绍、艺术史、欣赏、创作
		生活化题材、设计不同媒介及题材的课程
	非专科教师（非专科学位但持有专科教育证书）（共6人）	陶艺
		扎染
		扎染
		版画
		素描、立体制作、绘画、版画、设计
		*有一位受访者并没有回应这部分问题

资料表（二十一）的内容显示，全部教师都持有大学学位，有20人是持有视觉艺术专科学位，有6人是持有非视觉艺术专科学位；有25人有视觉艺术专科教学证书学历，而只有1人未有视觉艺术专科教学证书学历，但这位教师却持有视觉艺术专科学位。单从教师学历要求和教学素养来看，全部教师都达到视觉艺术专科专业水平，本科的知识水平是足够和肯定的，这可从他们所设计的课题或教学内容清楚见到，是本部分所见到的新亮点。他们对不同的课题或教学内容有深入认识，如，关于不同艺术创作媒介形式的：玻璃画、陶艺、扎染、版画、素描、立体制作、陶塑、雕刻；关于艺术流派和风格的：印象派理论及风格、点描绘画；关于艺术家的：徐冰的书法；关于平面创作的：玻璃画、版画、素描、设计；关于立体创作的：免烧泥制作、陶艺、扎染、陶塑、雕刻；关于视觉艺术基本知识的：线条的特性、基本视觉元素、组织原理、构图法则；关于艺术欣赏的：作品介绍、文化欣赏；关于艺术史的：文化艺术、现代艺术、西方艺术史、中西艺术史、艺术家介绍等等。受访者列举其曾教的教学内容种类繁多，琳琅满目，足见香港初中视觉艺术教师的本科知识是丰富的，而且是倾向多元化的。事实上，从各受访者所提供的资料看，他们对本科不同的知识领域十分广泛，还可说是专业，例如：有教师通过介绍现代艺术家徐冰的书法，从而引导学生设计自己的书法字体，继而发展新英文书法字体，这样教学内容的安排可以检视该教师的本科知识是很丰富和富于时代感。不过，单凭提供的资料仍很难检视该教师本科的知识水平，需要直接进入场景参与观课，才可真正检视教师本科知识水平情况。依仗教学内容作为检视教师本科知识水平是一个方法，但仍需配合和开发更多方法，共同使用，才可发展教师的专业。

检视初中视觉艺术教师学科知识水平的方法有多种，便需因视觉艺术学科的知识领域构建一个"标准知识框架"，在进行检视学科知识水平时有所依据。笔者就自己的教学经验而构建了下面这个标准知识框架，其建议内容如下：

请以"P"表示初中视觉艺术教师学科知识水平。

表格 (一)

检视初中视觉艺术教师学科知识水平"标准知识框架"的内容

受评教师姓名：		日期：	
课堂地点：		观课时间：	
年级：		学生人数：	
层面	领域	实践内容	
知识	视觉艺术理论	·艺术的含义和分类：什么是艺术？什么是美学？艺术和美有什么关系？	
		·艺术理论、艺术与社会：艺术与人类生活有什么关系？	
		·艺术的功能、艺术创作：艺术与人类思想感情有什么关系？	
		·艺术表现：艺术有什么价值？	
	艺术史	·艺术史：艺术的起源是什么？	
		·艺术欣赏和批评：如何欣赏艺术？	
		·艺术风格和流派：艺术的发展和它们有什么特色？	
		·艺术情境：艺术家所处的背景与其所表现的艺术有什么关系？	
	视觉艺术技法理论	·艺术语言：什么是艺术语言？它们包括了什么？	
		·艺术形式：艺术有什么表现形式？它们与艺术语言有什么关系？	
		·艺术媒介：艺术有什么表现媒介？	
	视觉艺术相关的文化知识	·文化概念：什么是文化？	
		·艺术与文化：文化是艺术吗？艺术与文化有什么关系？	
创作与技能	视觉艺术基础技能	·速写：不同种类线条的运用 ·素描：明暗的概念、渐变调子 ·绘画：颜色的概念、构图的法则 ·设计：设计元素和设计原则 ·摄影：摄影的概念、技巧和主题的表现 ·书法：书法的种类、用笔的处理、字形的艺术性 ·手工艺：物料的应用、各种技能的表现 ·其他：＿＿＿＿＿＿＿＿＿＿＿	

续表

层面	领域	实践内容
创作与技能	艺术表现媒介的认识和应用	·油画：油画的概念、画布的运用、颜料的特色和应用、笔触的运用 ·水墨画：水墨画的特色、浓淡墨色的运用、不同笔锋的表达 ·塑料彩画：颜料的特色和应用 ·水彩画：颜料的特色和应用 ·拼贴画：不同物料和质感的处理和运用 ·雕塑：雕塑的概念、工具的运用、质感的效果 ·陶瓷：陶泥的特性、制作技巧、釉药的运用、素烧和釉烧的概念 ·平面和立体设计：设计元素和设计原则 ·其他：＿＿＿＿＿＿＿＿＿＿
	物料和工具的认识和应用	·不同物料的性质与特色、物料应用于表现媒介上的视觉效果；不同工具的性质与运用方法、工具运用于表现媒介上的不同视觉效果
情意	思想品德	·个人理想的追求和奋斗目标 ·为艺术而终身贡献自己的高尚情操 ·引证：＿＿＿＿＿＿＿＿＿＿
	人格行为	·性格豁达、独具慧眼、热爱生命、创意无限、汰旧纳新、勇于尝试 ·引证：＿＿＿＿＿＿＿＿＿＿
	自我表现	·自我价值观的表现，具个人独特教学风格，具艺术家气质，对教学工作充满热诚 ·引证：＿＿＿＿＿＿＿＿＿＿

受评教师姓名：　日期：
课堂地点：　观课时间：
年级：　学生人数：

　　根据视觉艺术学科知识的本质及笔者自己多年在中学教学的经验，本文构想了这个视觉艺术学科知识领域的"标准知识框架"。这个知识框架乃切合检视初中视觉艺术教师学科知识水平的需要而设计，为教师进行检视学科知识水平时提供依据。当然，这个知识框架的全部内容涵盖面宽阔，是视觉艺术学科知识本体的基础，亦是核心部分，所以，进行检视的时候并不一定要全部跟从，而知识框架的内容，可以增删，但要视乎该视觉艺术教师学科知识水平的参差而定。事实上，因为这个知识框架内容宽阔，一次的观课是不足以全面检视初中视觉艺术教师全部学科知识的，是要经过面谈、日常工作接触等等不同机会，才可完成这份视觉艺术学科"知识框架"，以检视教师的视觉艺术学科知识水平。视觉艺术这门学科范畴太广，很难下笔建构一个完善的知识框架进行检视初中视觉艺术教师学科知识水平，必须经过反复试验才知道成效怎样，便可引证这个知识框架的可靠性。所以，一年进行两次检视最为理想，上下学期各一次，由科主任负责进行检视。上学期完成检视后，科主任会与受检视的初中视觉艺术教师面谈，以便有更深的了解，在提供意见之余，帮助教师成长。这个知识框架对初中视觉艺术教师来说，既是专业发展的途径之一，又是帮助教师完善教学素养，更是完善教师课堂教学艺术的方法。现行香港学校的视觉艺术科并没有推行这样"检视初中视觉艺术教师学科知识水平"的策略，政府也没有重提推动"评审或检视科目知识基准政策"，是否让学校自由发展这种检视学科知识水平的策略，政府在不干预政策下，要视乎学校的需要而自行决定。于此，笔者认为这个"检视初中视觉艺术教师学科知识水平"的知识框架可以一试，看效果是否达到令人满意的程度。

第三节　研究和评价香港初中视觉艺术课堂教学艺术的活动

事实上，完善初中视觉艺术教师的教学素养并非单凭通过视觉艺术教师的学历要求、教学证书资历，以至检视初中视觉艺术教师学科知识水平等途径，便已获取足够的教学素养。其实，最重要还是自己是否有一种"催我自新"的自我不断完善的精神，对自己职业的一种责任感与尊重感。当自己存在这些信念和对自己职业产生这种敬意的时候，自己就会发展出一股推动力，推动自己不断地进步，向着目标迈进，于是什么学历要求，什么证书资历，什么检视知识水平等等，都不会是自我完善过程中的障碍。所以，"自己"是发展专业教学素养的动力和主要源头。

为什么要增强评价香港初中视觉艺术课堂教学艺术的方法？在研究如何增强评价香港初中视觉艺术课堂教学艺术的方法的时候，初中视觉艺术教师自己本身就是重要的推动力去检视自己的课堂教学。正如 Van Manen (1995) 年提出"一个优秀的教师必具备思考性行为（Thinkingly Act），对各样事情做即时洞悉力的表现"[1]，换言之，优秀的教师应非常敏锐自己的教学表现，且经常自觉地对自己的教学进行自我检讨。基于这个原因，"自我反思"便促成了加强评价香港初中视觉艺术课堂教学艺术的方法。有了"自我反思"后，教师便能提升自己的课堂教学艺术，检视其发挥的作用功效。因此，教师自己本身就是推动构建增强评价香港初中视觉艺术课堂教学艺术的来源，借以完善自己的教学素养。本节会深入浅出地探讨香港初中视觉艺术教师增强评价课堂教学艺术的方法，试图帮助改善香港初中视觉艺术教师课堂教学的效能。

一、创造课堂教学艺术与完善策略

现行香港初中视觉艺术教师惯常以非系统性的"自我反思"、同侪观

---

[1]　Van Manen. *Teachers and Teaching: Theory and Practice*, In: *On the Epistemology of Reflective Practice*, 1995, pp. 35–36.

课、自订的课堂教学标准、教师专业发展等等作为评价和完善个人课堂教学艺术的方法。只是，他们大多数都以同侪观课作为完善自己教学素养的方法和工具，于此，这是不够的，因为香港现在大多数的情况是"只注意方法的一面，而忽略观念的一面"①，这是窒碍教育素质提升的因素。实质上，初中视觉艺术教师对于自我反思的方法只认为是一种改善自己教学的方法，而不是在观念上的厘清，故这是形式上的方法，实在未能达到专业发展的水平。采用单一方法和工具去提升和完善教师教学素养实在有限，是主观和幼嫩的，较为片面，未够说服力。所以，利用不同方法和工具去提升和完善教师教学素养的可靠性会较高，对于初中视觉艺术教师来说，是较有意义和价值的。一句话，要完善香港初中视觉艺术课堂教学艺术的方法必须探究不同的方法和工具。

其实，要使香港初中视觉艺术教师对自己的教学真正发挥积极作用，必须要让他们理解初中视觉艺术教育有什么重要性。为什么？从学术上角度看，不要小看初中视觉艺术教育的影响力，也不要小看一个初中视觉艺术教师的作为，因为他们的思想观念、教学表现等可以影响学生的一生。他们的思想观念都是充斥着理论的依据，通过教学过程体现理论的科学性。所以，一个前线的初中视觉艺术教师，必须时常检视和反思自己的教学，清楚自己的职责，明白自己的工作是何等重要，何等具有感染力，对人有多深远的影响。秉持着这种观念，才会提升视觉艺术科的学科素质，才会不断地改善自己的教学，提升教学效能，促进学生的学习成效。笔者接触过不少初中视觉艺术教师，他们对视觉艺术教学很有热忱，有极高的个人专业素养，只是过于偏重培育学生的技巧表现，忽略初中视觉艺术教育的重要性——发展创意思维。事实上，要建立初中学生对视觉艺术学习的兴趣比起高中学生更加重要和困难，不是每一个初中学生都对视觉艺术有兴趣，他们处于成长探索阶段，一旦激发他们的兴趣，他们会延续和维持对视觉艺术学习的兴趣。高中的学生对视觉艺术学习产生兴趣，这必然是他们在初中阶段经历过愉快的视觉艺术学习，便能坚持继续在高中阶段

---

① 尹少淳：《美术教育：理想与现实中的徜徉》，高等教育出版社，2005，第219页。

学习视觉艺术，而且培养出一种自主自在的自发性学习。这正是20世纪80年代在美国提倡多元智能理论学者加纳德（Howard Gardner）所提出的"U形趋势理论"，它指出初中视觉艺术教育对青少年的重要性和影响性，也显示出初中视觉艺术教师课堂教学对青少年的影响力，引证教师课堂教学艺术发挥的功效，他们能帮助学生发展视觉艺术能力，也可以窒碍具有潜质视觉艺术能力学生的发展。一句话，初中视觉艺术教师必须时常检视和反思自己的课堂教学，创造以完善自己的课堂教学艺术的方法，帮助学生发展视觉艺术潜能。

从实际角度看，初中视觉艺术教师的课堂教学艺术对整个课堂教学起着举足轻重的作用，它决定整个课堂教学的成功与否，它决定视觉艺术教师的教学素质，它决定视觉艺术教育素质。从学术角度看，它是教学论里面的大部分，如果课堂教学艺术运用或发挥失当，课堂教学怎会成功？教学怎会收到预期效果？所以，初中视觉艺术教师必须对"课堂教学艺术"建立一个学术性的观念，让自己知道视觉艺术教学是一种学术性的研究活动，让自己明白用什么方法作为评价和完善个人课堂教学艺术的方法，最终的目的"不是为了区分而是为了改善"①。因此，首要的工作是加强培养初中视觉艺术教师对于"课堂教学艺术"的正确观念。如果香港初中视觉艺术教师能筑建稳固的"课堂教学艺术"的观念，初中视觉艺术教育的成果不止局限于从问卷调查所得的资料，应该会更丰硕，更具创意，更具香港本土特色。笔者认同一般初中视觉艺术教师在教学中所做的一切，他们对视觉艺术教育已做出了很多贡献，只是感到他们的专业素养可以发挥得更好。其实，凭着他们具年资的教学、具素养的专业、具本科的知识，于现今香港资源和学习环境下，应该有更好的发挥，他们应该对自己的教学有更高的要求和期望，才能扭转香港初中视觉艺术教育的素质，提升整体香港视觉艺术教育的素质与内涵。从问卷受访者所表达的内容而获得一点启示：除香港初中视觉艺术教育发展未够充实和全面，政府及有关当局的支持未够关注，教师对自己的教学要求不高之外，整个社会气氛仍是较为

---

① 尹少淳：《美术教育：理想与现实中的徜徉》，高等教育出版社，2005，第219页。

功利主义，未达到"人文性"的教育水平，即一般市民对人文科教育培训不足，以致对视觉艺术教育仍持一种忽略和观望的态度，实质上对发展视觉艺术教育没有帮助。其实都是香港政府对视觉艺术教育做得不够，对教师提供的职后培训不足，加上教师对自己的视觉艺术课堂教学自觉性较低，未有足够空间发展自我反思的观念。一句话，政府对视觉艺术教育发展未有全面周详的思考和计划，这是导致香港初中视觉艺术教师发展自己专业水平不足的主因。

在课程改革一浪接一浪中，初中视觉艺术教师有多少空间对自己课堂教学做检视是可想而知的，更遑论提升本学科的学术素质与地位，实在困难。试想初中视觉艺术教师如何改善自己的课堂教学？如何完善自己的课堂教学艺术？如何发展视觉艺术学术研究？有关当局所给予教师课程改革的培训又有多少？这是值得我们前线视觉艺术教师反思的问题。毕竟，要真正完善视觉艺术教师课堂教学艺术，提升教师专业教学素养，教师自身必须发奋图强，加强自己对"课堂教学艺术"观念之余，必须寻求方法完善自己的课堂教学艺术，才是上策。其实，完善初中视觉艺术教师的课堂教学艺术，是提升他们的专业学术水平。不过，政府、学校和教师三方面可互相配合，帮助初中视觉艺术教师完善其课堂教学艺术，共同努力提升视觉艺术教育素质。

（一）政府政策措施的实效性

第一，原则上，政府应作先驱，重视视觉艺术学科学术地位。例如：主动定时提供初中视觉艺术教师对"课堂教学艺术"观念的培训课程，可以通过分享会、工作坊、讨论会、探访学校等不同形式的研究活动，加强初中视觉艺术教师对"课堂教学艺术"观念的构建，试图帮助他们自我成长，让他们回到自己的学校可以与其他同事分享和进行培训等研究工作。第二，对在职的初中视觉艺术教师提供定时专科职后培训，通过研讨会、讲座、分享会、工作坊等研究活动，目的在于更新现有初中视觉艺术教师的最新教学信息和研究取向，包括本科专业和专科教学知识，借此加强现有初中视觉艺术教师的教学素养，特别是在科研方面的探讨，帮助他们面对教学问题，发展他们专科教学的专业知识。这样，便可以逐步提升初中视觉艺术教师的学术地位。第三，过往政府的"质素视学保证"①偏重视觉艺术科在学校行政工作的检视，缺乏对视觉艺术学科实际教学的全面检讨。于是，实行改变此小组的性质，以检视视觉艺术学科的教学及学术地位为主，为的是帮助视觉艺术教师改善和完善自己的教学艺术。第四，政府设立"教学资历检测部"，目的在于检测视觉艺术科教师的教学资历是否符合专科教学，如发现教师未达到有关资历要求，可转介教师参加专科职后培训和研究活动，以加强教师在视觉艺术专科方面的教学能力。第五，政府设立"初中视觉艺术教师培养小组"，专门帮助在教学上有问题的初中视觉艺术专科教师进行改善，一方面，提供专科专业教学知识培训和研究活动；另一方面，提供心理上的支持，以缓解初中视觉艺术专科教师的教学压力，重建他们的教学信心和帮助他们完善课堂教学艺术，提升他们的学术地位。

（二）学校文化策略的积极性

在学校文化策略的层面上，可以有四方面的配合和积极推广，以帮助初中视觉艺术教师完善其课堂教学艺术。第一，学校整体上要延续政府所提供给初中视觉艺术教师对"课堂教学艺术"观念的培训课程和研究活动，于校内通过不同的渠道，如"教师专业发展""教师教学成果分享会""教师工作坊""联校教师培训""网络小组交流会"等，加强初中视觉艺术教师对"课堂教学艺术"的观念，借此改善他们的课堂教学，提升他们的课堂教学艺术到专业和学术水平，发挥实际功效。第二，建立一套完整的观课文化制度，如同侪观课（同侪评估）／同行观课（见表格二）、学科观课、跨学科观课等，目的在于检视初中视觉艺术教师的课堂教学，鼓励和帮助他们解决教学上的问题，建议如何改善和完善课堂教学及其课堂教学艺术；甚至表扬优秀教学表现的初中视觉艺术教师，发掘他们课堂教学艺术的特别之处，给予奖励和嘉许，或邀请他们进行教学演示，让其他同科或其他学科教师学习与分享。第三，于校内视觉艺术科组建立积极科研气

---

① 这是现行香港教育局每五年在每间学校进行一次全校性的教学评估，称为"质素视学保证"（Quality Assurance Inspection 简称QAI）。评估完毕，教育局会给学校一个整体性"质素视学保证"报告。

氛，目的是鼓励教师进行不同的科研活动，实践于课堂教学内，从而提升视觉艺术学科学术地位。第四，视觉艺术科组发展自己一套"学科知识水平检视"［见表格（一）］工具，目的在于检视初中视觉艺术教师的学科专业知识，并帮助他们在教学上对教学内容的筛选与运用，强化教学内容的结构，理解其与课堂教学内不同属性的联系。另外，制订"检测性评价初中视觉艺术教育水平"方案，目的在于检视校内初中各级视觉艺术教育水平素质，通过结果找出问题，对症下药，帮助初中视觉艺术教师改善课堂教学，甚至完善其课堂教学艺术不尽的部分，力求达到高素质水平效果，强化视觉艺术科学术地位。

（三）教师专业发展的持续性

在教师专业发展的层面上，可以有四方面的配合，以帮助初中视觉艺术教师完善其课堂教学艺术，及提升教师学术地位。第一，初中视觉艺术教师必须对系统性的"自我反思"建立基本的概念，以及强化自己的学科学术地位，因为这是发展初中视觉艺术教师专业教学素养的主要途径。初中视觉艺术教师建立系统性的"自我反思/自我评估"，目的是想增强他们的自我评价的能力，从而主动去改善和完善自己的课堂教学，更重要的是精炼自己的课堂教学艺术，从而提升自己的教学效能，促进学生的学习成效，维护自己的学术地位。所以，具有自我反思能力的初中视觉艺术教师是思想开明、勇于尝试、敢于承担责任、愿意接受批评的人，具科研能力，但最重要的还是具有探索的精神，这对于完善自己的课堂教学艺术十分重要。对于这类素质的初中视觉艺术教师，学校非常欣赏和认同他们的表现。总之，初中视觉艺术教师如能对自己的教学素质不断诉求和提升，自然能将整所学校的视觉艺术教育水平提高。第二，为使初中视觉艺术教师能对自己的课堂教学进行有系统的自我反思，教师必须于每次课堂教学完结后填写课堂教学日志／日志记录表（见附件五），对自己课堂教学过程中的一些重要事项做简单的记录，从而做出检讨。一方面，可以检视自己课堂中重要事项，而这些事项可能是教学过程做得不好的地方；另一方面，又可以通过记录重新思考整个课堂教学设计有没有遗漏的地方，于此，对自己的教学要求也相应高了，便自然地提升了自己的教学素质和学术水平，发展教师的专业性。第三，学生访谈是另一个完善初中视觉艺术教师课堂教学艺术的方法。初中视觉艺术教师在课堂教学过程中或完结后都可以跟学生访谈，以了解学生的学习情况和教师的教学效能。跟学生访谈可以用结构性内容或非结构性内容，前者的问题是导向性或选择性，后者则是以开放式问题进行（见附件四），所收集到的资料也会不一样，可有很多意外收获。初中视觉艺术教师进行访谈时必须持开放态度，广纳意见，才可真正从学生中知道自己的教学情况，正视自己的问题，改善自己的教学，提高自己的科研能力。初中视觉艺术教师也可以用闲谈式与学生进行这类的访谈，目的也是检视自己的教学效能，提升自己的专业。第四，初中视觉艺术教师必须在每个课堂教学前、中和后三个阶段填写课堂核对表。设计课堂核对表［见表格（三）］的目的在于帮助初中视觉艺术教师在进行课堂教学前、中和后三阶段了解自己的教学状况，这是为初中视觉艺术教师进行自我反思前的热身准备，核对表所记录的资料对初中视觉艺术教师进行自我反思甚有帮助，也是帮助他们完善自己课堂教学艺术的方法。这样具学术性的思维是帮助视觉艺术教育素质的发展。

以上三大方面都是笔者从学术角度思考的一些完善香港初中视觉艺术课堂教学艺术的方法，也是在本书创作过程中所得到的一些启示结论。期望不久的将来，将这部分的内容建议给香港有关部门，意图帮助香港初中视觉艺术教师改善和完善他们视觉艺术课堂教学艺术，发挥实效性功能，提高教师在视觉艺术科的学术地位。

二、订立课堂教学的标准

要构想和订立一套课程或课堂教学的标准，是需要时间与经验的积累而慢慢发展出来，并非一朝一夕所能实现。因此，要为香港初中视觉艺术课堂教学订立一套标准，必须先从三方面考虑，才可以总结一套课堂教学应有的标准。以下是这三方面的考虑和探究。

（一）认识初中视觉艺术课程标准与教学大纲

产生背景：面对世界各地社会的竞争，科技日新月异，香港已渐渐迈向为一个知识型的社会。因此，为配合这方面的发展，教育不得不全力推动改革。香港政府于2000年颁布21世纪教育蓝图，锐意全面改革教育，将香港发展为一个知识型的现代化社会，带动周边亚洲城市的发展。在教育蓝图中所订立的八大范畴教育改革，艺术教育是其中一个重要环节。往昔艺术教育过于重视培养学生的技能发展，忽略了训练学生的思维，学生的发展未够全面化，不单欠缺创意的思维，也未能给予学生机会发展潜能。所以，过往的香港缺乏创意人才，未能将香港打造成一个具创意文化的城市。归根究底，往昔艺术教育的课程纲要"在教师意识中隐退，教师只知道教学计划、教学内容、教科书，对所教学科的课程理念、价值、目标全然不知"①，试问在这种情况下怎会发展好艺术教育？加上在本书的第一章第二节已清楚指出香港初中视觉艺术教育的核心问题——一般人对艺术教育的谬误——过于重视学科，忽略视觉艺术学习，于是引起很多误解，教育改革是自然发生的事。为着保证视觉艺术教育的素质，订立香港初中视觉艺术课堂教学的标准是必然的事。

直至2002年，《基础教育课程指引：各尽所能、发挥所长（小一至中三）》的出现确立了八大教育范畴的发展方向，成为香港基础教育的重要指引。香港各中小学都会因应这个"基础教育课程指引"而开展自己学校具特色的校本课程，以达到切合学生学习需要。2003年，《艺术教育学习领域：视觉艺术科课程指引（小一至中三）》正式面世，断定了日后香港视觉艺术教育发展的路向。这个指引是教材编写、教学、评估和考试命题的依据，是香港教育局监管视觉艺术课程发展的基础，也是体现对不同阶段学生在知识、技能和情意等方面的基本要求，并规定了视觉艺术这门学科应达到的标准及学习内容框架，如"视觉艺术知识、视觉艺术评赏和视觉艺术创作"②等三方面，都是"为学生提供均衡和全面的视觉艺术科课程"③。由此可见，这个新课程指引是香港视觉艺术教育划时代的产品，它带领着香港视觉艺术教育的发展，与世界视觉艺术教育发展同步，启发了

---

① 王福阳：《综合艺术课程与教学论》，高等教育出版社，2008，第47页。
② 香港课程发展议会：《艺术教育学习领域：视觉艺术科课程指引（小一至中三）》，政府物流服务署，2003，第18页。
③ 同上。

有必要为香港初中视觉艺术课堂教学订立标准的需要，为的是保证和提升香港视觉艺术教育的素质。

课程标准的定位：根据香港初中视觉艺术科课程指引规定，学生必须循"视觉艺术知识"①"视觉艺术评赏"②和"视觉艺术创作"③三方面发展知识、技能和情意，以达到课程的目标。事实上，三大学习范畴必须要融合于课程设计内，不可割裂进行教授。因此，在初中视觉艺术课程设计上，"学校应为学生提供适当的和可评估的学习重点和内容，并且以不同的课程组织、多样化的教学策略及评估方式去编订课程"④。所以，在设计教学活动时，应根据课程指引的规定，如"培养创意及想象力、发展技能与过程、培养评赏艺术的能力及认识艺术的情境"⑤而加以设计，务使学生在课堂学习上达到上述四大学习重点，以期达到本科的课程宗旨或目标。视觉艺术科的三大学习范畴及四大学习重点是本课程指引的"课程标准"，是所有初中视觉艺术教师必须清楚认识和了解的，也是设计每个课堂教学的参考标准，才可达至发展初中视觉艺术教育的理想水平。值得一提的是：初中视觉艺术教师也必须仔细考虑如何设计课程，如何将"评赏与创作"融入课堂教学中，既能切合三大学习范畴及四大学习重点，又能把"学科的性质与地位、课程目标、课程内容及各学习阶段安排构成课程标准的核心内容"⑥，发展成为课程的主导特色，也让教师在课程设计和课堂教学上均能掌握自如，创造和发挥教师课堂教学艺术，而达至理想的教学效果。这些都是香港初中视觉艺术课程指引一个概略性的课程标准，也是订立香港初中视觉艺术课堂教学标准的重要依据。

教学大纲内容取向：其实，课程指引中所提出的教学内容要求只是一

---

① 视觉艺术知识包括：视觉语言、视觉艺术形式、媒介、技巧和物料的知识、艺术情境、美学。
② 视觉艺术评赏包括：评赏方式。
③ 视觉艺术创作包括：视觉语言、艺术情境、美学、视觉艺术形式、媒介、技巧和物料等知识的应用在实际层面上。
④ 香港课程发展议会：《艺术教育学习领域：视觉艺术科课程指引（小一至中三）》，政府物流服务署，2003，第8页。
⑤ 同上。
⑥ 王福阳：《综合艺术课程与教学论》，高等教育出版社，2008，第47页。

个建议,"而不是最高要求,它关照绝大多数学生,提出的是一些基本的要求"①,教师可以弹性处理内容,不一定要依照课程指引所要求的。举一个例子,在课堂教学上教授学生"视觉艺术知识",可从"视觉语言"开始,继而发展其他内容,学生才会由基础学起做起,慢慢建立他们的视觉艺术知识,他们才能掌握所学的,用到实践层面上。所以,"课程指引的规定是有弹性、有空间的,其范围应为认知、情感、动作技能三个领域,同时也隐含着教师不是教科书的宣讲者,而是教学方案的积极设计者"②,教师对课程内容的选择起了决定性的作用。

香港初中视觉艺术课程指引除了清楚规定三大学习范畴及四大学习重点为设计教学内容参考之外,还鼓励教师通过不同的教学活动发展学生的"共通能力"③,因为"共通能力是帮助学生学会学习的基础,掌握和运用共通能力可以帮助学生学习适应不断转变的社会及改善他们生活的环境"④,而且视觉艺术的学习和"共通能力"的发展,两者相辅相成,互为依赖而共存。事实上,在视觉艺术学习过程中是不断发展不同能力,如创造力、沟通能力、协作能力和解难能力都会惯常通过视觉艺术创作而衍生出来。较为常见是解难能力的培养,尤其是在进行个别创作的时候,需要自己不断参与其中,比如构想创作内容、资料搜集、创作所用的媒介、物料、技巧等等,都要自己亲力亲为,于是在参与的过程中,不免会面对很多的决定和选择,自然便会培养出自己解决难题的能力,由不知如何做而发展到知道怎样做,继而把问题解决,完成工作,这便是共通能力的培养。又如现行的课程指引都鼓励教师在教学策略上有多元化的取向,如"'全方位学习''艺术的综合学习''探究式学习''体验学习'"⑤等策略,让学生有不同的学习经历,务使学生在初中视觉艺术学习过程中培养

---

① 王福阳:《综合艺术课程与教学论》,高等教育出版社,2008,第48页。
② 同上。
③ 共通能力包括:创造力、沟通能力、批判性思考能力、协作能力、解难能力、自我管理能力、运算能力、信息科技能力和研习能力。
④ 香港课程发展议会:《艺术教育学习领域:视觉艺术科课程指引(小一至中三)》,政府物流服务署,2003,第14页。
⑤ 同上。

不同的能力，最终发展学生学会学习的能力。此外，初中视觉艺术教师也须通过不同的学习渠道，让学生可以多方面接触视觉艺术，配合教师课堂教学艺术的魅力，从而感染和吸引他们主动学习，帮助他们视觉艺术能力的成长。以上所讨论的都是香港现行视觉艺术课程指引的课程标准要求所提出的重点。当然，课程指引亦有具体地指出教材编写、学与教、评估、时间分配等课程标准要求，但是作为前线的初中视觉艺术教师，必须要对课程的背景、标准和大纲内容有清晰和深入的了解，才可踏实地为香港初中视觉艺术课堂教学订立一套标准。

（二）理解初中视觉艺术课程理念

"理念是独立存在于事物与人心以外的一般概念，它是事物的原型"，这是最基本和最原始的一种思想，它可以影响人的思想，以至行为表现，但它也可以被人塑造出来，自辟一格，成为一种具影响力的思想。每个人都有自己独有的思想概念，逐渐便成为一种理念。就如一位教师，执教鞭好一段日子，自然就会产生一种教育信念，一种个人教学的理念，若再加以阐释，便可以成为一个具理论性的观念，自成一派。当然，一个理念的发展与成立，必须经过一段长时间的酝酿与孕育，也经过其他的概念、思维等所影响致产生，才会成为一种理念。理念是人长时间理性思考及经过反复实践所形成的一种思想观念，是一种对事物的理性认识和了解，是一种追求和哲学信仰的抽象概述。简单地说，是一个不偏不倚、真真实实的道理。香港初中视觉艺术课堂教学不能缺失独立的理念。如笔者自己在中学任教视觉艺术已有22年的时间，或多或少都积累了一点点教学的心得，因而形成了自己的一种教学信念，一套视觉艺术教学的理念——视觉艺术教育是一种关爱的生命教育："生命影响生命"——这是笔者总结自己多年的教学成果所领悟研究出的一个道理。所以，"理念是一种关联，是所做、所思、所寻找的理想的信念，是一个对习以为常的挑战的全新见解，是一个新颖并能正本清源的理性认识"[1]。理念是我们生活体验的一部分。总

---

① 王福阳：《综合艺术课程与教学论》，高等教育出版社，2008，第48页。

之，研究订立香港初中视觉艺术课堂教学标准不可忽视对香港现行视觉艺术科课程指引之理念的深入理解。

现行香港视觉艺术科课程指引都是基于一些理念而发展出来的，而这些理念是由多年视觉艺术课程实践的理性认识及其价值认受性之宝贵经验所积累而成，是一种"具有相对稳定性和指向性的视觉艺术课程理想的观念体系"①，因此，课程指引的理念具有前瞻性，能与国际的艺术教育同步发展。现行课程指引是对香港各中小学视觉艺术科课程实践的指导性文件，是初中视觉艺术教师发展课程的依据，是实行视觉艺术教育改革的理论支持，所以，这个课程指引的理念是前线初中视觉艺术教师所必须要理解的。要深入理解现行香港视觉艺术科课程指引的理念，可通过以下四方面进行。

首先，系统课程的安排。现行香港视觉艺术科课程指引的设计是"基于视觉艺术智慧的启发与能力的发展，并非单靠自然成长即可获得，学生必须通过有系统及配合主题的学习"②，才可以慢慢培养视觉艺术能力。这点的观念是取态于美国学者艾斯纳分别在其"本质论"及"以学科为基础"的艺术教育理论（DBAE）的理念发展出来。该观点认为学生的视觉艺术能力需要学习和培养，乃通过系统的视觉艺术课程，作为成长的一个指标，这显示了系统的学习对学生视觉艺术能力成长的重要性。

其次，视觉艺术知识的培养。课程指引指出："通过视觉语言和视觉形式所表现的美感、记号系统及视像结构，从而适切地运用视像表达个人的感情和思想，以及欣赏与评价不同的艺术表现"③，这是必须要通过系统的课程，才可培养视觉艺术知识。学生因着所学到的视觉艺术知识，经过理解和应用，作为表达个人感情和思想的重要表达语言，也对周遭的视觉文化和不同的艺术表现进行解读。这是因为系统的课程所建立出来的条理化视觉艺术知识。这种理念是受到18世纪意大利学者克罗齐的"唯物论"观

---

① 香港课程发展议会：《艺术教育学习领域：视觉艺术科课程指引（小一至中三）》，政府物流服务署，2003，第2页。
② 同上。
③ 同上。

念影响所致，强调形式化观念与美感的关系。另外，课程指引的这种理念也受到19世纪英国艺评家贝尔（Clive Bell）所提出的"形式主义"（Formalism）观念之"有意味形式"所影响，认为艺术能够达到美的效果，就必须要有特定的视像编码、结构和安排，以达到美感和谐。课程指引的理念强调学生必须要学习视觉艺术知识，才可以有足够的视觉艺术能力进行创作与评赏的活动。凡此种种，都是引证现行新课程乃集各种视觉艺术理念而发展出来。

再者，以人为本的学习。课程指引指出："本课程架构的建立原则，乃以学生的人本学习为最基本的考虑，发挥个人的艺术潜能，建立个人的价值观，及对世界或不同文化的多元观念"①，这点是因学生学习能力而发展出来的"校本课程"，以人为本，因材施教，让学生发挥自己，发展所长，也正是全球教育发展的取向。事实上，"视觉艺术教育关注每个学生的个性特点、生活背景，充分调动他们的主体意识，为他们创设参与体验、主动探索、积极实践的条件，鼓励他们进行个性化的艺术活动，帮助他们认识自己的独特性和价值，形成个性化的审美趣味"②，所以，"校本课程"对发展学生个人视觉艺术经验和能力及其成长扮演相当重要的角色。

最后，学会学习的态度。过往的视觉艺术课程偏重于技能训练，依赖教师的知识和技能灌输，未有着力帮助学生发展思维，窒碍了视觉艺术教育的发展，也妨碍了学生个人潜能的发挥。现行课程指引却指出："须在培养学生视觉艺术能力的基础上，培养有助终身学习的共通能力"③，换言之，帮助学生在视觉艺术学习中建立不同能力④，都是筑建他们一股自我学习的推动力，对发展学会学习的态度非常重要。

姑勿论，现行香港视觉艺术科课程指引的理念跟以往旧有的课程纲要有很大取向上的分别，乃切合社会和全球教育的发展趋势而蜕变出来，是

---

① 香港课程发展议会：《艺术教育学习领域：视觉艺术科课程指引（小一至中三）》，政府物流服务署，2003，第248页。

② 王福阳：《综合艺术课程与教学论》，高等教育出版社，2008，第49页。

③ 同①，第3页。

④ 此乃指共通能力，即创造力、沟通能力、批判性思考能力、协作能力、解难能力、自我管理能力、运算能力、信息科技能力和研习能力，等等。

以发展学生思维和学习态度为本，以学习本科知识为副，最终乃发展出具地区性特式的校本课程。于此，了解初中视觉艺术课程理念对订立一套香港初中视觉艺术课堂教学的标准帮助很大。

（三）　认识初中视觉艺术课程性质和价值

现行香港视觉艺术科课程指引作为香港现时十二年义务教育学生必须修读课程的参考，乃展现了不同的视觉艺术形式和表现手法，如绘画、雕塑、建筑、书法、篆刻、摄影、数码媒体、影视等不同性质的视觉艺术，鼓励学生可以在其周遭生活环境中接触和欣赏不同形式的视觉艺术，让他们扩阔视觉上的视野之余，可以接触不同文化，"对他们的生活、感情、文化素养和科学认识等产生直接与间接的影响，对他们的人格成长、情感陶冶以及智能的提高等，具有重要的价值"[①]，因此，香港视觉艺术科课程指引的出现不但丰富了学生的学习维度，而且综合发展和发挥了学生多方面的视觉艺术能力，"还培养学生的整合创新、开拓贯通和跨域转换的多种能力（共通能力），促进人的全面发展"[②]，可见课程指引的价值贡献巨大。若要仔细分析现行香港视觉艺术科课程指引，可从课程的性质和价值两方面去理解。

第一，在课程性质方面。其一，具人文性色彩。现行香港视觉艺术科课程是一种人文色彩浓厚的课程，它不再把视觉艺术作为单纯消遣娱乐、技巧表现、曲高和寡的闲科，而是具有文化价值意义的学科，且被认同为"人类文化的积淀和人类想象力与创造力的结晶，具有极高的人文价值"[③]。事实上，艺术记录了人类的历史、文化、社会等等的变化，凝聚着厚重的人文精神，当中人类的心血结晶乃是人类智慧的象征，只要通过观赏艺术品和阅读艺术史，便会深深地被吸引住，明白艺术的博大精深。所以，学生通过艺术认识艺术情境，"可刺激他们思考艺术在社会文化及历史上的意义和价值"[④]。毋庸置疑，视觉艺术科课程以感人的形式，令人印象

---

① 王福阳：《综合艺术课程与教学论》，高等教育出版社，2008，第50页。
② 同上。
③ 同上。
④ 香港课程发展议会：《艺术教育学习领域：视觉艺术科课程指引（小一至中三）》，政府物流服务署，2003，第20页。

深刻的人文内涵，打动了学生的心灵，靠近学生的日常生活，激活了学生对艺术文化的追求和探究。其二，具综合性学习。现行香港视觉艺术科课程指引鼓励教师"考虑采用综合式学习，设计跨学习领域和跨艺术形式的教学计划，为学生提供更丰富、更灵活的学习经历"①。换言之，视觉艺术科课程不再单单是学习视觉艺术，而是一种师生的互动与交流，教师创造多样性的教学艺术对学生所造成的感染力，乃培养和发展学生的创意思维，丰富他们的创作经验。其三，具创造性空间。在不同学科领域中，视觉艺术是一门非常具创造性发挥的学科。它提供了思想空间，提供了无边际的创意表达，让学生可以大胆思想欲表达的感情和思维，通过各种创意活动、设计、制作、交流，尽情地表达自己，如"全方位"的学习便是"通过在不同的日常生活环境进行探究、创作和展示视觉艺术作品，学生可以获取美感和艺术经验"②；同时，在创作过程中，提供学生机会去面对困难，去解决问题，发挥自己的潜能和想象力，达到视觉艺术创作的目的。其四，具愉悦性趣味。视觉艺术是一门具有趣味性的学科，给予学生一种愉悦舒畅的感觉，当中包括个人或集体的创造，可通过实践创作、交流、讨论、欣赏、实地考察、评价等不同活动，加强对学习本科的趣味性和投入感。在参与艺术活动的过程中，学生可以通过感性材料尽情地、自由地于忘我境界中表达自己，从中体验到视觉艺术学习所带来的快乐感和满足感，因而获取心灵上的安慰，平衡身心和谐发展。所以，视觉艺术学习或创作是艺术治疗的重要元素。其五，具经典性内容。学习视觉艺术可以跨越时空，没有时间性限制，只要有一本载有不同年期时代的艺术作品集，于任何时间、环境皆可以学习。事实上，艺术记录了古今中外一切经典性且具历史性的艺术品和文化遗产，将这些带进课堂，学生便可以吸收艺术文化养分。学生越多地学习不同经典性和历史性的艺术品和文化遗产，越能提升自己个人的艺术品位，也让他们了解到人类高度的智慧，以及他们伟大的文化结晶，实在见证了人类在发展史上独有的价值。所以，学生通

---

① 香港课程发展议会：《艺术教育学习领域：视觉艺术科课程指引（小一至中三）》，政府物流服务署，2003，第30页。
② 同上。

过评赏艺术品的时候，让他们"洞悉和领悟艺术作品潜藏的信息和意义，及作品在不同社会文化和历史情境中的价值"①，从而获得评赏艺术的乐趣和愉悦。

第二，在课程价值方面。其一，创作和评赏价值。视觉艺术这门学科跟其他学科不同的是：理论与实践并重。学生通过实践创作将所学的进行验证，享受创作艺术品的乐趣，提升自己的视觉艺术能力；学生也通过评赏将所学的应用到实际层面，享受欣赏艺术品的趣味，提升自己的审美能力。这正切合课程指引所提出的"借探讨多元文化的艺术发展脉络，拓展艺术创作和评赏的视域，使学生的视觉艺术经验更丰富，并贴近现代艺术发展的步伐"②，所以，学习视觉艺术对提升个人的艺术品位和旨趣有相当大的贡献。其二，情感价值。视觉艺术课程提供很多机会让学生表达情感，让他们选择自己最熟悉、最亲切、最方便的创作方法、渠道进行自我表达和交流，使他们的情感得以宣泄、得以抒发、得以支持，从而对自己有所了解，人格得以提升，净化自己的心灵，治疗内心的创伤。其三，智能价值。视觉艺术教师通过不同的"学与教"的策略，让学生在不同情况下都可以接触到视觉艺术，如"全方位学习、艺术的综合学习、探究式学习、经验学习、专题研习、运用信息科技进行互动学习、德育与公民教育、从阅读中学习"③等等，让学生全面培养不同的共通能力，发展多方面的智能。这正切合课程指引所提出的"以人本为中心的教学模式，培养学生自学的能力、智慧和态度，并形成对艺术终身追求的旨趣"④发展目标，乃不断提升学生的智力和创新能力，切合香港社会的需要。其四，文化价值。现行视觉艺术课程强调"评赏"的重要性，加强了学生对艺术历史和艺术文化的认识，教师于课堂内外皆提供了机会让学生接触"丰富的艺术信息，认识和理解自己民族与世界各地艺术的历史、文化意蕴，形成对自己民族文化的认同、热爱和对多元文化的尊重，参与文化的承传与发

---

① 香港课程发展议会：《艺术教育学习领域：视觉艺术科课程指引（小一至中三）》，政府物流服务署，2003，第21页。
② 同上，第4页。
③ 同上。
④ 同上。

展"①，这样，他们通过观赏不同的艺术品，拓展他们的视域，而对这些艺术品产生一种认同感和尊重感，继而了解自己的民族，强化对自己身份的认同。这正是本课程指引所强调的"借着对不同文化艺术的接触，拓展学生多元的视野，及陶冶学生情意、修养、品德，以至对国家民族及世界的投入感"②所期望达到的课程宗旨。其五，实用价值。现行视觉艺术课程强调"评赏"和"创作"的重要性，目的在于学生在课程中所学到的视觉艺术能力和经验，使学生终身受用。例如，现时世界的教育趋势在于致力发展和培育信息科技人才，香港视觉艺术课程也鼓励学生多些"利用信息科技所衍生的影像文化、创作手法和表现形式，以拓展另类艺术创作的可能性"③，足见视觉艺术教育已着重其实用性功能，跟以往单纯以学习为目标已有很大分别和进步，这是切合社会发展的需要的。

综合以上所述，要为香港初中视觉艺术课堂教学订立一套标准不是一件困难的事，因为对香港初中视觉艺术课程标准与教学大纲、课程理念、课程性质和价值等三方面进行了理解后，根据所理解的内容逐层构建一套标准，经过反复检讨和实践，而成为一套认受性的标准。不过，前线初中视觉艺术教师必须要对自己的教学工作承担责任，就是要对自己所教的学科有深入的了解，包括课程目标、课程理念、课程内容、课程性质等方面，才可以在课堂教学上达到课程的要求和标准。所以，研究认为要为香港订立一套初中视觉艺术课堂教学的标准，其内涵可以有以下八方面的考虑：其一，具清晰的课堂教学设计，必须要切合课程指引中所建议的校本原则，以学生为本及其能力和需要而发展出来；其二，具体的课堂教学理念，必须要配合课程指引中的理念框架——重人文色彩，而发展出完整的课堂教学，切勿完全背弃了课程指引的精神；其三，明确的课堂教学目的，必须要由准课程指引中的课程宗旨而发展出来；其四，具体课堂教学

---

① 王福阳：《综合艺术课程与教学论》，高等教育出版社，2008，第51页。
② 香港课程发展议会：《艺术教育学习领域：视觉艺术科课程指引（小一至中三）》，政府物流服务署，2003，第6页。
③ 同上，第4页。

内容，必须要切合课程指引中的三大学习范畴①及四大学习目标②；其五，条理分明的课堂教学策略，必须要切合课程指引中所建议的标准，全面培养学生不同能力的发展；其六，启发性的课堂教学方法及创造多样性的课堂教学艺术，必须要切合课程指引中所建议的方向，发展学生创意思维、想象力、评赏能力，以至共通能力，成为培养学生学会学习能力的基础；其七，价值性的课堂教学取向，必须要切合课程指引中所建议的标准，就是建立学生情意、修养与品德；其八，科学化和系统化的课堂教学评估，必须要切合课程指引中所建议的标准，培养学生自我反思、自我评价的能力。

以上八项初中视觉艺术课堂教学标准都是因现行初中视觉艺术科课程指引而发展出来，只要按着这些标准设计课堂，以至实践教学，加上配合教师课堂教学艺术的发挥，必能达至良好的效果。实际上，每个初中视觉艺术课堂教学都有自己的特色，而这些特色正显示了教师个人独特的教学艺术，发挥其作用，难以硬性规定用这些标准识别课堂教学的成功与否，而这些建议的标准也只是作为教师参考或指引之用，作为评价初中视觉艺术课堂教学有否偏离课程的标准，所以，毋须过于执着和依赖这些标准。反而，要好好运用这些标准作为对自己的课堂教学的一种监察，从而改善自己的教学，精炼自己的课堂教学艺术，使之成为完善香港初中视觉艺术课堂教学艺术的一种方法。

将资料表（五）（七）（八）三个表中的内容摘要为下列资料表（二十二），试图理解现行香港初中视觉艺术教师对课堂教学是否有否为自己订立一个标准，从中明白他们对视觉艺术课堂教学的概念，以及他们对现行香港初中视觉艺术科课程指引有多大程度的了解。

---

① 包括：视觉艺术知识、视觉艺术创作和视觉艺术评赏。
② 包括：培养创意及想象力、发展技能与过程、培养评赏艺术的能力及认识艺术的情境。

资料表（二十二）

初中视觉艺术教学内容与订立初中视觉艺术课堂教学的标准之关系

教师	问题		
	你认为视觉艺术科教学应该教什么？为什么？	进行视觉艺术课堂教学时，你会先教什么？为什么？	你认为视觉艺术科课堂教学是什么？它又包括了什么？
专科教师（专科学位及专科教育证书）（共20人）	美术知识、美术评赏和各种媒介的技巧训练，让学生享受创作	引起兴趣，美术欣赏和评论	培养创意和想象力、评赏艺术能力和发展技能，享受创作乐趣
	欣赏艺术品和创作技巧	引起学习兴趣，继而开始学习美术知识	引发学生的学习意欲，发展学习经历与成果
	从艺术品、美学、哲学中启发学生创意和媒介运用	评赏艺术品的技法、含意、构思过程	观察形象表达思想，产生美感和趣味
	视觉艺术知识和技巧训练，继而欣赏与评鉴，加入通识课程	从视觉工具、物料特色开始，继而从文化历史、理论建构学生的美术学习	启发对周遭事物的感知、欣赏，对文化艺术的传承感知
	艺术创作、技巧、欣赏，并加入商业艺术和专业艺术课程	艺术探索，引起兴趣，引发创意思维	探索、讨论、欣赏、实践
	透过欣赏学习视觉元素和原理，懂得评赏一件艺术品	视觉元素和原理，让学生掌握艺术创作的基础	发挥创意的平台，透过视觉艺术元素和原理创作一件艺术品，它包括了理论、素材运用、批判思考、解难和欣赏
	创作意念的发展及如何透过艺术创作来自我表达	主题探索，学生能深入研究主题，增加发挥空间	发挥创意的空间，每人创意思维有所不同，透过各种交流活动，制造共融空间
	视觉艺术知识、媒介技能及各地文化背景、价值	透过正规课程教授视觉艺术相关的知识、技能	分享视觉艺术相关的知识、技能
	视乎课题而定，先多用生活例子或历史背景引起学习动机	欣赏艺术品和艺术知识，引发学生创作兴趣，拓宽学生的眼界，懂得欣赏周围的事物	欣赏艺术，学生表达意念的机会；艺术创作和艺术知识的领受

续表

教师	问题		
	你认为视觉艺术科教学应该教什么？为什么？	进行视觉艺术课堂教学时，你会先教什么？为什么？	你认为视觉艺术科课堂教学是什么？它又包括了什么？
专科教师（专科学位及专科教育证书）（共20人）	视觉艺术知识、技巧、理论、历史，启发学生创意	由视觉出发，引起学习兴趣	美感的培养，社会思潮与艺术的关系，创意的激发，技巧学习
	理论与实践，从生活中认识艺术，社会与艺术的关系，美学和创作技巧	先引起兴趣，否则学生无法投入和喜爱学习	是人文、艺术、生命的教育；它包括了道德、批判和生命价值的教育
	艺术技巧、类别、历史、评赏、文化与社会、价值观、人性、人道、态度，为学生提供全面的艺术发展和建立正确的思维和态度	美学的概念、美术欣赏	引起学生兴趣
	美术知识、美术创作、美术欣赏	美术知识，让学生有基本知识	启发思维，包括欣赏、分析、评鉴
	启发学生创意，培养欣赏和评鉴能力	视乎课题而定，脑图发展、技巧创作和示范	提升学生美的素养
	创作技巧：增强学生学习的成功感，让学生知道自己有能力创作；不同艺术造型：透过接触不同的艺术创作，提高学生的学习兴趣	给学生欣赏范作，引起他们兴趣，引导他们探究艺术原则和元素	一些审美的准则、美学知识，学生能应用在日常生活中
	学生的兴趣为主，让他们享受课堂	先作品示范，学生有迹可循	纯是愉快学习艺术
	一般传统艺术都可教，但必让学生亲身经历，欣赏与创作并重	与生活拉上关系	是一个过程，由认识/接触开始，经过制作，从中学习
	知识、技巧、创意，尝试不同的物料及工具，让学生享受学习艺术的过程，从中获得乐趣	作品欣赏，拓宽学生的眼界，汲取他人的技巧及创作意念	欣赏，并与生活拉上关系，非单纯"手作仔"

续表

教师	问题		
	你认为视觉艺术科教学应该教什么？为什么？	进行视觉艺术课堂教学时，你会先教什么？为什么？	你认为视觉艺术科课堂教学是什么？它又包括了什么？
专科教师（专科学位及专科教育证书）（共20人）	视觉艺术理论、知识、技巧，以至文化内涵	教学目标、学习内容、美术知识、技巧，及学生须完成作品的要求、时间限制等	欣赏作品，掌握物料和技巧，进行创作
	任何和视觉有关的艺术，让学生从中思考、沟通	美术理论、美术史，让学生多角度认识艺术	提升学生学习本科的兴趣、知识和技巧，建立学生正确价值观
非专科教师（非专科学位但有专科教育证书）（共6人）	本学科知识	素描，培养学生的观察力及耐性	一切能让学生思考的视觉艺术元素
	理论、评赏、技巧、应用	理论及评赏，对学习主题有基本的认识	包括理论、技巧、评赏和应用
	培养学生对美术的兴趣	讲解、分享范作	提高兴趣，发掘潜能
	理论与实践	先理论、后实践	技巧、欣赏、创作和思考
	各类媒介、艺术欣赏	艺术简史	

从资料表（二十二）看，各受访者对初中视觉艺术课堂教学都建立了一套自己的标准，只是这套标准并非一致，因人而异，按个人对现行课程指引标准的理解而订立。但他们所订立的一套标准大体上没有偏离课程标准的精神，正切合了笔者前面所说的观点。每个初中视觉艺术教师按课程指引的理解而订立自己课堂教学的标准，从而显示了自己个人独特的课堂教学教学艺术。受访者对现行香港初中视觉艺术科课程有一定程度的了解，可是理解并不全面及透彻，除了对课程教学内容的三大学习范畴和四大学习目标最为清晰，其次是"学与教"的策略与学生不同能力发展的关系，都有颇清楚地理解，可是对于理解课程性质和价值等概念却较为含糊。不过，对于问卷提出"视觉艺术科教学应该教什么？为什么？"这个问

题，有些教师却认为要教"艺术技巧、艺术类别、艺术历史、艺术评赏、文化与社会、价值观、人性、人道、态度"等，可见这些教师进行视觉艺术教学已不再局限于本科知识和技能，而是为学生提供全面的艺术发展和建立他们对视觉艺术正确的态度和价值观。这是较为高层次的教学目的，也是切合现行课程指引标准的情意、修养与品德等人性与价值观的发展。资料表（二十二）正是通过受访者的初中视觉艺术课堂教学内容反映现有香港初中视觉艺术教师对自己课堂教学标准的厘定，他们对初中视觉艺术课堂教学的标准综合如下：其一，着重评赏与创作的均衡发展，切合本科发展方向；其二，涵盖三大学习范畴和四大学习目标，全面发展学生视觉艺术能力及其他相关能力；其三，运用不同教学策略，发展共通能力，建立学会学习能力的基础；其四，发展全人教育的培养，建立道德、批判和生命价值的修养品德。

三、检测课堂教学艺术水平

自2003年开始，香港初中视觉艺术教育有了一个大转变，就是将昔日旧有的课程放下，而引进新课程到教室去，开展了香港中学视觉艺术教育的新里程。对于昔日旧有课程跟现行新课程比较，最大分别是现行课程强调发展学生学会学习，最后培养成为自学者，在过程中帮助学生发展自学模式。于初高中视觉艺术教师来说，这个转变是一个大挑战，因为教师不可再像以前"喂饲式"的教学，全由教师负责主动供应学习材料；而现在是要教师引导学生自己去寻找适合自己能力的学习材料，发展自主学习，教师在课堂教学中所教的内容只是一个补充和支持，这是教学上一个大的转变。教师如何引导学生发展自学模式？教师的课堂教学艺术必须配合。这是对教师的一个考验。新课程纲要清楚指出初中视觉艺术教师的角色转变，乃"从知识的传授者转变为促进者，从中央课程的推行者转变为校本课程发展的参与者"[1]，即是说初中视觉艺术教师在课堂教学里所担任的角色是促进学生学习，而不是直接传授知识予学生，即视觉艺术教师于课堂

---

[1] 香港课程发展议会：《艺术教育学习领域：视觉艺术科课程指引（小一至中三）》，政府物流服务署，2003，第28-29页。

内展现自己个人独特教学理念和样式而感染学生有效学习的创造性教学魅力，让学生发展自学。因此，教学方法的选择和运用必须切合教师角色的转变，再不单是用讲授式的方法，而是要用一些互动的方法，提升学生的学习兴趣，继而发展他们自主学习。现行香港初中视觉艺术教师在课堂教学方面配合到这方面的发展吗？另一方面，初中视觉艺术教师会因应所颁布课程（新课程纲要）的指引发展具特色的校本课程，剪裁适合自己学生需要和能力的视觉艺术课程，让他们尽量发展自己所长。所以，初中视觉艺术教师在设计课程的同时，也需要考虑到教学方法的选择和运用，务使达到促进学生学习的目标。这是初中视觉艺术教师的另一个考验。现行香港初中视觉艺术教师在校本课程发展方面有否配合指引的要求？新课程纲要清楚指出教师教学角色的转移，这直接影响课堂教学的成果，也直接影响如何构建检测初中视觉艺术课堂教学的内容和方向，这是本部分欲要探索的目标。

（一）构建研究检测性评价香港初中视觉艺术课堂教学艺术水平的概念

为什么要构建研究检测性评价香港初中视觉艺术课堂教学艺术水平？这对于香港初中视觉艺术教育来说是一个迫切性的问题。这是因为目前香港初中视觉艺术教育素质参差不齐，欠缺一致性的效果。究其原因，乃现有中学的初中年级仍有非视觉艺术专科教师任教视觉艺术课堂，师资良莠不齐，影响教学素质。因此，必须构建研究检测性评价香港初中视觉艺术课堂教学艺术水平的概念。笔者在收集回来的问卷中，发现26位受访者中有6位是非专科教师，而这些受访者分别来自不同学业成绩等级的学校。当中成绩等级较优异的学校仍有2位非视觉艺术专科教师任教视觉艺术，他们虽持有学位学历，但学位并非视觉艺术专科，他们只凭视觉艺术专科教学资历教授视觉艺术，这是否足够应付现今课程的要求？前面曾经讨论入职香港中学教师的最低要求是专科教学资历，这已是20世纪80年代的事了；但以现行的要求来说，没有专科学位学历是应付不了本科知识的要求的。况且，前面也讨论过视觉艺术本科知识于课堂教学的重要性，故此，单是视觉艺术专科教学资历是不足够应付现今的教学需要。这是因为专科教学资历的培训课程过于侧重"教育学"的知识，较少涉及本科知识的灌输。纵然教师教学素养很重要，难道这些没有视觉艺术专科学位的教师单凭教学法可以满足到学生对本科知识的追求吗？这是值得讨论的地方。我们不是怀疑这些教师的本科知识不够，只是担心他们可否配合到新课程的要求而已。事实上，等着退休的初中视觉艺术教师数目也不少，他们是否仍有心力去增强自己本科知识，做好每个课堂教学，这就不得而知了。一句话，确立和构建研究"检测性评价"香港初中视觉艺术课堂教学艺术水平的概念是必需的。

1. 何谓"检测性评价初中视觉艺术课堂教学艺术水平"？

如何构建一套加强研究检测性评价初中视觉艺术课堂教学艺术水平的方法？首先，必须要对"检测性评价"有所理解。"检测性评价"含有"教学评价"的意义，"教学评价"是"以教学目标为依据，搜集教学系统各方面的信息，并按一定的客观标准对教学及其效果做出价值判断的过程"[1]；换句话说，"检测性评价初中视觉艺术课堂教学艺术水平"就是按照所定的教育目的，根据不同领域对初中视觉艺术教师课堂教学艺术水平做出完善程度级别的客观判断，从而理解教育学水平状况，做出适当的调整。

2. "检测性评价初中视觉艺术课堂教学艺术水平"的功能

从一个宏观角度看，加强研究检测性评价初中视觉艺术课堂教学艺术水平是必要的，这样的做法是确保教师教学素养的专业化和课堂教学高水平的成效，也"促使教与学形成良性循环机制，提高了教师教学管理的自觉性"[2]，而这种教学管理的自觉性正是提升教学效能的推动器。香港应该实行"检测性评价初中视觉艺术课堂教学艺术水平"措施，一方面，可以提升初中视觉艺术课堂教学成效；另一方面，可以帮助初中视觉艺术教师改善教学，提升他们课堂教学艺术发挥的功效。不过，对于构建"检测性评价初中视觉艺术课堂教学艺术水平"的实操机制不是一个简单的事情，本文着力提出此观念。将"检测性评价"构想与现行在香港教育局每间学校每五年进行一次全校性的"全面评鉴"（Comprehensive Review 简称

---

① 翁震宇：《美术教育概论》，中国美术学院出版社，2009，第208页。
② 同上。

CR）或"焦点视学"（Focus Inspection）的政策，"全面评鉴"的报告会用一校整体做评价，当中也有视觉艺术教育的部分，但对其评价内容所占的篇幅不会太多，也不会太详细。虽然有涉及视觉艺术课堂教学的素质，但不会太重点评价，只从行政角度理解视觉艺术教育在学校的发展情况；"焦点视学"可针对性理解视觉艺术教育的发展。于此，提出的"检测性评价"是力图在总结反思初中视觉艺术教学经验上，引入"教学评价"的基本概念，逐步规划出这个"检测性评价初中视觉艺术课堂教学艺术水平"的架构，体现这个"检测性评价"的功能。笔者构想的内容包括：建立教师同侪评估、教师互相观课文化（课堂观察量表）、自我反思（日志记录表）、与学生访谈等等，都可以归入"检测性评价"内容，全面发挥改善教师教学的功能。所以，在构思"检测性评价初中视觉艺术课堂教学艺术水平"的时候，会考虑"检测性评价"的实际功能。事实上，视觉艺术科"检测性评价"的功能，包括：其一，"检测性评价"是帮助初中视觉艺术教师改善课堂教学的成效，发展他们教学素养的专业化，促成教师课堂教学艺术，并非对教师问责；其二，"检测性评价"是完善初中视觉艺术教师课堂教学艺术的方法；其三，"检测性评价"可以与"检视视觉艺术教师学科知识水平"一并进行，前者是对视觉艺术教育做一个整体性评价，而后者只针对视觉艺术教师个人学科知识水平，两者没有抵触，反而相辅相成，加强改善教师课堂教学的成效；其四，"检测性评价"可以与"检视视觉艺术教师学科知识水平"一并在观课期间进行，也可分开进行，目的在于帮助教师教学成长；其五，"检测性评价"必须以一个年级为单位进行，评价结果会较为一致性及完整性，也能针对性改善教师课堂教学的成效。总而言之，"检测性评价"可以一年进行一次检验和测度最为理想，于学期末前一个月进行，由科主任或校内其他专科教师组成"检测教育水平小组"负责进行检测工作。完成检测后，小组会与受检视的初中视觉艺术教师或全个科组进行面谈，以便了解整体的表现。

（二）加强研究检测性评价香港初中视觉艺术课堂教学艺术水平的措施

要实践"检测性评价初中视觉艺术课堂教学艺术水平"时必须考虑引入相关措施，如一些原则性的考虑，以方便进行"检测性评价"时有客观持平的态度。这些原则性考虑，包括：公正性原则、客观性原则、科学性原则和系统性原则。第一，公正性原则。"检测性评价"的结果可信性要高，说服力强，有代表性，能遵循公正性原则，例如：对抽样学生的作品进行检测的时候，必须拣选有不同能力表现的作品，才可知道学生的整体表现，这是一个公正性原则。另外，负责执行评价工作的人，必须建立公正意识，对教育工作不偏不倚，对教师、学生负责任，绝对不可徇私。第二，客观性原则。"检测性评价"的准确性和公正性建基于客观性的基础上，只有尊重客观、尊重事实才可以使"检测性评价"变得可靠。第三，科学性原则。"检测性评价"的过程需要借助科学手段才能达到评价的目的。什么是科学手段？即是符合科学规律和视觉艺术教育的特点来进行，它们能反映出教师教学过程中每一环节的素质，如教师的逻辑思维、过程清晰，条理系统化，都可以通过教学过程中展示出来，这是科学手段。第四，系统性原则。"检测性评价"的范围广泛，内容很多，必须要简单而有条理，才能体现系统性的程序。系统性的意义不仅是评价内容的全面性，而且内容要有客观性的规律，因此，"检测性评价"要综合评价，需要全面衡量，不可偏重某一方而使评价结果欠公正性。

"检测性评价初中视觉艺术课堂教学艺术水平"是对初中各级视觉艺术教育水平做一个全面的评价，对教师、学生、学校，以至政府有关当局，如教育局、课程发展处等从评价中所获得的资料对制定政策、发展课程甚有帮助。所以，在进行"检测性评价初中视觉艺术教育水平"的时候，必须构建一个概念，就是对学生和教师两个层面进行"检测性评价"，理解教与学两者关系所发展出来的教育水平素质，两者表现是否不谋而合。于此，笔者参考了学者巩平对教学评价三种类别的见解，分别为"诊断性评价、形成性评价和总结性评价"[1]等三方面，而应用到构想"检测性评价初中视觉艺术课堂教学艺术水平"内容上，故"检测性评价"包括以下三个阶段中不同方面的评价及其内容。

其一，诊断性评价（Diagonistic Evaluation）：此项分为两部分，一

---

[1] 巩平：《高中"工艺"课程转化为教学实践的实施策略》，载《美术新课程教学与教师成长》，中国人民大学出版社，2009，第59页。

是评价教师的教学准备工作，二是评价学生课堂学习表现。第一部分主要针对教师的准备教学工作，如课程设计、教学计划、教案编写、教学进度表、教具制作等，这是在教学开始前进行评价。第二部分主要针对学生是否达到教学目的所需的基本知识、能力和情感，这是在教学过程中进行观察而评价。

● 建议评价方法：第一部分——文件审视（教学开始前）；第二部分——观课。

● 评价范畴：教学计划、教案编写、教学进度表、教具教材制作、学生课堂学习表现等。

● 所用评价工具：第一部分——教师教学前工作报告或核对表／日志记录表；第二部分——课堂观察量表（学生部分）。

● 评价时段：第一部分——上学期完后；第二部分——下学期开始时任何课堂。

● 目的：（1）观察及评价教师教学前的准备工作；（2）观察及评价学生学习情况。

其二，形成性评价（Formative Evaluation）：此项分为两部分，一是评价教师的课堂教学表现，以及其课堂教学艺术发挥的功效。二是评价学生课堂学习表现。第一部分主要针对教师的教学是否达到教学计划中所定的教学目的、教学内容、教学方法、教学活动等，这是在教学过程中进行评价。第二部分主要针对学生课堂学习上的表现，强化改进他们的学习，这也是在教学过程中进行评价。

● 建议方法：第一、二部分——观课（学生及教师部分）。

● 评价范畴：学生课堂作业、教学方法、教学内容、教学活动、教学艺术、教具教材。

● 所用评价工具：课堂观察量表。

● 评价时段：第一、二部分——下学期开始时任何课堂。

● 目的：（1）发现学生潜质，找出有效教学方法加强学生学习；（2）教师在教学过程中有什么问题，提供反馈，改进教学。

其三，总结性评价（Summative Evaluation）：此项分为两部分，一是评价教师整体教学表现，其课堂教学艺术发挥的成效，与学生学习表现是否差异性大；二是评价学生整体学习表现。第一部分主要针对教师整个教学目的实现的程度所做出的评价，如对整个教学过程进行全面的评定，并确定教师后续的教学进程。第二部分主要评定学生的学习表现，包括：知识、技能和情意三方面给予成绩等级，并预计学生在后续学习中有改进或成功的可能性。这是在教学完成后进行评价。

● 建议方法：第一、二部分——访谈／面谈、小组会议。

● 评价范畴：学生课业（包括：工作纸、测验卷、考试卷、报告、作品集、资料搜集等）；教学文件（包括：校本课程设计、教学计划、教案编写、教学进度表、教具教材制作等）。

● 所用评价工具："检测性评价初中视觉艺术课堂教学艺术水平"报告（包括：自我反思／日志记录表、教师教学前工作报告或核对表、课堂观察量表、访谈记录等）。

● 评价时段：第一、二部分——下学期完结前一个半月。

● 目的：（1）评价教师整体教学表现；（2）评定学生整体表现。

综合以上的内容，"检测性评价初中视觉艺术课堂教学艺术水平"于现今香港中学视觉艺术教育是一件可行的事，在提升教师教学素养的同时，也能检测视觉艺术课堂教学艺术水平的素质，对教师、学生、学校、家长，以及有关教育团体发展未来的教育计划和制订教育决策实是一个启示。虽然这并非天方夜谭之说，但期望不久将来这是一项政策，为香港初中视觉艺术课堂教学艺术的发展不断地改进和完善做出贡献。

其四，教师进行同侪评估。对于制订"检测性评价初中视觉艺术课堂教学艺术水平"的策略有了初步的构想，便是开展了香港中学视觉艺术教育迈进素质教育之路，是视觉艺术教育发展的另一个里程碑。香港作为一个先进的城市，能够接纳不同的教育观念和视点，对发展先进和开明的教育帮助甚大，特别在"教学评价"方面都有理想的发展。目前香港正进行课改已差不多完成第二个五年，即第二个阶段。按现在的情况，各学校对各学科新课程纲要已慢慢地掌握，并已上了轨道，渐见成果。而视觉艺术科亦已同步发展，于2009年开展新高中新课程，至今2014年已是第三届新高中公开考试。作为初高中视觉艺术教师，眼见努力的成果渐露，不得不承认课改和新课程对教师起着催化的作用，让自己的专业慢慢提升。初中视觉艺术教师教学的专业提升了，是因为"教学评价"发展理想的缘故。香港教育局不断鼓励学校发展一套完善的校本评估制度，让教师的教学素养不断提升，迈向专业化水平。

笔者构想的"检测性评价初中视觉艺术课堂教学艺术水平"的策略是完善的校本评估制度之一，除了让视觉艺术科有素质的检测和保证外，还提升了初中视觉艺术教师的专业教学素养，尤其是教师创造与发挥多样性的课堂教学艺术。事实上，初中视觉艺术教师的专业教学素养是提升学科素质的主要原因，试问没有好的教师，学生何以学得好，教育素质何以提升？何以保证？一句话，一套完善的校本评估制度是发展优质教育的主要条件。

现行香港中小学校的校本评估制度比较普遍采用是同侪评估、自我反思、跨科观课等"教学评价"的方法，同侪评估和跨科观课是较多学校所采用的。不过，这种校本评估制度于中小学校多数用作评价教师职级擢升的依据，并非单向帮助教师改善教学；现今已发展成为一种学校教师专业发展的途径，专门帮助教学上遇到问题的教师。前线初中视觉艺术教师，面对课改及新课程的压力，已忙到透不过气，加上需要配合种种措施，百上加斤之际，根本无暇处理教学内容和教学方法的问题，因而对自己的教学已不太着意，实在影响教学素质，也影响学生的学习成果。于是，"同侪评估"便可以帮助教师改善和提升教学素质，也可以完善教师教学艺术发挥的功效。

"同侪评估"亦可称为"同科评估"或"同行评估"，是指同一学科教师之间互相观课，并非指不同学科教师之间的观课。学者王大根指出：初中视觉艺术教师的"'同行评估'是指美术教研组长、同行教师及美术教育专家等对美术教学的评价"[1]，这正切合前面对"同侪评估"所下的定义。事实上，同侪评估"不仅对合理评价教师有很大的价值，而且对在教

---

① 王大根：《促进美术教师不断提高的评价体系包括哪些内容？》，载《美术课程标准（实验稿）解读》，北京师范大学出版社，2009，第171页。

师中创造一种专业研究和提高气氛也有重要的意义"①，这是对教师的一种鼓励，是帮助教师教学成长，发展专业的理想方法。譬如说视觉艺术教师对同科教师进行评估的时候，这样"同侪评估"就对教师在学科教学上起着专业发展的作用，评估者具有本科的知识，具有本科的教学能力，对本科的课堂教学程序流程，以至教材、教学内容、教学活动等既清楚，又熟悉，因此，对受评者或同侪所给予的意见是非常有建设性，是帮助他们改变过来，变得更加专业。于是，他们的意见对"教师的教学水平和能力的提高，对工作的改进都能提出价值较高的建议"②。所以，现行香港中小学校的"同侪评估"，多由学科主任对同科教师进行评估工作。学科主任除具学科知识外，对学科的教学也非常熟悉和有经验，所以，学科主任对同科教师所给予的意见和评语都是相当具有建设性。当然，亦有不少中小学校除了"同科评估"外，还发展"跨科观课"评价教师的全面教学。事实上，这种"跨科观课"只可作为观赏教师教学的一种教学素养的发展，并非专科教学发展。

　　笔者曾任教的学校都有"同科评估"和"跨科观课"的评估制度，既有同科教师之间互相观课，又有不同学科教师之间的观课。前者是由学科主任负责对同科教师的观课做出评估，后者则由副校长负责对不同学科教师的观课进行评估。"同科评估"和"跨科观课"评估制度乃于校内建立一种观课文化，在提升教师之间互相学习、互相欣赏的气氛之际，也能提高教学士气，并非对教师的教学做任何破坏性评价，只是想帮助有教学困难的教师，重建他们教学的信心而已。笔者充当视觉艺术科主任多年，有对同科同事观课，也有邀请同科同事到自己教室观赏自己的课堂，这种对专科教学交流是非常有帮助的，因为大家所给予对方的意见都是专业的、建设性的，对发展专业教学提供宝贵意见。对于同科同事观课之后，会给予对方文字上的评语，又有大家分享和讨论的时间，目的在于确认对方在教学上的努力表现和贡献，并使对方认识和了解自己教学的强弱，明白如何加强和改善自己的教学，尤其是教师多样性课堂教学艺术的创造与发挥，

---

① 王福阳：《综合艺术课程与教学论》，高等教育出版社，2008，第224页。
② 同上，第225页。

以至达到专业化水平。有感于学校所提供的"同侪评估"量表未够详尽，乃自行设计而取代校方所沿用的量表。下面是这份"同侪评估"量表的内容。

表格（二）　视觉艺术科同侪评估表内容

汇基书院 (东九龙)视觉艺术科2010—2011年度同侪评估表	
受评教师姓名：	日期：
课堂地点：	观课时间：
年级：	学生人数：
学生已有知识：	课堂题目：
评估项目：请以"√"表示视觉艺术教师课堂教学表现。	
学生方面：	教师方面：
□学生喜欢学习该堂课题	□教师备课充足，清楚及明白教学目标、内容
□学生积极投入参与每项学习活动	□教师的本学科知识丰富
□学生能够说出所学的艺术知识	□教师有技巧管理课堂秩序
□学生喜欢欣赏课堂内所演示的艺术作品	□教师鼓励学生自己主动学习
□学生能描述教师展示艺术作品及其作品特色	□教师乐于帮助学生，进行个别指导时能回应学生的意见及问题，尤其是在学生进行"创作"过程
□学生能在讨论的活动上对该堂课题加深了解	□教师有给予学生清晰指引，以进行各教学活动
□学生能讨论艺术家创作动机、作品风格、社会背景及深层意义	□师生有互动沟通的时候，双方关系良好，建立互信
□学生能处理课堂内每一学习环节	□各项教学活动适合学生能力水平
□学生在学习这个课题时有困难	□教师能透过"分享活动"提升学生的表达能力
□ 学生在学习态度上颇积极和主动	□整个教学以"学生中心"为主
□学生间有良好及建设性的沟通	□教学法适合学生学习需要及能引起学生学习兴趣

续表

汇基书院 (东九龙)视觉艺术科2010—2011年度同侪评估表	
受评教师姓名：	日期：
课堂地点：	观课时间：
年级：	学生人数：
学生已有知识：	课堂题目：
评估项目：请以"√"表示视觉艺术教师课堂教学表现。	
学生方面：	教师方面：
□学生愿意参与讨论及分享意见	□教师在教授课题时，能给予学生机会自己去学习
□学生享受创作自己的作品	□教师所设计的教学活动颇有创意，能引发学生自己学习
□学生能综合所学的知识和日常生活中的经验进行自己的创作	□教师能透过"讨论活动"提升学生学习兴趣，对课题加深了解
□学生反应热烈及想多学习和了解该堂课题	□教师的教学方式 / 方法，能帮助学生发展个人能力及学习兴趣
其他意见：	自己认为要改进地方：
整体评语： 填表人签名： 日期：	

　　这个视觉艺术科"同侪评估表"乃针对教师的课堂教学表现和学生在课堂上学习表现而设计，因学生在课堂上一切表现与教师在课堂教学中一切有关教学的，都尽量包括在评估表内。评估表内容是尽量将教师和学生惯常的表现罗列出来，当然仍有未包括的项目，则可在"其他意见"一栏列写清楚，方便与受评者进行讨论。还有，"同侪评估表"里面加入"自己认为要改进地方"一项让受评者在与评估者讨论／面谈完后填写，目的乃建立受评者"自我反思"的观念。这样的想法是希望培养教师成为"自我反思"的实践者，提高他们的自我评价的能力。事实上，笔者多年惯用学校提供的观课表（同侪评估表），量表内没有"评估项目"指标引导，全部都是由评估者用文字表述，感觉过于简单之余，也较难全面地评估教师的表现。于本文中因利乘便，就设计了这份"同侪评估表"，为日后教学之用。这份"同侪评估量表"设计特点在于：其一，锐意提升初中视觉艺术教学的专业水平，摆脱过往一般人认为"视觉艺术教学是什么人都可教，只要'懂画画，做手工'便可以当视觉艺术教师"的谬误；其二，建立初中视觉艺术教学逻辑性和科学化的思维，除去一般人认为视觉艺术教学是单纯主观性的观念；其三，发展初中视觉艺术课堂教学的独创性，建立初中视觉艺术课堂教学客观性的评估项目指标；其四，建构初中视觉艺术教师"自我反思"的教学模式，完善初中视觉艺术教师教学素养，促成教师课堂教学艺术，巩固初中视觉艺术教师教学资历的稳定性；其五，认受初中视觉艺术教师课堂教学的表现，建立初中视觉艺术教师课堂教学艺术的观念。基于以上五点，可以肯定香港初中视觉艺术教育是有广大发展的空间，只是取决于前线的初中视觉艺术教师愿意付出多少而贡献于香港视觉艺术教育。

　　其五，教师发展互相观课文化。教师进行同侪评估是发展教师教学素养的途径之一，而同侪评估的结果就是发展教师成为"自我反思"的实践者和发展他们间的互相观课文化。在现今的信息时代，科技进步，日新月异，教育的发展必须同步，作为视觉艺术教师更要不断求变、求进步，务使与社会同步发展，不致落伍。不过，要真正做到"提高教师素质的关键在于教师自身的内在动力，即教师自我发展的意识，提高教学的认识水平、教育教学的能力和自我评价的能力"①，事实上，同侪评估作为"检测课堂教学艺术"的一个指标工具，就是要发展教师的"自我反思"自我评价的能力。而这种自我评价的能力是"教师学会终身学习，成为'可持续发展'的教师的基本标志"②。教师具有这种自我评价的能力，学生也在教师的影响下不知不觉地培养了这种能力，自然地也发展了学习能力，正所谓"教学相长也"。教师具有这种自我反思能力，不断求进步，树立一个好榜样，同侪之间互为影响，互为学习，发展互相观课文化，通过同侪评估，互相帮助建立和发展教学素质，达至专业化水平。所以，同侪评估、自我反思和观课文化三者环环相扣。

现行香港视觉艺术课程纲要提出："评估可由教师和学生两方面参与。学生可以自评或以同侪互评的方式进行评估活动，借此培养他们反思能力和习惯"③，换言之，视觉艺术教师必须具备反思能力，一种自我评价的能力，才可以帮助学生建立反思能力进行自评或同侪互评的工作。虽然"课程指引"并没有交代清楚教师应该在教学评价中扮演什么角色，但"课程指引"在字里行间暗指教师应该具备反思能力，对自己的教学进行反思，渐渐地培养出一种自我评价的能力，这不单只对自己的教学素养有帮助，还可以帮助学生建立自我评价的观念。这种自我评价观念包括"自我分析、自我反思、自我评价、自我决策等内容"④。其实，只要教师存在一种自我发展的意识和自觉性，抱着积极的态度，自然就会发展出一股自我完善的推动力，不断对自己的教学进行检讨，因而提升自己的教学素养，精炼出个人独有的课堂教学艺术，发挥魅力和功效。

既然同侪评估培养出自我反思能力，而自我反思能力又能够推动同侪评估的发展，同侪评估的出现带动观课文化的推广，三者不可分割。笔者

---

① 王大根：《促进美术教师不断提高的评价体系包括哪些内容?》，载《美术课程标准（实验稿）解读》，北京师范大学出版社，2009，第168页。
② 同上，第170页。
③ 香港课程发展议会：《艺术教育学习领域：视觉艺术科课程指引（小一至中三）》，政府物流服务署，2003，第38页。
④ 巩平：《高中"工艺"课程转化为教学实践的实施策略》，载《美术新课程教学与教师成长》，中国人民大学出版社，2009，第60页。

通过所收集的问卷，了解现时中学的观课文化的情况，尤其是在初中视觉艺术教学层面。

资料表（二十三）　香港初中视觉艺术教师发展互相观课文化的情况

有关视觉艺术教师发展互相观课文化情况的问题	类别	受访者回应
		教学内容
你校是否有建立同辈观课文化？如有，你从同事的课堂教学中学到了什么？	专科教师（专科学位及专科教育证书）（共20人）	有。透过他人的教学技巧及反思，改进自己的教学
		有。学会用不同方向去演绎一课教学，可以分享教学简报、教具、教材
		有。从同事的课堂中我有以下体会：（1）教师的热情投入可以感染学生；（2）课堂须以不同形式的提问、讨论及活动以维持学生的专注；（3）时间控制要妥善，让学生有足够的创作时间
		偶尔有。较多为口头讨论，观摩并咨询
		有。从中所吸收的，多是处理秩序的技巧
		有。暂未有机会参与
		有。不同的教学策略
		有。从现课中学习到课堂设计、教学和提问技巧等
		有观课文化，但未发展完善
		没有
		有。透过观课，从同事的教学中学习怎样丰富课堂及改进教学模式
		有。如何将知识传授给学生
		有。各方面都有
		有。学到不同的教学法
		运用不同的教具来有效地表达课堂内容

续表

有关视觉艺术教师发展互相观课文化情况的问题	类别	受访者回应
		教学内容
你校是否有建立同辈观课文化？如有，你从同事的课堂教学中学到了什么？	专科教师（专科学位及专科教育证书）（共20人）	我校虽然有同辈观课，但未成文化。坦白说，没学到什么，但知道了同事上课的情况，学科开会的时候少了互相解说的情况，开会顺利了
		有。课堂内容及上课技巧
		不同的教学法，内容等
		有。不同的教学法，以至教学风格
		有。如各人的思考特点或各人的知识角度分享
	非专科教师（非专科学位但有专科教育证书）（共6人）	师生关系，时间管理
		有。课堂教学技巧
		有。课堂管理技巧
		表面上有。其他教学方法
		有。不同的教学法
		*有一位受访者并没有回应这部分问题

从资料表（二十三）内容理解，受访的初中视觉艺术教师有96%的学校有同侪观课的制度，只有1位受访者的学校未在其初中视觉艺术课堂设有同行观课。可能这位受访者的学校只有一位视觉艺术教师，故此，也较难找到其他同科教师进行同行观课，亦有可能这位受访者的学校根本未有建立观课文化。实际上，对于该位受访者来说，是一件非常遗憾的事，因为单凭自己是较难发展教师教学素养的。除非该位教师对自己教学非常认真，经常进行自我反思，又经常到友好学校观赏"同行"的课堂，不然的话，都是比较困难发展教师专业水平。

另一方面，从96%这个数字来说，是一个相当理想水平，即是说：香港政府推行校本评估制度收到预期效果，而且发展很理想和成熟，有可能已经成为学校一种文化，推想"观课文化"是现行每间中学校所蔚为风气的一种教师评估制度，是完善教师教学素养的一个途径和指标，是教师专业发展的一个重要环节，是完善教师课堂教学艺术的方法。再从资料表（二十三）内容看，差不多全部初中视觉艺术教师都在自己学校进行同侪评估或同行观课，他们都认同了这种"观课文化"所带来的好处，他们认为从同事的教学中学到：其一，不同的教学法、课堂管理技巧、教学内容等；其二，如何建立良好的师生关系，于课堂中怎样管理不同部分的时间；其三，如何设计课堂、制作教学简报、教具、教材等；其四，教师对视觉艺术的教学热情如何带进课室去；其五，如何构建一个精彩的视觉艺术课堂教学，如课堂中不同部分的安排和配合；其六，帮助自己建立自我反思，从而改进自己的教学；其七，怎样丰富课堂及改进自己的教学模式；其八，如何有效地将视觉艺术知识传授给学生；其九，如何运用不同的教具来有效地表达课堂内容；其十，个人独有的教学风格；其十一，如何发挥个人课堂教学艺术的魅力；其十二，别人的思考特点或别人的知识角度。于此，将以上受访者意见归纳为三大类别：第一，关于教师个人的教学能力。例如教学风格、教学情感、思考方法、学科上的观点。第二，关于课堂教学设计的内涵。例如教学方法、教学内容、教材制作、演示技巧、课堂管理。第三，关于改进自己教学的态度。例如自我反思、教学模式等。

综合以上所得，"观课文化"所带来的好处实在多不胜数，最多人认为可以学习到的是课堂教学设计的内涵。他们从别人的教学中学习到教学方法，如何有效地通过教具、教材将教学内容表达，如何有效地将要教的知识演示给学生，如何有效地开展与教学内容有关的教学活动，这些全部都是课堂教学核心的部分，而且都是突显了个人独有的课堂教学艺术。试问没有受过视觉艺术专科教学培训的教师可以胜任这些工作吗？单凭视觉艺术本科的知识或视觉艺术教学知识足够应付这些繁复工序的课堂教学吗？这值得再提出来进行反思。此外，也有人认为通过观课可以学习到的是教师个人的教学能力。他们从别人的独有的课堂教学艺术而省察自己课堂教学上有什么不足的地方，如教学风格便是。这都是关乎于如何建立一个属于自己的视觉艺术课堂教学，这是促进和有效地发展自己课堂教学艺术的好机会。有人认为通过观课可以学习到的是如何改进自己教学的态度。他们从别人的课堂教学找寻优点，与自己的课堂教学进行比较，会看到自己教学上很多不足的地方，这是一种自我反思，一种自觉性的培养，一种自我评价能力的发展，因而催促自己去改进课堂教学。事实上，同行观课对教师教学的专业性帮助很大，因为"同行比较了解课程的课程标准、教学特点、教学要求和视觉艺术教学发展趋势，能敏锐地发现任课教师教学的不足，提出中肯的意见，信度较高"①，所以，同行观课是一个较好的校本评估制度。要维持同行观课的素质，以及真正帮助受评者改进教学，强调评估者必须要有良好的职业道认，以免影响评价的质量。

总的来说，教师发展互相观课文化既可以帮助检测香港初中视觉艺术教育水平，从中改进教学问题所在；又可以发展教师教学素养，让教师的教学渐趋专业化；更可以完善香港初中视觉艺术课堂教学艺术的方法，让学生的学习成果得以肯定。

其六，视觉艺术课堂核对表。对于发展"检测香港初中视觉艺术课堂教学艺术水平"的模式，作为完善初中视觉艺术教师课堂教学艺术的方法，乃是一个有意义价值的做法，因为这是发展香港初中视觉艺术教育的重要里程碑，也是发展"全人教育"的一个伟大贡献。所以，要发展一个完善的初中以"人本精神"为主的视觉艺术教育，必须要对整个视觉艺术教育做一个全面的检视，而发展"检测香港初中视觉艺术课堂教学艺术水平"是一个重要的依据。

教师进行同侪评估或同行评估，教师发展互相观课文化等，都是逐步迈向"检测香港初中视觉艺术课堂教学艺术水平"的模式，一方面，这是完善初中视觉艺术教师课堂教学艺术的方法；另一方面，可以增强教师教学素养的专业化。不过，要完善发展"检测香港初中视觉艺术课堂教学艺术水平"，可加强视觉艺术课堂教学的内涵元素，让课堂更充实、更具体客观，如：加入"视觉艺术课堂核对表"（checklist 以下会简称"课堂核对

---

① 王大根：《促进美术教师不断提高的评价体系包括哪些内容？》，载《美术课程标准（实验稿）解读》，北京师范大学出版社，2009，第171页。

表"），可使课堂教学更有效率和客观性，不致在教学过程中迷失方向。事实上，这种"课堂核对表"在很多学科上都会采用，视觉艺术也是。当初中视觉艺术课堂教学开始之前，教师准备了这个"课堂核对表"，按着"核对表"内容对将要进行教学的课堂检视一番，一方面给予教师在教学过程中做一个客观的参考指标；另一方面，也有助于教师把它融入为课堂教学艺术的一部分，提升教学效能。事实上，"课堂核对表"跟"课堂观察量表"不一样，虽然两者都是评估的一种方法，前者是"则仅作'是'或'否'的判断，仅记录各项特质或动作是否出现"[1]；后者是"因各项特质出现的程度或出现的频率，给予不同的特级"[2]，或给予文字上的记录，以表示他们的影响。所以，"课堂核对表"并非有针对性地检视学生学习表现或教师教学表现并做详尽的分析，乃是帮助教师对自己教学前的一个准备检视，或教师在完成课堂教学后进行一个简单的反思，理解学生和自己于课堂上所曾做过的行动。其实，利用"课堂核对表"检视可观察到的行为会较容易掌握，也会较为客观一点，而无须将所得的资料去分析和归类，只是一个简单的课堂教学记录而已，作为课堂教学评估一部分的参考资料，可跟"日志记录表"一同用。

在设计初中视觉艺术"课堂核对表"时，必须要适用于评估基本技能或一些较为明确动作的技能，所以，必须注意以下几点：其一，确认每一项具体而明确的动作；其二，将学生较为容易出现或可预测到的行为动作也列于"核对表"内；其三，将可预测到的学生或教师行为动作都顺序列入表内；其四，"核对表"的内容一切以简单为主。

对于香港初中视觉艺术课堂引用"课堂核对表"作为评估学生和教师的课堂表现，都是提供简单而有力的证据去佐证学生学习表现和教师教学效能。虽比不上"课堂观察量表"的详尽，但可为教师提供一个教学上的指引和反思的参考，帮助和完善教师课堂教学艺术。在香港初中视觉艺术科发展"课堂核对表"是可行和有意义的方法，切实帮助教师改善教学前准备，因此笔者设计了一表二用的"课堂核对表"作为参考。

---

[1] 陈朝平，黄壬来：《国小美劳科教材教法》，五南图书出版股份有限公司，1996，第318页。
[2] 同上。

表格（三）　初中视觉艺术课堂核对表内容

汇基书院（东九龙)2010—2011年度 视觉艺术科课堂核对表	
课堂题目：	日期：
课堂地点：	时间：
年级：	学生人数：
核对项目：请以"√"表示学生学习表现和教师课堂教学表现。	
学生方面：	教师方面：
学习前：	教学前：
□预备自己的画簿、工具	□预备简报
□坐好自己的位置	□预备有关教学活动的资料
□预备好心情进行学习	□预备实物投影机
□课室气氛和学生秩序均良好	□预备课题所需工具、物料
	□预备示范活动时的工具和物料
其他：（请列明） _____ _____ _____	其他：（请列明） _____ _____ _____
学习中：	教学中：
□学生学习反应热烈和积极	□教师与学生有互动沟通的时间
□学生能够说出跟课题有关的艺术知识	□教师能完成各项教学活动
□学生有用恰当工具进行创作活动	□教师能运用教具教材进行课堂教学
□学生有用到合适的物料进行创作活动	□教师能在课堂上进行示范活动
□学生能按教师指示进行创作活动	□教师对个别学生进行指导
□学生投入创作自己的作品	□教师给予学生清晰的工作指示
其他：（请列明） _____ _____ _____	其他：（请列明） _____ _____ _____

312

续表

汇基书院（东九龙）2010—2011年度 视觉艺术科课堂核对表	
课堂题目：	日期：
课堂地点：	时间：
年级：	学生人数：
核对项目：请以"√"表示学生学习表现和教师课堂教学表现。	
学生方面：	教师方面：
学习后：	教学后：
□学生收拾用具，进行清洁工作	□教师对课题进行总结
□学生分工合作，互相帮助	□教师欣赏学生的课堂创作
□学生完成工作后能安静地坐着	□教师让学生分享自己的感受
□学生留心聆听教师所给予的评语	□教师给予学生作品恰当的评语
□学生有秩序地离开课室，保持安静	
其他：（请列明） 	其他：（请列明）
填表教师姓名：＿＿＿＿＿＿＿＿ 日期：＿＿＿＿＿＿＿＿	

　　上表是初中视觉艺术"课堂核对表"的内容，主要分为两大部分，左边是"学生方面"，而右边是"教师方面"，而每边均再细分三部分，是"学习前/教学前""学习中/教学中"和"学习后/教学后"。这样分隔开不同部分，在于让教师对自己的课堂教学进行全面概括性的检视，方便日后进行教学改善工作，对自己的教学做初步的评估。表格中的核对项目乃对课堂教学做一个概略性的描述，适用于任何课题的初中视觉艺术课堂教

学。事实上，表格中的核对项目可以增删，目的在于配合不同课堂的需要，达到最佳和最为效能的评估水平。另外，对于检视初中视觉艺术课堂教学前的准备工作独有帮助，因为在进行教学前必须要有好的检视工作，才能在进行教学时会较为顺利和达到预期效果。这是很容易理解的事情，凡在预备功夫方面做得越好，进行起来也会越有信心，就越能达到最佳的效果，这是一个顺势的发展。所以，上面的初中视觉艺术"课堂核对表"乃因应配合发展"检测香港初中视觉艺术教育水平"而设，用来提升教师教学素养，完善教师课堂教学艺术。因此，初中视觉艺术"课堂核对表"是改善香港初中视觉艺术教育发展的工具，也是提升香港初中视觉艺术教师专业化地位的一个参考。

　　以上各项都是通过问卷调查中所搜集得来的资料，经分析和整理后综合出来的内容。结果发现目前香港初中视觉艺术教师对课堂教学有一套自己的标准，姑勿论，他们各自有不同课堂教学的标准，归根究底，他们所订立的标准，都是因应现行课程指引标准和自己的教学经验而构想出来，他们的标准也正切合了笔者之前所研究建议之八大项关于"香港初中视觉艺术课堂教学标准"的内容，两者有一脉相传的地方。可见香港初中视觉艺术教师对自己教学专业化的地位非常重视，对发展自己的教学素养不遗余力。

第五章

创造多样的香港初中视觉艺术课堂教学艺术风格

　　香港是一个已发展的城市，稳趋发展成为一个知识型的社会，而教育改革也同步迈向，正是切合21世纪香港教育蓝图所规划的方针。香港初中视觉艺术教育也切合香港社会的发展和需要，锐意培育更多具创意思维的人才，因此，视觉艺术教师也必须配合这个方向，于其课堂教学中慢慢地趋向多样性和多元化，尽展视觉艺术教师专业素养，自然而言课堂教学艺术的促生和发挥都是具创造性和多样性的。本章展望香港初中视觉艺术课堂教学艺术的发展，从而确立和理解香港初中视觉艺术教师的课堂教学艺术风格应是创造性和多样性的观念。

第一节　课堂教学艺术形态应是多样的

　　要发展和提升香港初中视觉艺术教育素质，首要工作是从灌输"课堂教学艺术"的观念入手，尤其是在初中视觉艺术课堂教学里，必须先从教师开始，发展"课堂教学艺术"的观念，才能进一步构建完善的"初中视觉艺术课堂教学艺术"。教师有了完善的课堂教学艺术，初中视觉艺术教育素质才会提升。正因为不同教师有不同的课堂教学风格，于是就有不同的课堂教学艺术，所以，香港初中视觉艺术课堂教学艺术形态应是多样的，即是诉求呈现"百花齐放"的生态。事实上，要着实发展初中视觉艺术教师的"课堂教学艺术"，教师必先加以培训及发展相关观念，这是提升教师教学素养的直接途径，也是改善教育素质的方法。因此，先进国家特别重视教育，重视培育人才，如何发展教师的教学素养，如何改善教育素质，如何培育人才以配合社会需要等，都是优先考虑改革教育的政策。于是，发展教师"课堂教学艺术"以配合发展素质教育是必然的方向。近年来，各国重视培育创意工业人才，香港也一样，于是，培育和提升视觉艺术教师的教学素养是刻不容缓的事，也是改善教育素质的契机，发展完善的"香港初中视觉艺术课堂教学艺术"是必然之势。总之，发展香港初中视觉艺术教师的课堂教学艺术空间非常大，而所发展出来的形态应是创造性和多样性的，是配合香港社会发展趋势和迎合全球教育发展的需要。

　　要构建完善的"初中视觉艺术课堂教学艺术"，发展香港初中视觉艺术教育素质，必须首先做到完善的课堂管理，因为没有好的课堂管理，根本就没法施展教师的课堂教学艺术，以至发挥其功效。香港视觉艺术教育界常有一句话：先管后教，才可以真正发挥教师个人独有教学风格，尽展教学艺术魅力。事实上，做好初中视觉艺术课堂管理，必须与学生建立融洽关系，而这关系就是初中视觉艺术教师于课堂内展现个人独特教学理念和样式而感染学生有效学习的创造性教学魅力，师生携手合作所发展出来的良好课堂学习气氛，让师生双方享受课堂学习的乐趣，在过程中产生一种愉悦的美感，这便是完善的初中视觉艺术课堂教学艺术的蓝本。这是展望香港初中视觉艺术课堂教学艺术发展的趋势。

从资料表（二十一）关于"香港初中视觉艺术教师所建议的课堂教学内容"的资料显示，全部受访的教师都达到视觉艺术专科专业水平，因为他们所设计的课题或教学内容都切合现行新课程的发展，也清楚见到他们对不同的课题或教学内容有深入的认识，而且是多样性的，这是配合学生学习兴趣，如玻璃画、陶艺、扎染、版画、素描、立体制作、陶塑、雕刻、点描绘画等，都是不同类别的视觉艺术创作课题，跟传统的教学内容有很大的分别。教师拟定的这类教学内容，必须拥有丰富的视觉艺术基本知识和文化观念，如基本视觉知识、中西艺术史、现代及当代艺术等，才可配合具个人特色的课堂教学艺术去感染学生学习，发挥教学效能。事实上，香港初中视觉艺术教师课堂教学艺术的表现形态是多样的，要不然不会有如此多种类的教学内容。受访者列举其所曾教的教学内容种类繁多，琳琅满目，足见香港初中视觉艺术教师的本科知识是丰富的，且倾向多元化。从各受访者所提供的资料看，他们本科的知识领域十分广泛，可说是十分专业。例如：有教师通过介绍当代艺术家徐冰的书法，从而引导学生设计自己的书法字体，继而发展新英文书法字体，这样的教学内容设计可以看出该教师的本科知识是富时代感，对当代艺术发展十分留意。事实上，要教授学生这个课题，必须配合自己的课堂教学艺术去吸引学生学习，例如：怎样演示预备好的教材，怎样进行个别指导，怎样安排学习活动等，以达到该课堂的教学目的。由此可见，香港初中视觉艺术教师的课堂教学艺术是多样性的和创造性的，比起过往的课堂教学艺术的表现形态，已发展出个别独有的教学风格。一句话，香港初中视觉艺术课堂教学艺术的创造应是多样性的。

一、展望香港初中视觉艺术课堂教学艺术

本书的问卷调查显示香港初中视觉艺术教师对"课堂教学艺术"未有构建清晰的观念，却能在课堂教学中发挥多样性的教学内容，而展现出香港初中视觉艺术教育不同的面貌。所以，展望香港初中视觉艺术课堂教学艺术发展的时候，可从三方面去理解和探究，一是对课堂教学艺术观念的确认；二是对课堂教学艺术性质的理解；三是对课堂教学艺术特征的表述。因此，本文通过问卷调查予以这三方面的了解。

资料表（二十四）　香港初中视觉艺术教师对课堂教学艺术特征的理解（一）

有关香港初中视觉艺术教师对课堂教学艺术特征理解之问题	类别	受访者回应
		教学内容
一句话说明你的"视觉艺术课堂教学艺术特征"是什么？	专科教师（专科学位及专科教育证书）（共20人）	开心，享受艺术的乐趣，获得成功的经历
		灵巧多变，活泼吸引
		互动、开放、快乐的探索
		乐在其中，让视野与想象（无边无际）自由奔驰
		艰苦推逼（学生创作）
		总希望该堂课能令学生充满启发（带着一些问题来想想）
		艺术需要空间(探索空间、自由空间、时间空间、思想创作空间)
		有输入才会有输出
		多让学生发挥创意
		我们身边每一样事物都是视觉艺术
		能从多角度认识艺术，学生有足够空间进行不同类型的创作
		未曾发现
		人性、关爱、关顾每个学生的艺术成长

续表

有关香港初中视觉艺术教师对课堂教学艺术特征理解之问题	类别	受访者回应
		教学内容
一句话说明你的"视觉艺术课堂教学艺术特征"是什么？	专科教师（专科学位及专科教育证书）（共20人）	开心学习
		按部就班
		努力耕耘
		开心学习，不会抗拒上课
		让我爱上艺术课
		气氛较轻松且效率高
		自由开放，思想无限
	非专科教师（非专科学位但有专科教育证书）（共6人）	艺乐无穷
		纪律与趣味并重
		跟随教育局的指引，但带有创作空间
		创意让每个作品都有其独特性
		从趣味中培养美的教学
		*有一位受访者并没有回应这部分问题

据资料表（二十四）所得，从课堂教学艺术观念的确认方面看，大部分初中视觉艺术教师都揣摩到课堂教学艺术的精髓，乃通过自己多年的教学经验表达出自己对"课堂教学艺术"的观念，所以，才能以一句简单的话概括之。资料表（二十四）所获取的资料非常珍贵和有用，正反映及总结出香港初中视觉艺术教师课堂教学艺术的特征——更多、更好、更多样性。受访者回应"初中视觉艺术课堂教学艺术"的各种特征，其中如"乐在其中""按部就班""自由开放""思想无限""艺乐无穷""人性、关爱、关顾每个学生的艺术成长""灵巧多变，活泼吸引""互动、开放、快乐的探索"等等，都是具有多样性和创造性的课堂教学艺术的特征，完全是倚仗教师自己课堂教学艺术的运用与发挥。显然，教师有初中视觉艺术课堂

教学的观念，也明白它的性质，才能发展出多样的课堂教学艺术，这都是跟他们丰富的教学经验有关。本文归纳出香港初中视觉艺术课堂教学艺术的特征共六大种类，分别是：感情性、创造性、个人性、美感性、实际性和差异性，他们跟教师课堂教学艺术所营造出来的学习气氛有密切的关系。于此，将他们的回应判断为不同课堂教学艺术的特性时，便整理成资料表（二十五）。

资料表（二十五）香港初中视觉艺术教师对课堂教学艺术特征的理解（二）

有关香港初中视觉艺术教师对课堂教学艺术特征理解之问题	类别	受访者回应	特性
		教学内容	
一句话说明你的"视觉艺术课堂教学艺术特征"是什么？	专科教师（专科学位及专科教育证书）（共20人）	开心，享受艺术的乐趣，获得成功的经历	感情性
		灵巧多变，活泼吸引	感情性
		互动、开放、快乐的探索	感情性
		乐在其中，让视野与想象(无边无际)自由奔驰	感情性
		艰苦推逼(学生创作)	差异性
		总希望该堂课能令学生充满启发(带着一些问题来想想)	创造性
		艺术需要空间(探索空间、自由空间、时间空间、思想创作空间)	创造性
		有输入才会有输出	个人性
		多让学生发挥创意	创造性
		我们身边每一样事物都是视觉艺术	美感性
		能从多角度认识艺术，学生有足够空间进行不同类型的创作	实际性
		未曾发现	—
		人性、关爱、关顾每个学生的艺术成长	感情性
		开心学习	感情性
		按部就班	实际性

续表

有关香港初中视觉艺术教师对课堂教学艺术特征理解之问题	类别	受访者回应	特性
		教学内容	
一句话说明你的"视觉艺术课堂教学艺术特征"是什么?	专科教师（专科学位及专科教育证书）（共20人）	努力耕耘	个人性
		开心学习，不会抗拒上课	感情性
		让我爱上艺术课	感情性
		气氛较轻松且效率高	感情性
		自由开放，思想无限	感情性
	非专科教师（非专科学位但有专科教育证书）（共6人）	艺乐无穷	美感性
		纪律与趣味并重	创造性
		跟随教育局的指引，但带有创作空间	创造性
		创意让每个作品都有其独特性	创造性
		从趣味中培养美的教学	美感性
		*有一位受访者并没有回应这部分问题	—

通过资料表（二十五）的分析，判断回应者所给予"课堂教学艺术"的特征，按照上面所分类的六种特性，发现大部分初中视觉艺术教师通过自己"课堂教学艺术"所营造出来的气氛多是"感情性"，其次就是"创造性""个人性""美感性""实际性"和"差异性"。从上述资料所总结出香港初中视觉艺术教师颇重视课堂教学中师生融洽的关系，就正如教师当学生是自己亲人一样看待，通过课堂教学艺术发展出一种真挚情感；及至双方携手合作所营造出来一种自由开放、轻松愉快的课堂气氛，激发起学生的学习兴趣。这是香港初中视觉艺术课堂教学艺术的最大特色，也是回应了上一章所讨论完善"初中视觉艺术课堂教学艺术"的应有内涵。还有，"创造性"也是香港初中视觉艺术教师通过他们的课堂教学艺术所发展出来的一种课堂教学艺术的特色，这是跟教师的教学培养有很大关系。之前提及香港的视觉艺术师资培养是着重教学训练，即教师的教学知识较本科知识丰富，自然会着重营造课堂学习气氛，去激活发展学生创造力和创

意思维。这是因为香港大部分视觉艺术教师多受西方美术教育理论所影响，如罗菲尔德、布里添、皮亚杰、里德、艾斯纳等，他们都倾向倡议培养学生创造力。这点是配合现有香港视觉艺术新课程的路向。这群西方学者都认同视觉艺术教育可以发展学生的创造力、创意思维，尤以罗菲尔德的"工具论"为最先导的倡议者，他认为，"儿童的每一件创作本身就是一个创意经验，是显示一个人创造力的成长"[1]，这是一个不可推诿的事实。从多年教学经验中得知：学生的每件创作都是他们的创意经验，是他们真情剖白的记录。初中视觉艺术教师必须尊重学生的创作品和学生的创意经验。于是，香港初中视觉艺术教师自然会通过自己独有的课堂教学艺术，尽量发挥教学魅力，力图在课堂上营造出一种创意气氛，让学生尽情发挥无限创意，无怪乎大多数学生都喜欢上视觉艺术课，也不是没有道理。可见香港初中视觉艺术教师也重视课堂教学艺术的发挥，以期达到提升教学效能和学习成效的目的。不过，本文认为目前的视觉艺术教学取向应以学习气氛的培养为上策，这是激活学生自主学习，进行自主创作的最大推动力。从以上种种的分析，都可展望到"香港初中视觉艺术课堂教学艺术"共有以下五方面的发展。其一，初中视觉艺术课堂教学艺术倾向"人文精神"，即重视师生融洽关系；其二，初中视觉艺术课堂教学艺术倾向"营造和谐学习气氛"，即重视师生携手合作所营造的学习气氛；其三，初中视觉艺术课堂教学艺术倾向"人性化"，即重视培育学生自主学习所表现出的个性化艺术风格；其四，初中视觉艺术课堂教学艺术倾向"创造性"，即重视发展学生的创造力、创意思维；其五，初中视觉艺术课堂教学艺术倾向"自我反思"，即重视教师与学生同步进行自我检视而改善自己的教与学。这是香港具本土特色的初中视觉艺术课堂教学艺术，也可对其他地区的视觉艺术教育起积极推动和借鉴的作用。

　　总而言之，现代教育的取向随社会发展而不断改变，所以，完善初中视觉艺术课堂教学艺术也是因社会的需要而做不断地调整，教师要时常对自己的教学进行反思，发展出一套适合自己也适合学生需要的课堂教学艺术。

---

[1] Lowenfeld V. *Creative and Mental Growth*. U.S.: Macmillan Publishing Company, 1982, pp. 69–70.

二、实践香港初中视觉艺术课堂教学艺术

对于为什么提出"展望香港初中视觉艺术课堂教学艺术"这个命题，是有特别意义价值的，就是回应之前问卷调查所得出的结果——香港初中视觉艺术课堂教学艺术是多样性的和创造性的。仔细思考这个命题，应该是有三种重要意义：一是具有观念指导价值，即创造"多样"的"课堂教学艺术"是一个行为指南或者说是一个规定，也是避免单一化倾向；二是激发初中视觉艺术教师主动创造自己的教学艺术风格；三是营造香港初中视觉艺术课堂教学艺术生态。

（一）教学行为所衍生的教学艺术具有观念指导价值

现先从第一方面讨论香港初中视觉艺术课堂教学艺术如何发展成一个行为指南或一个规定。教学是一个行为指南，具指导性价值。而这个行为作为一种规定，即每学科的教学都有自己独有的特色，加上由教师于课堂内诠释，过程中展现自己个人独特教学理念和样式而感染学生有效学习的创造性教学魅力，就更让整个教学成为具有独特性和单一性的行为规定，有指导价值。所以，每个教师都有自己的教学行为指南或规定，初中视觉艺术教师也不例外，他们的课堂教学对同行具有观念指导价值，可帮助提升和创造多样性的课堂教学艺术。本文在问卷调查中得知香港初中视觉艺术教师的课堂教学乃结集自己不同的教学经验，对其他教师或学生来说，都具有指导性价值。所以，香港初中视觉艺术教师若能多些互相分享、交流教学心得，必能发展和创造多样的课堂教学艺术。其次，初中视觉艺术教师于课堂教学中所展示的教学艺术可作为教学指南，目的乃提升学生的学习成效，帮助学生达到学习目标。再者，香港初中视觉艺术教育比较自由，没有固定教材可循，教师可以用自己喜欢的方法演绎，从而达到教学目的。于是，不同的教师去处理演绎同一个教学内容，便创造了多样性的课堂教学艺术，丰富了这个教学内容的容量。这是因着每个教师的教学风格不一样，自然便创造了多样性的课堂教学艺术，避免单一化的倾向而切合视觉艺术科教学的特性——创造性教学。

（二）激发初中视觉艺术教师主动创造自己的教学艺术风格

随着香港社会对教育诉求的不断提升，对课堂教学素质的要求也相应提高，初中视觉艺术教师在这样的诉求下，自然对自己的教学要求提升，无论在教学演绎、教材运用，以至在整体教学设计等方面，都会尽量切合学生兴趣、能力，务使学生学得愉快。于是，教师会不断催促自己创造多样性的课堂教学艺术，务求散发教学魅力，吸引学生，以满足他们的学习需要，从而提升自己教学素养。为此，初中视觉艺术教师便会经常检视自己的教学，发展"自我反思教学观"，激发初中视觉艺术教师主动创造个人教学艺术风格，继而积极发展和创造多样性的课堂教学艺术，完全扩充了香港初中视觉艺术课堂教学艺术壮阔的面貌。

（三）营造香港初中视觉艺术课堂教学艺术生态

香港初中视觉艺术课堂教学艺术是多样性的，它包含着不同教师独特性的教学风格，它衍生一种课堂教学艺术生态。什么是生态？是指事物存在与其环境的关系，即"异质同构成长的状况"①。于是，"课堂教学艺术生态"是指教师与教学环境发生关系所创造出来的课堂气氛而感染学生学习。所以，"初中视觉艺术课堂教学艺术生态"，便是初中视觉艺术教师利用自己独有的课堂教学艺术发挥教学魅力，营造学习气氛，激发学生积极投入学习，发展成为一个学习成长的环境，亦即是学习生态环境。事实上，初中视觉艺术课堂便是一个学习生态环境，让学生在学习上成长。教师在教学过程中创造多样的课堂教学艺术，让学习环境变得充满生机，师生双方都积极投入教与学的过程，互为感染之余，学生学习成效因而得以提升。要创造这种具生机勃勃的学习生态环境，除了是教师的课堂教学艺术发挥了特有功效外，最重要还是教师创造了多样性的课堂教学艺术，蓬勃和生态丰富的内涵，构成这种学习生态的独有面貌，成为香港初中视觉艺术课堂教学的特色。营造香港初中视觉艺术课堂教学艺术生态的面貌，需要各方面的配合，如学校的鼓励、教师的自觉性、社会的支持、学生的协助、教学环境等，才可构建这个生生不息的课堂教学艺术生态。不过，

---

① 梁玖：《美术学》，湖南美术出版社，2005，第392页。

最重要的还是教师的自觉性，即自我反思。这是有效地帮助教师构建课堂教学艺术的生态观念，是形成和创造多样性的"初中视觉艺术课堂教学艺术"的重要途径。从问卷调查中得知：香港初中视觉艺术教师自觉性较强，但自我反思机制却较为被动，需要时间适应香港新课程的改革。另一方面，帮助构建初中视觉艺术课堂教学艺术生态就是鼓励教师通过专业发展活动、分享会、工作坊、研讨会、教学成果展览等等，互相交流、借鉴，从而学习他人和激发自己创造多样性的课堂教学艺术，发展自己教学素养的专业。本文通过问卷调查搜集了关于初中视觉艺术教师对"课堂教学艺术"的概念，现将他们的资料归纳如下：

资料表（二十六）

香港初中视觉艺术教师对课堂教学艺术的理解与形成课堂教学艺术原理之关系

有关形成初中视觉艺术课堂教学艺术的原理之问题	类别	受访者回应
		教学内容
你认为自己是否建立了一套个人独有的视觉艺术课堂教学艺术？你的视觉艺术课堂教学艺术是什么？	专科教师（专科学位及专科教育证书）（共20人）	建立了一种创作自由的气氛，当中亦已运用他们应该认识的理论
		有。希望学生能于有限时间内得到自由创作的机会
		以引起学生兴趣作为开始
		有的。只要相信学生及多鼓励他们作创作，及加以支持
		否
		按步骤工作，学生能够跟随
		有
		没有到"艺术"这么高的境界，是在边学边教
		仍未有
		自有一套既定的方式去教授每一个单元。教学的最终目的并不是要让每个学生成为艺术家，而是透过艺术知识、创作，让学生领略当中乐趣及启发他们欣赏周边事物的能力

续表

有关形成初中视觉艺术课堂教学艺术的原理之问题	类别	受访者回应
		教学内容
你认为自己是否建立了一套个人独有的视觉艺术课堂教学艺术？你的视觉艺术课堂教学艺术是什么？	专科教师（专科学位及专科教育证书）（共20人）	有。多讲身边的事物、流行文化（与主题相关的），把自己喜爱艺术的热情表现给学生，让他们知道生活是充满艺术的
		本人暂时未能建立视觉艺术课堂教学艺术，但本人认为如能在课堂中提起学生对创作的兴趣，已是成功的一半
		有。有很多视觉上的输入，如艺术品、照片、学生范作、影片等
		不同学生须有不同的学习方法，亦须校方在行政上给予一定自由度配合
		尝试从学生角度多想一想：学生能掌握吗？学生会感兴趣吗？学习的意义在哪？我大概会从这三方面多考虑。视觉艺术科主要在美感培育和认知，也希望注意艺术与人生的关系
		未有独特方法。通常跟着学院、书本或同事的经验而行。若说独到，可说会视乎学生特质而设计教材和做引导
		大致可以。不断建立中，不断配合时代，需要推进、修订；内容有欣赏、构思、创作，其中必加入艺术知识、原理、艺术史，及身边正出现的艺术形式与创作，如报章资料
		我认为艺术潜质或天分各有差异，绝少数人可以成为艺术家或设计师。但视觉艺术创作是学生成长中一项重要的自我探索或表现之工具，人人都可以欣赏或进行创作，因此我的课堂是希望学生能享受在课堂中的点点滴滴，并能拓宽他们在艺术、生活或学习的视野

续表

有关形成初中视觉艺术课堂教学艺术的原理之问题	类别	受访者回应
		教学内容
你认为自己是否建立了一套个人独有的视觉艺术课堂教学艺术？你的视觉艺术课堂教学艺术是什么？	专科教师（专科学位及专科教育证书）（共20人）	能引起学生的参与兴趣，会有很多机会去表扬学生，能够令学生期待上视觉艺术课，教学有时也很"好玩"
		有。针对能力、兴趣及天赋各异的学生，采用不同的方法达致教学的目标
	非专科教师（非专科学位但有专科教育证书）（共6人）	在趣味中吸收知识，开阔眼界。师生关系跟成果成正比
		否。只是教授时会加入较多视觉元素，以便学生更易掌握学习的内容。对于较为抽象的内容，则为调适至适合本校学生的学习能力
		纪律与趣味并重
		按不同课题而不同
		*有两位受访者并没有回应这部分问题

　　从资料表（二十六）看受访的初中视觉艺术教师对课堂教学艺术的观念时，似乎大部分教师对"课堂教学艺术"的理解不够深入，故对"课堂教学艺术"的观念表达有点含糊不清。所以，推想他们对这种观念只是流于表面，并非深层认知。不过，他们对自己的课堂教学非常重视，尤其是教学内容的选择，尝试不同题材，发展多元化，自然在课堂教学艺术的发挥上也是多样性和创造性，这正切合资料表（二十四）及表（二十五）的资料所显示：香港初中视觉艺术教师课堂教学艺术的表现形态是创造性和多样性的。事实上，他们对课堂教学艺术的观念是模棱两可的，有点似是而非，例如有教师回应："不同学生须有不同的学习方法，亦须校方在行政上给予一定自由度配合。"的确是不同学生需要用不同的教学方法，却有点不太明白为何教学要得到学校行政的配合，此点却有莫名其妙的感觉。单从这位教师对问题的回应，推想他对理解"课堂教学艺术"的观念是认识

不深的。其次，亦有教师对"课堂教学艺术"的理解是正面的，如："建立了一种创作自由的气氛，当中亦已运用他们应该认识的理论"；"能引起学生的兴趣参与，会有很多机会去表扬学生，能够令学生期待上视觉艺术课，教学有时也很'好玩'"；"有。针对能力、兴趣及天赋各异的学生，采用不同的方法达致教学的目标"；等等。这种种都表现出他们确实建立了自己一套视觉艺术课堂教学艺术，让学生享受课堂之余，也让自己享受教学，双方达至教与学的目的，培养良好的学习生态环境。这可窥见受访的初中视觉艺术教师在课堂教学艺术上的表现形态必定是具创造性和多样性的。还有，有些回应者对"课堂教学艺术"理解是含糊不清的，或者是全不理解的，所以，都把他们加上圆圈。其实，初中视觉艺术课堂教学内容的多寡深浅都会直接影响教师课堂教学艺术的促生与发挥，以至整个课堂的成效。理由是教学内容又深又多，便会更复杂，教师也需要时间特别处理。例如：初中视觉艺术教师都会教授关于"构图学"的观念，如渐层、律动、节奏、统一等等，都是很难理解的抽象概念，学生不易理解，也难于运用到实际创作层面上。初中视觉艺术教师不太熟悉这些内容，没有这方面的教学经验，便难于帮助学生建立这些概念。所以，学生面对既多且难又抽象的教学内容，都会消化不良，学生掌握不到，自然没有兴趣去学习，哪管是教师用什么最有效的教学方法，多么吸引和感染力的课堂教学艺术，压根儿都发挥不出教学效能。因此，教学内容多寡深浅对教师"课堂教学艺术"发挥的优劣起着决定性的作用，实质上，是不能让学生在学习上有成长，切合不到学习生态的环境。不过，一班满腔热情的香港初中视觉艺术教师对视觉艺术教育不遗余力，贡献良多，为教育界立下不少汗马功劳，他们背后一定有一股教学理念所支持，而这教学理念就是孕育和促生他们多样性的课堂教学艺术，从而发展学习生态环境。总而言之，资料表（二十六）的资料显示出香港初中视觉艺术教师对"课堂教学艺术"的观念较为含糊，这是他们对自己教学的自觉性不足之故，实在有必要加强这方面的培训，以提升他们对自己课堂教学艺术的关注，继而改善自己教学，创造多样的课堂教学艺术，培养生气蓬勃的初中视觉艺术课堂教学艺术生态。

第二节　如何创造多样的香港初中视觉艺术课堂教学艺术

本书在问卷调查中，搜集了26位香港初中视觉艺术教师的意见，他们所给予的资料对本书极为有用；同时，本书进行了六次课堂观察，进入教室场景，借此深入了解香港初中视觉艺术教师的课堂教学情况，观察他们如何创造和运用自己多样性的课堂教学艺术，发挥作用，最终能达到教学效能和促进学生的学习成果。此外，通过设身处地参与教学实践，亲身体验课堂教学，明白课堂教学艺术的运用与发挥跟学生学习成果的相互关系。一句话，创造与发挥多样的课堂教学艺术是随不同环境和对象运用其中而不断地适调。因此，这促进了不同的学习成果。

在现实环境中，每个人都受着压力的逼迫，生活紧张和枯燥乏味，学生和教师也不例外。所以，师生能在学校环境内的视觉艺术课堂中享受到一种愉悦的美感，是一件十分幸福的事。其实，学校的视觉艺术教育扮演相当重要的角色，起着纾解教师和学生心理压力的作用，故此，视觉艺术教师是学校教育的心理治疗师。这正切合在本文的第二章第一节中所探究出对初中视觉艺术教育的教育主张：生命影响教育观——关爱的生命教育——艺术治疗。一句话：视觉艺术教育是能给人生增添意义色彩的一种生命教育。事实上，香港初中视觉艺术教师对于"课堂教学艺术"的观念比较含糊和意识不强，在分析资料表（二十三）的时候对此问题已有所交代。如果要创造多样的初中视觉艺术课堂教学艺术，就必须发展和提升教师有关观念和自觉性，才可以有相应理想的进展。事实上，香港初中视觉艺术教师在教学上有很强的基础训练，又对教学有很丰富的经验，是有足够的条件发展和创造多样的初中视觉艺术课堂教学艺术，帮助教师发展自己的专业教学。所以，要创造多样的初中视觉艺术课堂教学艺术，实际上不是一件难事，只要各方面的配合和因教师各方面的优势便能造就，切合他们的专长，必能对香港初中视觉艺术教育有所贡献。所以，为创造多样的香港初中视觉艺术课堂教学艺术，可配合以下五大方面关照的优长而加以考虑。

一、紧扣香港地域

要创造香港初中视觉艺术教师多样的课堂教学艺术，必须开发和配合香港现存的社会政策，这点是非常重要的，也就是要紧扣香港地域视点的优势而创造和确立。香港地域有什么优势？一是自由的教育制度，二是开放的社会政策，三是多元文化的兼容并蓄。诸如这些香港地域的存在因素是香港初中视觉艺术教师创立自己之课堂教学艺术不容忽略的。总之，香港初中视觉艺术教师必须紧扣香港地域视点的创造而发展视觉艺术教育，加以配合课程设置和设计，才能在课堂中发挥和创造多样的课堂教学艺术，切合学生的学习需要，发展他们的潜能。现就以下三方面探讨香港初中视觉艺术教师可以参照思考而创造自己的课堂教学艺术。

其一，在思考自由教育制度基础上最大限度地思考自己的课堂教学艺术具有的个性特色。香港的教育很自由，这是给予视觉艺术教师发挥自己的契机。现今全球视觉艺术教育取向是开发不同资源以全面发展视觉艺术教育，目的乃丰富视觉艺术教学内涵，符合环保原则，不至于过度损耗资源。所以，结合社区资源是一个发展和创造多样的课堂教学艺术的重要途径。例如：香港政府于1999年所开发的"油街艺术村"（Oil street Artist Village）[1]；创建于2001年的"牛棚艺术村"（Cattle Depot Artist village）[2]；自2000年开始的"伙炭艺术村"（Fotanian）[3]；到2008年，香港赛马会委托香港浸会大学成立"赛马会创意艺术中心"（Jockey Club Creative Art Centre）[4]等，完全支持"结合社区资源"的政策，提供课

---

[1] 早在1999年时候，香港政府弃用北角油街"政府物料供应处仓库"，于1999年至2000年曾出租予本地艺术团体，成为"油街艺术村"（Oil street Artist Village）。期间曾经是天天艺术嘉年华，真正是创意无限，艺术家不分彼此，齐齐自发，是一个艺林圣地。

[2] "油街艺术村"于2000年正式关闭，后来让村内艺术家迁往位于土瓜湾的牛棚艺术村。"牛棚艺术村"（Cattle Depot Artist Village）于2001年开始营运，由政府产业署直接管辖，至2011年4月改由香港艺术发展局接管，正式对外开放于公众参观。

[3] 自2000年开始，香港工业北移，不少艺术家在伙炭工厂大厦设立工作室，形成"伙炭艺术村"（Fotanian），当中的艺术家从事包括绘画、雕塑、陶瓷、版画、摄影、录像、数码媒体、表演或其他创意工业。

[4] 到2008年，香港赛马会委托香港浸会大学成立"赛马会创意艺术中心"（Jockey Club Creative Art Centre），将一座旧式石硖尾工厂大厦改建为一个艺术村和艺术中心，让更多的艺术家进驻其中开展创意工业，推动艺术教育。

外资源，帮助教师走出教室，利用这方面的资源有效地创造自己多样的课堂教学艺术，从而发展蓬勃的学习生态，让视觉艺术教育有更多的发展空间。其实，香港政府从20世纪90年代末开始活化工厂大厦成为艺术村，可说是"艺术家工作室组合大楼的一个试点和香港创意产业更生"①的里程碑，为艺术家及艺术团体提供创作空间，与视觉艺术教师合作，目的乃辅助发展和推动艺术教育，培育香港创意艺术人才，切合社会和全球自由教育发展的趋势。笔者2012年3月间对一班初三学生进行教授立体派画风的课题，这是自由教育环境下视觉艺术教学的一个试点。笔者先以"形状"（Shape）和"形体"（Form）为学习立体派画风的一个起点基础。继而引用20世纪现代绘画之父塞尚一系列的静物绘画为例进行"形状"和"形体"分析，让学生明白如何将静物还原基本形状和形体。期间，教师运用艺术村的这些资源，鼓励学生到附近艺术村进行探访，为学习课题寻找相关资料，作为自己创作之参考。学生经过自己不断的试验和探究，加上教师在个别指导时分享自己的经验，进行示范和解说，学生终于发展了自己的创作品。图5-1和5-2是参考图片和学生的完成品。

学生自主的学习，教师分享自己的经验，在双方努力的付出下，学生学习信心增强了，学生也勇于面对困难，解决自己创作上的种种问题，于教室中构成了一种学习生态。这是笔者利用社区资源发展和创造自己课堂教学艺术的例子。

总之，初中视觉艺术教师可通过这些丰硕的资源，鼓励学生参观艺术村和参加由艺术村所提供的活动，拓展了学生视觉艺术视野，将经验带进课室与其他同学分享，生命影响生命，加上教师配合这方面的教学资源，走出教室，与艺术家合作，全面发展和创造自己的课堂教学艺术，帮助学生发展创造力，提升他们的学习成效，完全体现香港地域自由教育的优势。

其二，思考如何让开放的社会政策促成自己的课堂教学艺术。香港地域优势，就是开放的社会政策。开放的社会政策有什么特点？就是自由自主、不干预、接纳不同意见……香港给予教育开放的社会政策，就是不干

① 吕丰雅：《赛马会创意艺术中心》，《香港美术教育》，2009年第2期，第4页。

图5-1（左）和5-2（右） 黄懿羚，初三学生，形和体（立体派画风探究），木颜色纸本，2012，汇基书院（东九龙），指导教师：区昌全

预、高度自由、广纳不同意见。换言之，教师可以利用自己所喜欢和擅长的教学思想和方法进行教学，从而达到高效的教学水平。事实上，视觉艺术新课程纲要并没有限制教师用什么教学方法，什么教学内容，目的只有一个，就是达到课程目标，以及每个课堂教学效能；相反，香港政府鼓励教师创造多样的课堂教学艺术，丰富视觉艺术教学，从中发展自己具特色的课堂教学艺术以达最佳教学效能。例如：初中视觉艺术教师教什么、怎样教，政府并没有干预，相反，在"质素视学"中会建议怎样改善教学，提升教学素质。从这里可见香港开放的社会政策是造就了初中视觉艺术教师发挥和创造自己课堂教学艺术的好机会。值得一提的是，初中视觉艺术教师必须具备敏锐的自觉性，时常对自己的教学进行反思，才可以帮助自己促成课堂教学艺术。例如：进行欣赏教学的时候，教师必须善用资源，不可依靠网上资料而忽略实际香港现存文化设施，如香港艺术馆、香港文化博物馆、香港演艺学院、香港艺术中心、香港文化中心、香港茶具博物馆、香港视觉艺术中心等等所提供的实质资源，让学生走出教室，与实际

环境进行交流，与艺术品进行正面接触，教师在实际场景进行教学，发挥和促生自己多样的课堂教学艺术，发展蓬勃的学习生态，达到教学效能。

其三，思考如何兼容并蓄圆融形成自己的课堂教学艺术。在思考如何圆融形成自己课堂教学艺术的时候，必须时常对自己的教学进行自我反思。"自我反思观"是"自我反思教学观"的核心观念，是兼容并蓄圆融形成自己课堂教学艺术的重要条件。如果香港初中视觉艺术教师没有"自我反思观"的概念，是没法帮助圆融形成自己的课堂教学艺术。为什么？因为他们会留恋在认为自己理想的教学光景中，不能接纳新的东西。归根究底，发展和构建"自我反思观"是圆融形成自己课堂教学艺术的最佳途径。所谓视觉艺术的"自我反思教学观"是指视觉艺术教师随时对自己的课堂教学进行反复剖析诉求完善创造性提升教学成效的教学主张。也就是说，"自我反思观"是任课教师针对自己课堂教学的强弱分析，提出问题，并进行检讨，在自我不断反复检讨的过程中，探究改善对策，提出方案，随方案做出教学上的修订，并进行自我完善，提升自己专业化的教学。所以，"自我反思教学观"的核心理念是自行催迫创造教学——圆融形成自己课堂教学艺术。这是笔者多年来在视觉艺术教学中所发展出来圆融形成自己课堂教学艺术的重要主张。

二、升华个人经验

事实上，在香港初中视觉艺术教师个人层面上，具备促进和改善课堂教学艺术的可能性，就是要注重升华个人教学经验和教学素养。

其一，在回顾自己的教学经验中发现自我教学的闪光点。将自我教学的闪光点研究升华为自己的教学艺术个性。笔者在22年的初中视觉艺术教学生涯里，都有不同的闪光点作为研究升华自己的教学艺术个性。不过，22年是一段颇长的时间，里面实在包含了许多不同的学习与体验。在自己芸芸初中视觉艺术教学里，可分为三个不同学习与体验阶段，最初的6年（由1989年至1996年）是一个教学萌芽期；中间的8年（由1997年至2004年）是一个实验期；最近的7年（由2005年至2012年5月为止）是一个成熟期。每个阶段都是体现自己的人生经历，就如萌芽期的体验是反映自己在初中视觉艺术教学里的幼嫩与童稚，将自己在学院所学的尽量发挥，在教学层面上欠缺一种创造性；实验期则较能将从他人所汲取的经验，融入自己的教学中，力图发展自己独有的课堂教学艺术；成熟期是对自己多年的初中视觉艺术教学经验进行不断的反思改善圆融，创造自己的教学艺术个性——一种关爱的生命教育——"生命影响教育观"。所谓"生命影响教育观"，是指在尊重学生艺术表现基础上以教师生命经历激励个体学生成长的艺术教育主张。这是笔者在回顾自己教学经验中发现自我教学的闪光点。这闪光点是在教学上具有创造性。事实上，教学本身就是一种创造，"是贵在教学的生命力和感染力"①。笔者在2011年的3月期间，曾对初二丁班学生进行一个题为"人的体态"的雕塑创作活动。学生在自主自由的情况下，利用环保再用物料，自己决定题目发展自己的雕塑创作。过程中，学生以分组形式进行创作活动，期间与教师分享经验，给予技术支援，学生不单投入创作，而且还表现积极，发展了一个生生不息的学习生态环境。图5-3及图5-4分别是两组学生的创作品。于是，教师就是通过这样的师生互相激励，配合教师多样的课堂教学艺术，而发展出具创造性的教与学。事实上，教师在课堂教学中不断激发学生思维发展，与学生相互交流，一些具创意的见识便出现了，这是教师升华了自己教学艺术的个性。而这个性化教学艺术是教师通过课堂教学体现自己的教学风格，而这种教学风格是筑建教师独有的课堂教学艺术的条件之一。不同教师对同一教材都有自己个性化教学风格的表现，而每个人都有自己独特的课堂教学艺术，这是因为"每个教师的思想、气质、知识结构、审美情趣、特长爱好和教学能力不同"②，于是在课堂教学的表现也会不一样。一句话，不同教师展现了不同和多样的课堂教学艺术，它是升华自己教学艺术个性的必然条件。

---

① 杜德栎，范远波：《现代教学艺术论纲》，中国人民大学出版社，2011，第7页。
② 同上，第9页。

图5-3　郑智轩，初二学生，人的体态（雕塑创作），环保物料，2011，汇基书院（东九龙），指导教师：区昌全

图5-4　丁泳，初二学生，人的体态（雕塑创作），环保物料，2011，汇基书院（东九龙），指导教师：区昌全

　　其二，验证自己课堂教学艺术梦想。即把自己关于课堂教学艺术的追求予以实践和升华。在笔者22年的初中视觉艺术教学经验里，在每个阶段都不断追求和优化自己的课堂教学艺术，为的是教好学生学习这一科，提升这科的学术地位，让有志学习这科的学生，都能发挥自己所长，达成他们的理想。他们在学习上达到理想，就是笔者能把自己关于课堂教学艺术的追求予以实践和升华。事实上，学生在初中视觉艺术课堂学习投入积极，已是验证了教师自己课堂教学艺术成功的发挥，达到了梦想。其实，笔者认为自己课堂教学艺术的梦想就有以下两方面。第一，营造师生互动、生生互动的学习生态面貌。把自己关于课堂教学艺术的追求予以实践和升华，就是不要去死守一些教学规范和原则，才可以达到一个课堂教学艺术发挥作用的境界。一个梦想式的初中视觉艺术课堂教学就是要通过师生互动，配合教师多样性的课堂教学艺术，去激发学生主动学习，让他们

在课堂活动中真正主动分享、讨论、汇报，由此再去激发学生间的相互学习与交流，这种互相激励的学习，是培养学生学会学习，一个理想的学习国度，也是笔者时常把自己关于课堂教学艺术的追求予以实践和升华。现有香港初中视觉艺术课堂教学模式已迈向"以学生为中心"的学习模式，不再是单从教师的主导下发展学习。所以，要营造一种自由、自主学习的气氛，初中视觉艺术教师必须对自己课堂教学艺术的追求予以实践和升华，达至一个理想和实效性的教学效能。第二，建立同辈学习、学会学习、自主学习的氛围。笔者在现行的初中视觉艺术教学里都尝试创造多样的课堂教学艺术以激发学生多思考、多参与、多投入各种学习活动，例如：笔者2011年5月间于初三戊班开展一个以"英文字体设计"为题的创作活动，教师预先让学生从报章搜集不同的英文字体，进行创作时做参考之用。当中让学生以分组形式互相讨论和学习所搜集来的资料，从别人的资料中学习，而不再单靠教师所提供的有限资料，以免窒碍他们的创作思维。利用这样的课堂教学艺术以激发他们同辈互相学习、互相施教，效果显著。如图5-5和图5-6是他们的完成品。

还有，可以通过不同"学与教"的策略，带动学生自主学习，如专题研习，都是通过专题探讨，让学生自行对专题进行资料搜集，撰写报告，而教师只做旁边指导而已。这样做的最终目的乃训练学生学会学习，自行体验学习的真谛。要得到这样的成果，笔者认为初中视觉艺术教师的领导十分重要，必须在学生间培养一种自主学习的文化，教师也用其课堂教学艺术的魅力去营造出一种互相学习的气氛，才能把自己关于课堂教学艺术的追求予以实践和升华，实现自己课堂教学艺术的梦想。

图5-5 邓乐尧，初三学生，英文字体设计，木颜色纸本，2011，汇基书院（东九龙），指导教师：区昌全

图5-6 何梓盈，初三学生，英文字体设计，木颜色纸本，2011，汇基书院（东九龙），指导教师：区昌全

三、纵深学术发展

发展和创造多样性的香港初中视觉艺术课堂教学艺术可从一个纵深学术角度加以探讨和理解，即从香港的层面和个人层面而进行思考。以下两方面的思考可发展和创造多样性的香港初中视觉艺术课堂教学艺术的视点。

其一，强化香港初中视觉艺术教师之课堂教学艺术的研究意识。即寻找自己的课堂教学艺术的问题，包括解决问题。要达到强化香港初中视觉艺术教师对初中视觉艺术研究意识的目的，必须从自己的课堂教学艺术中发现问题，做正面处理及解决，因而建立和加强教师对初中视觉艺术课堂教学艺术的观念。即初中视觉艺术教师须正面了解自己课堂教学的问题，尤其是课堂教学艺术的运用与发挥跟教学效能的关系，以及从中遇到的各种困难，作为一种深入的探究，并找出解决问题的方法，从而改善和完善自己课堂教学艺术，提升自己的教学素养。事实上，教师必须对自己的课堂教学艺术发展自觉性、敏锐性和主动性等触觉，通过系统化的自我检视及同行观课，所得出的评价便能强化他们对课堂教学艺术的研究意识，一方面对自己的课堂教学艺术进行自我反思；另一方面，对自己的课堂教学艺术提出问题，并找出解决问题办法。更重要的是：教师必须留意全球初中视觉艺术教育的发展趋势。如何创造多样性的课堂教学艺术之运用与发挥，如何构建一个有实效性的初中视觉艺术课堂教学……这些都是加强教师对自己课堂教学艺术的研究意识。还有，建立这种研究的意识是教师自我专业发展的途径，以自己的教学为探究对象，辅以学术理论作为支持，通过实践加以引证。这是从香港的层面而进行思考。

其二，自己坚持学术研究。即随时对自己的课堂教学艺术进行检讨和修正。香港初中视觉艺术教师虽然未有在自己的教学领域中有重大的学术研究，但他们看重自己的课堂教学，将自己所知、所学、所能的奉献给香港视觉艺术教育，其实，这已是一种学术贡献，因而才可见到初中视觉艺术教学百花齐放的景象。香港初中视觉艺术教师自觉性较低，未有对自己课堂教学进行系统性的自我反思。因此，要帮助香港初中视觉艺术教师创造和发挥多样的课堂教学艺术，健全发展香港视觉艺术教育素质，必须加强初中视觉艺术教师的自觉性，通过同行观课的意见、学生的意见，教师便能随时对自己的课堂教学艺术进行检讨和修正，改善和完善自己的教学素质，也是坚持学术研究的一种发展。笔者有丰富的初中视觉艺术教学经验，都是对自己教学的一种坚持，继而发展自己的学术研究，乃是对自己教学的一种自觉性，自我催促更新，才换来自己的专业素养。笔者2012年

3月初于五班初三视觉艺术课堂教学中都以"形和体"之立体派画风探索为题，对20世纪立体派画风进行研究，并发展自己风格的绘画。开始教其中一班的时候，发现教材中的内容跟课题有点不符。课堂后跟数位学生倾谈，才得知在讲解内容上未够清晰，学生也不大明白怎样创作。教师反思后，修订教材中的部分内容。翌日，再到别的初三班讲课，利用不同的课堂教学艺术，帮助学生逐步理解课题，最后发现学生有良好的反应。再观察学生的创作表现时，学生的表现确实达到了教师的预期目的。之后其他的初三班学生，整体上均有良好的表现。图5-7是其中一位学生的作品。这个例子就是教师对自己教学的一种自觉性和坚持，才能发展这样具价值性的学术研究。通过这个经验分享，笔者得到了启发：教师对自己教学的自我反思是帮助改善和完善自己课堂教学艺术的重要途径，也是创造多样的课堂教学艺术的方法，达至高效的教学水平。这是从个人的层面而进行思考。

图5-7　余思乐，初三学生，形和体 (立体派画风探究)，木颜色纸本，2011，汇基书院 (东九龙)，指导教师：区昌全

四、纵横全面比较

前面用了纵深学术视点去理解如何创造多样的香港初中视觉艺术课堂教学艺术，不可忽略的是：教师必须从纵横全面的视点去比较香港区内外和视觉艺术学科内外，进行全面的检视，以理解如何创造多样的香港初中

视觉艺术课堂教学艺术，也就是强调用比较的方法创造和完善自己的课堂教学艺术。

其一，在关照香港区内外初中视觉艺术课堂教学艺术中创造和完善自己的课堂教学艺术。香港视觉艺术教育随时代年月改变，21世纪的香港初中视觉艺术教育已跟往昔不一样，不再是重视技能训练，而是重视思维发展，尤其是创意思维。自2003年开始，于香港区内外均有举办不同类型的视觉艺术活动，让有志投身于视觉艺术教育工作的人士参加，包括工作坊、研讨会、交流会、国际会议等，通过分享交流自己视觉艺术教学心得，借此发展香港视觉艺术教育的素质。因此，对于帮助香港初中视觉艺术教师发展和创造多样的视觉艺术课堂教学艺术，实有相当的优势和支持。例如：自2003年开始，香港教育局艺术教育组为着帮助教师面对新课程改革，特别举办不同类型的讲座、工作坊，让教师交流教学心得。这都是香港区内本土发展与培训的工作。此举是帮助教师检视自己的教学，从而帮助创造和完善自己的课堂教学艺术，以提升教学效能。香港教育学院于2000年举办了"亚太区美术教育会议"（Asia-Pacific Art Education Conference），让不同国家和地区的视觉艺术教师，如中国大陆和港澳台地区以及日本、新加坡、英国、美国、澳洲等国家，通过这样的平台与机会，可以交流分享自己的视觉艺术教学经验，借以帮助创造和完善自己的课堂教学艺术，提升自己的视觉艺术教学素养。笔者有幸参与其中，发表论文，与不同国家地区代表交流心得，从中发现别人视觉艺术教学极具吸引力和特色之处，如创意教学法的运用、活化教材、发展具乡土气色的课题等。综合而言，中国内地长于传统艺术课题、台湾发展具乡土气色的课题、香港优于课程设计与规划、西方国家善于变通性教学法的运用，这些都是具有发展性和前瞻性的视觉艺术教育，也是笔者自己从别人的教学中所学到的，对自己的视觉艺术课堂教学有莫大裨益，尤其是创造自己的课堂教学艺术和增进自己的教学素养。香港美术教育协会于2008年举办了视觉艺术学教育研讨会，中国内地、台湾、澳门和香港的视觉艺术教育工作者交流教学心得，以此提升自己本土的视觉艺术教育和向其他地区的视觉艺术教育进行借鉴，这样可以将有关经验落实到前线教师层面上，让更多的视觉艺术教师受惠，强化和创造属于自己的课堂教学艺术。总的来说，一个香港初中视觉艺术教师能够创造和发挥自己的课堂教学艺术去感染学生学习，已是达到了理想的教学成效，踏上素质教育的成功之路。

其二，在关照比较视觉艺术学科内外之课堂教学艺术中创造和完善自己的课堂教学艺术。在探讨香港视觉艺术学科内外发展的时候，必须思考视觉艺术学科本身与课堂教学艺术的密切关系。为什么？因为两方面是相辅相成的，前者的发展促生后者，而后者的出现完善前者。所以，香港要发展良好的视觉艺术教育素质，教师必须要教得好，要教得好就必须创造和完善自己的课堂教学艺术，学生学得投入，自然表现优异，便能提升教学效能和学习成效。所以，能够创造和运用多样的课堂教学艺术，就能够帮助纵横发展视觉艺术学科，让学科的范围不断地扩张与伸延、整合与共融，不再单是绘画、雕塑、建筑，而是加入了新型艺术元素，如媒体艺术、装置艺术、行为艺术等。正因为视觉艺术学科范围不断地扩张与伸延、整合与共融，外延至其他学科领域，自然发展了跨学科课程，如视觉艺术与科学、视觉艺术与历史、视觉艺术与语言等等，打破了不同学科疆界领域，增加了视觉艺术的内涵——"是一个形态、门类和风格十分丰富多样的领域，还深深地受到不同历史、地域、种族、信仰等文化传统的影响形成了各种不同的创作观念"①，完全激活了创造和发挥教师自己多样的课堂教学艺术，而适用于不同学科领域，使学生在学习过程中发挥不同的潜能，趣味无穷，尽展所长。

五、心系未来方向

香港初中视觉艺术教师的职责除了教学之外，另一个责任就是"帮助学生认识自己，认识学科，认识学习任务目标，认识自我完成任务目标的能力"，通过理解自己任重道远的责任，便自然对自己的教学发展程度有所

---

① 王大根：《视觉艺术教育与人文关怀》，《香港美术教育》，2008年第2期，第2页。

诉求，产生一种远瞻未来的眼光。这是教师对自己职业的预见性、发展性，是对自己专业发展的一种要求。其实，这方面的讨论可从两方面看。

其一，要有未来眼光。即创造和完善自己的视觉艺术课堂教学艺术，不能失去"未来眼光"。即要有预见性、发展性。在师生关系发展方面，初中视觉艺术教师在课堂教学里扮演相当重要角色，除了是教学工作外，师生融洽的关系是在帮助学生自我成长，让学生享受整个学习过程之余，产生一种愉悦的美感。这是香港初中视觉艺术教育未来发展方向之一。事实上，在沉闷的学习气氛里，融洽的师生关系帮助学生学习，让学生在最安全和谐环境下学习，刺激学生的学习成效。这不是说初中视觉艺术教师忽略这种师生的主次关系，只是要清楚大家角色的扮演。如果师生关系主次不分，会导致学生不尊重教师，教师无法促成和发挥自己的课堂教学艺术，更谈不上创造多样的课堂教学艺术，自然无法完善自己的课堂教学艺术，实质上是破坏了课堂管理，影响教学效能和学习成效，而且还使日后的课堂教学难以驾驭。其次，在教学题材方面，发展多元性和重建我国传统艺术融入本土艺术是未来香港初中视觉艺术教育发展的方向。事实上，每年有定额数量的国内儿童来香港定居，他们年龄界乎6~14岁，是初小至初中的学生。他们在国内受过基础教育，对传统中国文化有程度上的认识，内地跟香港教育又有差异性，尤其是视觉艺术教育，两地存在文化差异。所以，恢复重建我国传统艺术融入本土艺术可帮助他们适应学习视觉艺术，配合教师创造性和多样的课堂教学艺术，不但能启发学生学习，还能切合他们学习需要。再者，在艺术创作路向方面，多元文化充斥着香港社会，可以随时随地接触，尤其是南亚裔及其他国籍的学生已普遍融入香港小学及中学。作为视觉艺术教师，不得不开发多元教材以满足这类学生的需要，教师必须要创造多样的和完善自己的课堂教学艺术以提升学习成效，于是，学生的学习成果是多样的，教师必须对他们的表现尊重和接纳，壮阔了艺术创作的内涵和空间，收多元文化兼容并蓄之效，完全反映香港地域的特色。可见教师对自己职业的预见性和发展性是对自己专业的发展所具备的未来眼光。

　　其二，思考如何使自己的视觉艺术课堂教学艺术具有生长性，这样就能避免出现僵化或保守的倾向。现今香港初中视觉艺术课堂并不是往昔单由教师主导控制，"教师主导"教学的角色渐渐模糊，取而代之便是以"学生为中心"，学生不再是教学过程中的被动者，而是扮演主导角色，甚至学生间互相教授。这是师生间携手合作而发展和创造出来，完全依赖教师课堂教学艺术的创造与发挥，所以，在过程中双方都会互相成长，即教师课堂教学艺术具有生长性，而学生学习成效具高效性。事实上，这样的以"学生为中心"教学模式，当中教师所运用和发挥多样的课堂教学艺术，必然是具有影响力、开放性，避免出现教学上的僵化或保守的倾向。教师在这种情况下，自己的课堂教学艺术便能具有生长性，一方面，教师开放性的态度让自己和学生有机会多尝试新东西，因而帮助和激发学生自主、自由学习；另一方面，让他们在学习过程中思想独立，发挥自己的潜能，并不是牵着学生走每段学习道路，因为这会妨碍他们创意思维的表达。达到这方面的成效，教师的课堂教学艺术已具有生长性的影响。除此之外，香港初中视觉艺术教师课堂教学艺术具可塑性、弹性、包容性等特点，这可从问卷调查中略见一番。其实，这些特点是课堂教学艺术生长性的必然要素，可逐步摆脱教学上的僵化和保守化，是建立师生间、学生间的互相帮助、互相关怀、互相尊重的态度。建立了这些的关系和态度，初中视觉艺术课堂教学再不是一般的课堂，而是充满一种高层次"人文精神"关系的课堂。师生在一个充满高层次"人文精神"关系的初中视觉艺术课堂里学习，每个人都自律性高、责任感强、投入感大、参与性高，愿意贡献自己，尽忠职守，为课堂学习出一份力，师生双方达至生命成长的理想境界，足以证明教师自己所创造的课堂教学艺术发挥得淋漓尽致。

　　综合所得，以上五方面关照都是概括地由不同视点思考香港创造多样的和完善初中视觉艺术课堂教学艺术的方法。值得关注的是：香港初中视觉艺术教师在教学素质方面是优秀的，正切合美术教育学者尹少淳所说，"中国香港地区的美术教师则相对长于教育，这与美术师资的培养模式的不同有着很大的关系"①；正反映香港在培训视觉艺术教师方向是优良的，是朝着培育具创意的优秀人才路向而努力。展望香港初中视觉艺术课堂教学艺术的形态应是百花齐放的、多样性的、多元的、具创意的，能与世界同步发展，迈向更美好、更丰盛的未来。

---

① 尹少淳：《美术教育：理想与现实中的徜徉》，高等教育出版社，2005，第251页。

结　语

本书是探究"香港初中视觉艺术课堂教学艺术"。通过采用文献法、调查法、观察法等研究方法，从五个大方面进行了系统讨论。首先，本书分析了"香港初中视觉艺术教育现状"，厘清了香港初中视觉艺教育经历了——兴趣形式性、帮助发展性、无为真空性、认识革新性等五个阶段。并分析指出了：香港初中视觉艺术教育存在的核心问题和相关问题：一是香港人文化根源贫乏，二是香港人对视觉艺术观念不深，三是行政取向的潜在弊端，四是师资培训的不足。继而全面分析了香港初中视觉艺术课堂教学艺术的优长与欠缺，并提出了"全面审视"香港初中视觉艺术课堂教学艺术的观念。其中，明确界定了何谓"课堂教学艺术"，也界定了"视觉艺术课堂教学艺术"—— 视觉艺术教师于课堂内展现自己个人独特教学理念和样式而感染学生有效学习的创造性教学魅力。并指出了教师之亲和性、创造性、美感性、宽容性、语言性、技能性和差异性是香港初中视觉艺术教师课堂教学艺术的共性特征。通过确定检视香港初中视觉艺术课堂教学艺术必然要素而分析指出了香港初中视觉艺术课堂教学艺术缺欠表现在三大方面：一是观念质薄，如欠缺清晰的教学观念与教学设计目的；二是主动运用性差，如教学方法未能激发学生自己学习；三是风格不明显，如教学风格及教学艺术运用未有配合学生学习规律及引起学生学习兴趣。同时，指出了香港初中视觉艺术课堂教学艺术的危机在于对视觉艺术教学成效和视觉艺术教师教学素质的影响。

其次，本书系统地讨论了"初中视觉艺术课堂教学艺术的本质"，是让教师的行为发挥应有的专业魅力和成效，从而提出了"生命影响生命"教育观——指教师在尊重学生艺术表现基础上以教师生命经历激励个体学生成长的艺术教育主张，并引用例子证明这样的"生命影响生命"教育观作用下的教学艺术内涵。继而探究"初中视觉艺术课堂教学艺术的要素"乃在于建立一系列的基本原则，分别是开放创造、汰旧纳新、需适满足、理解发挥、创造自己等等。按着这些原则，逐步建立初中视觉艺术课堂教学艺术的构成元素，一是视觉艺术课堂教学艺术的观念；二是视觉艺术课堂教学艺术的创造；三是视觉艺术课堂教学艺术的表现。有了这三方面的基本元素，配合创造性履行教学的要求、教学专业不断发展、教育改革的环

境、学生努力追求知识等背景，在主观因素和客观因素的影响下，如学校
教学组织和教师自我完善等，逐渐形成初中视觉艺术课堂教学艺术。此
外，亦提出了初中视觉艺术课堂教学艺术形成过程的重要四个阶段——自
我适应调整、个人发展成长、创新突破发挥和成熟稳定成功等，逐步建立
具个人特色的课堂教学艺术。这些个性化课堂教学艺术完全突显了不同特
征，分别是：体现教师个人教学风格的个体性、展现师生教学过程双方的
创造性、突显课堂教学营造出来的和谐性、实现师生真我性情交流的独有
性、感受师生情感发展提升的美感性，这都跟香港初中视觉艺术教师所展
现的课堂教学艺术有一脉相传的关系。同时，本书指出了初中视觉艺术课
堂教学艺术的价值在于促进视觉艺术教师提升课堂教学艺术的成长作用和
发挥视觉艺术课学生成长功能，全面理解初中视觉艺术课堂教学艺术本质
的概念和内涵。

　　其三，通过问卷调查、观课记录和其他资料，本书系统地分析了"香
港初中视觉艺术课堂教学艺术与教学实现的相关性"内涵。这是重点讨论
了香港初中视觉艺术课堂教学艺术与教师的素养、教学内容、教学设计、
学生艺术学习成效等种种密不可分的关系。第一，香港初中视觉艺术教师
的教学兴趣、教学情感、教学专业知识技能、多元文化素质、教学执行
力、科研能力、设计及组织教学活动能力、教学实施能力等所构成的职业
能力，以及初中视觉艺术教师的专业水平，如教学法的构思、准备课堂等
都是对构建和发挥课堂教学艺术有直接的影响。第二，香港初中视觉艺术
的教学内容，如知识学习和技能学习，两方面都是直接帮助创造和发挥视
觉艺术教师课堂教学艺术的重要环节。第三，教学设计是促进香港初中视
觉艺术课堂教学艺术的功效发挥，如怎样为教学活动做指引、怎样为教学
对象做准备、怎样为解难问题做引导、怎样为教学设计做评价，这些方面
都是帮助教师对一个课堂教学做全面构想和准备，是教学设计必然考虑的
要素；并提出了实现教学设计是促进教师课堂教学艺术发挥的重要途径。
第四，学生艺术学习成效是全面体现香港初中视觉艺术课堂教学艺术，尤
其是学生在课堂上的艺术学习表现，以及如何通过不同学习模式提升学生
的艺术学习成效，如单向性、模仿式、双向性、经验式和自发性等学习模

式，都是与初中视觉艺术课堂教学艺术的创造和发挥关系密切。

其四，探究了"发展完善香港初中视觉艺术课堂教学艺术的方法"。最有效完善香港初中视觉艺术课堂教学艺术的方法，就是构建"自我反思教学观"。"自我反思观"是"自我反思教学观"的核心内涵，而"自我反思教学观"的核心理念是自行催迫创造教学，是指视觉艺术教师随时对自己课堂教学予以催迫反复剖析诉求完善创造性提升教学成效的教学主张。构建这样的观念对促生和发挥初中视觉艺术课堂教学艺术有巨大帮助。同时，藉此探讨了完善香港初中视觉艺术课堂教学艺术的具体方法，如反思日记式方法、教学观摩式方法、理论学习式方法、访谈交流式方法等。同时，提出了诉求重视视觉艺术教师教学素养是完善香港初中视觉艺术课堂教学艺术的方法之一，一是重视教师入职的学历要求；二是强调教师教学证书资历、加强教师学科知识水平检测等等，都是有效地帮助教师完善课堂教学艺术的方法。再者，本书提出了加强研究和评价香港初中视觉艺术课堂教学艺术的活动，一是从学术视点进行研究工作，如政府政策、学校政策、教师专业发展；二是探究订立香港初中视觉艺术课堂教学的标准；三是有效检测香港初中视觉艺术课堂教学艺术水平，如诊断性评价、形成性评价、总结性评价、同侪评估、课堂核对表等，都是完善香港初中视觉艺术课堂教学艺术的另类方法。

最后，本书指出"创造多样性的香港初中视觉艺术课堂教学艺术风格"。本书明确提出了"香港初中视觉艺术课堂教学艺术形态应是多样性的"这一命题，并预测性展望香港初中视觉艺术课堂教学艺术，进而提出创造多样的香港初中视觉艺术课堂教学艺术风格的五种关照：紧扣地域视点、升华个人经验、纵深学术发展、纵横全面比较和心系未来方向等，是创造多样性的香港初中视觉艺术课堂教学艺术的风格的方法。

参考文献

中文文献

1.蔡慧琴等.有效课堂教学策略[M].重庆：重庆大学出版社，2008.

2.蔡清田.课程发展与行动研究[M].台北：五南图书出版股份有限公司，2004.

3.陈朝平，黄壬来.国小美劳科教材教法 [M].台北：五南图书出版股份有限公司，1996.

4.陈惠邦.教育行动研究[M].台北：师大书苑有限公司，1998.

5.陈璞.最美艺术课——上好艺术课并不难[M].北京：中国轻工业出版社，2011.

6.陈琼花.艺术概论[M].台北：三民书局有限公司，1997.

7.陈向明，林小英.如何成为质的研究者——质的研究方法的教与学[M].北京：教育科学出版社，2010.

8.程明太.美术教育学[M].哈尔滨：黑龙江美术出版社，2000.

9.程明太，林桂光.艺术——综合教学探究：课程研究/课例与评析[M].上海：上海教育出版社，2007.

10.杜德栎，范远波.现代教学艺术论纲[M].北京：中国人民大学出版社，2011.

11.段鹏，华年.美术教育研究方法与论文写作[M].长沙：湖南美术出版社，2010.

12.方明.陶行知名篇精选[M].北京：教育科学出版社，2011.

13.巩平.美术新课程教学与教师成长[M] .北京：中国人民大学出版社，2009.

14.顾明远.教育大辞典（第一卷）[M].上海：上海教育出版社，1991.

15.哈九增.艺术教程[M].上海：复旦大学出版社，2001.

16.胡平生，陈美兰.孝经、礼记[M].北京：中华书局，2008.

17.[英]赫伯特·里德.通过艺术的教育 [M].吕廷和，译.台北：艺术家出版社，2007.

18.黄鸿钊.中英关系史[M].香港：开明书店，1994.

19.黄壬来.幼儿造型艺术教学——统合理论之应用[M].台北：五南图书出版公司，1996.

20.黄素兰.香港美术教育口述历史——从图画堂开始[M].香港：香港美术教育协会出版，2001.

21.李坤崇.教学评量 [M].台北：心理出版社有限公司，2006.

22.李如密.中学课堂教学艺术[M].北京：高等教育出版社，2009.

23.李绪坤.《学记》解读[M].济南：齐鲁书店，2008.

24.李耀新.课堂教学的组织与管理[M].广州：暨南大学出版社，2008.

25.梁玖.欣赏艺术[M].重庆：西南师范大学出版社，2005.

26.梁玖.审艺学[M].南昌：江西美术出版社，2008.

27.梁玖.艺术学[M].北京：高等教育出版社，2010.

28.林碧霞.教育专业——美术教师的专业知识[M].香港：香港美术教育协会出版，2002.

29.林碧霞.香港美术教育协会十周年纪念论文集[M].香港：香港美术教育协会出版，2003.

30.林贵刚.香港美术教育[M].长沙：湖南美术出版社，1996.

31.陆雅青.艺术治疗[M].重庆：重庆大学出版社，2009.

32.马菁汝.罗恩菲德与艾斯纳的告诫[M].长沙：湖南美术出版社，2010.

33.区昌全.〈单元一：视觉艺术的基本概念；单元二：视觉艺术教育理念；单元五：幼儿视觉艺术课程规划〉[M].载《E276C幼儿教育——视觉艺术：课程教材》，香港：香港公开大学，2010.

34.潘淑满.质性研究[M].台北：心理出版社，2003.

35.舒新城等.辞海[M].香港：中华书局，2003.

36.孙菊如等.课堂教学艺术[M].北京：北京大学出版社，2006.

37.谭德姿.教学语言艺术[M].杭州：浙江大学出版社，1991.

38.田慧生，李如密.教学论[M].石家庄：河北教育出版社，1996.

39.[美]卡罗尔·西蒙·温斯坦.中学课堂管理[M].田庆轩，译.上海：华东师范大学出版社，2003.

40.王福阳.综合艺术课程与教学论[M].北京：高等教育出版社，2008.

41.王宏建，袁宝林.美术概论[M].北京：高等教育出版社，2009.

42.汪刘生.教学论[M].合肥：中国科学技术大学出版社，1996.

43.汪刘生，白莉.教学艺术论[M].南昌：江西教育出版社，1996.

44.王升.如何形成教学艺术[M].北京：教育科学出版社，2008.

45.王文科.质的教育研究法[M].台北：师大书苑有限公司，1994.

46.王文科.教育研究法[M].台北：五南图书出版股份有限公司，2001.

47.翁震宇.美术教育概论[M].杭州：中国美术学院出版社，2009.

48.吴松年.有效教学艺术[M].北京：教育科学出版社，2008.

49.吴香生.香港美术教育发展六十年[M].香港：香港教育学院，2000.

50.香港教育司署.小学美术与劳作科课程[M].香港：香港政府，1967.

51.香港课程发展委员会.小学美劳科课程纲要[M].香港：香港政府，1981.

52.香港课程发展委员会.中学美术与设计科课程纲要（中一至中五）[M].香港：香港政府，1982.

53.香港课程发展委员会.小学美劳科课程纲要（小一至小六）[M].香港：香港政府，1995.

54.香港课程发展委员会.中学美术与设计科课程纲要（中一至中三）[M].香港：香港政府，1997.

55.香港课程发展委员会.中学美术与设计科课程纲要（中四至中五）[M].香港：香港政府，1997.

56.香港课程发展署.学会学习——课程发展路向[M].香港：政府物流服务署，2001.

57.香港课程发展议会.基础教育课程指引——各尽所能、发挥所长（小一至中三）[M].香港：政府物流服务署，2002.

58.香港课程发展议会.艺术教育学习领域：视觉艺术科课程指引（小一至中三）[M].香港：政府物流服务署，2003.

59.香港课程发展议会与香港考试及评核局联合编订.视觉艺术课程及评估指引（中四至中六）[M].香港：政府物流服务署，2007.

60.香港艺术发展局.一九九八年艺术政策论坛：讲辞及论文结集 [M].香港：香港艺术发展局，1999.

61.许高厚，施铮等.课堂教学技艺[M].北京：北京师范大学出版社，2004.

62.许明得，李伟成.有效课堂管理[M].香港：香港大学出版社，2008.

63.杨惠元.课堂教学理论与实践[M].北京：北京语言大学出版社，2007.

64.杨青松.教学艺术论[M].成都：四川教育出版社，1993.

65.杨小微.教育研究的原理与方法[M].上海：华东师范大学出版社，2002.

66.尹少淳.初中美术教学策略[M].北京：北京师范大学出版社，2010.

67.尹少淳.美术教育：理想与现实中的徜徉[M].北京：高等教育出版社，2005.

68.尹少淳.美术课程标准（实验稿）解读[M].北京：北京师范大学出版社，2009.

69.余民宁.教育测验与评量 [M].台北：心理出版社有限公司，1997.

70.余树德.美育的革命[M].香港：香港美术教育协会出版，2001.

71.张宝臣等.课堂教学艺术[M].哈尔滨：哈尔滨工业大学出版社，1995.

72.张鹏，赵玲.美术学教育实习导论[M].北京：高等教育出版社，2008.

73.赵志成.有效教学策略的应用[M].香港：香港中文大学香港教育研究所，2007.

74.[美] 普拉尼·利亚姆帕特唐，道格拉斯·艾子 （Douglas Ezzy）.质性研究方法[M].郑显兰，译.重庆：重庆大学出版社，2009.

75.中华人民共和国教育部.美术课程标准（实验稿）[M].北京：北京师范大学出版社，2008.

76.中华人民共和国教育部.艺术课程标准（实验稿）[M].北京：北京师范大学出版社，2009.

77.钟启泉，徐建融，钱初熹，胡知凡.美术教育展望[M].上海：华东师范大学出版社，2002.

78.钟启泉.课程论[M].北京：教育科学出版社，2007.

79.朱良才.课堂教学应用艺术[M].天津：天津教育出版社，2009.

外文文献

80.Barnes R. Positive Teaching，Positive Learning[M]. U.K.: Routledge，1999.

81.Borich G D. Effective Teaching Methods-Research-based Practice[M]. U.S.: Pearson, 2011.

82.Brittain W L. Creativity，Art and the Young Child Wlambert Brittain[M]. U.S.: Macmillan Publishing Company. 1979.

83.Cohen L, Manion L. Research Methods in Education [M]. London. Croom Helm Ltd., 1995.

84.Fernie E. Art History and its Methods-A Critical Anthology[M]. London. Phaidon, 2002.

85.Haigh A. The Art of Teaching[M]. U.K.: Pearson Education Limited.

86.Hong Kong Curriculum Development Council. Basic Education: Visual Arts Curriculum

Guide （Primary 1–Secondary 3）[M]. H.K.: Hong Kong Government Publishers, 2003.

87.Hong Kong Curriculum Development Council and the Hong Kong Examinations and Assessment Authority, Visual Arts Curriculum and Assessment Guide （Secondary 4–6）[M]. H.K.: Hong Kong Government Publishers, 2007.

88.Jacobsen D. et al, Methods for Teaching[M]. U.S.: Charles E. Merrill Publishing Company, 1985.

89.Kemp J E. The Instructional Design Process[M]. N.Y.: Harper and Row Publishers, 1985.

90.Lambert D. Understanding Assessment：Purposes, Perceptions, Practice[M]. U.K.: Routledge Falmer, 2000.

91.Linn R L, Miller M D. Measurement and Assessment in Teaching[M]. U.S.: Englewood Cliffs, NJ.: Prentice Hall, 2005.

92.Lowenfeld V, Brittain W L. Creative and Mental Growth[M]. U.S.: Macmillan Publishing Company, 1987.

中文期刊

93.范蔚.实施综合实践活动对课程资源的开发利用[J].教育科学研究，2002（3）.

94.洪清田.从文化堆填区到文化玫瑰园[J].文化政策及"文化学院"刍议.一九九八年艺术政策论坛：讲辞及论文结集.香港：香港艺术发展局，1999.

95.康玉华.优化美术课堂教学的艺术[J].天津市经理学院学报，2007（4）.

96.梁玖.论中、小学美术教育的观念与教学内容选择的原则[J].中国美术教育，2000（4）.

97.梁玖.心润之策——论中国普通高等学校艺术教育学[J].东南大学学报（哲学社会科学版），2003（2）.

98.梁玖.我们的特色艺术教育理想[J].中国美术馆，2007（8）.

99.梁玖.美术课程的教学设计理念与环节[J].美苑，2008（6）.

100.梁玖.中国艺术学科本土艺术理论建设刍议[J].南京艺术学院学报（美术与设计版），2009（4）.

101.梁玖.中国应加强对地域美术价值的认识与研究[J].艺术探索，2009（4）.

102.梁玖.艺术实践教学及其评价[J].创意与实践：全国艺术与设计类专业实践教学研讨会文集，2009.

103.梁玖.艺术教育的荣誉与教学策略[J].艺术研究，2011（1）.

104.梁玖.张道一先生的艺术学教学思想刍议[J].东南大学学报，2012（2）.

105.林彦君.浅谈课堂教学艺术[J].南昌教育学院学报，2010（1）.

106.刘阳.新课堂教学艺术：体验真切的"生命历程"[J].晋中学院学报，2010（2）.

107.刘玉蓉.优化美术课堂教学的艺术[J].中小学电教-新语坛，2008（10）.

108.吕丰雅.赛马会创意艺术中心[J].香港美术教育，2009（2）.

109.马逢国.从经济发展角度看艺术及艺术教育[J].香港美术教育，2002（3）.

110.石喜红.美术课堂教学艺术浅谈[J].中国教育技术装备-教学园地，2010（4）.

111.万青.从美术教育到视觉艺术教育[J].中央美术学院论文集：美术学院的历史与问题.北京：中央美术学院，2008.

112.王保军.论优化初中美术课堂教学的艺术[J].文化艺术研究—文教资料，2007.

113.王大根.视觉艺术教育与人文关怀[J].香港美术教育,2008（1）.

114.王士樵,凯莉·费德门.当代美术教育的发展与变革[J].美育双月刊.台北:台湾艺术教育馆,2003（132）.

115.谢燕舞.定义香港当代艺术的实验场域[J].香港美术教育,2009（2）.

116.玄秀芬.优化美化课堂教学的艺术[J].科学教育,2011（1）.

117.益秀琴.优化中学美术课堂教学艺术[J].成才之路–课堂感悟,2008（19）.

118.尹少淳.从正确理解教学策略到美术教学策略的制订[J].教育探究,2009（4）.

119.应天蓝.中小学艺术课教学的艺术性[J].教育文汇,2002（1）.

120.张银龙.中学美术教学方法琐谈[J].安徽教育,2011（2）.

121.赵蕾.优化美化课堂教学的艺术[J].华章,2010（34）.

122.朱剑红.浅淡美术课堂教学艺术[J].考试周刊,2010（50）.

外文期刊

123.Labercane G D,Last S,Nichols S,Johnson W. Critical Moments and the Art of Teaching, In: Teacher Development, 1998, pp. 191–205.

124. Lam B H, Kember D. Conceptions of Teaching Art Held by Secondary School Art Teachers, In: International Journal of Art and Design Education, 2004, pp. 290–301.

125. Van Manen M. Teachers and Teaching: Theory and Practice, In: On the Epistemology of Reflective Practice, 1995, pp. 33–50.

学位论文文献

126. 段鹏.开放的艺术及其教育——当代艺术融入学校美术教育的理论研究与实践应用[D].首都师范大学博士学位论文,2011.

127. 甄巍.论新媒体艺术的时代特征[D].北京师范大学,2011.

中文网上材料

128. 黄壬来.国际视觉艺术教育趋势[J].未详,2007.（http://ed.arte.gov.tw/uploadfile/periodical/1573_1–1%E9%BB%83%E5%A3%AC%E4%BE%86.pdf）

129. 翟帆.我是人民教师,我承诺,我自豪[J].载:中国教育报,1995–1–6（2）,教师成长中心.（http://www.ccss.edu.hk/visit/Handbook_ Shanghai.pdf）参考资料六（http://www.cfd.tcu.edu.tw/new_ver/downloads/06news/news02.htm）

外文网上材料

130. Daumier:http://en.wikipedia.org/wiki/Honor%C3%A9_Daumier

131. B. Marshall, Emphasis on Teaching: What is Good Teaching?,（http://www.bygpub.com/eot/eot1.htm）

132. Michelangelo: http://www.skn.ac.th/skl/skn42/art65/pie.htm

133. K.P. Mohanan, 2003, What is Good Teaching?, In The Teaching Professor, Volume 1, February 2003.（http://www.bygpub.com/eot/eot1.htm）

134. Monet: http://en.wikipedia.org/wiki/Water_Lilies

附件一

教师姓名：＿＿＿＿＿＿＿

问卷调查

　　本人现正进行一项视觉艺术课堂教学艺术课题的研究，主要探讨初中视觉艺术课堂内教师教学和学生学习的情况。本问卷调查所得的资料会完全保密（包括受访者姓名），只作研究用途，不会公开。后续研究，我们可以合作。总之，谢谢你们的帮忙。

区昌全

本文诉求目标：改善香港初中视觉艺术课堂教学的效能与素质。

本问卷调查分为三部分，请试以简单的句子回应以下的问题。

第一部分

1.你在视觉艺术科教学有多少年时间？　　　　　　　　年

中学＿＿＿＿＿年　小学　　　　　年　大学／专科　　　　　年

2.小学，你主要任教初小／高小　（请把答案圈上）

3.中学，你主要任教初中／高中　（请把答案圈上）

4.你在大学时主修什么学科？

5.你有没有进修教学文凭？　有／没有　（请把答案圈上）

6.你在教学文凭课堂中学到了什么？可简单分享一下。

＿＿＿＿＿＿＿＿＿＿＿＿＿＿＿＿＿＿＿＿＿＿＿＿＿＿＿＿＿＿

＿＿＿＿＿＿＿＿＿＿＿＿＿＿＿＿＿＿＿＿＿＿＿＿＿＿＿＿＿＿

第二部分

7.你认为视觉艺术科教学应该教什么？为什么？

＿＿＿＿＿＿＿＿＿＿＿＿＿＿＿＿＿＿＿＿＿＿＿＿＿＿＿＿＿＿

8.进行视觉艺术课堂教学时，你会先教什么？为什么？

＿＿＿＿＿＿＿＿＿＿＿＿＿＿＿＿＿＿＿＿＿＿＿＿＿＿＿＿＿＿

9.你认为视觉艺术科课堂教学是什么？它又包括了什么？

＿＿＿＿＿＿＿＿＿＿＿＿＿＿＿＿＿＿＿＿＿＿＿＿＿＿＿＿＿＿

10. 你认为一个完整的"视觉艺术课堂教学"应该是怎样？它是一种艺术吗？

_____

_____

11. 简单分享一下你任教初中某课题视觉艺术课堂教学的概略情况。

教学内容：_____

_____

教学方法：_____

_____

评估方法：_____

_____

第三部分

12. 你认为自己的视觉艺术课堂教学成功吗？何以见得？

_____

_____

13. 你认为自己是否建立了一套个人独有的视觉艺术课堂教学艺术？你的视觉艺术课堂教学艺术是什么？

_____

_____

14. 你校是否建立有同事观课文化？如有，你从同事的课堂教学中学到了什么？

_____

_____

15. 你认为你校整体的视觉艺术课堂教学成效怎样？

_____

_____

16. 一句话说明你的"视觉艺术课堂教学艺术特征"是什么？

_____

17. 你任教学校的名字：_____

附件二

课堂观察量表

本人现正进行一项视觉艺术课堂教学艺术课题的研究，主要探讨初中视觉艺术课堂内教师教学和学生学习的情况。本量表所得的资料会完全保密，只作研究用途，不会公开。后续研究，我们可以合作。总之，谢谢你们的帮忙。

区昌全

本文诉求目标：改善香港初中视觉艺术课堂教学的效能与素质。

试以「√」记录课堂内所观察到的情况。

评估项目	表现指标				特别意见
	1	2	3	4	
（一）学生课堂表现					
·学生喜欢学习该堂课题					
·学生投入整个课堂学习					
·学生能够说出所学的艺术知识					
·学生喜欢欣赏课堂内所演示的艺术作品					
·学生能描述艺术作品及其作品特色					
·学生能深入讨论艺术家于作品中所表达的内容					
·学生能讨论艺术家创作动机、作品风格、社会背景及深层意义					
·学生能处理课堂内每一学习环节					
·学生在学习这个课题时有困难					
·学生在学习态度上颇积极和主动					
·学生积极投入参与每项学习活动					
·学生愿意参与讨论及分享意见					
·学生享受创作自己的作品					
·学生能综合所学的知识和日常生活中的经验进行自己的创作					
·学生反应热烈及想多学习和了解该堂课题					
·同学间有良好的及建设性的沟通					

＊"1"代表极不同意，"2"代表不同意，"3"代表同意，"4"代表极同意。

评估项目	表现指标				特别意见
	1	2	3	4	
（二） 教师课堂教学表现					
·教师备课充足，清楚及明白教学目标、内容					
·教师的本学科知识丰富					
·教师有技巧地管理课堂秩序					
·师生有互动沟通的时候，双方关系良好，建立互信					
·教师乐于帮助学生，进行个别指导时能回应学生的意见及问题，尤其是在学生进行创作的过程中					
·教师在教授课题时，能给予学生机会自己去经验、反思、类推和运用，感受不同阶段的学习					
·教师鼓励学生自己主动学习					
·教师所设计的教学活动颇有创意，能引发学生自己学习					
·教师给予学生清晰指引，以进行各教学活动					
·教师能透过分享活动提升学生的表达能力					
·教师能透过讨论活动提升学生学习兴趣，对课题的了解					
·整个教学以学生中心为主					
·各项教学活动适合学生能力水平					
·这种以学生中心的体验学习（experiential learning）教学法适合学生学习需要及能引起学生学习兴趣					
·教师以体验方式，帮助学生发展个人能力及学习兴趣					
·这种体验学习提升学生欣赏作品能力，从而了解作品的社会及文化观					

续表

评估项目	表现指标				特别意见
	1	2	3	4	
(三) 学习成效					
·教学内容适合学生能力和发展他们的兴趣					
·教材（工作纸、讨论卡、简报资料）能帮助学生了解及认识本课题内容					
·学生能将所学的应用到创作上					
·学生喜欢这类的学习模式					
·学生有兴趣继续探讨其他不同的艺术					
·学生能掌握各教学活动，发挥及培养主动学习					
·学生能互相交流意见及互相导引学习					
·这个教学法适用于视觉艺术课堂内					

总结该课堂的教学艺术是什么？它包括了什么？

_____

其他意见

_____

_____

日期：_____ 时间：_____

班别：_____ 学生人数：_____

学校：_____

学生年龄：_____

课堂题目：_____

观察员姓名：_____

是否专科视觉艺术教师：是 / 否

教师姓名：

教育程度：□教育文凭 □大学 □硕士 □博士

□其他： （请列明）

选修科（教育文凭）： （请列明）/（大学）： （请列明）

附件三

教师版

访　谈

本人现正进行一项视觉艺术课堂教学艺术课题的研究，主要探讨初中视觉艺术课堂内教师教学和学生学习的情况。本访谈所得的资料会完全保密，包括受访者姓名只作研究用途，不会公开。后续研究，我们可以合作。总之，谢谢你们的帮忙。

区昌全

本文诉求目标：改善香港初中视觉艺术课堂教学的效能与素质。

请试以简单的句子回应以下的问题。

1. 你对自己在视觉艺术科教学多年有什么心得？

_____

_____

2. 你多以什么教学方法进行视觉艺术科教学？你认为有效吗？

_____

_____

3. 你认为自己的视觉艺术课堂教学有什么特点？

_____

4. 你认为自己的视觉艺术课堂教学有什么地方需要改善？

_____

5. 你用了多少时间准备视觉艺术课堂教学？

_____

_____

6.你一年带领学生做多少次创作?

_____

_____

7.你曾带领学生做过什么主题创作? 可举例子说明。

_____

_____

8.其他意见

_____

_____

_____

_____

受访者姓名: _____

教学年资: _____

日期: _____

时间: _____

附件四

学生版

访 谈

本人现正进行一项视觉艺术课堂教学艺术课题的研究，主要探讨初中视觉艺术课堂内教师教学和学生学习的情况。本访谈所得的资料会完全保密，包括受访者姓名只作研究用途，不会公开。后续研究，我们可以合作。总之，谢谢你们的帮忙。

区昌全

本文诉求目标：改善香港初中视觉艺术课堂教学的效能与素质。

请试以简单的句子回应以下的问题。

1. 你觉得刚才的视觉艺术课堂怎样？

_____

_____

_____

2. 你从老师那里学到了什么？你喜欢这课堂吗？为什么？

_____

_____

3. 你认为老师的教学怎样？有什么特点？

_____

_____

4. 你认为老师的教学有什么地方需要改善？

_____

_____

5. 整体上，你喜欢老师的教学吗？哪方面？

_____

_____

6.老师的教学有什么吸引地方?

_____

_____

7.你喜欢这科吗? 为什么?

_____

_____

_____

8.你喜欢这科是否跟老师的教学有关? 哪方面?

_____

_____

_____

受访者姓名: _____

年级: _____

年龄: _____

日期: _____

就读学校: _____

附件五

日志记录表

本文诉求目标：改善香港初中视觉艺术课堂教学的效能与素质。

日期	时间	事情
		反思：
		反思：
		反思：

附件六

教学实践：视觉艺术科教学设计

日期：2010至2011年度　　时间：共约六教节(共360分钟)

班别：初中二　　　　　　科目：视觉艺术

教师：区昌全老师　　　　施教日期：2011-3-4至2011-5-11

课题：中文字体设计　　　学校：汇基书院(东九龙)

学习目标：

·学生能够说出中国字体的类别和中文字体基本笔画结构——"永"字八法（知识）。

·学生能够利用"永"字八法的基本原则设计中文字体（技能）。

·学生能够感受和欣赏中文字体的美感性（态度）。

已有知识：

·学生有书写流利的中文字的经验，如楷书。

·学生曾学过设计的基本原则。

教学资源：

·利用简报（Power-Point）介绍中国字体的类别和中文字体基本笔画结构——"永"字八法及其他中文字体设计作品，并介绍国际网络万维网中文字体设计的相关网址（Internet - Website）；

·学生范作；

·工作纸；

·活动指引；

·讨论纸；

·课堂观察量表；

·日志纪录表；

· 访谈。

教学理论：

体验式教学(Experiential Learning Approach, Kolb，1984)：经验+反思+归纳/类推+运用=知识。

教节：

约共六教节（共360分钟）。

步骤：

第一教节

	学习重点	学习活动	时间（分钟）
经验	1. 引起动机（热身活动）	· 教师让数位学生到黑板上板书"艺术"两中文字 · 透过刚才学生板书的字体进行讨论，借以唤醒同学对中文字体结构的认识（提问及讨论）	15
反思	2. 学习及活动 A（中文字体的认识）	· 教师派发讨论工作纸，让学生进行分组讨论 · 每组学生进行分组汇报讨论结果及感受	20
	3. 学习及活动 B（中文字体的类别、结构和特色）	· 透过简报(power-point)介绍中国字体的类别和中文字体基本笔画结构—"永"字八法，并深化同学对中文字体设计的概念（提问及讨论）	10
	4.学习及活动C	· 学生于画簿上练习 "永"字写法及中国字体的基本笔画结构—点、横、竖、撇、捺、挑、折、勾。 · 教师选取学生作品进行欣赏及讨论	10
	5.总结	· 教师透过提问看学生回应及总结之前所学的内容	5

第二至六教节上

	学习重点	学习活动	时间（分钟）
归纳/类推	1. 引起动机（热身活动）	·教师在黑板上板书一汉字，并借此温习上堂所学的内容	5
	2. 学习及活动D	·教师再透过简报（Power-Point）介绍中文字体设计的概念—垂直、平衡、比例、装字、美化等，及介绍其他中文字体设计的作品	15
	3. 学习及活动E	·学生于画簿上练习其他中文字，如"谢"字及尝试美化修饰中国字体的基本笔划	20
运用	4. 学习及活动F（练习 中文字体设计）	·利用刚才已学的有关概念，找一合适主题，发展和设计自己一套的中文字体，加以修饰及美化，并填上色彩	230

第六教节下

	学习重点	学习活动	时间（分钟）
经验	1. 欣赏(评估)	·学生分享感受，教师以提问技巧帮助学生欣赏作品，并讨论其他作品之优劣。例如： ·字体的设计具有什么特色 ·字体的设计达到基本概念的原则吗 ·字体的设计能否配合中国字体的基本笔画结构 ·字体的设计与图像的配合达到什么效果 ·字体设计的整体表现怎样	30

教案设计理念：

这个教案的设计是配合2003年视觉艺术教育课程指引（中一至中三），和21世纪香港教育蓝图之全方位学习的理念而成。当中不单教授学生美术知识、美术技能、美术欣赏三方面，以及如何将美术知识融入其他学习领域及日常生活里，还加强培训学生的人格发展，正如本教案中的末部，乃着重建立／鼓励学生抒发个人的感受，尤其是对所学的做一个总结，从而建立自己的文化观念，达到教案的目标。

另一方面，本教案的设计也承袭了美国 20 世纪 60 年代时期美术教育家艾斯纳 （Eisner）所推崇的学科本位理论 （Discipline Based Art Education）之理念而成，亦是现今香港美育的新方向，摆脱 1997 年前美术教育的旧模样；当中教授学生四大学习领域，包括美学 （美术知识）、美术创作、美术史和美术欣赏。此外，本教案也朝着现今西方国家所倡议的体验式教学 （Experiential Learning Approach，Kolb，1984）而设计，配合现今美术教育之趋势，强化学生的学习经验，从他们学习体验，积累成为知识，如通过活动引起学生学习动机，再利用简报 （Power Point）介绍中国字体的类别和中文字体基本笔画结构——"永"字八法，并深化同学对中文字体设计的概念 （美术史和美术知识），跟着引入如何利用自己方法及理解去设计中文字体（美术创作），进而加深学生欣赏的能力，了解不同中文字体设计作品，他们与我们文化背景及与自己的关系 （美术欣赏）。这样便能让学生更透彻了解艺术和提升学生的创造力，也从中帮助建立正确价值观及表达自己的文化。

为何要这样设计？

正如前文所述，本教案设计的目的是想借着美术提升学生各方面的才能，如创造力、审美能力等，不单是理性层面知识的建立，还是感性表达的培养。过往香港的美术教育太着重情感的表达，自由性太大，却忽略了知性的培养，且欠缺系统化的教学内容，学生难于掌握创作方向；反观现今的香港美术教育却是着重学生"全人"的发展，期望培养学生有更多元化的发挥，实是现今整体教育的新方向。因此，设计本教案也是因应课程改革新方向而成。

教案所用的策略 （方法）：

教师在本教案上运用多元教学策略，如引用简报 （Power Point）做艺术史及美术知识的灌输，还引用提问、讨论、观察、创作等互动交流方法，务使学生在学习过程中扮演主导角色，使之留下深刻印象，提升创造能力，表达自己的文化。在最后欣赏的部分，还引用分享和比较方法，培养及提升学生的审美能力，而达至"全人"教育的方向。

附件七

United Christian College （Kowloon East）

2010—2011

S.2 Visual Arts discussion sheet

Topic：Chinese character design **（中文字体设计）**

Group member：_____ （write the class No. only）

Class：_____ Date：_____

Try to analyze the structure of the following Chinese character and write / design the Chinese character in the box provided.

（1）"永"

Do you like your handwriting?

Why?

（2）"劫"

What type of handwriting do you have?

_____

_____

What do you think about the character you wrote?

_____

_____

_____

_____

附件八

视觉艺术科教学设计

日期：2004年3月　　　　　　　时间：(共315分钟)共约九教节

班别：中二　　　　　　　　　　科目：基本设计

课题：阿占波图 (Arcimboldo)——人物肖像

学习目标：

·学生能够说出16世纪意大利宫廷画家阿尔钦博托（Arcimboldo）作品内容及其特色（知识）。

·学生能够绘画组合性的肖像画（技能）。

·学生能够通过阿尔钦博托的作品认识及了解其所处的社会背景及文化观念（态度）。

已有知识：

·学生曾有绘画人物肖像的经验。

·学生曾用油粉彩和广告彩。

教学资源：

·利用简报（Power Point）介绍16世纪意大利宫廷画家阿尔钦博托（Arcimboldo）生平及其部分作品特色，国际网络万维网网址（Internet-website）；

·学生范作；

·工作纸；

·讨论纸及高影片；

·学生自我评估表。

教学理论：

体验式教学（Experiential Learning Approach, Kolb 1984）：经验+反思+归纳/类推+运用=知识。

教节：

约共九教节

步骤：

第一、二教节

	学习重点	学习活动	时间（分钟）
经验	1. 引起动机（热身活动）	·老师以提问方法唤醒同学对人物肖像作写生要注意的地方 ·老师让数位学生于黑板上进行简单肖像写生（单线勾画）	5 10
反思	2. 学习（艺术史：认识16世纪意大利宫廷画家阿尔钦博托生平及其作品特色）	·透过简报（Power Point）介绍16世纪意大利宫廷画家阿尔钦博托生平及其部分作品特色，并利用费尔德曼（Feldman）的四步欣赏法对其作品进行欣赏，辅以"讨论纸"了解作品内容，并深化同学对其组合性的肖像画的认识（提问及讨论）	30
	3. 学习（分组汇报）	·学生分组汇报讨论结果及感受（提问及讨论）	25

第三至八教节

	学习重点	学习活动	时间（分钟）
归纳/类推	1. 引起动机（活动）	·老师根据讨论所得的资料，提问学生问题。如： ·你喜欢这个画家吗？为什么？ ·你可以学这个画家画类似的作品吗？	5
	2. 学习	·透过简报（Power Point）详析16世纪意大利画家阿尔钦博托作品特色及其深层意义，从中探讨当时社会背景及文化观念，辅以"工作纸"了解作品内容（提问及讨论）	20
运用	3. 练习（绘画）	·老师利用提问技巧，加深学生对阿尔钦博托作画动机的理解，从而配合自己于课堂内所讨论及分享，透过自己的生活体验、所处社会环境、文化观念等，创作作品；并填上色彩画，完成一幅"人物肖像"为题的作品（绘画练习）	185

第九教节

学习重点		学习活动	时间 （分钟）
经验	1. 写作及欣赏（评估）	·学生透过文字写作分享感受，以50字为限，并欣赏及讨论其他作品之优劣。老师以提问技巧帮助学生欣赏作品，例如： ·作品中的人物表达了什么感情？ ·作品给你什么感受？能配合主题吗？ ·作品中的人物与你有何关系？ ·作品传递了什么讯息？ ·作品对你有何启发？试举例说明	25
2. 学生自我评估		学生填写自我评估表	10

解说：

这个教学方案以80年代美国教育家艾斯纳（Eisner）所提倡的"学科回归基础论"（Discipline-Based Art Education）的理念而设计，认为学生的美术能力是后天的培养而成，非自然的成长①。我亦同意这个理念方向，故在内容安排上涉猎美术史、美术欣赏、美术知识和美术创作等4部分，期望学生在学习过程中对课题有全面的认识，非单单只在美术创作上学习美术。另外，这个教学设计让学生在学习过程中做主导，引用David Kolb（1984）体验式教学（Experiential Learning Approach）的方法，让他们对专题有学习经验；通过主动学习和讨论，产生反思；将所得的讨论结果归纳，并类推独特的观点；综合所得运用到创作层面上，建立对专题的知识。这样的设计确实帮助学生主动学习和建立自我学习模式。

---

① 黄壬来：《幼儿造型艺术教学——统合理论之应用》，台北：五南图书出版公司，1996。

附件九　资料表索引

附件十　插图索引

图2-3 笔者初一学生壁画的初稿，第三组学生：冼家辉、陈志德、周才勇，主题《科幻宇宙》，2006，厂商会中学，指导教师：区昌全	89页
图2-4 周晓文，柬埔寨人的鞋，16cm×8cm×5cm，2009，指导教师：区昌全	89页
图2-5 米开朗基罗，圣殇（Pieta），大理石雕塑，1555	90页
图2-6 区昌全，怀念父亲，塑料彩布本，180cm×120cm，2011	90页
图2-7 初一级，曾德扬，凡·高名画仿作，油粉彩纸本，30cm×42cm，2010，指导教师：区昌全	115页
图2-8 初一级，尤伟，凡·高名画仿作，油粉彩纸本，30cm×42cm，2010，指导教师：区昌全	115页
图2-9 初一级，吴希旻，凡·高名画仿作，油粉彩纸本，30cm×42cm，2010，指导教师：区昌全	115页
图2-10 初一级，袁智情，凡·高名画仿作，油粉彩纸本，30cm×42cm，2010，指导教师：区昌全	115页
图2-11 初二级学生创作雨伞情况，2011，汇基书院（东九龙）	118页
图2-12 初二及初三级学生雨伞集体创作——跨文化，2011，指导教师：区昌全	118页
图2-13 初二级学生创作雨伞情况，学生在和谐的课堂气氛下享受创作，汇基书院（东九龙），2011	120页
图2-14 初二级学生创作雨伞情况，学生在和谐的课堂气氛下享受创作，汇基书院（东九龙），2011	121页
图2-15 高一级学生，李俊贤，人物肖像，广告彩纸本，2004，厂商会中学，指导教师：区昌全	134页
图2-16 高一级学生，程翔，人物肖像，广告彩纸本，2004，厂商会中学，指导教师：区昌全	134页
图2-17 高一级学生，陈宗耀，人物肖像，广告彩纸本，2004，厂商会中学，指导教师：区昌全	135页
图2-18 高一级学生，区光铭，人物肖像，广告彩纸本，2004，厂商会中学，指导教师：区昌全	135页
图2-19 高一级学生，冯景朗，人物肖像，广告彩纸本，2004，厂商会中学，指导教师：区昌全	135页
图2-20 高一级学生，陈伟亮，人物肖像，广告彩纸本，2004，厂商会中学，指导教师：区昌全	135页

图3-25　周嘉恩，高中三学生，死亡，油粉彩纸本，2011，汇基书院（东九龙），指导教师：区昌全	213页
图3-26　钟颖妍，高中三学生，死亡，油粉彩纸本，2011，汇基书院（东九龙），指导教师：区昌全	213页
图3-27　黄溢僖，初二学生，码头工人，油粉彩纸本，2010，汇基书院（东九龙），指导教师：区昌全	218页
图3-28　林婕，初三学生，内与外，混合媒介纸本，2011，汇基书院（东九龙），指导教师：区昌全	218页
图3-29　袁智情，初二学生，闷，混合媒介立体创作，2011，汇基书院（东九龙），指导教师：区昌全	218页
图3-30　陈伟信，初三学生，内与外，油粉彩纸本，2011，汇基书院（东九龙），指导教师：区昌全	223页
图4-1　任诗恒，初三学生，内与外，油粉彩纸本，2011，汇基书院（东九龙），指导教师：区昌全	258页
图5-1　（左）和5-2　（右）　黄懿羚，初三学生，形和体　（立体派画风探究），木颜色纸本，2012，汇基书院（东九龙），指导教师：区昌全	332页
图5-3　郑智轩，初二学生，人的体态　（雕塑创作），环保物料，2011，汇基书院（东九龙），指导教师：区昌全	335页
图5-4　丁泳，初二学生，人的体态　（雕塑创作），环保物料，2011，汇基书院（东九龙），指导教师：区昌全	335页
图5-5　邓乐尧，初三学生，英文字体设计，木颜色纸本，2011，汇基书院（东九龙），指导教师：区昌全	337页
图5-6　何梓盈，初三学生，英文字体设计，木颜色纸本，2011，汇基书院（东九龙），指导教师：区昌全	337页
图5-7　余思乐，初三学生，形和体　（立体派画风探究），木颜色纸本，2011，汇基书院（东九龙），指导教师：区昌全	339页

附件十一　表格索引

后 记

　　本书选题及探究成果，对于香港地区的初中视觉艺术教学研究来说，具有开创性的意义，必将促进香港初中视觉艺术课堂教学艺术的深入研究与发展。即本书的题目正切合香港目前视觉艺术教育发展的需要，贴近香港课程改革的步伐和社会发展的脉搏，本书率先提供了第一手丰富的资料给香港前线初中视觉艺术工作者，是他们提升和创造富有个人特色的课堂教学艺术的参考。本书丰富了视觉艺术教育在科研上的容量。香港视觉艺术教育的研究多集中在课程发展与取向、教学活动、学习效能、美术欣赏等课题，较少涉猎关于课堂教学艺术的议题。因此，本书对发展香港视觉艺术教育研究的素质具有一定帮助，丰富了研究的视野。同时，本书虽是针对初中视觉艺术教师的课堂教学，但对于香港高中的视觉艺术教师也有相应的启示促进作用。此外，本书及成果也起到了丰富我国内地的视觉艺术教育扩展研究领域的作用。香港教育一向具浓厚的英国色彩，本书正补充了内地在这方面美术教育的宝贵经验，并作为香港视觉艺术教师与内地美术教师互相交流和分享学术成果的平台。

　　本书虽然力求克服思维习惯、语言差异、探究时间紧张等等困难，但是，本书仍有不足的地方。首先，本书的问卷调查于2010年11月初邮寄问卷给锁定的30间中学的视觉艺术教师，等了差不多一个月，仍未收到有关教师的寄回问卷，只有一位教师有回应。于是，利用其他问卷调查取样的方法，就是通过同行友好，对其任教学校的视觉艺术教师进行问卷调查，经过数月的收集，最终只收到26份问卷调查，但已接近本书所预计的数量。其次，由于问卷调查内容全是开放式问题，故在分析的时候受到很多限制。所以，在分析过程中，一方面要如实反映回应者所表达的内容，必须要用非常准确的文字；另一方面，不可扭曲回应者所表达的意思，也不可加入个人主观的文字，避免在梳理资料时过于主观。又因为问卷调查的取样也不多，始终都有未完整的感觉，故在分析内容上未够全面。再者，中国内地和香港两地在中文的用语和组织上有不同的地方，往往影响了本书内容上的表达和诠释，在意思上产生差异性，是本书的最大不足之处。最后，有的议题的学理深入度还不太好。总之，值得以后改进之处实有不少。

本书焦点是讨论"香港初中视觉艺术教师课堂教学艺术"，虽然结题了，但笔者认为与之可持续探究的课题还有：其一，深入系统化完成对"生命影响生命教育观"的研究；其二，"风格性视觉艺术课堂教学艺术的传播与运用研究"也是一个值得持续研究的课题。总之，香港初中视觉艺术教师课堂教学艺术是一个值得不断充实完善的探究课题。

本书是一个具实用性意义的研究，对笔者来说，以至对香港一班广大的初中视觉艺术教师而言，都具有意义性的参考，为他们提供一个思考空间，是对他们自己的视觉艺术课堂教学的一个自我检视。所以，本书具有较大的实用价值。本书能成功完成，得以出版，全赖得到多方面的配合。在此，本人通过本书特别向有关人士致以万分的感谢！

第一，特别要感谢我的博士论文指导老师，梁玖教授。在过去的博士研究学习过程中，梁老师经常给我莫大的鼓励、支持，对我的包容与忍耐，是令我能够完成本书的原因，这里我衷心感激梁老师。事实上，梁老师对每个学生都是无私无我的付出，真的令人十分敬佩和欣赏，本人不单从他的学术上得到启发，也从他人生阅历中学习很多不同的东西，尤其是他对学生的那种全心全意，照顾周到，包容与接纳，真的让我们每一个学生都非常感动，梁老师是我们学习的榜样。于我来说，他作为教师如何与学生相处，对我有很大的启发；另外，他做事认真，一点都不苟且，也不马虎，尽力做好每件事情，又时常在学术上对本人加以指导和提醒，给我很多宝贵的意见，使本书能顺利完成。在这里，再一次多谢梁老师的帮助。

第二，要多谢帮助顺利进行探访学校及安排观课的黄学伦老师，他悉心安排本人到香港政府辖下的"艺术与科技教育中心"观课，与中心校长、副校长及有关教师联络，才能让每一次观课顺利完成；又协助统筹本人问卷调查的安排，能顺利回收有关问卷调查，获取有关资料，实在是非常感激黄老师的帮助。

第三，要多谢给予本人机会到视觉艺术教室进行观课的一班香港非常出色的视觉艺术教师，包括：艺术与科技教育中心的郑小玲老师、梁丽爱老师和黄学伦老师；官立嘉道理爵士中学（西九龙）的陈志鹏老师、圣言中学的朱宏基老师和汇基书院（东九龙）的卢永康老师等等，多谢他们能慷慨抽空让本人可以对他们的教学进行观课，让我从中在他们身上学到很多宝贵知识，也让自己知道我教学上的问题。

第四，要多谢协助统筹本书问卷调查的教师，分别是喇沙书院的吴志恒老师、庇理罗士女子中学的刘美牧老师，马鞍山仁济医院董之英中学的方金源老师，以及一班通过问卷调查提供宝贵资料的初中视觉艺术教师，他们所提供的资料，对本书非常有帮助。

第五，要多谢参与本人课堂教学实践的汇基书院（东九龙）（2011—2012学年）中二丙班同学，以及本人在进行实践教学时现场观课的三位教师，分别是李老师、陈老师和卢永康老师，他们给予本人的观课评语及建议，为本人在改进教学上及对本书在内容上均提供了非常有用的资料。另外，要多谢为本书所提供参考作品的厂商会中学和汇基书院（东九龙）的学生，他们所提供珍贵的资料、作品，对本书帮助甚大。

第六，要多谢香港公开大学语文及教育学院的马显慈教授，对本人的研究给予很多有用和宝贵的意见，以及对本人无限量的鼓励和支持，使本书能顺利完成。在这，再一次多谢我的老师——马博士的悉心教导。

第七，要多谢我的家人，特别是内子林静华女士，给我在精神上无限的支持与鼓励，对我起居饮食的照顾，陪伴我同行过去艰苦的时间，不致让我感到孤单，真的多谢太太。还有本人的其他家人对我的支持与厚爱，以及其他友好朋友、教友、同事、学生的支持与关心。我特别将本书送给已经离逝的我最敬爱的父母亲——区登先生及李欢女士，多谢他们的教导和养育之恩，以他们生命影响我的生命，致能有这样的成果。

区昌全
2016年12月于香港

图书在版编目（CIP）数据

香港初中视觉艺术课堂教学艺术 / 区昌全著. — 重庆：西南师范大学出版社, 2017.5
（艺术文化地图丛书）
ISBN 978-7-5621-8636-6

Ⅰ. ①香… Ⅱ. ①区… Ⅲ. ①视觉艺术－课堂教学－教学研究－初中 Ⅳ. ①G633.955.2

中国版本图书馆CIP数据核字(2017)第044767号

艺术文化地图丛书
总主编：梁玖

香港初中视觉艺术课堂教学艺术
XIANGGANG CHUZHONG SHIJUE YISHU KETANG JIAOXUE YISHU
区昌全 著

责任编辑：钟孝钢　曾庆军
整体设计：王正端
出版发行：西南师范大学出版社
地　　址：重庆市北碚区天生路2号
邮　　编：400715
本社网址：http://www.xscbs.com
网上书店：http://xnsfdxcbs.tmall.com
电　　话：(023) 68860895
传　　真：(023) 68208984
经　　销：新华书店
排　　版：重庆大雅数码印刷有限公司·吴秀琴
印　　刷：重庆康豪彩印有限公司
开　　本：720mm×1030mm　1/16
印　　张：25
字　　数：410千字
版　　次：2018年3月 第1版
印　　次：2018年3月 第1次印刷
ISBN 978-7-5621-8636-6
定　　价：98.00元

本书如有印装质量问题，请与我社读者服务部联系更换
读者服务部电话：(023) 68252507
市场营销部电话：(023) 68868624　68253705

西南师范大学出版社美术分社欢迎赐稿
(023) 68254657　邮箱: xszdms@163.com